Friedrich Alexander Theodor Kreyssig

Vorlesungen über Shakspeare, seine Zeit und seine Werke

Friedrich Alexander Theodor Kreyssig

Vorlesungen über Shakspeare, seine Zeit und seine Werke

ISBN/EAN: 9783744633390

Hergestellt in Europa, USA, Kanada, Australien, Japan

Cover: Foto ©Thomas Meinert / pixelio.de

Weitere Bücher finden Sie auf **www.hansebooks.com**

Vorlesungen

über

Shakspeare,

seine Zeit und seine Werke,

von

F. Kreyßig.

———✦———

Zweiter Band.

———

Berlin,

Nicolai'sche Verlagsbuchhandlung.
(G. Parthey.)
1859.

Vorwort.

Der Verfasser glaubt diesen zweiten Band seiner Shakspeare-Vorlesungen nicht veröffentlichen zu dürfen, ohne vor Allem der Pflicht eines herzlichen Dankes zu genügen. Es gilt dieser Dank zunächst den Stimmführern der Kritik, welche, wie A. Stahr, F. Kossak, J. Schmidt u. A., den ersten Band mit freundlichem Eingehen auf den Standpunkt und die speciellen Absichten des Verfassers bei der Lesewelt einführten: möge es dieser Fortsetzung gelingen, ihre wohlwollenden Erwartungen und Voraussetzungen zu rechtfertigen. Aber nicht weniger als diesen wohlthuenden Ermuthigungen fühlt der Unterzeichnete sich den Berichtigungen und Erinnerungen verpflichtet, welche von competenter Seite her gegen seine Arbeit erhoben sind, insofern diese nämlich, wie z. B. die gründliche Recension von Bernhardi in den Hamburger kritischen Blättern, Sachkenntniß mit unparteiischer Gerechtigkeit vereinigten. Hoffentlich wird schon dieser und der folgende Band den Beweis liefern, daß der Verfasser sich nicht für unverbesserlich hält, und sobald eine zweite Ausgabe nöthig werden sollte, wird dies

in erhöhtem Maaße sich zeigen. Dagegen hat der
Verfasser sich keineswegs entschließen können, einzelnen
hie und da laut gewordenen Wünschen und Urtheilen
zu Liebe, die Tendenz, den Grundgedanken seiner Ar=
beit zu modificiren. Man hat diese Vorlesungen hin
und wieder zu subjectiv gefunden. Es ist erinnert
worden, daß des Verfassers eigene Anschauungen von
sittlichen, socialen und politischen Fragen mehr in den
Vordergrund treten, als die stricte Interpretation des
Dichters es gerade verlangte. Diese Thatsache soll
hier keineswegs bestritten werden; aber der Verfasser
ist so frei, sich über jenen Vorwurf so lange zu be=
ruhigen, als man ihm nicht nachgewiesen haben wird,
daß solche Digressionen ihn zu gewaltsamer und ten=
denziöser Deutung des Textes verleitet haben. Eine
Lectüre Shakspeare's, wie er sie im Auge hat und
durch diese Vorträge in dem großen deutschen Lese=
publicum befördern möchte, eine solche Lectüre kann
ihren Zweck durch Bereicherung der literarischen und
ästhetischen Kenntnisse eben so wenig für erreicht halten,
als durch den Reiz augenblicklicher Unterhaltung. Sie
nimmt durch die Phantasie und durch den Verstand
ihren Weg in den Kern des Charakters, in das sitt=
liche Fühlen und Wollen. Es wurde schon in der
Vorrede des ersten Bandes bemerkt, daß diese Vor=
lesungen ihren Ursprung einer lebendigen und prakti=
schen, nicht aber einer bloß theoretischen und literari=
schen Beschäftigung mit dem Dichter verdanken. Den
eigenthümlichen, daher entsprungenen Charakter sollen

und werden sie bewahren, denn darin liegt zu großem Theil ihre Berechtigung, die ihnen etwa zukommende Originalität. Dem Verfasser würde es garnicht eingefallen sein, die Zahl der Shakspeare-Commentatoren um einen neuen zu vermehren, wenn er sich damit hätte begnügen wollen, das literarisch-kritische Material zu sammeln und es allenfalls durch einen Zusatz ästhetischer Reflexionen in gefälliger Sprache lesbar zu machen. Seine Unterhaltungen über Shakspeare, mit allerdings vortrefflichen Freunden und Freundinnen, sowie die dadurch veranlaßten Studien, waren ihm einst jahrelang eine reiche Quelle, nicht nur der Belehrung, sondern der geistigen und sittlichen Auferbauung im besten Sinne des Wortes. Er fand dann, vor größere Kreise tretend, für seine Auffassung des Dichters ebenso nicht nur freundliche, sondern vor Allem eifrig selbstthätige Theilnahme, und gewann so den Muth, auch dem gedruckten Worte eine ähnliche Wirkung zuzutrauen. Daß jeder polemische Zweck, jede Absicht, Anderer Arbeiten zu verdunkeln oder andern Auffassungen des Dichters ihre Berechtigung abzusprechen, dieser Veröffentlichung fern liegt, darf deswegen kaum ausdrücklich bemerkt werden. Was die positiven, für das Verständniß der besprochenen Dramen nothwendigen Angaben betrifft, so wird man in ihnen sorgfältige Auswahl des kritisch feststehenden Materials hoffentlich nicht vermissen. Ebenso ist danach gestrebt worden, die Aufstellung von Behauptungen ohne offene und übersichtliche Darlegung der

Gründe zu vermeiden, und dem technischen und ästhetischen Theil der Erörterung nach Kräften gerecht zu
werden.   Im Uebrigen tritt der Verfasser nicht nur
mit seinen Kenntnissen vor den Leser, sondern auch mit
seinem Gefühl und seiner sittlichen Ueberzeugung. Er
erwartet keinesweges, überall Gleichgesinnten oder Zu-
stimmenden zu begegnen; im Gegentheil, es wäre ihm
sehr leid, wenn auf manchen Seiten der Widerspruch
ausbliebe. Aber hoffentlich wird kein billig Denkender
es ihm verargen, wenn er manchen durch das Studium des Dichters in ihm angeregten Gedanken entwickelt, auch ohne behaupten zu können oder zu wollen,
daß Shakspeare gerade dasselbe fühlte und dachte, als
er die betreffende Stelle schrieb. Sobald dergleichen
Erörterungen und Bemerkungen die Grenze nicht überschreiten, welche das Gebiet des freien Gedanken-Aus-
tausches von dem der historischen Belehrung trennt,
scheinen sie ebenso gerechtfertigt als natürlich bei Besprechung eines Dichters, dessen eigenthümliche Stärke
nicht zum geringsten Theile in der kühnen, voraussetzungslosen und gründlichen Untersuchung sittlicher
Fragen beruht. Und jene Grenze einzuhalten ist der
Verfasser allerdings nach Kräften bemüht gewesen.

Elbing, im October 1858.

F. Kreyßig.

Inhalt.

Die Römerdramen.

Dreizehnte Vorlesung.

Julius Cäsar.

Geehrte Versammlung!

Wir wenden uns jetzt zur Betrachtung der Dramen, in denen Shakspeare's Genius die künstlerische Gestaltung altrömischer Lebensbilder versuchte. Es sind Julius Cäsar, wahrscheinlich im Jahre 1602 oder kurz vorher entstanden,[1] Antonius und Cleopatra und Coriolan, beide um mehrere Jahre später verfaßt. — Der Dichter entbehrte hier der lebendigen, nationalen Ueberlieferung, von der seine vaterländischen Historien getragen werden; er mußte bei einem großen Theile des Publikums die mächtigen Sympathien erst erwecken, welche alle Klassen der Zuschauer den englischen Helden, den Percy, Prinz Heinrich, Faulconbridge 2c. entgegen brachten. Sein Blick ruhte auf einer fremden Welt. Die Freiheit seiner Anschauung, die Gründlichkeit seiner Bildung, seine Befähigung für Scheidung des allgemein Menschlichen von dem Nationalen mußte hier eine schwere Probe bestehen. — Es ist auf der andern Seite nicht zu verkennen, daß dieses Betreten eines neuen

1*

Gebietes mit einem gewagten Virtuosen-Experiment denn
doch Nichts gemein hatte. Nächst den vaterländischen Zuständen waren der Auffassung der Engländer des 16. Jahrhunderts die des antiken Rom ohne Frage am zugänglich-
sten. Die philologischen Studien beherrschten in einer seitdem nicht wieder erreichten Ausdehnung die Schule und
die gute Gesellschaft. Die Gelehrten, der hohe Adel, selbst
die Damen sprachen Latein und verstanden Griechisch, und
wem die Ungunst der Umstände diesen Bürgerbrief der geistigen Aristokratie versagt hatte, dem standen die bedeuten-
deren Schriftsteller der griechischen und römischen Literatur
in großentheils nicht schlechten englischen Uebersetzungen zu
Gebote. Es war dies Shakspeare's Fall. Der Stoff seines Cäsar, seines Antonius, seines Coriolan ist bis in die
kleinsten Einzelheiten fast ausnahmslos den von North über-
setzten Lebensbeschreibungen Plutarch's entlehnt, [2] — Julius
Cäsar speciell dem Cäsar, dem Brutus und dem Antonius
des griechischen Erzählers. Von selbstständiger Erfindung
des Dichters ist in der Fabel dieser Dramen kaum hie und
da eine Spur zu bemerken. [3] Sie schließen sich enger an
die historische Quelle als irgend eines der englischen Stücke.
Was dagegen den so vielfach gerühmten antiken Geist angeht, der sie durchwehen soll, so sind wir durchaus nicht
in der Lage, dem hergebrachten Urtheil in seinem ganzen
Umfange beistimmen zu können. Shakspeare scheint uns die
alte Beobachtung nicht zu widerlegen, daß die Dichter aufstrebender, activer Epochen große Mühe haben, bei Auffassung und Darstellung fremder Zustände sich der von allen
Seiten auf sie eindringenden Einwirkung einer blühenden,

kräftigen Gegenwart zu entschlagen. Ich halte es nicht für
eine Schwäche, sondern für den größten poetischen Vorzug
der französisch-klassischen Tragödie des 17. Jahrhunderts,
daß ihre Helden durchweg verkleidete Grands Seigneurs de
la cour sind. So macht auch Shakspeare in seinen antiken Stücken den Eindruck historischer Treue und ächt antiker Empfindung nur da, wo eine tief innere Verwandtschaft
der geschilderten Zustände mit dem englischen Leben seiner
Zeit ihm zu Hülfe kam. Es versteht sich, daß hier an die
bekannten Naivetäten des äußeren Kostüms nicht gedacht
wird, nicht an die römischen Theater im Coriolan, an die
Thurmuhren im Julius Cäsar, noch an die schweißigen Pelz-
mützen der römischen Plebs und an die Trommeln der Legionen. Aber auch die antike Färbung der Charaktere und
der Situationen hält sich durchaus innerhalb der bezeichneten Grenzen. Für den Uebergang aus der oligarchisch-ari-
stokratischen Regierungsform fehlte es den Engländern der
Tudors-Epoche, den Epigonen der Rosenkriege, nicht an einem lebendigen Maaßstabe; Charaktere wie Brutus, Cassius,
Antonius und vollends Coriolan finden und fanden sich in
der englischen Aristokratie wenigstens annähernd vertreten,
und für Darstellung der Volksmassen des cäsarischen Rom
lieferte der moderne Pöbel die ergiebigsten Anschauungen.
Aber im Coriolan hat es mit der vorgeblich antiken Auffassung des Dichters ein Ende, sobald diese Vorbilder ihn
im Stiche lassen (man denke an den Charakter des Menenius!), und wenn die römische Plebs in den Anfängen
der Republik ebenso geschildert wird, als der Pöbel des
entarteten Rom, so ist das schwerlich mit der Bemerkung

zu rechtfertigen: „daß die Massen in leidenschaftlicher Er-
regung in allen Zeiten sich gleich bleiben!" — Die nähere
Begründung dieser Ansicht wird bei der Besprechung des
Coriolan versucht werden.

Dagegen kann das dramatische Leben und das psycho-
logische Interesse nie genug anerkannt und bewundert wer-
den, welches Shakspeare dem von seinem Historiker ihm
überlieferten Stoffe einzuhauchen weiß. Julius Cäsar ist
in dieser Beziehung vielleicht das Höchste, was dichterische
Kraft jemals geleistet. Schon der Zeitgenosse Shakspeare's,
Leonard Digges, berichtet über die erstaunliche Wirkung des
Stückes, im Gegensatz gegen das Concurrenzstück, Cäsar's
Fall (1602) und gegen den Sejan und Catilina des Ben
Jonson. Wie der Engel des Herrn am jüngsten Tage läßt
Shakspeare die Todten sich aus ihren Gräbern erheben zu
frischestem, ursprünglichstem Leben. Es ist höchst anziehend
und lehrreich, dem Dichter bei dieser Umgießung des historischen Materials in die dramatische Form, bei dieser poetischen Wiedergeburt der gegebenen Thatsachen im Einzelnen zu folgen. Aus den in den Vorrathskammern der
Geschichte aufgespeicherten Ernten menschlicher Erfahrung
nimmt er die Samenkörner, deren er bedarf; in seiner
reinen Anschauung, seinem starken, warmen menschlichen Gefühl finden sie die Bedingungen zu einem neuen Leben,
vor unsern Augen gehen sie auf, wachsen, blühen und rei-
fen, ein durchgeistigtes, verklärtes, aber stets mehr oder
weniger eigenthümlich gefärbtes Bild der Vergangenheit,
keine Photographie, aber auch keine Karrikatur und kein
willkürlich gestaltetes Ideal, eher ein in den Grundzügen

treues, von einem genialen Meister originell aufgefaßtes
Portrait.

Wo der Bericht des Historikers alle nothwendigen Be-
standtheile des Gemäldes enthält, ist Shakspeare weit entfernt, im Streben nach Originalität um jeden Preis durch
willkürliche Zusätze den Effect zu steigern und — zu fälschen. Er begnügt sich dann einfach das vorgefundene Material zu organisiren, die Erzählung durch geschickte Dialogisirung zu einem lebendigen Gliede der dramatischen Handlung zu erheben. So, um nur ein Beispiel anzuführen,
in jener prachtvollen Stelle, welche die dem Tode Cäsar's
vorangehenden Wunderzeichen schildert. Die Stelle des Historikers lautet:

„Doch das vom Schicksal Beschlossene traf ihn nicht
so unerwartet, als unvorbereitet, da man sagt, daß Zeichen
und Wunder sich zutrugen. — Feuriger Schein am Himmel, und nächtlich vielfach gehörte Töne und Raubvögel, auf
den Markt niederstürzend, sollte man vielleicht bei so großen
Dingen nicht einmal erwähnen. Aber Strabo der Philosoph
erzählt, daß viele Menschen in feuriger Gestalt erschienen
und daß die Hand eines Sklaven gleich einer Fackel zu
brennen schien. Nachher aber hatte der Mann keinen Schaden daran. Als Cäsar selbst opferte, habe dem Opferthier
das Herz gefehlt und man habe sich über dies Zeichen ent-
setzt, denn ein Thier ohne Herz sei gegen die Natur."

Zu diesem Berichte verhält sich die Shakspeare'sche
Scene wie eine mächtig arbeitende Maschine zu deren einzelnen in Kisten verpackten Kesseln, Cylindern und Rädern.

Welch überfluthendes Leben gleich in dem Bericht des

Casca, da er athemlos, verstört, mitten im Ungewitter dem
Cicero begegnet:

> „Bewegt's Euch nicht, wenn dieses Erdballs Veste
> Wankt, wie ein schwaches Rohr? O Cicero!
> Ich sah wohl Stürme, wo der Winde Schalten
> Den knot'gen Stamm gespalten, und ich sah
> Das stolze Meer anschwellen, wüthen, schäumen,
> Als wollt' es an die droh'nden Wolken reichen.
> Doch nie, bis heute Nacht, noch nie bis jetzt
> Ging ich durch einen Feuerregen hin.
> Entweder ist im Himmel inn'rer Krieg,
> Wo nicht, so reizt die Welt durch Uebermuth
> Die Götter, uns Zerstörung herzusenden."

Dann folgen die Wunder des Plutarch, durch kleine
individuelle, in den Bericht verwebte Züge recht mitten in
die lebendige Wirklichkeit gezaubert:

> „Ein Sklave, den ihr wohl von Ansehn kennt,
> Hob seine linke Hand empor, sie flammte
> Wie zwanzig Fackeln auf einmal, und doch,
> Die Gluth nicht fühlend, blieb sie unversengt.
> Auch kam (seitdem steck' ich mein Schwert nicht ein)
> Beim Capitol ein Löwe mir entgegen,
> Er gaffte starr mich an, ging mürrisch weiter
> Und that mir nichts. Auf einen Haufen hatten
> Wohl hundert bleiche Weiber sich gedrängt,
> Entstellt von Furcht; sie schwuren, daß sie Männer
> Mit feur'gen Leibern wandern auf und ab
> Die Straßen sahn. Und gestern saß der Vogel
> Der Nacht sogar am Mittag auf dem Markte
> Und kreischt' und schrie. Wenn diese Wunderzeichen
> So viel zusammentreffen, sage Niemand:
> „Dies ist der Grund davon, sie sind natürlich."
> Denn Dinge schlimmer Deutung, glaub' ich, sind's
> Dem Himmelsstrich, auf welchen sie sich richten."

Diese wildbewegte Natur, dieser düstere, grausige Nacht-
spuk bildet dann den furchtbar schönen Rahmen um das
unheimlich = anziehende Gemälde des menschlichen Treibens,
das in dem Sturm der Leidenschaft den Aufruhr der Elemente nicht achtet, um das Schreckensantliß der vor dem
Lichte des Tages sich verbergenden Verschwörung. Auch der
unbedeutendste Nebenumstand kommt für die Wirkung des
Ganzen zu voller Geltung. — Verwickelter wird die Aufgabe des Dichters da, wo in dem historischen Berichte innerlich zusammen gehörende Erscheinungen auseinander gerissen sind, wo Zufälliges sich zwischen das Wesentliche drängt,
wo Nebendinge den Blick des Betrachters verwirren, während wichtige Glieder der Hauptentwickelung fehlen. Es
gilt da mit sicherm Blick den springenden Punkt der Situation zu erfassen, unbekümmert um die Zufälligkeiten der
Ueberlieferung den Causalnexus herzustellen, die chronologi-
sche Genauigkeit der innern Wahrheit unbedenklich zu opfern,
die Vorgänge darzustellen, nicht wie sie zufällig überliefert
sind, sondern wie sie aus dem Zusammenwirken der geschichtlich feststehenden Grundverhältnisse und der für alle
Zeiten gültigen psychologischen Gesetze sich für unsere Betrachtung verständlich und ergreifend für unser Gefühl hätten entwickeln müssen. Ein Meisterstück der Art ist unter
andern die inhaltschwere Scene zwischen Brutus und Cassius, im Lager bei Sardes. (Akt 4. Sc. 3.) Es handelt
sich hier darum, die idealistische That des Brutus in ihrem
Verhältnisse zur geschichtlichen Nothwendigkeit zu zeigen,
ihre unvermeidlichen Consequenzen anschaulich zu machen,
die Katastrophe innerlich vorzubereiten und über den Grund-

gedanken des Drama's die entscheidende Aufklärung zu geben. Shakspeare fand bei Plutarch nur die Nachricht, daß
die Feldherren heftig stritten, daß der Cyniker Phaonius sie
mit seinen zudringlichen Ermahnungen unterbrach, von Cassius ausgelacht, von Brutus aber unwillig hinausgewiesen
wurde. Diesen Vorgang macht das Drama nun zu dem
poetischen Rahmen eines Bildes, in welchem die ganze Situation, das Wesentliche aller seit Cäsar's Tode vorgefalle-
nen Ereignisse und die Nothwendigkeit des bevorstehenden
Ausganges uns mit symbolischer Wahrheit, mit der überzeugenden Kraft der unmittelbaren Wirklichkeit entgegen
tritt. Wir haben, so zu sagen, eine Studie vor uns über
den Unterschied zwischen poetischer, berechtigter Freiheit und
phantastischer Willkür. Der Dichter hatte in seiner Quelle
zunächst ein Paar allgemeine Ausführungen über Charakter
und Motive seiner Helden gefunden. Er hatte bei Plutarch gelesen (Brutus Kap. 29): „Von Cassius, einem leidenschaftlichen und jähzornigen Manne, der oft um des Ge-
winnes willen sich vom Rechten entfernte, glaubte man, daß
er hauptsächlich Krieg führe und umher ziehe und Gefahren
bestehe, um sich selbst eine Herrschaft zu verschaffen, nicht
seinen Mitbürgern die Freiheit. Denn schon in früherer Zeit
setzten sich die Cinna, Marius und Carbo das Vaterland
gleichsam wie einen Kampfpreis zur Beute aus und kämpf-
ten nur dem Namen nach nicht um die Tyrannis. Dem
Brutus aber werfen nicht einmal die Feinde solch einen Abfall vor; sondern Viele, sagt man, hätten von Antonius
gehört, er glaube, daß Brutus allein Hand an den Cäsar
legte, durch den Glanz und den herrlichen Schein der That

verlockt; die Andern aber hätten sich aus Neid und Haß gegen den Mann verbunden."

Außerdem finden sich einige zerstreute Notizen über das Verfahren der beiden republikanischen Oberfeldherren in den östlichen Provinzen. Wir erfahren durch Plutarch, daß Cassius mit rücksichtsloseter Energie durch Auflagen und Erpressungen seine Kriegskasse füllte, während Brutus mit Mäßigung verfuhr. Schon vor der Zusammenkunft in Sardes fand deswegen eine sehr unerquickliche Verhandlung statt: „Brutus verlangte seinen Antheil an den Schätzen, welche Cassius in Menge gesammelt. Denn seine Hülfsmittel habe er verbraucht, indem er eine Flotte gebaut, groß genug, das ganze Mittelmeer zu beherrschen. Den Cassius aber hielten seine Freunde ab, es zu geben, indem sie sagten: Es ist nicht gerecht, daß Jener das nehme, was Du sparsam zusammen hältst und um den Preis des öffentlichen Hasses gewinnst, und daß er sich damit beim Volk und bei den Soldaten beliebt mache."

Dann wird Rhodus durch Cassius um eine Summe von 8500 Talenten gebrandschatzt, während Brutus in Lycien zwar das Vertrauen des anfangs wild empörten Volkes, aber auch nur 150 Talente gewann, und endlich erfahren wir, daß nach der Unterredung in Sardes Brutus jenen Pella wegen Unterschleifs verurtheilte und deswegen von Cassius getadelt wurde. „Die Sache verdroß den Cassius sehr. Als zwei seiner Freunde derselben Vergehen überführt waren, ermahnte er sie privatim, entließ sie dann zum Schein und fuhr fort, sich ihrer zu bedienen. Deswegen tadelte er den Brutus, er sei zu gesetzlich und gerecht in einer Zeit, welche Politik und Nachgiebigkeit verlange. Der aber erinnerte ihn an die Iden des März, da sie den Cäsar tödteten, der keineswegs selbst alle Menschen plünderte und beraubte, sondern Andere schützte, die solches thaten. Und wenn es einen Vorwand gäbe, das Recht zu versäumen, so wäre es besser gewesen, die Freunde Cäsars gewähren zu lassen, als den eigenen das Unrecht zu gestatten." — Ueber Porcia's Tod endlich bringt Plutarch am Schlusse seines Brutus die bekannte Notiz, ohne den Zeitpunkt des Ereignisses zu bestimmen. — Nun lese man die entsprechende Scene bei Shakspeare und man wird über das Bild erstaunen, welches er aus diesen zerstreuten Bruchstücken zusammen setzte. Die unseligen, leider unvermeidlichen Folgen des vermessen angefachten Bürgerkrieges, die peinliche Lage des Idealisten im Bunde mit dem selbstsüchtigen Parteimanne, die verderblichen Leidenschaften der untergeordneten Naturen, welche auch der besten Sache ihre Dienste nur um den Preis schädlicher Zugeständnisse verkaufen, zu dem Allen der furchtbare Schlag, welcher das Herz des Helden trifft, während sein Kopf und sein Wille durch die Verhältnisse unnachsichtlich in Anspruch genommen werden — Alles das dringt auf uns ein mit der vollen Macht der unmittelbaren, handgreiflichen Wirklichkeit, Alles erklärt und motivirt sich von selbst, Alles ist historisch treu, und doch hat der Dichter kaum einen Zug seines Gemäldes in der Verbindung gelassen, in welcher seine Quelle ihn ihm gezeigt hatte. — Noch höher endlich stellte die Aufgabe des Dichters sich da, wo es sich nicht sowohl darum handelte, das epische Material einfach in dramatischen Fluß zu brin-

gen, noch, wie in der eben betrachteten Scene, für eine
Anzahl zerstreuter Züge den einheitlichen Gesichtspunkt und
die künstlerische Gruppirung zu finden, als vielmehr dem
gegebenen Stoff die dramatische Seele einzuhauchen, von
der äußern Handlung zu den Motiven vorzudringen und
aus deren consequenter und wahrer Durchführung das Bild
des Charakters hervorgehen zu lassen. Auch in diesen Stellen, dem eigentlichen Kerne des Gedichts, beruht die Wirkung des „Julius Cäsar" wesentlich auf einer seltenen Verbindung grundehrlicher Hingabe an die geschichtliche Ueberlieferung mit entschlossenster Selbstständigkeit der subjectiven
Empfindung. Es wird sich zeigen, wie Shakspeare das
eigentliche Geistesleben der römischen Aristokratie gerade so
weit mit historischer Treue zur Anschauung bringt, als seine
Aeußerungen durch Motive bedingt werden, die in dem
Volke und in der Zeit des Dichters noch in voller Wirksamkeit waren und dem Gefühl der Zuschauer ohne kritische Reflexion unmittelbar verständlich wurden, und wir glauben nicht zu weit zu gehen, wenn wir gerade in dieser organischen Verbindung des specifisch Antiken mit dem Modernen, oder vielmehr in dem Hervortreten des rein Menschlichen und unbedingt Gültigen und Verständlichen innerhalb
der geschichtlich gegebenen Verhältnisse das Geheimniß der
unvergleichlichen Wirkung dieses historischen Trauerspiels erblicken. Die genauere Betrachtung des Gedichts wird mehrfach Gelegenheit bieten, hierauf zurückzukommen.

Die Handlung des Julius Cäsar umfaßt die Ereignisse vom Lupercalienfest im Februar des Jahres 44, bei
welchem Antonius dem Cäsar das Diadem versuchsweise

anbot, bis zur Schlacht bei Philippi, im Jahre 42, also
einen Zeitraum von ca. 3 Jahren. — Das weite Gebiet der
römischen Republik, schon längst von den bevorzugten Familien des römischen Adels militairisch-büreaukratisch ausgebeutet, erkennt nach langen inneren Kämpfen in dem siegreichen Cäsar seinen unumschränkten Herrn. Die Volksmassen der Hauptstadt schwanken zwischen Erinnerungen an eine
seit langer Zeit nur noch eingebildete Souveränetät und
zwischen dem natürlichen Cultus des Erfolges und der genialen Kraft. Aber Viele aus dem bisher weltherrschenden
Adel können sich an den Gedanken noch nicht gewöhnen,
daß ihr Stand seine „Freiheit", d. h. seine ungemessensten
Vorrechte durch Mißbrauch derselben verscherzt hat. Beleidigte Eitelkeit, getäuschte Gewinnsucht, rivalisirender Ehrgeiz vereinigen sich zum Bunde gegen den über die Reihen der Standesgenossen hochragenden Liebling des Glücks.
Der abstracte Rechtssinn eines edlen, aber unpraktischen,
dem Leben entfremdeten Charakters giebt dem Bunde der
mittelmäßigen Selbstsucht gegen die geniale das glänzende
Aushängeschild patriotischer Tugend; Cäsar fällt unter den
Dolchen der Verschwornen, denen er in der Sicherheit des
die Gefahr verachtenden Siegers sich preisgiebt — und
nicht die Freiheit ist hergestellt, wohl aber sind alle Schrek-
ken des Bürgerkrieges von Neuem entfesselt. Die dem abstracten Freiheitsideal anfangs zujubelnde Menge wird im
nächsten Augenblicke die Beute schlauer, gewissenloser De-
magogie. Der Staat fällt aus den Krallen des königlichen
Adlers in die der Aasgeier. Die Häupter der republikanischen Verschwörung brandschatzen die östlichen Provinzen,

während die Feldherren und der junge Erbe des gemordeten
Imperator's in Rom Tauschhandel treiben mit Leben und
Vermögen ihrer persönlichen Freunde und Feinde. Brutus,
der Mann des idealen Rechtbegriffes an der Spitze selbstsüchtiger Politiker, erkennt zu spät den verhängnißvollen Irrthum seines Schrittes. Aber indem die natürliche Nothwendigkeit der Dinge seine Aussichten auf Glück und Erfolg unbarmherzig zerstört, besteht sein Charakter die Probe
des Unglücks und rechtfertigt jene glänzende, durch den Mund
des Feindes ihm gespendete Huldigung, mit welcher das
Stück schließt.

Man hat dieser Handlung wohl den Vorwurf der Zwei-
theiligkeit, des Mangels an dramatischer Einheit gemacht.
Man hat es fehlerhaft gefunden, daß die wirkungsvollsten
Scenen und fast die ganze Hälfte des Stücks hinter den
Tod des Helden fallen. Diese Anklage steht und fällt mit
der Voraussetzung, daß die Titelrolle des Stückes auch die
Hauptperson der dramatischen Handlung bezeichnen müsse.
Shakspeare war hier nicht dieser Ansicht, ebensowenig wie
bei der Bestimmung der Titel für Heinrich IV. und König
Johann. — Man nehme an, er habe als praktischer Thea-
terunternehmer sein Drama eben „Julius Cäsar" benannt,
weil er diesem weltberühmten Namen die meiste Anziehungskraft zutraute — so wäre die zurechtweisende Bemerkung
Voltaire's: „das Stück müsse eigentlich Brutus heißen"
vollkommen erledigt. Allerdings müßte das Drama so
genannt werden, wenn es darauf ankäme, den maaßgebenden Hauptcharakter auf dem Titel zu bezeichnen. Die Vertiefung in die in seltenem Grade reiche und durchdachte

Entwickelung dieses Charakters ist eine der anziehendsten und dankbarsten Aufgaben, welche das Studium Shakspeare's bietet. Sie führt geradesweges in den innersten Kern des Drama's, auf den Standpunkt, von dem aus die Verhält= nisse des Ganzen sich mit Klarheit und Nothwendigkeit vor unserem Blicke gruppiren.

Wer es unternähme, den wesentlichen Unterschied an= tiker Charaktergröße von der modernen in wenig Worten zu zeichnen (beiläufig eine der verwickeltsten Aufgaben kul= turhistorischer Betrachtung), der würde jedenfalls bei Auf= faßung der Antike die große Abhängigkeit des individuellen Gefühls von dem Gesamtbewußtsein der Gesellschaft, eine freiwillige und natürliche Unterordnung unter die nationa= len Grundsätze und Bestrebungen sehr sorgfältig in Rech= nung ziehen müssen. Umgekehrt ist energische Geltendma= chung der Persönlichkeit der Grundzug der neueren, oder sagen wir speciell der christlich=germanischen Welt. — Hei= tere Resignation und ruhige Entschlossenheit sind dort Grund= stimmung der Helden, wie bei uns enthusiastischer Auf= schwung des Gefühls und glänzende, überraschende Aktion, während einseitige, ungenügende Entwickelung auf der einen Seite in abstoßende Kälte und Härte, auf der andern in überschwängliche Gefühlsseligkeit ausartet. — Und wenn auf unser Gefühl unter allen modernen Darstellungen der Antike eigentlich nur zwei den Eindruck des vollendeten Kunstwerkes machen, so verdanken sie ihre unwiderstehliche, keiner Vermittelung bedürfende Wirkung gerade dem Um= stande, daß sie in wunderbarer Vollkommenheit nicht das eigenthümlich Antike zur Anschauung bringen, sondern die

antiken Züge durch einen glücklichen Zusatz des Modernen
für uns mit dem Zauber des rein Menschlichen umkleiden.
Es ist bezeichnend genug, daß diese beiden edelsten poetischen Früchte dem verjüngten antiken Stamme auf germa-
nischem Boden entsprossen sind — und wenn wir erwägen,
daß Britten und Deutsche in den Preis sich theilen, jedoch
so, daß der brittische Dichter das antik-moderne Mannes-
ideal des Brutus schuf, während antike Klarheit und Harmonie mit der Gluth moderner Empfindung sich in den
Zügen der deutsch-griechischen Iphigenie zu einem göttlichen
Urbilde des Weibes verbinden, — so haben wir einen
Blick in eine der verführerischsten Perspectiven gethan, die
je den Beobachter menschlicher Dinge verlocken könnten, die
unendliche Vielseitigkeit historischer Entwicklungsreihen in
den engen Rahmen eines poetischen Symbols zusammen
zu zwängen.

Widerstehn wir dieser Versuchung, um vor Allem zu
einem gründlichen und unbefangenen Verständniß des brittischen Meisterwerks zu gelangen. Die Grundzüge zu seinem
Bilde des Brutus entnahm Shakspeare gewissenhaft dem
Bericht des Plutarch. „Es heißt, daß Brutus, um seiner
Tugend willen, bei der Menge beliebt und den Freunden
theuer war, daß die Besten ihn bewunderten und daß nicht
einmal seine Feinde ihn haßten. Denn der Mann war
leutselig und großherzig, unempfänglich gegen Zorn und
Vergnügen und Gewinnsucht und fest und unabänderlich
bewahrte er seine Ueberzeugung über das Anständige und
Gerechte. Und am meisten trug zu seiner Beliebtheit und
seinem Ruhm das Vertrauen auf seine Absichten bei." —

II.   2

So trat dem englischen Dichter die Erscheinung des
Muster-Republikaners in der stark sentimentalen Auffassung
des Historikers einer Epoche entgegen, deren geistige Aristokratie sich gewöhnt hatte, in Brutus das letzte leuchtende
Symbol einer entschwundenen, bessern und größern Zeit zu
verehren. Er stattete ihn, diesen Andeutungen entsprechend,
wenigstens ebensosehr mit den Eigenschaften aus, die im
Privatleben den schlichten, rechtschaffenen, liebenswürdigen
Mann bilden, als mit den Bedingungen für die Entfaltung
des Helden und Staatsmanns. Bescheidenheit, Milde,
lebhaftester Rechtssinn bilden recht sichtliche Grundzüge seines Wesens. Da gleich bei seinem Auftreten quälende
Sorgen ihm fröhlichen Umgang verleiden, bittet er den
Cassius um Verzeihung, daß er, mit sich im Krieg, den
andern Liebe kund zu thun vergesse. Seinen Sklaven ist
er, in garnicht römischer Weise, ein gütiger, bis zu auf-
merksamer Zartheit leutseliger Herr. Kurz vor der ernsten
Entscheidung, da der verhängnißvolle Streit mit dem Mitfeldherrn ihn eben bitter gekränkt und mit schweren Sorgen
erfüllt hat, im frischen Gefühl des Verlustes seiner Porcia,
entschuldigt er sich bei dem Diener wegen eines unnöthig
gesuchten Buches:

> „Hab' Geduld mit mir,
> Mein guter Junge, ich bin sehr vergeßlich."

So spricht er zu Lucius: er kann es kaum übers Herz bringen, einen müden Diener im Schlafe zu stören; der Gattinn
kommt sein liebebedürftiges Herz mit einem Vertrauen,
einer Hingebung entgegen, die wir fast als ein besonderes
Vorrecht unserer christlich-germanischen Gesittung zu be-

trachten gewohnt sind. Man denke an Percy, den sein
Käthchen um seine Staatsgeheimnisse fragt, oder an das
humoristische Verlöbniß zwischen König Heinrich und Ka=
tharina von Frankreich — man halte Brutus, der seinem
Weibe sein innerstes Herz öffnet, daneben, und frage sich,
auf welcher Seite hier die hergebrachte Vorstellung von
der spröden, harten Männlichkeit altrömischer Charactere
mehr ihre Rechnung findet. Freilich verliert des Brutus
liebende Weichheit durch die Kraft seines heldenmüthigen
Weibes, des Cato Tochter, einen guten Theil ihres Be=
fremdenden; aber sie bedarf dieses Umstandes auch gar sehr,
um nicht geradezu als sentimentale Schwäche das Bild des
Helden zu entstellen⁴. Jene unverwüstliche, vertrauende
Herzensgüte ist es denn auch, die den Antonius rettet, die
den freundlichen Worten dieses genialen Intriguanten sich
arglos hingiebt, die mitten im Kriege es nicht übers Herz
bringen kann, die nothwendigen Forderungen an die unter=
worfenen Provinzen zu stellen. Doppelt liebenswürdig aber
wird sie durch ihre Verbindung mit jener ächten Beschei=
denheit, welche überall auftritt, wo gediegene Kraft sich mit
tiefer gemüthlicher Anlage gepaart findet. Brutus hat keine
Ahnung davon, daß Volk und Adel auf ihn hinsehen, als
auf den Mann der rettenden That; er mißtraut seiner
Kraft; er erschrickt, „daß Cassius ihn in sich suchen läßt,
was doch nicht in ihm ist.“ — In der Zucht des strengen,
stoischen Denkens heran gewachsen, von starken Leidenschaften
wenig bedrängt, und gewohnt, mit Leichtigkeit sich zu be=
herrschen, scheint sein ganzes Wesen ihn mehr auf ruhige
Arbeit an sich selbst, auf intime Genüsse des Geistes und

2*

Gemüthes hinzuweisen, als auf die den Launen des Zufalls oder der Tücke des Schicksals preisgegebene Thätigkeit des Staatsmanns und Feldherrn.

Da ergreift ihn, den Mann des mehr schwungvollen und abstracten als scharfen Denkens und des tiefen Gefühls, das Rad der Ereignisse und schleudert ihn mitten hinaus in die Brandung des wüthenden Parteikampfes, seinem Untergange und — seiner Verklärung entgegen. Es ist vom höchsten Interesse, wie der Dichter es verstanden hat, diese überraschende thatsächliche Entwickelung mit den zartesten Fäden an das Grundgewebe dieses merkwürdigen Charakters zu knüpfen. Brutus wird zum Meuchelmörder, weil sein lebendiges Rechtsgefühl sich in den gefährlichen Dienst des abstracten Gedankens begiebt, der es verschmäht, an seine Resultate den berichtigenden Maaßstab der Thatsachen zu legen, weil er nach Kompaß und Sternen steuert und seiner Nadel keine Abweichung zutraut, auch wenn sie ihn gerdeswegs der Brandung entgegenführt.

Wie Hamlet wecken ihn die heranstürmenden Thatsachen unliebsam und zu seinem entschiedenen Mißbehagen aus selbstgenügsamer Ruhe. Aber er irrt nicht, wie der empfindsame Dänenprinz, rathlos umher zwischen Sein und Nichtsein; straff und entschlossen schlägt sein Gedanke die Brücke von der Empfindung zur That. In voller Gemüthsruhe beschließt er den Tod des Imperators, seines Retters und Wohlthäters, ohne allen persönlichen Groll. Ein Opferer will er sein, nicht ein Schlächter, kühnlich ihn tödten, doch nicht zornig, ihn zerlegen als ein Mahl für Götter, nicht ihn zerhauen, wie ein Aas für

Hunde. Er „hat ja keinen Grund ihn wegzustoßen." Er
kennt nicht des Cassius rastlosen Ehrgeiz, der es nicht ertragen kann, einen Menschen über sich zu sehen, der den
Gegner herabstürzt, und wäre es meuchlings, wenn ihm die
Kraft fehlt, ihm den Rang abzugewinnen. Aber auch prin-
cipielle Verwerfung der monarchischen Regierung ist eigentlich nicht sein Fall (das mögen die Erklärer wohl erwägen,
die in unverfälschter Auffassung der Antike das Hauptver-
dienst dieses Dramas erblicken). Nicht die natürliche Wirkung der Alleinherrschaft auf den Charakter des Volks,
auch nicht ihre Unvereinbarkeit mit den Rechtsgrundsätzen
des römischen Staatsorganismus, sondern ganz besonders
ihr Einfluß auf den Charakter des Herrschers macht ihm
Sorge. Mehr vom Standpunkt des Psychologen, des
Moralphilosophen gehen seine Erwägungen aus, als von
der Auffassung des Staatsmannes. Es ist ein poetisch-
metaphysischer Monolog über den Ehrgeiz, der seinen Entschluß bestimmt:

> „Der Größe Mißbrauch ist, wenn von der Macht
> Sie das Gewissen trennt: und, um von Cäsarn
> Die Wahrheit zu gestehn, ich sah noch nie,
> Daß ihn die Leidenschaften mehr beherrscht,
> Als die Vernunft. Doch oft bestätigt sich's:
> Die Demuth ist der jungen Ehrsucht Leiter;
> Wer sie hinan klimmt, kehrt den Blick ihr zu,
> Doch hat er erst die höchste Sproß' erreicht,
> Dann kehret er der Leiter seinen Rücken,
> Schaut himmelan, verschmäht die niedern Tritte,
> Die ihn hinaufgebracht. Das kann auch Cäsar,
> Drum, eh' er kann, beugt vor."

Das ist von Anfang bis zu Ende der Gedankengang, nicht des antik-republikanischen Aristokraten, sondern des modernen Moralisten, dessen Anschauungen öffentlicher Dinge über die monarchische Atmosphäre nicht hinauskönnen, in der sie erzeugt sind. Dem alten Römer konnte und mußte es sehr gleichgültig sein, wie die Krönung den Charakter seines übermächtigen Mitbürgers verändern würde. Die Alleinherrschaft an sich war der Gegenstand seines Abscheus, nicht ihre zufällige, von dem Charakter eines Mannes abhängende Wirkung. Nun aber ist es eine gar gefährliche Sache um die Durchführung abstracter Moral-Grundsätze, wo sie, wie hier, nicht nur mit den Thatsachen, sondern noch dazu unter sich in Widerspruch gerathen. — Der Bürger glaubt sich verpflichtet, die Verfassung des Staats zu erhalten; der Menschenfreund sieht Millionen seiner Brüder von den Gefahren bedroht, welche die wahrscheinliche Sinnesänderung eines zur irdischen Allmacht erhobenen Mannes herbeiführt, der Privatmann aber, ja der Freund, der mit Wohlthaten überhäufte Günstling des zu fällenden Tyrannen erinnert sich der Heiligkeit des Menschenlebens, der Pflichten der Dankbarkeit und der Treue. Und leider übernimmt ideale Spekulation die Entscheidung, statt des in Gefühl und Erfahrung festgegründeten Rechtsbewußtseins.

Es scheint nicht überflüssig, hier an eine Stelle in Schillers Briefen über Don Carlos zu erinnern. Dort wie hier beschäftigt uns der Zusammenstoß einer einzelnen positiven Pflicht mit den letzten und tiefsten Quellen des moralischen Seins, um so zu sagen, der Streit des realen und des idealen Pflichtgebotes. Posa verletzt die Treue

gegen den Freund, Brutus die Dankbarkeit gegen den Wohlthäter, beide nicht um persönlichen Vortheil, sondern einem
sittlichen Ideal zu Liebe. — Indem nun Schiller den Charakter seines Helden psychologisch zu rechtfertigen sucht, führt
ihn die Analyse seines Gedichtes (im 11ten Briefe) auf
die überraschend wahre und tiefe Beobachtung:

„Ich halte für Wahrheit, daß Liebe zu einem wirkli-
chen Gegenstande und Liebe zu einem Ideal sich in ihren
Wirkungen ebenso ungleich sein müssen, als sie in ihrem
Wesen von einander verschieden sind — daß der uneigen-
nützigste, reinste und edelste Mensch aus enthusiastischer
Anhänglichkeit an seine Vorstellungen von Tugend und
Glück oft ausgesetzt ist, ebenso willkürlich mit den Individuen zu schalten, als der selbstsüchtigste Despot, weil der
Gegenstand von Beider Bestrebungen in ihnen, nicht außer
ihnen wohnt, und weil jener, der seine Handlungen
nach einem innern Geistesbilde modelt, mit der Freiheit
Anderer beinahe ebenso in Streit liegt, als dieser, dessen
letztes Ziel sein eigenes Ich ist.“ — Es liegen hier die
göttliche Größe und die niederschlagende Abhängigkeit und
Beschränktheit aller menschlichen Entwickelung dicht neben-
einander. Aller Fortschritt des Einzelnen wie des Geschlechtes hat seine Quelle in dem Allerheiligsten der Seele,
auf jenem unverletzlichen Gebiet, wo die ureigenste Empfindung und der fessellose Gedanke das Ideal erzeugen. Und
wiederum ist zuverlässige, thatsächliche Sittlichkeit, ja selbst
das bloße Bestehen der Gesellschaft nicht denkbar, ohne
Unterordnung des Einzelnen unter die Erfahrungen und
Vorstellungen der vorangegangenen Geschlechter, die in Form

von Gesetz und Sitte ihm entgegentreten. Es ist der feindliche Zusammenstoß dieser Gegensätze, es sind die verzweifelten Fälle, da die mit sich selbst in Widerspruch gerathene
Ueberlieferung vor dem souveränen Tribunal des individuellen Gedankens und Gefühls erscheint — es sind diese
innersten und unlöslichsten Widersprüche des menschlichen
Seins, auf denen alle im höchsten Sinne tragische Wirkung beruht, von Orest bis auf Hamlet, von Brutus bis
auf Posa und Tell. Das Furchtbare der Krisis liegt
eben darin, daß es dem Betroffenen keineswegs vergönnt
ist, sich durch ein non liquet der verantwortlichen Entscheidung zu entziehen. Hamlet kommt mit seinem unschlüssigen Grübeln und Prüfen nicht weiter, als Brutus
mit seinem überkühnen Entschluß. Es ist vom höchsten Interesse, diese beiden Meisterstücke Shakspearescher Charakteristik von diesem Gesichtspunkt aus zu verfolgen: In Brutus den Zusammenstoß des idealen Moral-Princips mit
der wirklichen Welt, weil der Gedanke in einer kräftigen
Natur sich leicht mit dem Willen verbindet — in Hamlet
die negative Seite des Problems und die innere Auflösung des Charakters unter dem Rückschlage des theoretisch
eben so kühnen, als praktisch ohnmächtigen Denkens. Brutus überläßt sich also der gefährlichen Strömung. Er fängt
an, mit dem Gotte in seinem Busen zu rechten und —
eine allen titanischen Weltverbesserern nicht laut genug zu-
zurufende Warnung: Sofort wird er mitten im Gefühl
seiner Erhabenheit das Spiel sehr zweideutiger und unter-
geordneter äußerer Einflüsse. Der vorurtheilsfreie Stoiker
kümmert sich plötzlich „um des Märzen Idus." Anonyme

Zettel gelten ihm für die Stimme Rom's. „Er schlief nicht mehr, seit Cassius ihn gegen Cäsar spornte." So kurz als ergreifend zeichnet der Dichter die Schrecken des tragischen Seelenkampfes in der berühmten Stelle:

„Bis zur Vollführung einer furchtbar'n That,
Vom ersten Antrieb, ist die Zwischenzeit
Wie ein Phantom, ein grauenvoller Traum.
Der Genius und die sterblichen Organe
Sind dann im Rath vereint; und die Verfassung
Des Menschen, wie ein kleines Königreich,
Erleidet dann den Zustand der Empörung."

Mit ernstester Mahnung pocht die Stimme der Menschlich-keit im Namen aller friedlichen und freundlichen Erinnerun-gen eines bis dahin schuldlosen Lebens an das vom Ver-hängniß umgarnte Herz. Es „graut ihm vor dem schnö-den Antlitz der Verschwörung," der er im Begriff steht die Thür des Hauses und des Herzens zu öffnen. Der ganze Adel seines Mannesherzens kommt zum Ausdruck in der Abweisung des Schwures, der den Gleichmuth der Hand-lung entehren würde und „ihren unbezwinglich festen Sinn". „Priester, Memmen, Schriftgelehrte, Jammerseelen, die für das Unrecht danken, sie mögen das Bewußtsein ihrer Schwäche hinter dem Eide verstecken." Mit der Redlich-keit glaubt er sich im sichern Bund, oder er möchte es glauben — da doch die niedrigsten Leidenschaften Anderer im Begriff sind, die sich der natürlichen Schrecken vermessen entschlagende Tugend in ihren verderblichen Dienst zu zwingen.

In den verderblichen Dienst, verderblich dem der ihn leistet, und denen die ihn empfangen. Der abstracte

Denker ist ein schlimmer Bundesgenosse für die Männer des praktischen Erfolges. Dieselben Trugschlüsse, welche ihn in ihre Netze führten, werden ihre bestdurchdachten Pläne bald genug verderblich durchkreuzen. Gegen Cäsars Geist möchte er den Dolch führen; es thut ihm von Herzen leid, daß der Mann für das Princip bluten soll. Der eine ungeheure Trugschluß nimmt die ganze Energie seines Willens in Anspruch. Er übersieht nicht die Consequenzen der That, die ihn mit sich selbst in Widerspruch bringt, und indem er den Tod des Antonius hindert, zerstört er im Keim das Werk, dem er in der Ueberhebung des Gedankens das eigene bessere Gefühl zum Opfer gebracht hat.

In seiner ganzen Größe erhebt sich dieser auf sich selbst ruhende Mannes-Gedanke nun noch einmal, da die That vollbracht ist, an der Leiche des blutenden Opfers. Die Scene der That selbst war ganz Leben und zitternde Aufregung. Die Besorgnisse der Verschworenen, die vergeblichen Warnungen, vor Allem, die ganze titanische Größe des Helden, des Lieblings der Götter, der den Himmel herausfordert, da der Blitz schon in den Wolken zuckt:

> „Ich ließe wohl mich rühren, glich' ich Euch;
> Mich rührten Bitten, bät' ich um zu rühren.
> Doch ich bin standhaft, wie des Nordens Stern,
> Deß unverrückte, einzig stäte Art
> Nicht ihres Gleichen hat am Firmament." ¹

Es ist das tragischste Memento mori, das je ein Dichter geschaffen, dieser jähe Sturz gebrechlicher Menschengröße in vollen, berauschenden Bewußtsein des allen Gefahren nun gänzlich unerreichbaren Erfolges! Um so feierlicher

wirkt dann die ächt antike Hoheit des von den Schrecken
des einzelnen Falls zur ruhigen Betrachtung des allgemeinen
Gesetzes sich aufschwingenden Gedankens:

> „Wir wissen, daß wir sterben werden. Frist
> Und Zeitgewinn nur ist der Menschen Trachten.
> Ja, wer dem Leben zwanzig Jahre raubt,
> Der raubt der Todesfurcht so viele Jahre.
> So sind wir Cäsars Freunde, die wir ihm
> Die Todesfurcht verkürzten."

Es liegt keine Spur von Hohn in diesen Worten des
Brutus. Und ungeirrt durch das Getümmel der ihn
umbrausenden Wogen haftet sein Blick — hier im vollsten
Maaße der des ächten antiken Römers — an dem golde=
nen Stern des unvergänglichen Nachruhms, dem auf uns
Neuere mit dieser Gewalt nur ausnahmsweise noch wirken=
den Grundprincip des antik=republikanischen Bürgerlebens.
Wie Horaz da am ergreifendsten wird, wo der Ge=
danke an das Denkmal, das er sich gesetzt, „fester als Erz",
ihn über die Mühen und Sorgen der kleinen Gegenwart
erhebt, wie die Griechen der alten guten Zeit den Tod für
ihr Volk um des Ruhmes willen für einen köstlichen be=
neidenswerthen Gewinn achteten, an dem nur der ebenbür=
tige Genosse Theil nehmen dürfte, so verklärt hier der
Glanz ferner, von dem Ruhm der Männerthat durchleuch=
teter Jahrhunderte mit seinem milden Licht das finstere
Grauen der umnachteten Stunde. Auf welches Männer=
herz hätten die Worte ihre Wirkung verfehlt:

> „In wie entfernter Zeit
> Wird man dies hohe Schauspiel wiederholen,
> In neuen Zungen und mit fremdem Pomp!

Wie oft wird Cäsar noch zum Spiele bluten,
Der jetzt am Fußgestell Pompejus liegt,
Dem Staube gleich geachtet!
       So oft, als dies geschieht,
Wird man auch unsern Bund, die Männer nennen,
Die Freiheit wiedergaben ihrem Land!"

Es ist nur schade, daß es Brutus nicht gegeben ist, von der olympischen Höhe dieses Mannes- und Bürgersbewußtseins herabzusteigen auf die Tribüne des Marktes, auf die niedrigen, aber festen Verschanzungen, hinter denen praktische Kämpfer sich decken im Gefecht um den Besitz dieser Welt. So verhallen seine herrlichen Worte ans Volk majestätisch und wirkungslos, wie eine Geschütz-Salve von der Höhe des Felsens. Leuten, die längst keinen Antrieb mehr kennen, als gedankenlose Hingabe an das nächste persönliche Interesse, spricht er von Vaterlandsliebe, stärker als die Neigung zum Freunde, als die Dankbarkeit gegen den Wohlthäter. Er spricht ihnen von Ehre, von einem Platz im gemeinen Wesen. Seine Rede macht den gewöhnlichen Eindruck überlegener Geisteskraft auf gedankenlose Gemeinheit. In einem dunkeln Gefühl beugt man sich vor seiner Person. Im Uebrigen bestätigt sich glänzend das Wort des Dichters: „Was uns zuwider wäre, glaubten wir wohl dem künstlichen Redner, doch eilet unser befreites Gemüth, gewohnte Bahnen zu suchen."

„Brutus werde Cäsar!" so tönt dem abstracten Freiheitshelden das vernichtende Urtheil aus tausend Kehlen seiner souveränen Mitbürger entgegen. Von dem Augenblicke an ist seine Stellung durchweg im Widerspruch mit

sich selbst, sein fortgesetzter Kampf nur der Verlauf eines
unaufhaltsam zerstörenden Naturprocesses.

Wir begegnen ihm wieder, da sein Eingreifen in den
Lauf der Dinge ihm eben die bittere Erfahrung einge-
bracht hat

„wie warme Freund' erkalten,"

an der Spitze eines kriegsmuthigen, für die „Freiheit" kampf-
bereiten Heeres, aber irre geworden an dem Waffenbruder,
dem wichtigsten Genossen des großen Unternehmens. Leider
ist sie ihm unerwartet gekommen, die Beobachtung:

> „Daß Gleißner sind wie Pferde, heiß im Anlauf.
> Sie prangen schön mit einem Schein von Kraft;
> Doch sollen sie den blut'gen Sporn erdulden,
> So sinkt ihr Stolz, und falschen Mähren gleich,
> Erliegen sie der Prüfung!"

Eine Unterredung mit Cassius wird versucht, um das Uebel
im Entstehn zu heilen.

Brutus, seiner abstracten Rechtlichkeit getreu, hat den
einflußreichen und brauchbaren Pella wegen Bestechlichkeit
bestraft. Ihm fällt es nicht ein, daß es Zeiten geben
könne, in denen es zum schlimmsten Fehler wird, wenn
man jeden kleinen Fehl nützlicher Freunde bekrittelt, und
wäre dieser kleine Fehl auch so groß, daß die böse Zeit
seine einzige Entschuldigung wird. Er lebt noch immer in
dem Wahn, daß es gestattet sei, die sittliche Ordnung bei
den Kleinen zu erhalten, nachdem die Großen, natürlich
„in einem gerechtfertigten Ausnahmefall", sie gebrochen haben.
Der Mörder des Freundes und Wohlthäters verlangt, während eines Bürgerkriegs, strengrechtliche Offiziere! — Aber
das glänzende Gewand, welches die Abstractionen des Den-

lers für die That des Meuchelmordes gewebt hatten, es
zerreißt bei der ersten rauhen Berührung der Wirklichkeit, und zu spät wird es ihm klar, daß es eine objective,
sittliche Ordnung giebt, der gegenüber die Gedanken und
Gefühle des Einzelnen frei sind, nicht aber die Thaten,
daß kein Räsonnement die Kraft hat, das Verbrechen zu
adeln und seine natürlichen Folgen zu hemmen. Welche
erschütternde Selbstverurtheilung liegt in den Worten:

> „Hat um das Recht der große Cäsar nicht
> Geblutet? Welcher Bube legt' an ihn
> Die Hand wohl, schwang den Stahl, und nicht ums Recht?
> Wie? soll nun einer derer, die den ersten
> Von allen Männern dieser Welt erschlugen,
> Blos weil er Räuber schützte: sollen wir
> Mit schnöden Gaben unsre Hand besudeln?
> Und unsrer Würde weiten Kreis verkaufen
> Für so viel Plunder, als man etwa greift?
> Ein Hund sein lieber, und den Mond anbellen,
> Als solch ein Römer!"

Von Brutus bis auf die Häupter der Gironde und noch
weiter herab sind diese bitteren Empfindungen keinem tugendhaften Revolutionär erspart worden. Und was das
Schlimmste: die Klage des redlichen Idealisten über den
gemeinen Sinn der Genossen, sie ist der Sachlage gegenüber nicht einmal gerechtfertigt! Es ist eine zweischneidige
Tugend, die Zwecke wollen und die Mittel verschmähen!

> „Ich kann kein Geld durch schnöde Mittel heben,
> Beim Himmel! Lieber prägt' ich ja mein Herz
> Und tröpfelte mein Blut für Drachmen aus,
> Als daß ich aus der Bauern harten Händen
> Die jämmerliche Habe winden sollte,
> Durch irgend einen Schlich!" —

Das sind treffliche Grundsätze. Aber mit tröpfelndem
Herzblut kann man die Legionen nicht zahlen, und die
sentimentale Verachtung des Geldes hat noch selten eine
Kasse gefüllt. So endigt die Predigt gegen Erpressungen
denn prosaisch genug — mit einer Bitte um Geld! Klingt
es nicht fast wie Selbstironie, wenn Brutus fortfährt:

> „Ich sandt' um Gold zu Euch,
> Um meine Legionen zu bezahlen:
> Ihr schlugt mir's ab. War das, wie Cassius sollte?
> Hätt' ich dem Cajus Cassius so erwiedert?
> Wenn Marcus Brutus je so geizig wird,
> Daß er so lump'ge Pfennige den Freunden
> Verschließt, dann rüstet eure Donnerkeile,
> Zerschmettert ihn, ihr Götter!"

Zu doppelter Ehre gereicht es nun dem Dichter, daß er
durch diesen unvermeidlichen Rückschlag sich nicht verleiten
ließ, Brutus unter sich selbst herabsinken zu lassen. Es
ist wahr, die Auflehnung des Einzelnen gegen das Gesetz
der Dinge führt zum Untergange, und käme ihre bewegende
Kraft aus der reinsten Quelle höherer Menschlichkeit.
Aber seine Würde wird das an sich Edle dabei nicht ein-
büßen, so lange der Zwiespalt aus den Verhältnissen zur
Außenwelt sich nicht auf den Charakter überträgt. Der
nun erfolgende vollständige Sieg des Brutus über die weniger ideale, aber keineswegs gemeine Natur des Cassius,
die Versöhnung der Feldherrn ist eine ergreifende Huldigung des Dichters vor den geheimnißvollen Gewalten des
edlen auf sich selbst ruhenden Herzens, die auch da gött-
lich und schön bleiben, wo sie die Schranken der realen
Welt zu ihrem eignen Verderben durchbrechen.

Porcia's Tod, in ächt antiker, einfacher Größe geschildert, löst dann das Streben des Vorkämpfers einer
für immer entschwundenen Freiheit von den letzten Hoffnungen auf persönliches Glück. Aber seine Manneskraft wird
durch den furchtbaren Schlag nur gesammelt, nicht erschüttert.

> „Wir müssen sterben,
> Messala; dadurch, daß ich oft bedacht
> Sie müss' einst sterben, hab' ich die Geduld
> Es jetzt zu tragen!"

Das ist seine ganze Todtenklage. Es versteht sich übrigens,
daß hier nicht das System der stoischen Philosophie, sondern die Heldenseele eines von je auf das Große und
Edle gerichteten Mannes ihren Triumph feiert. Wer das
verkennen wollte, den weist der Dichter in den unmittelbar
folgenden Worten des Cassius zurecht:

> „Durch Kunst hab' ich so viel davon, als Ihr,
> Doch die Natur erträg's in mir nicht so."

Von nun an geht es mit schnellen Schritten zu Ende.
Die Erscheinung des Geistes giebt dem innern Zusammenbrechen aller hoffnungsfreudigen Spannkraft ihren symbolischen Ausdruck. Sie ist treu nach Plutarch eingeführt, nur
mit dem ächt Shakspeareschen und ächt modernen Zusatz:

> „Nun ich ein Herz gefaßt, verschwindest Du!"

Da die furchtbare Entscheidung naht, läßt dann, bezeichnend genug, die philosophische Theorie selbst einen Brutus
vollständig in Stich. „Er trägt zu hohen Sinn, um
je den Siegeszug der Ueberwinder zu zieren," — er, der
Cato um seinen freiwilligen Tod tadelte, der so eben den
Ausspruch that:

„Ich weiß nicht, wie es kommt,
Allein ich find es feig und niederträchtig
Aus Furcht was kommen mag, des Lebens Zeit
So zu verkürzen."

Es ist nun einmal so: nicht die Resultate des Den=
kens, sondern die gesammte Persönlichkeit, herangewachsen,
wie sie ist aus Naturanlage, Erfahrungen und selbstbewußter
Entwickelung, sie entscheidet in letzter Instanz. Als dann
die bösen Ahnungen sich zu erfüllen anfangen, als Miß=
verständniß und Verzweiflung in den Reihen des Brutus
ihr Werk beginnen, da ertönt der tragische Schicksalsspruch
aus des Feldherrn eignem Munde:

„O, Julius Cäsar! Du bist mächtig noch!
Dein Geist geht um. Er ist's, der unsre Schwerter
In unser eignes Eingeweide kehrt!"

Wer wollte entscheiden, wo hier die düstere Ergebung
in den unabänderlichen Lauf des Geschicks von eigentlicher
Reue, wenigstens Eingeständniß des politischen Fehlers sich
scheidet! Und wenn wirklich ein Tropfen bitterer Reue ihm
das Leeren des unvermeidlichen Kelches erschwert, so liegt
daneben ein reicher, versöhnender Trost in den Worten des
Sterbenden:

„Mitbürger, meinem Herzen
Ist's Wonne, daß ich noch im ganzen Leben
Nicht Einen fand, der nicht getreu mir war."

Und doch hatte gerade sein unpraktischer Idealismus
das meiste Unglück verschuldet! — Sein freiwilliger, ge=
laffener Tod vollendet endlich die Sühne und rechtfertigt
in vollem Maaße die berühmten Schlußworte, in denen

(durch des siegenden Feindes Mund) der Dichter über diesen
leuchtenden Stern unter seinen tragischen Helden die Weihe
des Genius ausspricht:

> „Dieß war der beste Römer unter Allen:
> Denn jeder der Verschwornen, bis auf ihn,
> That, was er that, aus Mißgunst gegen Cäsar.
> Nur er verband aus reinem Biedersinn,
> Und zum gemeinen Wohl sich mit den Andern.
> Sanft war sein Leben, und so mischten sich
> Die Element' in ihm, daß die Natur
> Aufstehen durfte und der Welt verkünden:
> Dieß war ein Mann!" —

An diese einsame Offenbarung des einem sinkenden
Zeitalter entfremdeten und darum sich und andern verderblichen Mannes-Ideals schließt sich nun nicht, wie der schwache
Epheu an den starken Baum, sondern wie ein fröhlich neben und mit erwachsender schwesterlicher Stamm sein Weib,
die in wenig Meisterstrichen gezeichnete Porcia.

Ihr Verhältniß zu Brutus hat Nichts von der sinnlichen
Gluth, die Julien zu Romeo hinzieht; auch über Lady
Percy's Stellung zu dem gutherzigen, tollköpfigen Heißsporn
ragt sie mit der ganzen Ueberlegenheit hervor, welche die
volle, bewußte Uebereinstimmung durchgebildeter Charaktere
von bloßen Temperamentssympathieen unterscheidet. Es ist
die volle geistige und sittliche Ebenbürtigkeit des Weibes,
nur mit einem specifisch antik-römischen Zuge: ich meine
die getreu aus Plutarch aufgenommene Anekdote von der
Wunde, durch deren freiwillige, standhafte Ertragung sie
das Vertrauen des Gemahls erzwingt. Auch ihr Tod, aus
dem Geschichtsschreiber ebenfalls ins Drama übergegangen,

giebt ihr eine für unser Gefühl ein wenig fremdartige Größe.
Einen Hauch frischen, warmen Lebens aber breitet das Gedicht (wie der Bericht Plutarch's) über die etwas kalte
Marmorschönheit dieses Charakters aus, indem es ihr an
den Schwächen ihres Geschlechts einen kleinen, aber unendlich liebenswürdigen Antheil zukommen läßt. Man erräth
ohne Mühe, daß ich von der krampfhaften Ungeduld und
Aufregung spreche, mit welcher Porcia an dem verhängnißvollen Tage ihre Diener nach Botschaft vom Capitol in
Bewegung setzt. Das ängstliche Sorgen, diese halb unter-
drückten verrätherischen Fragen, das athemlose Beben des,
wenn auch heroischen, Weibes unter der Last des ungeheuren Geheimnisses: Alles das bringt sie unserm Herzen so
nahe, indem es uns zugleich den Maaßstab für die Schätzung
ihres Heroismus gewährt. Die ganze Erscheinung ist hier
die des fein fühlenden, liebenden Weibes, deren Sieg über
die sprichwörtliche Schwäche des Geschlechts uns doppelte
Theilnahme abnöthigt, weil wir ihr ansehen, wie schwer er
ihr wird. Es dürfte wenig so kleine Rollen in der gesammten dramatischen Literatur geben, die diese Fülle von Leben
und Eigenthümlichkeit zeigen.

Dieß die idealen Gestalten des Dramas. In bunter
Mannigfaltigkeit gruppiren sich um sie her die Kinder der
Zeit, die Anbeter des Erfolges, vom genialen siegreichen
Imperator bis hinab zur gedankenlosen Masse des Volks. —
Voran steht Cäsar, nicht durch seine Wichtigkeit für die
Handlung des Stücks, noch durch den Raum, welchen der
Dichter seiner Durchführung widmet — wohl aber durch
den Adel, die innere Würde seiner Erscheinung. Den

3*

idealen Mächten des Lebens ist er näher verwandt, als
Cassius oder irgend einer der „Republikaner", mit Ausnahme
des Brutus. Mehr in vollendeter, fertiger Erscheinung,
als in dem organischen Werden der eigentlich dramatischen
Charaktere, mehr Andern zum Handeln Aufforderung und
Anlaß gebend, als selbst thätig eingreifend, zeigt er gleichwohl in jedem Zuge auf wirksamste Art den Cultus der
egoistischen, aber genialen Kraft, entschuldigt, fast gerechtfertigt durch die Nothwendigkeit der Dinge, durch seine
Uebereinstimmung mit den thatsächlichen Verhältnissen der
Zeit. Zögernd und vorsichtig, aber den Nahestehenden vollkommen erkennbar, läßt er, auf dem Gipfel aller nach der
bestehenden Ordnung zulässigen Macht, das Trachten seines
ehrgeizigen Sinnes nach dem leeren Schimmer eines seinem
Volke verhaßten Ranges blicken. Sichtlich ungern weist er
die Krone zurück, die der Menschenkenner Antonius unge-
heißen ihm bietet — und so viel Triumphe, die ganze Fülle
der Macht und des Erfolgs werden ihm fortan die Erfahrung nicht ersparen können, daß die Menge vor den Dingen,
und wären es die schlimmsten, weit weniger erschrickt, als
vor den Namen, die zu den Dingen gehören — eine Lehre,
welche seine Nachfolger, kleine und große, sich beiläufig recht
wohl gemerkt haben. Ebenso hat der Grundsatz, nach dem
er auf der Höhe der Macht, nach ruhigem Besitz und Genuß sich sehnend, seine Umgebung wählt, seinen Platz im
Katechismus der Machthaber behauptet.

> „Laßt wohlbeleibte Männer um mich sein,
> Mit glatten Köpfen, und die Nachts gut schlafen."

Der Gedanke stammt übrigens aus dem Plutarch, der ihn seinerseits aus der Praxis aller Tyrannen ohne besondere Inspiration hätte entnehmen können. Shakspeare nimmt hier nur das Verdienst der sehr geschickten Dialogisirung in Anspruch. Ebenso in der trefflichen Scene zwischen Cäsar und Calpurnia, die dem letzten, verhängnißvollen Gange des Helden vorangeht. In der souveränen Gleichgültigkeit gegen das Unvermeidliche besitzt der Imperator das köstlichste Erbtheil des durch und durch thatkräftigen Mannes, den die frische, scharfe Luft des Lebens gegen den aufregenden und betäubenden Einfluß der überreizten Phantasie gestählt hat. Das wahre Geheimniß alles Heldenmuths enthüllt sich in den kurzen prächtigen Worten:

„Von allen Wundern, die ich je gehört,
Scheint mir das größte, daß sich Menschen fürchten,
Da sie doch sehn, der Tod, das Schicksal Aller,
Kommt, wann er kommen soll!“

Die augenblickliche, einigermaßen befremdende Nachgiebigkeit gegen die vom Gange abmahnende Calpurnia, auf welche dann plötzlich, dem Decimus Brutus gegenüber, verdoppelter Starrsinn folgt — sie erklärt sich wohl am einfachsten durch die Erwägung, daß Brutus eben geflissentlich die empfindlichste Stelle dieses Charakters berührt hat: seine tief innere, quälende Sorge um die Solidität seiner Erfolge. Und nur zu gut weiß der, wenn noch so geniale und siegreiche Emporkömmling, daß seine Zaubermacht über die Gemüther eins ist mit dem Glauben an die Unfehlbarkeit seines Willens. Was dem furchtsamen, liebenden Weibe gegenüber eine gleichgültige Gefälligkeit war, würde Ange-

sichts des kaum zum Unterthanen herabgesunkenen Standesgenossen zu gefährlicher Schwäche.   Auf die wahrhaft olym-
pische Hoheit des Imperators in der Stunde des Verhängnisses wurde schon hingewiesen.   Die Scene wetteifert in
hochtragischer Wirkung mit allem Vollendetsten, was die
Dichtkunst in alter und neuer Zeit geschaffen.

Schon eine Stufe tiefer auf der Leiter sittlicher, vielleicht auch ästhetischer Werthschätzung steht Cassius, nach
Brutus die ausgeführteste Rolle des Stücks.   Neidischer
Ehrgeiz, nicht Liebe zum Volke, noch der kategorische Imperativ des männlich kühnen Gedankens ist die Triebfeder
seines Thuns.   Shakspeare zeichnete ihn treu nach dem von
Plutarch gegebenen Grundriß: „Von Cassius, einem leidenschaftlichen und entschlossenen Manne, der oft um des Ge-
winnes willen sich vom Rechten entfernte, glaubte man, daß
er Krieg führe, umherziehe und Gefahren bestehe, hauptsächlich um sich eine Herrschaft zu gewinnen, nicht aber den
Mitbürgern die Freiheit.“   Und an einer andern Stelle:
„Es herrschte der Glaube, daß Cassius gewaltig im Kriegs-
werk sei, aber von zornigem Gemüth, und daß er vornämlich durch die Furcht herrschte.   Gegen seine Vertrauten
aber sei er allzusehr zu Scherzen und Späßen geneigt.“ —
Es ist der ächte vollblütige Aristokrat, auch nicht entfernt
der Freiheitsheld im modernen Sinne, der in dem Ausruf
sich ankündigt:

> „Mir wär's so lieb, nicht da sein, als zu leben
> In Furcht vor einem Wesen wie ich selbst!“

Die ganze berühmte Erzählung von dem Wettschwim-
men in der Tiber, bei dem Cäsar ermüdete, von dem Fieber,

in dem der Weltgebieter wie ein schwaches Mädchen rief:
„Titinius, gieb mir zu trinken!" sie athmet auch gar nichts,
als Neid gegen den ehemaligen Kameraden, der bessere
Carriere gemacht. Aber freilich, dieser Neid ist hier die
Krankheit einer starkmüthigen, entschlossenen Seele; ein fester
Wille, ein klarer, unbestechlicher Verstand sind ihm gefährliche Diener — und so bleibt er denn fern von dem Gedanken, durch Unterwerfung das bessere Glück des Andern
für sich auszubeuten und in sicherer Ruhe, unter dem Schutze
des ebenso gefürchteten als gehaßten Ueberwinders, die Gelegenheit zu kleinlicher Schadloshaltung zu erspähen. So
wird er die Seele der Verschwörung, er der kalte, scharf-
blickende Rationalist, bei dessen hagern Zügen es Cäsarn
längst nicht ohne Grund unheimlich wurde.

> „Der Mensch ist manchmal seines Schicksals Meister:
> Nicht durch die Schuld der Sterne, lieber Brutus,
> Durch eigne Schuld nur sind wir Schwächlinge."

Diesem Glaubensbekenntnisse, dem des kalten, thatkräftigen Weltmannes, bleibt er getreu bis zum Schluß.
Er ist ein großer Prüfer, er durchschaut die Menschen,
und wenn der Drang des Lebens ihn für einen Augenblick
los läßt, so ist Vorbereitung auf neuen Kampf, nicht Ruhe
und Genuß seine Sache. Er liebt nicht Spiel noch Musik,
wenn er lächelt, scheint er sich selbst zu höhnen — Denken
und Lesen ist seine Erholung von der Anstrengung des
Wirkens. Solch' eine Natur, einmal in Bewegung gesetzt
auf ein großes Ziel hin, hat natürlich mit der gefährlichen,
weil selbstständigen Gewalt abstracten Denkens und idealen

Fühlens scharf und gründlich gebrochen. Für sie hat es keinen Sinn: den Zweck wollen und vor den Mitteln erschrecken. Ginge es nach Cassius Meinung, so würde dem gefährlichen Antonius des Brutus ästhetischer Edelmuth wenig zu Gute kommen, den es „zu blut'ge Weise dünkt, das Haupt abschlagen und zerhau'n die Glieder, wie Grimm beim Tod und Tücke hinterher." Die schlimme Zeit des Bürgerkriegs findet ihn nachgiebig gegen ihre Forderungen. Er nimmt das Geld, dessen er bedarf, wo er's findet, und sieht tüchtigen Offizieren mit dem Auge des Feldherrn auf die Hände, nicht mit dem des Moralisten oder des gewissenhaften Kassierers. Wie bei Brutus der unpraktische Idealismus, so geht hier das derbe Hantieren mit dem nicht gar zu reinlichen Material der Parteipolitik bis hart an die Grenze, welche das Charakteristische nicht überschreiten darf, ohne der tragischen Würde zu schaden. Die Grenze wird erreicht, aber nicht überschritten. Und zwar ist es ein Meisterzug, durch welchen der Dichter hier nach beiden Seiten hin allen Anforderungen gerecht wird. Brutus würde zum eingebildeten Träumer herabsinken, Cassius zum mittelmäßigen platt egoistischen Verschwörer, wenn die Versöhnung der Feldherren nicht in der Eigenthümlichkeit eines jeden von ihnen die tüchtige Grundanlage eines ächten Mannescharakters zur Anschauung brächte. Der Historiker lieferte hier nur die nackte Thatsache — die ganze, unübertreffliche Motivirung ist des Dichters. Von ganz besonders freundlicher Wirkung ist das rein gemüthliche und menschliche Moment, welches die eintreffende Nachricht von Porcia's Tod den ernsten strengen Gründen der männlichen Entschei-

dung hinzufügt. Die warme aufrichtige Theilnahme am
Schicksal des Freundes läßt es uns dem ehrgeizigen Partei=
führer fast verzeihen, daß er im Grunde doch wider besseres
Wissen den zum Verschwörer nicht geschaffenen Denker auf
die gefährliche Bahn gelockt hat. Zumal da er es kei=
neswegs ungestraft gethan. Mit des Antonius verderblicher
Schonung hatte er von Hause aus das Bündniß des Brutus
bezahlt — jetzt kostet ihn die Aussöhnung mit dem Ge=
nossen den unpraktischen Marsch gegen Philippi. Daher
denn auch die Bangigkeit, welche, gegen seine Natur, am
Tage der Entscheidung seinen Sinn umdüstert:

> „Sei mein Zeuge,
> Daß ich gezwungen, wie Pompejus einst,
> An eine Schlacht all' unsre Freiheit wage.“

So macht sich der Epicuräer zum ersten Mal böse
Gedanken über Adler, Geier und Krähen. Der Sieg des
Mitfeldherrn selbst wird seiner kranken Phantasie zum ein=
gebildeten Schreckniß; er ist mit sich selbst im Streit,
doch nicht, wie Brutus, weil die Vernunft und die Berech=
tigung — sondern weil die Zweckmäßigkeit und Ausführ=
barkeit des Beginnens ihm zweifelhaft wurde, an welches
er sein Leben gesetzt.

> „Mißtrau'n im guten Ausgang bracht' ihn um!“

So deutet der Dichter schlicht und einfach die von der
Geschichte überlieferte Entscheidung, nachdem er uns zu
Zeugen und Richtern ihrer Nothwendigkeit gemacht hat.

Unter den übrigen Verschworenen ist nur Casca, zwar
auch kurz, aber mit eingehender Charakteristik gezeichnet.

Seine Weise ist ganz die der Shakspeare'schen Humoristen,
der Männer mit tiefem Gemüth und festem Willen, unter
der unscheinbaren Maske ungehobelter Derbheit und sorg-
losen Leichtsinns. Bemerkenswerth in seinem Bericht über
die Vorgänge beim Lupercalienfest ist der englische, gentle-
männische Abscheu gegen die Sklavenzeichen der unfreien
plebejischen Lebensweise. Die schweißigen Nachtmützen des
Volks, seine harten, schmutzigen Hände, sein übler Athem,
sind dem aristokratischen Sinne Casca's und Shakspeare's
kaum weniger zuwider, als der gedankenlose Unverstand,
mit dem jene schwieligen Hände und schweißigen Mützen
ihre Huldigungen darzubringen pflegen, oder als der Unsinn,
der, getragen von den Wolken jenes üblen Athems, auch
die geistige Atmosphäre verpestet. Dabei wird freilich diesen eigentlichen, schlimmsten Erbsünden der vielköpfigen
Menge kein satirischer Geißelhieb erspart. Casca's Hohn
gegen das ganze lumpige Treiben, gegen „Ihre Edlen“,
vor welchen Cäsar gelegentlich sentimental wird, gegen die
Weibsbilder, die dem Imperator leutselig seine Sünden
vergeben — es ist durchweg der Abscheu des modernen
Dichters vor der blöden, allem sittlichen und geistigen Bewußtsein entfremdeten Menge. Shakspeare ist eben durchweg Aristokrat des Geistes, wie Schiller und Goethe, oder
sonst jemals ein Dichter. Aber er ist der Aristokrat, dessen
Charakter mitten in einem tüchtigen, freien Gemeinwesen
sich bildete. Unsre großen Landsleute sind die Hohenpriester
des Geistes, Shakspeare ist der thatkräftige, lebensfreudige
Herrscher. Wenn die deutschen Sänger sich in das Aller-
heiligste des Herzens zurückziehen, oder eingehüllt in die

Goldwolken der Phantasie sich gewöhnlichen Blicken entziehn,
so steigt der Engländer frisch und mit klaren Sinnen auf
den Markt des Lebens herab: So leutselig und derb, aber
auch ganz so vornehm, wie der Lord, der in den Weih=
nachtsferien mit seinen Pächtern Cricket spielt und sie in der
Halle seines Ahnenschlosses um den Ale=Krug versammelt.
Im Julius Cäsar kommt nun der historische Stoff dieser
Auffassung ausnahmsweise günstig entgegen.   Diese römische
Volksgemeinde, wie Plutarch sie schildert, ist nicht mehr die
politische Corporation, deren Ausdauer und Tüchtigkeit zu
einer Weltmacht den Grund legte — aber eine letzte Erin=
nerung besserer Zeiten sichert ihr noch ein gewisses Maaß
formeller Bedeutung im Leben des Staats: Daher jener
Gegensatz zwischen Befähigung und Berechtigung, zwischen
Leistung und Anspruch, der in den Volksscenen „Julius
Cäsar's" abwechselnd so komisch und so furchtbar wirkt.
Diese Erinnerung führt uns denn auch unmittelbar zur Be=
trachtung des Charakters, den Anlage und Bildung recht
eigentlich zum Herrscher in diesem Elemente bestimmt zu
haben scheinen.

Der radicale Gegensatz zu des Brutus Wirken und
Sein, ist Antonius recht eigentlich der Repräsentant der
genialen Kraft, die dem fröhlichen Kultus des Sinnenge=
nusses sich hingiebt, und nur in zweiter Linie dem der
Macht und der Ehre. Beide sind ihm nicht Zweck, sondern
Mittel. Wir lernen ihn kennen als den geschmeidigen Lieb=
lings=Diener, den eigentlichen „Macher" des Herrschers, den
freiwilligen resp. vorwitzigen Dolmetscher seines klug ver=
steckten Willens, den gewiegten Hofmann, der nicht, was

der Herr sagt, sondern was er sagen und thun möchte, zu
seinem Studium macht. Dem Brutus, dessen erhabene Gesinnung er vollkommen begreift und achtet, ohne sie theilen
zu wollen oder zu können, ist er eben darum in allen praktischen Dingen überlegen. Sein erstes Auftreten gegen ihn
hat Etwas von dem Kampf des Sehenden gegen den Mann
mit verbundenen Augen. Dabei kommt ihm die allen Genußmenschen eigene Erregbarkeit des Gefühls trefflich zu
statten. Wahrer Schmerz über das schmähliche Ende des
angebeteten Feldherrn und schlaue Berechnung der Sachlage
und der Eigenthümlichkeit des Gegners verbinden sich in
der berühmten Todtenklage zu unwiderstehlicher Wirkung —
unwiderstehlich für jeden poetischen Eindrücken nicht ganz
unzugänglichen Zuschauer, wie für den leicht vertrauenden
Brutus, der dem schlauen, unerbittlichen Feinde alsbald die
gefährlichste Waffe selbst in die Hand giebt. Und Antonius
ist der Mann dazu, sich ihrer so rücksichtslos als gewandt
zu bedienen. Seine Menschenkenntniß, seine geniale Kraft,
die glückliche Mischung sentimentaler Erregbarkeit und kalter
leichtblütiger Selbstsucht in seinem bereits durch eine hohe
Schule der Anstrengungen und Genüsse gegangenen Temperament — das Alles bereitet ihm in der berühmten Volks-
scene des dritten Actes den vollständigsten Triumph.

Er beginnt schlicht und anspruchslos mit einem Aufruf
an einfache, unvermittelte Gefühle. Mit aller Aufrichtigkeit,
aller Wärme, die seiner leichten Natur zu Gebote steht,
macht er dem Schmerze Luft, über den ihm und Allen
entrissenen Freund. Er klagt Niemanden an, wie dürfte er,
da Brutus ja ein ehrenwerther Mann, und so sie Alle, Alle

ehrenwerth? — Aber haben denn nicht alle diese guten
Bürger gesehen, wie der um Herrschsucht Getödtete dreimal
die Krone ausschlug? Und wäre es nicht schmählicher Undank, zu schweigen von dem Manne, dessen Siegesbeute den
Schatz gefüllt, der weinte, wenn Arme zu ihm schrie'n?
Und wer vollends sein Testament dem Volke läse, könnte
er verantworten, was daraus entstände, sobald die Bürger
einmal wissen, daß sie ihn beerben?

So wäre denn das liebe Publikum genugsam vorbereitet, um das Maestoso der Symphonie, die hochpatheti-
sche Klage an dem enthüllten Leichnam gebührend zu vernehmen. Der Feuerstrom dieser Rede bricht bis heute unfehlbar siegreich sich Bahn, wo auch nur annäherndes
Verständniß des Schauspielers oder Vorlesers eine rhetorische
Wirkung ermöglicht.

> „Wofern ihr Thränen habt, bereitet Euch
> Sie jetzo zu vergießen. Diesen Mantel,
> Ihr kennt ihn Alle; noch erinnere ich mich
> Des ersten Males, da ihn Cäsar trug,
> In seinem Zelt, an einem Sommerabend —
> Er überwand den Tag die Nervier.
> Hier, schauet! fuhr des Cassius Dolch herein;
> Seht, welchen Riß der tück'sche Casca machte!
> Hier stieß der vielgeliebte Brutus durch.
> Und als er den verfluchten Stahl hinwegriß,
> Schaut her, wie ihm das Blut des Cäsar folgte,
> Als stürzt' es vor die Thür, um zu erfahren,
> Ob wirklich Brutus so unfreundlich klopfte.
> Denn Brutus, wie ihr wißt, war Cäsar's Engel. —
> Ihr Götter, urtheilt wie ihn Cäsar liebte!
> Kein Stich von allen schmerzte so wie der:
> Denn als der edle Cäsar Brutus sah,

Warf Undank, stärker als Verrätherwaffen,
Ganz nieder ihn: da brach sein großes Herz.
Und in den Mantel sein Gesicht verhüllend,
Grab' am Gestell der Säule des Pompejus,
Von der das Blut rann, fiel der große Cäsar.
O meine Bürger, welch' ein Fall war das!
Da fielet ihr und ich; wir Alle fielen,
Und über uns frohlockte blut'ge Tücke.
O ja! nun weint ihr, und ich merk' ihr fühlt
Den Drang des Mitleids: dieß sind milde Tropfen.
Wie? weint ihr gute Herzen, seht ihr gleich
Nur unsers Cäsar's Kleid verletzt? Schaut her!
Hier ist er selbst, geschändet von Verräthern!"

Die Empörung durchbricht nun alle Dämme. Mit
herrlicher Menschenkenntniß läßt der Dichter das so eben
noch stürmisch geforderte Testament gänzlich vergessen. Wer
je dem aufregendsten aller Schauspiele beiwohnte, — dem
mächtigen, urplötzlichen Aufbrausen des Gefühls in einer
großen versammelten Menge, der wird die Wahrheit und
Freiheit dieses Zuges zu würdigen wissen. Das Allegro-
furioso des Schlusses reißt dann Alles mit, nur den Kom-
ponisten nicht, der in ächter Virtuosen-Manier sich bei Seite
schleicht und mit seinen Freunden den Gewinn der Vorstellung berechnet.

Das Schicksal des Poeten Cinna, dem die sentimentale
Bestie, patriotischer Pöbel genannt, „den Verräther-Namen
aus dem Herzen reißt", würde man sicher für eine recht
charakteristische Erfindung Shakspeare's halten, wenn die
Geschichte nicht im Plutarch stände, bis auf den freilich ganz
englischen Humor des höhnenden Aufrufs:

„Zerreißt ihn für seine schlechten Verse!"

Auch sieht es bei Plutarch beinahe so aus, als wäre die Sache bis zuletzt ein aufrichtiges Mißverständniß, während hier das aufgeregte Blut der tollen Menge ein Opfer verlangt, und in der zufälligen Namens-Gleichheit nur einen äußern Anstoß findet, der wilden Lust zu genügen. Es versteht sich, daß in dieser Gesellschaft die geniale, rücksichtslose, mit Schlauheit verbundene, auf die Gemeinheit der Masse spekulirende und über ihr Ziel vollkommen klare Kraft den Sieg davonträgt — um dann ihrerseits der mittelmäßig begabten, aber ausdauernden Gewinn- und Herrschsucht zum Opfer zu fallen. Die Erscheinung des Octavian, welche diese Entwickelung der Dinge vorbereitend ankündigt, ist hier nur Skizze zu dem in Antonius und Kleopatra sorgfältig ausgeführten Bilde. Die Charaktere der beiden Triumvirn werden dort durch den ganzen Verlauf ihrer nothwendigen Entwickelung vorgeführt, der des Marc Anton bis zu völligem Versinken in die Knechtschaft niedrigster sinnbethörender Sinnlichkeit; die Selbstsucht Octavian's bis zu dem Triumph des vollständigsten äußern Erfolges. Es erscheint daher zweckmäßig, die nähere Entwickelung und gründliche Gesammtwürdigung dieser Erscheinung der Betrachtung des folgenden Drama's zu überweisen.

Anmerkungen zur dreizehnten Vorlesung.

---

[1] (S. 1.) Unter dem Titel „The Tragedie of Julius Cäsar" wurde das Stück in der Folio-Ausgabe von 1623 zum ersten Male herausgegeben; bis dahin hatte die Gesellschaft des Globe-Theaters das Manuscript des von vorn herein beliebten Drama's zurückgehalten. Das Jahr der Entstehung ist mit Bestimmtheit nicht zu bezeichnen. Jedoch wird die Vermuthung schon durch die ebenso einfache und natürliche, als hochpoetische Sprache auf die beste Zeit des Dichters gelenkt, auf jene denkwürdigen Jahre, in welchen in staunenerregender Fülle seine vollendetsten Werke sich drängen, Historien, Tragödien und Lustspiele durcheinander, da zwischen 1598 und 1603 „Heinrich IV." und „Heinrich V." neben „Was Ihr wollt" und „Viel Lärmen um Nichts" entstanden, sowie „Othello" und „Hamlet". Zwischen die Schöpfung dieser beiden Trauerspiele fällt höchst wahrscheinlich die des „Julius Cäsar". Es erschien im Jahre 1603 ein Heldengedicht von Drayton „The Baron's War", die zweite Bearbeitung der 1596 herausgekommenen „Mortimeriados" desselben Dichters. Drayton schildert dort die Kämpfe Eduard's II. und seiner Barone. In einer oft citirten Stelle erinnert er augenscheinlich an des Antonius Zeugniß über Brutus. Die Verse lauten (es ist von Mortimer die Rede):

> Such one he was, of him we boldly say,
> In whose rich soul all sovereign powers did suit,
> *In whom in peace the elements all lay,*
> *So mix'd as none could sovereignty impute;*
> As all did govern, yet all did obey:
> *His lively temper was so absolute*
> *That't seem'd, when heaven his model first began,*
> *In him it show'd perfection in a man.*

Man vergleiche die hervorgehobenen Stellen mit den Worten des Antonius (Julius Cäsar, A. 5, Sc. 5.):

> „His life was gentle; and the elements
> So mix'd in him, that nature might stand up
> And say to all the world „This was a man."

Und daß Drayton an Shakspeare, nicht Shakspeare an Drayton sich erinnerte, dafür spricht deutlich genug die dritte Auflage des „Baron's War's" von 1619. Der Schluß jener Stelle hat sich hier den Wendungen des Drama's noch mehr genähert und lautet:

> „In whom so mix'd the elements did lay,
> That none to one could sovereignty impute.
> As all did govern, so did all obey:
> He of a temper was so absolute,
> As that it seem'd, *when Nature* him *began,*
> *She meant to show all that might be in man."*

Die Vermuthung, daß Julius Cäsar am Anfange des Jahrhunderts, etwa 1602, erschien, wird außerdem dadurch unterstützt, daß um jene Zeit der Gegenstand dieses Drama's erweislich die englischen Theaterdichter lebhaft beschäftigte. Nach einer Notiz im Tagebuch des Schauspiel-Directors Henslowe (vom 22. Mai 1602) arbeiteten damals vier Poeten gleichzeitig an einem Stücke „Cäsar's Fall" für dessen Truppe, und um 1604 gab Lord Stirling ein Drama über denselben Gegenstand heraus.

² (S. 4.) Schon North hatte übrigens nicht das griechische Original vor sich, sondern Amyot's stylistisch vortreffliche französische Uebersetzung, deren einfache Anmuth ihm sehr zu Gute gekommen ist.

³ (S. 4.) Es gehören dahin im Julius Cäsar des Brutus Monolog vor dem entscheidenden Entschluß, (II, 1) mehrere Einzelheiten des Streites und der Versöhnung der Feldherren, namentlich die dabei eintreffende Nachricht von Porcia's Tod, endlich von den beiden berühmten Reden, die des Brutus ganz und gar, die des Antonius beinahe vollständig — in Antonius und Cleopatra die trefflichen Detail-Schilderungen des ägyptisch-römischen Hoflebens, das ergreifende Todesgespräch der Cleopatra und der Iras (A. 5, Sc. 2), sowie die bitter humoristische Scene zwischen der Königinn und dem Bauer, der ihr die Schlangen bringt. Im Coriolan sind nur die

II. 4

meisten Witze des Menenius, die hübsche Erzählung von der Schmet-
terlingsjagd des jungen Marcius und der Streit Coriolan's mit den
groben Bedienten des Aufidius ganz freie Zusätze des Dichters. Von
den zum Theil sehr tendenziösen Auslassungen in diesem Drama wird
später die Rede sein.

⁴ (S. 19.) Sehr weise handelte Shakspeare, da er von den
nähern Angaben Plutarch's über die Familienverhältnisse des Paares
keinen Gebrauch machte. Brutus und Porcia würden an poetischer
Wirksamkeit ebenso viel verlieren, als sie an specifisch römisch-antiker
Färbung gewinnen müßten, wenn wir ahnen dürften, daß Brutus
seine erste Gemahlinn einfach verstoßen hatte, um sich mit Cato's
Tochter zu verbinden.

⁵ (S. 26.) Auch diese Scene ist, wie die im Text analysirte
des vierten Acts, ein wahres Musterstück für dramatische Umgestaltung
eines epischen Stoffes. Shakspeare fand bei Plutarch eine sehr diffuse
Erzählung über den Zwischenfall mit Popilius Länas, über dessen
heimliches Gespräch mit Cäsar die Verschworenen beinahe den Kopf
verloren hätten. Er zog sie in die prägnante Kürze von 12 Versen
zusammen und verwandte den so gewonnenen Raum meisterhaft für
wirksamste Vorbereitung und Ausmalung des Hauptmoments. Der
prachtvollen Entfaltung von Cäsar's dämonischer Heldengröße kurz vor
dem Sturz liegt folgender Bericht des Plutarch zum Grunde:
„Als Cäsar sich gesetzt hatte, versammelten sich die Verschwörer um ihn und stellten ihm einen der Ihrigen vor, der eine
demüthige Bitte um Heimrufung seines verbannten Bruders
vortrug. Sie Alle thaten, als bäten sie für ihn, faßten Cäsar
bei der Hand und küßten sein Haupt und seine Brust. Anfangs wies Cäsar einfach ihre Freundlichkeit und ihre Reden
zurück. Nachher aber, bemerkend daß sie ihn noch weiter bedrängten, stieß er sie „gewaltsam von sich."

⁶ (S. 31.) Shakspeare ignorirt es hier, daß Cassius, nach
Plutarch's Bericht, trotz des Abrathens seiner Freunde, dennoch ein
Drittel seiner Kriegskasse hergab. Uebrigens darf es wohl kaum erwähnt werden, daß die Gestalt dieses ideal uneigennützigen Brutus
von der des historisch beglaubigten gewaltig verschieden ist. Von
Brutus, dem Wucherer, welcher den Salaminiern Geld zu 48 Procent
darlieh und dann nicht zufrieden war, als Cicero die Schuldner an-

wies, statt 100 Talenten ihm 200 zu zahlen, aber die Zinsen nur mit den gesetzlich erlaubten 12 Procent zu berechnen, — von dieser historischen Urgestalt des plutarchischen Muster-Republikaners hatte Shakspeare in seiner Quelle eben Nichts gefunden.

⁷ (S. 32.) Bekanntlich war Cassius Epikuräer, aber Shakspeare nimmt auf die Unterschiede der philosophischen Schulen hier keine Rücksicht.

Vierzehnte Vorlesung.

Antonius und Cleopatra.

Geehrte Versammlung!

Das historische Drama, oder, wie der Titel in der ältesten Ausgabe lautet, die Tragödie „Antonius und Cleopatra" wurde zuerst in der großen Folio=Ausgabe von 1623 gedruckt. Eine bestimmte Angabe der Entstehungszeit läßt sich bis jetzt mit ausreichenden Gründen nicht unterstützen, [1] doch weist der Inhalt und eine Menge Anspielungen darauf hin, daß dieses Stück später als „Julius Cäsar", also nach 1602 entstand, und die nicht selten bis zur Dunkelheit sich steigernde Kühnheit der Sprache, so wie die düstere, herbe Grundstimmung des Ganzen erinnern an die Epoche des „Coriolan" und des „Timon", etwa die Jahre zwischen 1608 und 1610. Shakspeare führt hier die in „Julius Cäsar" eröffnete Staatshandlung bis zu ihrem historischen und dramatischen Abschluß. Dort erhoben sich die Ueberreste einer nur noch formell berechtigten Partei, zum Theil in bester Absicht, gegen eine von innerer Nothwendigkeit herbeigeführte neue Ordnung der Dinge. Wir sahen ihre

ersten, scheinbaren Erfolge, ihre innere Entzweiung, ihr
Unterliegen. Das vorliegende Drama zeigt nun die Klärung der Elemente, welchen die Herrschaft über die neue
Gesellschaft bestimmt ist. Die Handlung umfaßt die wichtigsten Staatsereignisse der römischen Welt, vom Frühling
des vierzigsten bis zum August des dreißigsten Jahres vor
Christi Geburt. Shakspeare entnahm sie, wie die des Julius Cäsar, der North'schen Uebersetzung des Plutarch, und
zwar dem Leben des Antonius, in genauestem Anschluß an
seine Quellen. Es ist keine wesentliche dort mitgetheilte
Thatsache, weder abgeändert, noch zugesetzt, noch fortgelassen.
Selbst die scenische Anordnung weicht von der chronologischen des Geschichtschreibers nur da ab, wo die natürlichen
Grenzen einer dramatischen Aufführung Verkürzung und Zu-
sammendrängung unumgänglich nothwendig machten. Die
Eröffnung der Scene zeigt Antonius am Hofe der ägyptischen Königinn in phantastisch = maaßlose Genußsucht ver-
sunken. Unglücksbotschaften aus Rom und aus Syrien
schrecken ihn auf. Er eilt nach Italien, wo Octavian
im Begriffe steht, mit ihm zu brechen. Noch einmal
kommt die Versöhnung zu Stande. Fulvia's Tod hat so
eben das politische Ehebündniß zwischen Antonius und
Octavian's seit kurzem verwittweter Halbschwester möglich
gemacht; Sextus Pompejus, der letzte Führer der republikanischen Aristokratie, wird in den Frieden eingeschlossen.
Alles scheint glücklich gelöst in dem Augenblicke als, ächt
dramatisch, die innere tragische Verwickelung beginnt. Antonius, die Trennung von Cleopatra mit schwerer Ueber-
windung ertragend, geht mit seiner Neuvermählten nach

Athen, indeß sein Legat Ventidius Ruhm im Kampf
gegen die Parther erntet. Wir erfahren in ein Paar sehr
geschickt angelegten Scenen alle Hauptereignisse der Jahre
38—31: Octavian's Umsichgreifen im Westen, die Beseiti‐
gung des Lepidus und des Pompejus; Octavia's Sendung
nach Rom, den letzten, vergeblichen Vermittelungs‐Versuch,
und des Antonius fortdauernde Mißgriffe im Osten. Erst
mit der Schlacht bei Actium tritt wieder breite und leben‐
dige Ausführung an Stelle des kurzen Skizzirens. Der
Dichter führt uns in frischester Gegenständlichkeit den ent‐
scheidenden Moment in des Antonius Niederlage vor, dann
sein letztes, nutzloses Aufraffen, Cleopatra's Verrath, das
tragische Ende, welches sie zunächst dem von Leidenschaft
bis zum letzten Augenblick geblendeten Feldherrn, dann auch
sich selbst bereitet. Die Darstellung wird ausführlicher,
drastischer in dem Maaße, als die welthistorische Entschei‐
dung aus dem Gewirr weit auseinander liegender Ereig‐
nisse hervortritt, um in dem Schicksal der beiden Haupt‐
personen zu gipfeln. Der Dichter vollendet seinen Weg,
wie er ihn begonnen hat, an der Hand des Erzählers, mit
einer bis auf die kleinsten Nebenumstände sich erstreckenden
Treue. Cleopatra's Verrath, ihre Schwäche bei den ver‐
lockenden Anträgen des Thyreus, des Antonius leidenschaft‐
liche Eifersucht, das schlaue Einlenken der Königinn, alle
hervor tretenden Einzelheiten des letzten Kampfes, dann des
Antonius Tod, Cleopatra's verfehlte Speculation auf Cäsar
und ihr heroisches Ende, — Alles das fand Shakspeare
bei Plutarch, und es fiel ihm nicht ein, aus Originalitäts‐
Sucht das herrliche Material zu ändern, wo es sich in dieser

Fülle ihm darbot. Es kommt hier kein anderes Verdienst
auf seine Rechnung, als die treffliche, bühnengerechte Gruppirung und jene, hier nicht gerade sehr zahlreichen, aber
feinen und vollendeten Meisterstriche, durch welche er hie
und da die Gestalten des großen Gemäldes verbindet,
angedeutete psychologische Perspectiven mit der ihm eigenen
Menschenkenntniß ausführt und erweitert, und über das Ganze
den Zauber des frischesten, unmittelbar wirkenden Lebens ausschüttet. In ihrer Gesammtheit zeigt uns diese eminent historische Tragödie den dramatischen Auflösungsproceß einer
unwiderruflich aus ihren Fugen gewichenen Weltordnung.
Nicht mehr die abstracte Rechtsidee kämpft gegen die souveräne Gewalt des Genies und gegen die derben und festen
Fäden des Netzes, mit welchem die gemeinen Interessen sie
umgarnen. Die Selbstsucht, das Ringen um den Besitz,
die Macht, der materielle Genuß herrscht hüben und drüben.
So verliert das Stück einen guten Theil des erhebenden
Schwunges, auf welchem die unvergleichliche Wirkung des
Julius Cäsar beruht. Bittre, unverhohlen ausgesprochene
Welt- und Menschenverachtung erinnert vielfach an die dunkelsten, ernstesten Werke des Dichters. Nicht nur fehlt es
durchaus an idealen Gestalten: selbst das tragische Interesse
wird nicht in seiner ganzen Stärke und Tiefe erregt, denn
die bedeutendsten der handelnden und leidenden Personen erliegen keineswegs unlöslichen Widersprüchen zwischen gleich
berechtigten, oder doch ihnen so erscheinenden, sittlichen
Mächten. Es ist der Sieg der niedrigsten Leidenschaft, der
unersättlichen, willenlosen Genußsucht über die Gebote der
einfachsten Klugheit, um welchen die Katastrophe sich dreht:

und so darf es kaum befremden, daß Antonius und Cleopatra auf der Bühne nie eine sonderliche Rolle gespielt hat.
Doch ist das Drama dabei keinesweges arm an anziehendem
Inhalt. In Bezug auf das Geschick der scenischen Anordnung, in der Kraft und Frische des Dialogs und im Reichthum einer so mannigfaltigen, als feinen und gründlichen
Charakteristik stellt es sich den besten der Historien rühmlich
zur Seite. Shakspeare stellt hier auf geschichtlichem Boden,
wie im Timon in freier Erfindung, eine wahre Gallerie
zusammen zur Naturgeschichte des gemein selbstsüchtigen, die
Breite des Lebens einnehmenden Strebens. Es sind alle
charakteristischen Erzeugnisse dieses Klima's in wohl ausge-
bildeten Exemplaren vertreten. Wir machen die Bekanntschaft alle der subalternen Naturen, aus welchen die Beherrscher einer von Ideen nicht mehr bewegten Welt die Ringe
ihrer Alles umschlingenden Kette bilden, von dem auf die
Brosamen vom Tische des Herrn wartenden Hofgesinde bis
hinauf zu dem „lebensklugen" Musterbeamten, der sich die
goldene Lehre gemerkt hat, daß mittelmäßige Leistungen,
geschickt geltend gemacht, weit sicherer zur Gunst führen, als
die geniale Tüchtigkeit, die den Neid heraus fordert. Es
treten Glücksritter aller Schattirungen auf, Abenteurer im
Weiberrock und im Harnisch, nüchterne und betrunkene Schurken, humoristische und ehrbare, ja hochrespectable Gauner.
Den Sieg im Wettkampf um die Beherrschung und den
Genuß dieser Welt trägt, wie natürlich, die durch die Umstände begünstigte Mittelmäßigkeit davon. Die negativen
Tugenden des geduldigen Abwartens, der leidenschaftlosen
Kälte beherrschen, im Bunde mit rücksichtsloser Selbstsucht,

die Lage. Den breiten Vordergrund des Bildes aber füllt, in den glühendsten Farben gemalt, der Held der genialen Kraft und des zügellosen Genusses, und neben ihm die incarnirte Poesie einer von den höhern Lebensgewalten verlassenen Welt: das königliche Weib, in deren zauberhafter Erscheinung der Dichter Alles vereinigt, was Anmuth, Schönheit, Geist und glühende Leidenschaft ohne die Zucht des Willens und ohne den auf Erkenntniß der Pflicht ruhenden Lebensernst an Herrlichem und Verderblichem, Entzückendem und tief Verächtlichem zu Tage zu fördern im Stande sind.

Versuchen wir, in der bunten Menge dieser Gestalten uns zurecht zu finden, in der geschickt scenisirten Historie die großen Züge des dramatischen Gedichts zu erkennen.

Mit ganz besonderer Sorgfalt läßt der Dichter es sich angelegen sein, uns in den Zuständen und Sitten der Zeit zu orientiren, welche der entfesselten Leidenschaft des charakterlosen Genies solche Befriedigung bieten konnte und ihr eine solche Strafe zu bereiten wußte.

Schon Gervinus hat sehr mit Recht hervorgehoben, daß das Volk hier von der historischen Bühne verschwunden ist. Die wackern Bürger, welche den Befreier Brutus zum Cäsar ausriefen und dann Cinna, den Poeten, um seines Namen willen zerrissen, sie haben ihren Einfluß, wie in der Ordnung, an die Hofleute und Soldaten verloren. Nur einmal werden sie noch beiläufig erwähnt, freilich nicht von einem unparteiischen Beobachter. Aber auch so läßt Cleopatra's Schilderung keinen Zweifel darüber, daß die römischen Straßenpatrioten in der Schätzung des Dichters eher gesunken als gestiegen sind. Um so ausführlicher wird

die Gesellschaft geschildert, in welcher die handelnden Hauptpersonen, die Herren der Welt, die Früchte ihrer Erfolge
genießen, von der sie die Antriebe zu ihrem Handeln empfangen und deren sie sich als Mittel für ihre Zwecke bedienen. Es sind Hofleute, Beamte, Soldaten, auf welche
der Dichter unsere Aufmerksamkeit lenkt. Gleich die erste
Scene führt uns in das Treiben des ägyptischen Hofes ein.
Wir betreten die Hochschule des raffinirten Genusses, die
Hauptstadt des Weltverkehrs, der feinen Bildung und der
üppigsten Ausgelassenheit, das Paradies einer Welt, welche
nach Beseitigung ihrer Jugend-Ideale dem „materiellen Fortschritt" huldigt und bei der Ueberzeugung angelangt ist,
daß alle Weisheit auf der Ausbeutung des Augenblickes
beruht. Buhlerinnen, Eunuchen und Wahrsager führen das
Wort. Frivolität und Aberglauben tragen ihre alte Wahl-
verwandtschaft zur Schau, die Unsittlichkeit produzirt sich
mit dem Humor und der Sicherheit des guten Gewissens.
Sie hat die unschöne Uebergangsperiode der Heuchelei über-
wunden und ist bei einer Art von zweitem Naturzustande
angelangt, bei der Naivetät des Lasters. Die vollendeten
Künstler auf diesem Gebiet sind allerdings Griechen und
Orientalen. Aber wenn die römische Kraft ihren Verlockungen erliegt, so läßt das Drama, wie die Geschichte, uns
keinen Augenblick darüber zweifelhaft, daß bereits ein starker
Zug innerer Verwandtschaft Verführer und Verführte verbindet. Es ist nicht Antonius allein, der sich im Sinnen-
genusse seines Adels entäußert. Seine Kriegsgenossen und
Gegner, den einzigen Octavian ausgenommen, werden von
den Ausländern wohl an Feinheit und Witz, aber nicht an

Sinnlichkeit übertroffen. Das Trinkgelage bei Misenum „ist zwar noch kein ägyptisch Mahl, doch kommt es ihm schon nahe." Eine Iras und ein Alexas würden ein ironisch überlegenes Lächeln nicht unterdrücken, wenn sie es mit ansehen könnten, „wie der dritte Theil der Welt hinaus getragen wird", während die andern in ihren Grundvesten erbeben.

Die einzig wirksame Macht in einer solchen Welt ist natürlich neben dem Eigennutz der äußere Zwang. Das Heer wird die letzte Zuflucht der Kraft und der Sittlichkeit, wenn der Rechtsgedanke und das sittliche Maaß aus der Gesellschaft verschwindet. So verweilt denn Shakspeare mit besonderer Ausführlichkeit bei der Schilderung des Soldatengeistes, welcher die „Aera der Cäsaren" beherrschte. Er hatte es hier mit einer Erscheinung der alten Welt zu thun, welche in seinem Jahrhundert die Anfänge ihrer historischen Wiedergeburt durchmachte. Die Soldaten der Triumvirn standen seinen Anschauungen ohne Frage näher, als die streitbaren Bürger der alten römischen Republik, deren Darstellung er im Coriolan keinesweges in gleichem Grade sich gewachsen zeigt. Es lag für seine Phantasie keine unausfüllbare Kluft zwischen den Legionaren des Antonius und des Octavian, den disciplinirten Piraten des Sextus Pompejus und zwischen den Söldnern, welche die Kriege des sechszehnten Jahrhunderts führten, so wie den ritterlich kaufmännischen Seeräubern, welche die englischen Farben zuerst siegreich auf der „spanischen See" wehen ließen. Darum ist aber die feine, historische Auffassung nicht weniger rühmlich, welche hier alles

Schablonenartige zu vermeiden mußte. Man stelle die Söld=
ner Heinrichs V. neben die des Antonius und des Octavian,
und man wird bei aller Aehnlichkeit zwei scharf gesonderte
Formen desselben Grundtypus nicht verkennen. Vor Allem
ist bei diesen Römern das Band zerrissen, welches die Strei=
ter der von Shakspeare geschilderten englischen Heere auch
über den Bereich der militärischen Pflicht hinaus an die
Gesellschaft kettet. Jene englischen Ritter und Söldner ver=
treten vor Allem das Vaterland gegen die Fremden, und
wie die Ritter und Führer in der Standesehre, so finden
die Soldaten von Fach in dem Bewußtsein der Pflichttreue
einen durchaus selbstständigen Boden ihrer sittlichen Existenz.
„Ich brauche mich Eurer Majestät nicht zu schämen, Gott
sei gepriesen, so lange Eure Majestät ein ehrlicher Mann
sein" — so darf der einfache Hauptmann Fluellen zu
seinem siegreichen Könige sprechen. Das ist hier denn doch
wesentlich anders. Die Soldaten der Triumvirn gehören
nicht mehr Rom an, sondern dem Feldherrn, von dem sie
Sieg, Beute und Genuß erwarten. Wohl ist auch hier die
Treue gegen den Führer das Band der Genossenschaft, aber
diese Treue wirkt nur noch hie und da als eine sittliche
Macht. Der Feldherr ist nicht mehr das Haupt eines Kör=
pers, dessen Glieder durch natürliche Nothwendigkeit zusam=
men gehören. Er ist eine Art von Director einer Actien=
gesellschaft geworden; man vertraut Leben und Vermögen
seinem Credit an, in der Hoffnung auf anständige Divi=
denden, denn das Geschäft betrifft die Ausbeutung der civi=
lisirten Erde. Man zahlt pünktlich, so lange die Actien
gut stehen. Aber nun macht der Chef Fehler oder wird

vom Glücke verlassen, und Niemand verdenkt es den Actio-
nären, wenn sie ihren Einsatz nach Möglichkeit in Sicherheit
bringen, um ihn bei Gelegenheit auf eine beſſere Chance
zu wagen.

> „Hinfort folg' ich nie wieder deinem morſchen Glück!
> Wer ſucht, und greift nicht, was ihm einmal zuläuft,
> Findet's nie wieder."

So faßt Menas seinen Entschluß, da Pompejus den „Muth"
nicht hat, durch treuloſen Vertragsbruch ſeine Gegner zu
vernichten. Und daß Menas hier einen zeitgemäßen Gedanken ausspricht, dafür zeugt der Abfall, welcher nach der
Seeschlacht bei Actium die Reihen der Antonianer in Maſſe
zu den Gegnern hinüberführt und der des Lepidus Heer
ohne Schwertstreich dem Octavian in die Hände liefert.
Selbst in dem tüchtigen Organismus des Enobarbus findet die Einwirkung dieses Zeitgeiſtes eine schwache Stelle.
Schon da Antonius bei Actium ſeinem Glück den Rücken
wendet und „wie ein brünſt'ger Enterich der Buhlerinn
nachſegelt", hält ſeine Vernunft mit dem Gegenwind die
Richtung, und nur das Herz feſſelt ihn noch an das wunde
Glück ſeines Feldherrn. Und dann, als „der Muth des
Antonius Urtheil vollends aufgezehrt hat", ſinnt er auch,
auf welche Art er ihn verlaſſen mag.

Und doch ragt Enobarbus geiſtig und ſittlich eines
Hauptes Länge über ſeine Umgebung hervor. Er gehört
zu jenen Charakteren von robuſter Geſundheit, durch welche
die erhaltende Natur auch in Zeiten allgemeinen Verfalls
den Glauben an die Güte ihres Grundgedankens aufrecht
erhält. Zwar dem Einfluſſe der harten Zeit hat auch er

sich nicht entzogen. Nicht idealer Schwung, sondern nüch=
terner Menschenverstand und Mutterwitz gewinnen ihm unsere
Theilnahme. Mit derbem Humor nimmt er seinen vollge=
messenen Antheil an den Genüssen, welche diese, auch in
seinen Augen durchaus nicht exemplarische Welt ihm bietet.
Am ägyptischen Hofe und bei den Schmäusen der Triumvirn
ist er kein Kostverächter. Er steht auf dem cordialsten Fuße
mit Damen wie Iras und Charmion. Allerdings fordern
Cleopatra und ihre Umgebung mehr als einmal seine bittere
Ironie heraus. Seine Ansicht über den Gehalt ihres Wesens
drängt er bei des Antonius Abreise in die recht deutlichen
Worte zusammen:

„Cleopatra, wenn sie das Mindeste hiervon hört, stirbt
augenblicklich. Ich habe sie zwanzigmal um weit arm=
seligern Grund sterben sehen."

Ueberhaupt ist Sentimentalität nicht seine Sache. Da
Antonius die Nachricht vom Tode der Fulvia bekommt, ist
er mit dem ächten Soldatentrost bei der Hand:

„Wenn es den Göttern gefällt, einem Manne seine
Frau zu nehmen, so gedenke er an die Schneider hier auf
Erden und beruhige sich damit, daß, wenn alte Kleider
aufgetragen sind, diese dazu gesetzt sind, neue zu machen."

Dabei ist er aber weit entfernt von stoischer Gleich=
gültigkeit gegen die Reize der Schönheit und der Lust. Sein
sonst so derbes und nüchternes Wesen gewinnt, wenn er von
Cleopatra redet, nicht selten eine Art poetischen Schwunges,
der garnicht ironisch gemeint ist.

> „Nicht kann sie Alter
> Hinwelken, täglich Sehn an ihr nicht stumpfen

> Die immer neue Neigung; and're Weiber
> Sätt'gen die Lust, gewährend: sie macht hungrig,
> Je reichlicher sie schenkt. Denn das Gemeinste
> Wird so geadelt, daß die heil'gen Priester
> Sie segnen, wenn sie buhlt."

Wo die bloße Erinnerung eine derb und nüchtern angelegte Natur in solche Extase bringt, kann man auf die
Bezauberung der wirklich Genießenden unschwer den Schluß
machen. Derb aber, nüchtern und praktisch ist Enobarbus
im vollsten Maaße. Als die Feldherren bei Brundusium sich
versöhnen, bildet sein Benehmen gegen das des Mäcenas
den Gegensatz des nicht gerade bösartigen, aber naturwüchsig
egoistischen und in seiner scrupellosen Entschiedenheit freimüthigen Weltkindes gegen den fein gebildeten, wohlwollenden Biedermann. Die neuen Freundschafts-Verbürgungen
interpretirt er dem Mäcenas ins Gesicht, wie die vox populi ein politisches Manifest:

„Wenn Ihr Euch Einer des Andern Freundschaft für
den Augenblick borgt, könnt Ihr sie, wenn vom Pompejus
nicht mehr die Rede ist, zurückgeben."

Antonius bezeichnet seine Landsknechtnatur kurz und
scharf mit dem Wort: „Du bist nur ganz Soldat, drum
sprich nicht mehr;" und wie stark in dieser Soldatennatur
die Grundzüge einer den materiellen Interessen verfallenen
Zeit zur Anschauung kommen, davon war schon die Rede.
Und doch ist Enobarbus weit entfernt, die Masse seiner
Standesgenossen zu vertreten. Mit glänzender Kunst hat
es der Dichter verstanden, in dem Charakter dieses Kriegsmannes alle sittliche Tüchtigkeit zur Geltung zu bringen,
die noch erreichbar bleibt, wo weder ideale Ueberzeugungen,

noch die ungebrochene Macht einer gesunden Ueberlieferung
den niedern Trieb in seine Schranken weisen. Die eminent
tragische Wirkung beruht hier auf dem Zusammenstoß der
unverwüstlichen Herzensgüte des Einzelnen mit dem überwältigenden Beispiel einer gesunkenen Zeit. Es ist die
rein persönliche Anhänglichkeit an den selbstgewählten Führer
und Schutzherrn, welche hier die sittlich angelegte Natur
über die widerstandlos mit dem Strome schwimmende Menge
emporhebt. In des Enobarbus Verzweiflung nach dem Abfall findet diese Soldatentugend, die einzige hier noch mögliche, ihre tragische Apotheose. Auch hier wirkt der Dichter
gerade darum so mächtig, weil er vor aller sentimentalen
Uebertreibung sich hütet. Es bedarf der äußern Anlässe, und
zwar zum Theil ziemlich derber, um das bessere Gefühl in
Enobarbus bis zu der Gewalt zu steigern, die selbst diese
handfeste Natur aus den Fugen bringt. Es ist die Frage,
ob er sich das Leben genommen hätte, wenn des Antonius
Großmuth den Unwillen über seine thörichte Verblendung
nicht zurückdrängte, oder wenn er die Lage selbst der am
besten behandelten Ueberläufer nicht mit scharfem Blicke durch-
schaute. Dann aber überkommt ihn auch mit voller Gewalt
das Gefühl, „daß er der einzige Bösewicht auf Erden.“
Er hat den letzten Halt verloren, welcher in diesem geist-
losen Kampfe um materielle Güter den Unterliegenden vor
Verzweiflung bewahrt: das Bewußtsein der Treue gegen die
Person, an welche in Ermangelung objectiv-sittlicher Zwecke
das moralische Bedürfniß des Gemüths sich klammert.[2] Und
noch glänzender feiert diese erste und letzte Tugend der civilisirten Gesellschaft ihren Triumph in der That des Eros,

des Freigelassenen, der sich lieber das Leben nimmt, als daß er Hand an die geheiligte Person des Wohlthäters und Herrn legte, und wenn auch dieser selbst es geböte. Shakspeare fand diese Scene mit allen Einzelnheiten in seinem Plutarch: es ist also kaum verstattet, hier in der bloßen Beibehaltung der überlieferten Fabel tiefe Intentionen zu suchen. Sonst wäre es bezeichnend genug, daß gerade in dem Verhältnisse des Sklaven zum Herrn sich hier eine Heldentugend entwickelt hat, von der in den Weltüberwindern wenig mehr übrig geblieben ist, als die handwerksmäßige Tapferkeit des abenteuernden Glückssoldaten.

Dies wären denn die Hauptzüge der reichen und bunten, aber vom Geist abgefallenen Welt, in welcher die Hauptpersonen des Drama's ihre Kräfte gegen einander versuchen, im letzten, entscheidenden Ringen um die Erbschaft einer bessern Zeit. In lebenswarmen Gestalten treten sie uns entgegen: Lepidus, der nur durch die Verhältnisse gehobene und ihnen ebenso wehrlos erliegende Glückspilz; Sextus Pompejus, die unglückliche Figur des zwischen Begehrlichkeit und Anstandsrücksichten schwankenden Abenteurers; Octavian, der Typus des mäßigen, beharrlichen Welt- und Geschäftsmannes, dem für den materiellen Erfolg kein Opfer zu schwer ist; endlich, breit und glänzend ausgeführt, im Vordergrunde des Bildes Antonius, das in dem Kultus des Genusses versunkene Genie, und Cleopatra, das Weib in dem Alles sich vereinigt, was Schönheit, Geist, Leidenschaft und feinster Geschmack ohne den Adel des sittlichen Wollens hervorzaubern können.

Machen wir mit ihrer Betrachtung den Anfang. Sie

muß uns unmittelbar auf den Standpunkt führen, von dem
aus dieses Stück dramatisirter Geschichte als ein psycholo=
gisches Kunstwerk sich uns eröffnet.

Man könnte Shakspeare's Frauengestalten, unbeschadet
ihrer individuellen Bestimmtheit, ohne Zwang in drei Haupt=
gruppen sondern, je nachdem sie das sittliche oder das sinn=
liche, leidenschaftliche, dämonische Element der weiblichen
Grundanlage vorwiegend zur Anschauung bringen, oder
endlich in einer gleichmäßigen Durchdringung und glücklichen
Mischung beider durch die anmuthige Fülle und Bewegung
einer durchaus gesunden Existenz uns fesseln. Wie unter
den letztern Viola und Porcia (im Kaufmann), unter den
erstern Imogen und Isabella, so ragen in der zweiten Gruppe
Lady Macbeth und Cleopatra hervor. Sie zeigen das Weib,
die eine vom Dämon der Ehrsucht, die andere von dem der
Eitelkeit und Genußsucht vollständig beherrscht. In Beiden
aber, in der nordischen, majestätisch=starren Walkyre, wie in
der südlich=üppigen Sirene arbeitet eine so reiche, gewaltige
Natur, daß selbst ihre äußerste Entartung durch die geschlos=
sene, mit sich selbst einige Fülle ihrer Erscheinung für den
Widerspruch gegen das Gesetz der normalen Entwicklung
poetisch entschädigt. Die Poesie der durch Schönheit und
Anmuth geadelten Sinnlichkeit, wie sie dem jugendlichen
Dichter in den lyrischen Ergüssen von „Venus und Adonis"
aufdämmerte, sie gewinnt für den durch Arbeit, Genuß und
Erfahrung gereiften Mann in den Zügen Cleopatra's plasti=
sche Wirklichkeit. Sie tritt ihm in das richtige Verhältniß
zu den höhern Lebensgewalten und kommt um so wirksamer

zu ästhetischer Geltung, je rücksichtsloser ihre einseitigen
Ansprüche der tragischen Nothwendigkeit geopfert werden.

Die Cleopatra Shakspeare's, in Uebereinstimmung
mit der des Plutarch, tritt uns als die reife, voll aufge=
blühte Schönheit, als die erfahrene Priesterinn des üppigen,
trunkenen Sinnengenusses entgegen. Wer sie in ihrem Her=
zenserguß mit Charmion belauschte, da sie in wild aufflam=
mender Leidenschaft des Geliebten gedenkt, der möchte selbst
diese Bezeichnung noch geschmeichelt finden. Wir glauben
die passirte, gealterte Kokette zu hören, wenn sie ausruft:

> „Gedenke mein,
> Ob auch von Phöbus Liebesstichen braun
> Und durch die Zeit gerunzelt! Als du hier
> Ans Ufer trat'st, breitstirn'ger Cäsar, war ich
> Werth eines Königs!"

So spricht auch Philo in der ersten Scene von der
„braunen Stirn", auf welcher des Feldherrn Blicke verzau=
bert ruhen, von der „lüsternen Zigeunerinn", die ihn bethört
habe. Aber Cleopatra würde jene Geständnisse schwerlich
machen, dürfte sie nicht hoffen, daß die Zofen und ihr
Spiegel sie Lügen strafen, und Philo ist zu sehr des Un=
muthes voll, als daß sein Zeugniß allein hier genügen
könnte. Gewiß haben wir uns Cleopatra über die frische
Jugend hinaus zu denken. Sie hat ihren Frühling mit
Cäsar durchschwärmt und ihre Söhne wachsen heran. Aber
es ist sicher nicht die verblühte, sondern die vollreife Schön=
heit, von welcher der kühl humoristische Enobarbus jene be=
geisterte, oben erwähnte Schilderung machte. In ihrem

5*

Charakter wirken unbändigste Leidenschaftlichkeit, raffinirte
Koketterie und ächt griechischer Schönheitssinn zusammen,
um dem Reiz der Sinne jene dauernde, stets sich erneuernde
Wirkung möglich zu machen. Von ihrer Virtuosität in Benutzung aller Hülfsmittel des Reichthums und der Kunst
erhalten wir eine anschauliche Vorstellung in dem ganz treu
nach Plutarch gearbeiteten [a] Bericht des Enobarbus über die
erste Begegnung mit Antonius:

> „Die Bark', in der sie saß, ein Feuerthron,
> Brannt' auf dem Strom: getriebnes Gold der Spiegel,
> Die Purpursegel duftend, daß der Wind
> Entzückt nachzog. Die Ruder waren Silber,
> Die nach der Flöten Ton Tact hielten, daß
> Das Wasser, wie sie's trafen, schneller strömte,
> Verliebt in ihren Schlag. Doch sie nun selbst —
> Zum Bettler wird Bezeichnung: sie lag da
> In ihrem Zelt, das ganz aus Gold gewirkt,
> Noch farbenstrahlender als jene Venus,
> Wo die Natur der Malerei erliegt."

Weniger ausgeführt ist dieser prachtvolle Apparat in
den Scenen, welche uns zu Augenzeugen der Vorgänge am
ägyptischen Hofe machen. Ein bühnenkundiger Dichter
unserer Zeit würde hier dem Decorateur, dem Theater-
Schneider und dem Intendanten das Leben sauer gemacht
haben. Shakspeare standen diese äußeren Mittel nicht zu
Gebote, oder er verschmähte es, sich ihrer zu bedienen. Er
machte Cleopatra's Zaubergewalt weniger in der Pracht anschaulich, welche sie umgiebt, als in den dämonischen
Schlangenwindungen ihres aus eiskalter Berechnung und
leidenschaftlicher Sinnlichkeit zusammengesetzten Gebahrens.

Die Theatersitte seiner Zeit erlaubte ihm jene derbe Natur-
treue in Schilderung des ägyptischen Hoftones, welche die
züchtigen Ohren unseres Frauen- und respectabeln Bal-
letpublikums verletzen müßte. Aber die Verbannung der
Frauen von der Bühne versagte ihm die Liebesscenen, in
denen jetzt die Schultern und der Busen der Primadonna
oft genug die besten Alliirten des Dichters sind. Seine
Cleopatra muß durch die psychologische Feinheit ihres Spie-
les die Theilnahme gewinnen, welche sie von der erhitzten
Sinnlichkeit der Zuschauer nicht hoffen darf. Sie ist ganz
Leben und Bewegung. Der unerschöpfliche Reichthum ihrer
geistigen Hülfsmittel, der jähe Wechsel ihrer leidenschaftlichen Stimmungen erhält uns in athemloser Spannung und
läßt eine kalte Verurtheilung ihrer sittlichen Nichtigkeit nicht
aufkommen. Den Grundzug ihrer Strategie, das Geheimniß ihrer Erfolge enthüllt sie gegen Charmion in den
Worten:

„Sieh', wo er ist, wer mit ihm, was er thut.
(Ich schickte dich nicht ab): Find'st du ihn traurig,
Sag' ihm, ich tanze; ist er munter, meld' ihm,
Ich wurde plötzlich krank.“

So würzt sie bei jeder Begegnung mit Anton durch
Widerspruch den Zaubertrank des Genusses. Das Gefühl
der Sicherheit des unentreißbaren Besitzes hält sie ängstlich
fern von dem Buhlen. Die unaufhörlich sich wiederholen-
den Krisen des eifersüchtelnden Schmollens, an denen eine
ächte, sittliche Liebe bald genug verbluten würde, sie müssen
von dem fieberhaft überreizten Genuß den Ueberdruß fern
halten. So erträgt Antonius von der fast überreifen Buh-

lerinn Launen, deren Hälfte hinreichen würde, um den Flitterwochen eines glücklichen Ehepaares ein unliebsames Ende zu bereiten. Er muß es entzückend finden, wenn sie ihn aufzieht mit Fulvia's Zorn und mit seiner Scheu vor „dem unbärtigen Cäsar." Man erspart ihm weder Ohnmachten, noch Schelte und Thränen. In ächter Weibermanier, souverän erhaben über Vernunft und Logik, macht Cleopatra aus allem Entgegengesetzten den gleichen Vorwurf. Fulvia betrauern, das wäre Verrath gegen die Geliebte. Gleichgültigkeit beim Tode der Gattinn zeigt jener, was auch sie einst zu erwarten habe. Und so muß dem Verwirrten, Ermüdeten die treffliche Komödie der leidenschaftlich stammelnden Liebeserklärung die Fessel aufs Neue befestigen, da er eben Miene macht, sich zu befreien.

Indem wir hier von einer „Komödie" reden, müssen wir den Ausdruck genau begrenzen, um das vom Dichter bestimmt und klar gezeichnete Bild nicht zu verschieben. Cleopatra spielt allerdings Komödie, insofern ihr Auftreten ein absichtliches und berechnetes ist, dessen bestimmender Affekt der herausgekehrten Form keineswegs immer entspricht. Sie weint oft genug, wenn sie lachen möchte, und weiß auch zu lachen, wenn ihr das Weinen nahe ist. Aber sie ist schlechterdings nicht gefühllos, weder im Allgemeinen, noch in diesem besonderen Falle. Ihre Macht beruht nicht zum geringsten Theile auf einer Verbindung oberflächlichen, aber leicht erregbaren Gefühls, feinen Verstandes und hoher Verstellungskunst, ähnlich der, welche Shakspeare an dem um den todten Cäsar klagenden Antonius uns bewundern ließ. Auch in den Worten der Buhlerinn, auf dem eigentlichen

Gebiet der Falschheit, gilt der goldene Spruch, daß wir
nicht Herz zu Herzen schaffen, wenn es uns nicht von Herzen geht. Cleopatra hängt wirklich mit dem ganzen unbändigen Triebe eines heißblütigen und verwöhnten Weibes
am Besitz des Antonius, und zwar durchaus nicht nur am
Besitz seiner Macht und seiner Schätze. Der geniale und
der glückliche Held verschwimmen ihrem trunkenen Auge zu
einem einzigen Bilde, und mit feinster Menschenkenntniß
läßt der Dichter es ungewiß, nicht nur wo die Berechnung
des Vortheils der Leidenschaft unter die Arme greift, sondern auch wo die sinnliche Hingebung an den römischen
Don Juan mit dem edlern Einfluß seines Genius sich vermischt. In der organischen Durchdringung dieser Affekte
liegt der Zauber, aber auch die Schwierigkeit dieser merkwürdigen Rolle. Die Darstellerinn wird sich sehr hüten müssen, die
Königinn in ihren leidenschaftlichen Selbstanklagen beim Wort
zu nehmen. Sie wird die „lüsterne Zigeunerinn" in der genialen Künstlerinn des Genusses nicht unterschlagen dürfen,
aber sie wird Sorge tragen, ihr an ästhetischer Berechtigung
zuzulegen, was sie an moralischer ihr verweigern muß. Wie
Falstaff Kavalier bleibt, auch wo er Frau Hurtig um ihre
Tapeten und ihr Silberzeug prellt, so bleibt Cleopatra Königinn und fein gebildete Griechinn, auch wenn sie gleichzeitig den Antonius um ihre Treue und den Octavian um
die Siegesbeute zu bestehlen versucht. Die raffinirten
Künste der Buhlerinn werden durch das Feuer des leidenschaftlichen Weibes beinahe geadelt. Wer dies der raffinirten Kokette der Eröffnungsscene bestreiten möchte, den
wird das erste Auftreten der von Antonius getrennten Kö-

niginn überzeugen. Wie ist da Alles Leidenschaft, zitternde
Aufregung, ächte Natur: die hundertgestaltigen Launen des
der gewohnten Reizungen beraubten Gemüthes, das schwär-
merische Entzücken bei der Ankunft des ersten Boten, Alles
das nur verstärkt durch die sarkastische Erinnerung der Vertrauten an die erste Liebe, an die Passion „der Milchzeit,
da der Verstand noch grün!" Es liegt eine ganze Charakteristik voll Licht und Schatten in den Worten der Königinn:

> „Du kaltes Herz,
> Das noch wie damals fühlt."

Die Stimmung steigert sich zur höchsten dramatischen
Wirkung, als nun der Bote mit der Nachricht von des
Antonius Untreue, von seiner Vermählung eintrifft. Mit
jäher Ungeduld eilen Wünsche und Furcht der auf den
Lippen des Boten zögernden Gewißheit voran. Der Ver-
künder der unwillkommnen Nachricht muß es empfinden,
daß er das verwöhnte Lieblingskind des Genusses mitten
in den glühendsten, üppigsten Phantasieen überrascht. Sie
überhäuft ihn abwechselnd mit Versprechungen, mit Verwünschungen und Schlägen. Die ganze Haltlosigkeit ihres innersten Wesens kommt zum vollsten plastischen Ausdruck.
Kaum rettet der Diener sein Leben; sie selbst fällt aus einem
Paroxysmus in den andern. Aber im Begriff in die obli-
gatorische Ohnmacht zu fallen, vergißt sie nicht, nach Octavia's Zügen zu forschen; nach ihren Jahren, ihrem Gemüth.
Nicht die Farbe ihres Haares soll vergessen werden. Natürlich bedingt der in dieser Frage so plötzlich und elastisch
sich aufrichtende Lebensmuth der soeben verlassenen Buhlerinn

den Abfall von dem wieder gewonnenen Geliebten, bei der
ersten ernstlichen Wendung des Glücks. Antonius gab diesem Weibe mehr, als ein Mann geben darf: seine männliche Ehre. Er darf sich nicht beklagen, wenn man ihn nach
seiner Taxe behandelt. Cleopatra's Treulosigkeit wird durch
die Erinnerung an die Flucht des „brünstigen Enterich"
aus der Entscheidungsschlacht zwar durchaus nicht sittlich
gerechtfertigt, aber ästhetisch erträglich gemacht. Sie ist zu
naturgemäß, um zu verletzen. Als sie ihm die Waffen zum
letzten Kampfe anlegt, ist ihr Entschluß schon gefaßt. Sie
weiß zu gut, daß nicht ritterlicher Heldenmuth, sondern be-
sonnener Verstand und materielle Uebermacht hier entscheiden
werden. Aber ihr feines, ästhetisches Gefühl huldigt auch
dann noch dem bereits aufgegebenen Manne:

> „Er zieht hin, wie ein Held! O daß sich Beiden
> Der große Streit durch Zweikampf könnt' entscheiden!
> Dann, Marc Anton — doch jetzt — gut — fort!"

Während der ganzen Entscheidung ist dann ihre Stimmung höchst glücklich zwischen kaltblütiger Treulosigkeit und
verzweifelter Verzagtheit gehalten, ohne daß ihr feines Gefühl für das Schöne und Pathetische selbst hier sich ver-
leugnete. Dem rasenden Wuthausbruch setzt sie ächt weiblich
die Taktik des Schweigens entgegen. Die von Plutarch
gezeichnete Sterbekomödie kam den Intentionen des Dichters
hier trefflich zu statten. Er begnügte sich, sie bis in die
kleinsten Einzelheiten zu dramatisiren. Die Sendung des
Diomedes, um dem verzweifelnden Feldherrn die Wahrheit
zu entdecken, inconsequent wie sie ist, wird keinen Leser befremden, der die Abhängigkeit des leidenschaftlichen Weibes

von plötzlichen Gefühlsregungen bis dahin verfolgt hat. So
zeigt auch Cleopatra's Aufwallen beim Anblick des blutenden
Antonius für einen Augenblick statt der flatterhaften Kokette
das Heldenweib, bei dem die poetische Erregbarkeit momentan über das Bedürfniß des Lebens und die Berechnung
des Vortheils den Sieg davon trägt. Es ist durchaus nicht
Heuchelei, wenn sie ausruft:

„Seht, ihr Frau'n,
Die Krone schmilzt der Erde! O, mein Herr!
O, hingewelkt ist aller Siegeslorbeer,
Gestürzt des Kriegers Banner, Dirn' und Knabe
Steh'n jetzt den Männern gleich: kein Abstand mehr,
Nichts Achtungswerthes bietet mehr sich dar
Unter dem späh'nden Mond!"

Noch einmal kehrt sie dann die kleinliche Schwäche des
Weibes heraus, als sie unmittelbar nach dieser ungeheuren
Aufregung einen Versuch macht, der Beute des Siegers
einen Theil ihrer Kostbarkeiten zu unterschlagen, und den
Diener, welcher den Betrug entdeckt, in Gegenwart des Betrogenen züchtigt, in naivster Selbstgewißheit und mit der
ganzen Würde der verletzten Gebieterinn. Von da an erhebt sich ihre mehr zauberisch bestechende als innerlich wirkende Erscheinung bis zu der ganzen Höhe, deren Geist und
Anmuth fähig sind ohne sittlichen Gehalt. Die Schilderung,
welche sie ihren Vertrauten von den Schrecken des Triumph-
zuges entwirft, athmet in jedem Zuge den Ekel der aristokratischen Natur vor der Unschönheit, mit welcher die harte
Nothwendigkeit des Lebens die niedern Volksklassen umgiebt. Sie scheint fast weniger die materiellen Verluste zu

fürchten, als die Ausstoßung aus dem Zauberkreise, in welchem bisher auch das Gemeine, welches ihr nahe trat, durch
schöne Form geadelt wurde. Es ist, als hörte man Casca,
Coriolan oder Richard II. vom Volke reden, wenn sie schau-
dernd ausruft:

> „Handwerkervolk
> Mit schmutz'gem Schurzfell, Maaß und Hammer, hebt
> Uns auf, uns zu besehn. Ihr trüber Hauch,
> Widrig von ekler Speis', umwölkt uns dampfend
> Und zwingt, zu athmen ihren Dunst."

Das hohe Pathos des Schlusses wird trefflich vorbereitet
durch das von Plutarch nur angedeutete Gespräch mit dem
Bauer, der unter den Feigen die Schlangen herbeibringt:
eins der schlagendsten Beispiele für die tragische Wirkung einer
naturgemäßen und ungezwungenen Verbindung des Komischen
mit dem Pathetischen. Bei dem gleichgültigen Humor dieses un-
betheiligten Zuschauers inmitten der ungeheuersten Schicksals-
wechsel überkommt uns eiskalt das Gefühl der beängstigend-
sten Vereinsamung, die es giebt: ich meine die Einsamkeit
des Leidenden in der Gesellschaft. Und die mit dem ganzen Leben shakspeare'scher Dramatik aus dem Geschichtschrei-
ber in das Gedicht übertragene Todesscene vollendet dann
in erwünschtester Weise die ästhetische Lösung der zahlreichen
Widersprüche, welche dieses glänzende und ergreifende Bild
eines von den Wurzeln des sittlichen Lebensgehaltes gelösten
und von dem unzuverlässigen Zauber der Schönheit und
des Geschmackes getragenen Charakters durchziehen.

Ihr männliches, gleich vollendetes Gegenbild ist Marc
Anton. Wir finden den genialen Demagogen, den sieg-

reichen, ritterlichen Feldherrn des vorigen Drama's im vollen
Genuß des Sieges wieder. Was sein Auftreten vor der
Entscheidung bereits ahnen ließ, das ist, nachdem die Würfel
gefallen, zur Gewißheit geworden. Macht und Einfluß
waren ihm stets nur Mittel, sorgloses Behagen der Zweck.
Jede Anstrengung, jede Entbehrung, welche seine Erreichung
gekostet hat, fällt nach dem Erfolge als ein schweres Gewicht in die Schale der Neigung gegen die der Vorsicht
und der Pflicht. Wenn Octavian sich wundert, wie der
Held des Rückzugs von Mutina sich in diesen Wollüstling
verwandelt habe, wenn der Kriegsmann, der vor dem Feinde
seinen Durst aus den Pfützen löschte und seinen Hunger
mit ekeln Abfällen stillte, ihm ein innerer Widerspruch ist
gegen den schwelgerischen Triumvir, so vergißt er die Erfahrung, daß Anstrengungen und Entbehrungen nur insofern
den Charakter kräftigen, als sie der bereits vorhandenen
sittlichen Kraft die gewohnheitsmäßige Herrschaft über den
Naturtrieb erleichtern. An sich schärft der Hunger nur den
Appetit, und gezwungene Anstrengungen des Arbeitsscheuen
gehen dem wahren Hochgenusse der Trägheit voran. So
ist denn Nichts natürlicher und gewöhnlicher, als die Ge-
nuß-Trunkenheit, in welcher Antonius nach dem Siege sich
selbst und die Millionen vergißt, deren Schicksal ihm die
Verhältnisse in die Hand geben. Mit dem glühenden Enthusiasmus des Künstlers für sein Ideal opfert er Ehre,
Pflicht und Vortheil auf dem Altar der Lust. Die kurze
Eröffnungsscene, welche ihn in der Ekstase seines Schwelger-
lebens uns vorführt, macht Alles glaublich, was seine Genossen und seine Gegner uns später darüber berichten. Der

Antonius, welcher vor unsern Augen die römischen Bot=
schafter mit dithyrambischen Liebesschwärmereien empfing, er
ist ganz der Lüstling, den Cleopatra aus der Ruhe und in
die Ruhe zu lachen gewohnt war, den sie am Morgen vor
neun Uhr auf sein Lager trank, dessen philippisch Schwert
sie trug, während sie ihren Mantel ihm umthat und ihren
Schleier. Und diese Genußsucht begleitet ihn ohne wesent=
liche Unterbrechung durch alle Wandlungen seines Schicksals,
die das Drama uns vorführt. Wie wenig die erste Tren=
nung von Cleopatra und die Versöhnung mit Octavian zu
bedeuten hat, darüber lassen die Ereignisse so wenig Zweifel
als seine eigenen Worte. Wohl klingt es grabsinnig und
großherzig, wenn er den Vorwürfen Cäsar's entgegnet:

> „So viel möglich,
> Zeig' ich den Reuigen: doch mein Grabsinn soll
> Nicht meine Größe schmälern; meine Macht
> Nicht ohne diesen wirken. Wahr ist's, Fulvia
> Bekriegt' euch, aus Aegypten mich zu scheuchen,
> Wofür ich jetzt, unwissentlich die Ursach',
> Soweit Verzeihung bitt', als ich mit Würde
> Nachgeben kann."

Aber nur zu bald erweist sich diese Selbstüberwindung
und die Hinopferung der unberechtigtesten Neigung an das
sittliche Verhältniß zu Octavia weit mehr als Schwäche und
Berechnung des Vortheils, denn als ernstliche und nachhal=
tige Umkehr.

> „Und schloß ich diese Heirath mir zum Frieden,
> Im Ost wohnt meine Lust."

So gesteht er sich selbst seine wahre Stimmung, als
der von Cleopatra instruirte Wahrsager ihn mit gutem

Bedacht an des Octavian's überlegenes Glück gemahnt hat.
Sein Versprechen an die junge Gattinn, „daß künftig Alles
sich der Form fügen solle", empfängt so von vorn herein die
richtige Deutung. ‘ Wir dürfen für die ganze Auffassung
der Situation nicht gerade die Anschauung des Enobarbus
(im Gespräch mit Agrippa) zum Maaßstabe nehmen.

> A. „Wolken stehn im Auge! —
> E. Das wäre schlimm genug, wär' er ein Pferd;
>   Noch mehr für einen Mann.
> A. Wie, Enobarbus?
>   Antonius, als er den Cäsar sah erschlagen,
>   Da schluchzt' er bis zum Schrei, und weinte auch
>   Ueber des Brutus Leiche bei Philippi!"

Es ist aber, wie Agrippa hier sehr passend erinnert,
die feinfühlige Erregbarkeit des Sanguinikers, die hier wie
dort dem politischen Bedürfniß der Situation ohne weitere
Belästigung des Gewissens und. des Willens so trefflich zu
Hülfe kommt. Enobarbus hat für den Moment Unrecht,
wenn er höhnisch erwiedert:

> „Nun, in dem Jahre hatt' er wohl den Schnupfen!
> Was er mit Lust zerstört', netzt' er mit Thränen!
> Das glaubt, wenn ich auch weine!"

Aber für den Erfolg kommt die gutmüthige Erregbarkeit des Genußmenschen mit der von dem derben Realisten
vermutheten Heuchelei an demselben Ziele zusammen. Wir
wundern uns keinen Augenblick über die Kälte der Abschiedsscene, in der wir Antonius und Octavian wieder begegnen,
noch über den Rückfall in die nur äußerlich zurückgedrängte
Krankheit, der den Feldherrn bei Actium um die Früchte.

fines Lebens bringt. Eins aber ist der Aufmerksamkeit
werth. Wir meinen die feinen Züge, durch welche es dem
Dichter gelingt, das Bild des versinkenden Genußmenschen
bis zum Ende anziehend zu erhalten. Wohl ist das Goethe-
sche Wort treffend und wahr: Es predige hier Alles mit
tausend Zungen, daß Genuß und Thatkraft sich ausschließen.
Aber der dramatische Charakter des Antonius ist damit nicht
erschöpft. Es ist eben so sehr der noble, ritterliche Held im
Kampf gegen den Unbestand des Glückes, als das in Trägheit versunkene Genie, welcher unsere Theilnahme bis zum
Schlusse beschäftigt. Man wird von diesem Standpunkte
aus den bedeutsamen Parallelismus zwischen der Durchführung des Antonius und der Cleopatra nicht übersehen
dürfen. Wie dort, in der weiblichen Natur, die vollendete
Formschönheit, so machen hier, in dem herabgekommenen
Helden die Reste genialer Kraft und natürlichen Edelsinnes
den Mangel des sittlichen Halts zwar nicht gut, aber ästhetisch erträglich. Schon in dem Marc Anton des „Julius
Cäsar" waren diese Grundzüge sehr nachdrücklich betont.
Wir haben mehrfach darauf hingewiesen, wie er seine glänzenden Erfolge beim Volke zu gleichen Theilen seinem feinen
Kopfe und seinem warmen Herzen verdankt, und seine berühmten Schlußworte an der Leiche des Brutus gaben ihm
für seinen Standpunkt fast ein Recht auf einen Antheil an
dem Lobe, das er dem großherzigen Feinde spendet:

„Dies war der beste Mann von ihnen Allen." [1]

Und auch hier bleiben diese edleren Züge dem aufmerksamen Beobachter keineswegs gänzlich verborgen. Es ist

schon keine gemeine Natur, die dem Ueberbringer unlieb-
samster Nachrichten erwiedert:

> „Wer mir die Wahrheit sagt, und spräch' er Tod,
> Ich hört' ihn an, als schmeichelt' er" —

und die den furchtsam stockenden Tadel des Untergebenen
freimüthig ergänzt:

> „Sprich dreist, verfein're nicht des Volkes Zunge,
> Nenne Cleopatra, wie Rom sie nennt,
> Table mit Fulvia's Schmäh'n, schilt meine Fehler
> Mit allem Freimuth, wie nur Haß und Wahrheit
> Sie zeichnen mag. Nur Unkraut tragen wir,
> Wenn uns kein Wind durchschüttelt; und uns schelten,
> Heißt nur rein jäten."

Und wenn diese bessern Seiten dieser ebenso nobeln als
schwachen Natur vor der Einwirkung des mühelosen Genusses
zurücktraten, so giebt ihnen jeder Schlag des hereinbrechen-
den Unglücks einen Theil ihres alten Glanzes wieder. Antonius wird in dem Maaße tapferer, edelmüthiger, groß-
herziger, als die weichenden äußern Stützen seines Daseins
ihn auf die eigenen Hülfsmittel anweisen. Diese spät ent-
faltete Tüchtigkeit kann ihn nicht retten; denn abgesehen
von dem materiellen Uebergewicht des Gegners, bringt sie
es auch nicht zu der consequenten Thatkraft, welcher der
Erfolg gehört und die einmal schlechterdings durch einen
klar erkannten, sittlichen Lebenszweck bedingt wird. Antonius
hat in seinen glänzendsten Momenten, um mit Enobarbus
zu reden, zu viel „von der Taube, die auf den Strauß
hackt". Es ist natürlich, daß dieses „Uebertrotzen des
Blitzes" die guten Rechner mit seinem Glücke nicht aussöhnt.

Auch läßt der jähe Ausbruch der Eifersucht gegen Thyreus, mitten unter dem Aufflammen der letzten Kraft, einen sehr deutlichen Blick in die Zerfahrenheit seines innersten Bewußtseins thun. Antonius, der den Gesandten des Gegners im Zorn über Cleopatra's Untreue peitschen läßt und den Gegner dann auffordert, sich an seinen Geißeln schadlos zu halten — er ist nicht nur der harte, römische Imperator, sondern auch der alternde, vom Glück verlassene, an sich selbst verzweifelnde Liebhaber: eine nichts weniger als erhebende Erscheinung. Aber darum wirken jene trefflichen Momente doch schön und gewaltig, in denen der sinkende Held sich hoch aufrichtet gegen die niederstürzende Wucht des unentrinnbaren Verhängnisses, in denen die Sonne seiner besten Zeit die edeln und feinen Züge dieser wahrhaft vornehmen Natur noch einmal mit ihren schönsten Strahlen vergoldet. Shakspeare bringt es in diesen Schlußscenen zu einzelnen Effecten, welche an die besten Stellen seiner großen Werke erinnern. Schon die seltsame Sage des Plutarch, von den geheimnißvollen Klängen, welche die Soldaten auf den Abzug des Schutzgottes deuten, ist mit glücklichem Takt in Scene gesetzt; ebenso die vom wärmsten Gefühl durchwehte Abschiedsscene zwischen Antonius und seinem Gefolge. ⁸ Die Rüstung zur Schlacht, der Abschied von Cleopatra, hat ganz den Schwung einer ächten Rittergeschichte.

> „Er zieht hin, wie ein Held! O, daß sich Beiden
> Der große Streit durch Zweikampf könnt' entscheiden!"

so ruft ihm bewundernd das zum Abfall bereits entschlossene Weib nach. Ein noch glänzenderes Licht fällt auf ihn,

II. 6

als er die Nachricht vom Abfall des Enobarbus empfängt.
Der Verrath des bewährtesten Freundes ist ihm ein Zeug=
niß gegen seine eigenen Fehler, nicht gegen das Herz des
bis dahin in jeder Prüfung-Bewährten. Alle trefflichen
Seiten seiner Anlage kommen zur Geltung. Die verschwen=
derische Nichtachtung des Besitzes wird hier zu freigebiger
Großmuth, die schwachmüthige Gutherzigkeit des Genuß=
menschen reinigt sich zu verzeihendem Edelsinn. Noch ein=
mal zeigt ihn dann das Gedicht im vollen Glanze des
triumphirenden Helden; noch einmal schwelgt er im Bewußt=
sein seiner herrlichen Kraft. Dann trifft ihn der härteste
Schlag. Das Weib, dem er Ehre und Leben dahin gab,
verläßt ihn zum zweiten Mal, in der nun unwiderruflich
letzten Entscheidung. Er bricht zusammen, aber um sittlich
und gemüthlich zu gewinnen, was er in äußerer Kraftent=
wickelung verliert. Die bis in den Tod ausharrende Kraft
seiner Neigung läßt fast den unwürdigen Gegenstand ver=
gessen, an den er sie verschwendet. Sein gelassener Muth,
der zwischen Schande und Tod keinen Augenblick schwankt,
zeigt in dem entarteten Lüstling die Züge des römischen
Kriegers noch einmal in ihrer ganzen strengen Größe, und
wenn der von seinen Göttern verlassene Liebling des Glücks
und der Freude vom Leben ohne Bitterkeit scheidet, mit
einem stolzen Rückblick auf die Fülle des genossenen Guten,
wenn die letzte Klage sich auflöst in einen ruhigen heitern
Accord dankbarer Erinnerung, so glauben wir einen Blick
in das eigentliche Geheimniß des Zaubers zu thun, welcher
die Lieblinge des Glücks leicht durch die irdischen Wechsel
geleitet und ihnen unser Mitleid und unsere Verzeihung

sichert, auch wenn sie den ernsten Anforderungen des Lebens
sich mehr als billig entziehen.

Diesen bei allen ihren Mängeln hochpoetischen Haupt=
gestalten des Drama's treten nun als Folie und als noth=
wendiger Maaßstab für ihre reelle Bedeutung die Alltags=
menschen gegenüber, in mannigfachen Abstufungen, von dem
gedankenlosen, nur durch die Welle des Glücks getragenen
Emporkömmling bis zu dem siegreichen Imperator, der von
den Fehlern seiner Gegner lebt und seine Erfolge wenig=
stens ebenso sehr der Schwäche seiner Leidenschaften dankt,
als der Stärke seines Wollens und seines Verstandes.

Lepidus, denn ihn stellen wir wie billig an das untere
Ende der Reihe — Lepidus wird hier einfach so aufge=
nommen, wie wir im „Julius Cäsar" ihn kennen lernten.
Nun erst recht „ist er zum Botenlaufen nur geschickt", um
mit Antonius zu reden. Aus instinctartiger Friedensliebe
wird er der Vermittler von Fach. Der Neigung seines
„ausbündigsten Gemüthes" für Cäsar hält nur sein Ent=
zücken über Marc Anton die Wage. Seine hülflose Stel=
lung unter den Genossen fällt selbst den Dienern auf. „Wie
nur Einer den wunden Fleck des Andern berührt, ruft er:
Haltet ein! und macht, daß Jeder sich seinen Friedensworten
und er sich dem Becher ergiebt." So schildert ihn der
Eine und bezeichnet dann kurz und treffend die Sachlage:
„Das kommt davon heraus, in großer Herren Gesellschaft
Kamerad zu sein. Ebenso gern hätte ich ein Schilfrohr,
das mir Nichts mehr nützen kann, als eine Hellebarde, die
ich nicht regieren könnte."

Es ist nur in der Ordnung, daß der stärkere Genosse

6*

ihm die Hellebarde von der Schulter nimmt, sobald er selbst
ihrer bedarf, und die nur beiläufige Erwähnung dieses
Ereignisses ist seiner dramatischen Wichtigkeit ganz ange=
messen.

Höher schon, aber auch noch in zweiter Linie steht
Sextus Pompejus. Shakspeare zeichnet ihn in wenig Stri=
chen deutlich genug als das Opfer einer ziemlich faden=
scheinigen Anstandsmoral im Kampf mit einem Gegner, der
über seine Zwecke sich klar ist und bei Wahl der Mittel
keine schwachmüthigen Scrupel kennt. Gleich beim ersten
Vertrage wird er übervortheilt, weil er weder die eigene
Macht, noch die Absichten des Gegners zu schätzen versteht,
und als dann in des Menas Vorschlag die Versuchung ihm
nahe tritt, zeigt er nicht sowohl feste Grundsätze, als die
durch unklare Rücksichten am rechtzeitigen Handeln gehin=
derte Begehrlichkeit kleiner Seelen. Menas hat in seiner
Art garnicht Unrecht, wenn er den Herrn verläßt, der den
Vortheil der Sünde gern genösse und doch nicht zum Han=
deln kommt, weil er vor sich selbst und vor der Welt den
Biedermann weiter zu spielen gedenkt. Uebrigens ist diese
Gestalt, wie die des Lepidus, weit mehr Skizze als aus=
geführtes Gemälde. Shakspeare braucht den Raum, wel=
chen der Plan seines Werkes nach dieser Richtung verfügbar
machte, für die Gestalt des Octavianus, die hier aus dem
Helldunkel des vorigen Drama's anschaulich hervor tritt.

Daß nicht überlegenes Genie ihn gegen Antonius in
Vortheil setzt, war schon im „Julius Cäsar" deutlich er=
kennbar. Nicht er hat die Schlacht bei Philippi gewonnen.
Auch jetzt noch zweifelt Niemand an des Antonius glän=

zender Ueberlegenheit auf dem Schlachtfelde. Octavian hat
Nichts von dem Zauber des ritterlichen Helden. Er imponirt weder durch Rede, noch durch Gestalt. Aber die
praktischen Naturen finden in ihm die klare Erkenntniß des
Zieles und den ruhigen, sichern Gang, welche in den Dingen
dieser Welt weit häufiger den Ausschlag geben, als schöpfe-
rische Kraft und genialer Schwung. Ein hervorstechender
Zug in seiner knappen, schlichten, fast bürgerlichen Erscheinung ist Nüchternheit in jeder Beziehung. Er allein hält
sich ruhig und fest, als die Genossen ihre Orgien feiern,
als in Lepidus das eine Drittel der Welt zu Boden fällt
und das andere in Antonius ins Schwanken geräth. Man
erinnert sich unwillkürlich an den kalten, klaren Prinzen
Johann aus „Heinrich IV.", den „weißlebrigen" Gentle-
man, vor dessen verzweifelt zähem und verständigem Wesen
Falstaff's Humor sich fröstelnd zurückzieht. Alles Auffallende, Ueberraschende, Verletzende ist solchen Naturen zuwider. Talleyrands „pas trop de zèle" ist ihr bewährter
Wahlspruch in allen Dingen. Sie verstehen vor Allem die
schwere Kunst des Wartens und die damit zusammenhän-
gende des sichern und geräuschlosen Zugreifens im entscheidenden Augenblick. Dieser geduldigen Politik fallen nach
einander Sextus Pompejus und Lepidus zur Beute, und
ihrem größesten Opfer läßt sie mit wahrer Bonhommie die
Zeit zur Reife für die unvermeidliche Ernte. Erst die er-
barmungslose Speculation auf den Charakter Cleopatra's
gestattet einen Blick in den innersten Kern dieser Gesinnung. Schon den ersten großen Sieg verdankt Octavian
weit weniger der eignen Kraft als dem haltlosen Wankel-

muth des phantaſtiſchen Weibes, und in Verfolgung dieſes
bei weitem mehr Nutzen als Ruhm verſprechenden Weges
gedenkt er ſein Ziel zu erreichen. Die Furcht, die Eitelkeit,
der unerſättliche Ehrgeiz der Aegypterinn ſind die Factoren,
auf welche ſeine ſichere Rechnung ſich gründet.

> „Stark ſind die Weiber
> Im höchſten Glück nicht. Mangel lockt zum Meineid
> Selbſt der Veſtalinn Tugend!"

So entzieht er durch ſchnöde Beſtechung die letzte Stütze
dem Manne, dem er klug und ſtolz den Zweikampf weigert.
Zum zweiten Mal giebt der ägyptiſche Verrath ihm den
Sieg. Mit ſeinem gewinnendſten Lächeln, einer wahren
Muſterleiſtung diplomatiſcher Biederkeit, tritt er dann der
ſchönen und berühmten Gefangenen entgegen, die ſeinen
Triumphzug in Rom populär machen ſoll. Aber dem welt-
erfahrenen Weibe wird es unheimlich zu Muthe bei dieſer
Gelaſſenheit. Ihr ſchimmert Octavia's „ſtiller kalter Blick"
aus den verbindlichen Zügen des Imperators entgegen. Sie
weiß die furchtbar ironiſche Gelaſſenheit zu deuten, mit welcher man ihren plumpen Betrug (die Unterſchlagung der
Schätze) ignorirt und entſchuldigt. Eine kleine, zornige
Aufwallung hätte der Abſicht Octavian's hier vielleicht beſſer
gedient, als jener furchtbare, marmorkalte Anſtand, den zu
beſiegen Cleopatra verzweifeln muß. In ſeiner ganzen Würde
legt ſich dann dieſer Anſtandsmantel um das Bild der ge-
ſättigten Selbſtſucht in den Schlußworten:

> „Mit ihrem Marc Anton laßt ſie beſtatten!
> Kein Grab der Erde ſchließt je wieder
> Solch' hohes Paar. Der ernſte Ausgang rührt

> Selbst den, der ihn veranlaßt, und ihr Schicksal
> Wirbt so viel Leib für sie, als Ruhm für den,
> Der sie gestürzt."

Eine stattliche Leichenpredigt, die dem Appetit beim Todten-schmause und dem geschäftlichen Frohsinn bei der Testaments-vollstreckung weiter nicht schaden wird. Diese kalte, mar-morglatte Gestalt wird selbst durch den Strahl rein mensch-licher Empfindung nur wenig erwärmt, welchen die Neigung zu der tugendhaften Schwester hie und da auf sie zu werfen scheint. Die beiden entsprechenden Scenen, Cäsar's Abschied von der mit Antonius ziehenden Octavia und die Bewill-kommnung der letztern, als sie vor dem Ausbruch des Krieges zurückkehrt, sind zu skizzenhaft gehalten und zu sehr mit Politik versetzt, um den Eindruck des Ganzen wesentlich zu verändern. Zudem gehört Shakspeare's Oc-tavia weit mehr, als die der Geschichte, der Sphäre der kalten, grämlichen Mittelmäßigkeit an, welche die phantasti-schen Heldengestalten Antonius' und Cleopatra's einengend umgiebt. Schon ihre absichtlich ausgemalte äußere Erschei-nung weist sie dahin: Die unscheinbare Gestalt, die nie-drige Stirn, das übertrieben runde Gesicht, die tiefe Stimme, das geflissentlich betonte, stille und strenge Wesen lassen mehr auf die nüchterne Anstandsdame schließen, als auf ein Ideal hingebender weiblicher Tugend. In dieser historischen Tra-gödie, gerade wie in dem nach Entstehungszeit und ethi-schem Inhalt so verwandten Timon, suchen wir vergeblich jene lichten, idealen Gestalten, an denen sonst auch in den düstersten Gemälden Shakspeare's das Glaubens- und Liebes-Bedürfniß des Herzens sich aufrichtet. „Antonius

und Cleopatra" enthält keinen Brutus, keine Porcia, keine
Cordelia. Der Dichter hat eine weit ausgedehnte und bunt
durcheinander geschlungene Reihe historischer Vorgänge in
treffliche organische Ordnung gebracht, er hat die Physiognomie der Zeit mit gewohntem Scharfblick erkannt und sie
in einem Reichthum glücklichster Detailzüge zur Anschauung
gebracht. Der Mangel eigentlich dramatischer Action, welcher durch den Entwickelungsgang des maaßgebenden Helden
bedingt war, ist durch den Reichthum der Charakterzeichnung
nach Möglichkeit ersetzt worden. Aber diese ganze Zeit mit
allen ihren Vertretern bildet ein fortlaufendes, niederschla-
gendes Gemälde menschlicher Schwäche. Es ist kein Vorwurf für den Dichter, aber auch kein Vorwurf für den
Geschmack der Leser und Zuschauer, daß dieses ebenso niederschlagende als belehrende Bild die Beliebtheit nicht gewonnen hat, deren die Shakspeare'schen Darstellungen großer und aufsteigender Geschichtsepochen sich erfreuen.

Anmerkungen zur vierzehnten Vorlesung.

---

[1] (S. 52.) Die Notiz über „a book called Anthony and Cleopatra", welche Edward Blount am 20. Mai 1608 in das Buchhändler-Register eintragen ließ, würde für das Jahr 1607 oder den Anfang von 1608 sprechen. Die Herausgeber der Folio-Ausgabe vom Jahre 1623, darunter auch jener Blount, nennen aber „Antonius und Cleopatra" unter den Stücken, welche bis dahin noch keinem Verleger gehörten. Somit verliert auch jener Vermerk seine zwingende Beweiskraft.

[2] (S. 64.) Das vom Dichter mit so viel Liebe und Humor ausgeführte Charakterbild des Domitius ist für die Auffassung des Stückes um so bedeutender, da Shakspeare hier fast ganz frei arbeitete, kaum durch ein paar Andeutungen seiner Quelle geleitet. Plutarch erwähnt den Domitius nur dreimal in seinem „Antonius". Im vierzigsten Capitel lesen wir, daß der Triumvir ihm den Auftrag gab, statt seiner das Heer über einen wenig rühmlichen Vertrag mit den Parthern zu beruhigen. Den Grundgedanken der siebenten Scene des dritten Aktes fand Shakspeare kurz angedeutet in den Worten des sechsundfünfzigsten Capitels: „Antonius, von Domitius und einigen Anderen überredet, befahl der Cleopatra, nach Aegypten zu segeln und dort den Ausgang des Krieges zu erwarten." Dann ist von Domitius nur noch in den Worten des dreiundsechzigsten Capitels die Rede: „Wohlwollend betrug sich Antonius auch gegen Domitius, gegen Cleopatra's Willen. Denn als jener, schon vom Fieber ergriffen, in einem kleinen Schnellsegler zum Cäsar entflohen war, so schmerzte es den Antonius tief. Dennoch aber sandte er ihm sein ganzes Gepäck nach, zusammt seinen Freunden und Dienern. Und Domitius, als hätte er seinen Sinn geändert, da seine Treulosigkeit und Verrätherei nicht verborgen blieb, starb auf der Stelle." — Alles dieses geschah übrigens nicht, wie im Drama, nach der ersten Schlacht bei

Alexandrien, sondern schon vor der Entscheidung bei Actium. Das ganze Auftreten des Domitius in Aegypten und in Italien, sowie alle individuellen Züge dieses Charakters sind Shakspeare's freie Erfindung. Er fand bei Plutarch eben nur jene ganz allgemeine Andeutung über die Abneigung des Domitius gegen das Weiberkommando.

³ (S. 68.) In seiner Uebersetzung des Plutarch fand Shakspeare hier folgende Schilderung: „Der Spiegel des Schiffes war von Gold, die Segel purpurn, die Ruder von Silber. Und im Rudern bewegten sie sich nach der Musik von Flöten, Hoboen, Cithern, Violen und andern solchen Instrumenten, die in der Barke spielten. Und was ihre eigne Person betrifft, so lag sie unter einem Zelte von Goldstoff, geschmückt, wie die Göttinn Venus gewöhnlich gemalt wird. Und dicht neben ihr, zu jeder Seite, schöne, liebliche Knaben, gekleidet wie die Maler den Gott Cupido darstellen, mit kleinen Fächern in den Händen, mit denen sie ihr Luft zufächelten.

⁴ (S. 73.) Man vergleiche Plutarch's Erzählung: „Dann floh sie, von seiner Wuth erschreckt, in das Grabmal, welches sie hatte errichten lassen, verschloß die Thüren hinter sich und sperrte die Federn der Schlösser mit großen Bolzen (so übersetzt nämlich North, den Shakspeare benutzte, während im griechischen Text von Fallgattern die Rede ist), und schickte an Antonius, sie wäre todt." — Dann findet Diomedes den bereits in seinem Blute schwimmenden Feldherrn: „Als dieser hörte, daß sie noch lebe, bat er seine Leute ernstlich, seinen Körper dorthin zu bringen, und so wurde er auf ihren Armen bis an den Eingang des Denkmals getragen. Dennoch wollte Cleopatra die Thore nicht öffnen, sondern kam an das obere Fenster und warf Taue und Stricke hinab, an denen man den Antonius emporzog. Und Cleopatra selbst, mit zwei Frauen, die sie mit sich ins Grabmal genommen, zog ihn herauf. Diejenigen, welche dabei waren, sagten nachher, sie hätten einen so jammervollen Anblick noch niemals gehabt. Denn sie zogen den armen Antonius herauf, mit Blut beströmt, wie er war, und im Todeskampfe; und indem er seine Hände zu Cleopatra emporstreckte, half er sich, so gut er konnte, in die Höhe. — Als sie ihn nun so hereingebracht und auf ein Bett gelegt hatte, zerriß sie ihre Kleider und schlug sich die Brust und zerkratzte ihr Ge-

sicht. Dann trocknete sie das Blut von seinem Gesicht und nannte
ihn ihren Herrn, Gemahl und Gebieter, indem sie ihr eignes Unglück
vergaß, aus Mitleid mit ihm. Antonius hieß sie ihre Wehklagen
enden und forderte Wein, entweder weil ihn dürstete, oder weil er so
seinen Tod zu beschleunigen dachte. Als er getrunken hatte, bat er
sie ernstlich, sie möchte suchen ihr Leben zu retten, wenn sie es ohne
Schmach und Unehre könnte. Besonders möchte sie dem Proculejus
vertrauen, mehr als irgend einem Andern aus Cäsar's Umgebung.
Und was ihn selbst beträfe, so möchte sie nicht jammern und klagen
wegen des kläglichen Glückswechsels am Ende seines Lebens, sondern
lieber ihn glücklich schätzen wegen seiner frühern Triumphe und Ehren,
bedenkend, daß er im Leben der edelste und größeste Herrscher gewesen und daß er jetzt bezwungen sei, nicht schimpflich, sondern in tapfe-
rem Kampf, ein Römer von einem Römer."

⁴ (S. 77.) Den Grundzug des Bauern, sowie der ganzen so
wirksamen Scene, fand Shakspeare in Plutarch's kurzer Andeutung:

„Nun, da sie beim Mahle saß, kam ein Landmann und brachte
ein Körbchen. Er öffnete das Körbchen und nahm die Blätter heraus,
welche die Feigen bedeckten und zeigte ihnen (den Soldaten), daß er
Feigen gebracht hätte. Sie wunderten sich Alle, so treffliche Feigen
zu sehen. Der Landmann aber lachte, als er sie hörte, und bat sie,
einige zu nehmen, wenn sie wollten Sie aber glaubten, daß er die
Wahrheit sagte, und sagten ihm, er solle sie nur hineintragen."

⁶ (S. 77.) Es mag übrigens bemerkt werden, daß der feine
Doppelsinn der Schlegel'schen Uebersetzung: „Künftig fügt Alles sich
der Form", in dem englischen Texte nicht so hervortritt. Bei Shakspeare sagt Antonius unzweideutig:

> I have not kept my square, but that to come
> Shall all be done by the rule.

⁷ (S. 77.) Bekanntlich heißt die Stelle:

> This was the noblest Roman of them all,

und Schlegel übersetzt:

> „Dies war der beste Römer unter allen."

Hier geht das them verloren, dessen Wiedergabe mir für den
Sinn der Stelle noch wesentlicher scheint, als die buchstäbliche Ueber-

tragung des „Roman". Es kann schwerlich die Absicht des Antonius sein, die Römertugend des eben besiegten Feindes auch über die der eigenen Parteigenossen zu erheben.

⁸ (S. 77.) Diese Abschiedsscene ist bis auf die kleinsten Details des Gedankenganges dem Plutarch entnommen. Sie heißt nach North's Uebersetzung:

„Als er nun beim Abendessen saß, befahl er seinen Hausdienern, die ihm bei Tafel aufwarteten, sie sollten die Becher füllen und ihn noch einmal nach Kräften pflegen. Denn, sagte er, ihr wißt nicht, ob ihr das morgen noch einmal thun werdet. Vielleicht seht ihr mich nur als einen Todten wieder. Dennoch, als er bemerkte, daß seine Freunde und Diener in Thränen ausbrachen, als sie ihn so reden hörten, verbesserte er seine Rede und fügte hinzu, er würde sie nicht in die Schlacht führen, wenn er nicht eher glücklich und siegreich zurückzukehren gedächte, als tapfer und ehrenvoll zu sterben." —

Fünfzehnte Vorlesung.

Coriolan.

Geehrte Versammlung!

Mit Coriolan beschloß Shakspeare seine dramatischen Darstellungen römischen Lebens. Bestimmte Angaben über das Jahr der Abfassung des Stückes sind nicht vorhanden. Nur der Umstand, daß Antonius sicher früher vollendet wurde, die an manchen Stellen fast überkühne Behandlung der hin und wieder bis zur Dunkelheit gedrungenen Sprache, sowie die herbe Größe in Auffassung menschlicher Dinge, haben die Vermuthung auf die Jahre 1609 oder 1610 gerichtet, — für den Dichter eine Epoche innerer Verstimmung, deren Spuren wir in den Schöpfungen dieser Zeit mehrfach entdecken, ohne daß wir im Stande wären, über ihre Gründe, ihre Stärke und Dauer uns sicheren Aufschluß zu schaffen. — Der scheinbare Aristokratismus dieses Drama's hat es zu einem Lieblingsstück unserer Romantiker gemacht; auch die englische Kritik stellt es hoch, wenn auch mit Recht dem Julius Cäsar nicht gleich. Die kühne und mannigfach gegliederte Charakteristik, der Reichthum an

weitgreifenden Gedanken und die Pracht der Sprache wird
stets einen mächtigen Eindruck machen. Doch lasse man
sich durch den heroischen Grundzug des Hauptcharakters
nicht verleiten, hier durchweg specifisch=antike Färbung und
Stimmung sehen und nachweisen zu wollen. Shakspeare
erfaßt im Coriolan ein großes historisch=sittliches Problem,
welches die antike Sage ihm bietet, mit seiner ganzen Men=
schenkenntniß und seiner ganzen unparteiischen Wahrheits=
liebe. Wie im Brutus das vergebliche Ankämpfen eines
aristokratischen Idealisten gegen die politische Unmündigkeits=
Erklärung seines gesunkenen Volkes, wie im Antonius den
Streit des leichtsinnigen und genußsüchtigen, wenn auch
genialen Egoismus mit der kalten und konsequenten Herrsch=
sucht, um den Besitz einer vom Geiste verlassenen Welt, —
so schildert er hier die Selbstvernichtung einer aristokrati=
schen Heldennatur, die in Ueberhebung des Gefühls per=
sönlicher Kraft von der einzig sichern Grundlage aristokra=
tischer Würde und Macht sich entfernt: Ich meine Unter=
werfung des subjectiven Gefühls unter die Standessitte,
und Unterordnung des persönlichen Ehrgeizes unter das
vaterländische Interesse. Es wird sich zeigen, daß die na=
türliche Vorliebe des Poeten für die aristokratische, über
das Gemeine und Mittelmäßige hervorragende Kraft hier ari=
stokratischem Frevel und aristokratischer Engherzigkeit ebenso
wenig zu Gute kommt, wie in Heinrich VIII. seine prote=
stantische Gesinnung gegen die unschuldig gekränkte katho=
lische Königinn Partei nimmt. Aber wenn diese hohe, mensch=
liche Auffassung des Problems den Dichter vor psychologi=
scher Unwahrheit schützte, so war sie keineswegs hinreichend,

dem Drama die Bedeutung eines historischen zu geben, im
Sinne der der englischen Geschichte entnommenen Stücke.
Plutarch's Erzählung gab freilich nicht nur alle Haupt-
punkte der äußern Handlung, sondern auch eine Reihe höchst
wichtiger Momente der psychologischen Entwickelung. Aber
einmal bricht sich in ihr selbst eine weit mehr mythische
als historische, von innern Widersprüchen wimmelnde Ueberlieferung bereits in dem reflectirenden Bewußtsein des einer
ganz andern Welt angehörenden Erzählers. Sodann ist es
nicht schwer zu zeigen, daß Shakspeare auch von dieser ge-
trübten Quelle überall geflissentlich abwich, wo sie wirklich
rein antike, dem monarchisch-aristokratischen Staatsleben des
sechszehnten Jahrhunderts vollkommen fremde Zustände ab-
spiegelt. — Wie wir schon an anderm Orte bemerkten,
legen wir natürlich nicht das geringste Gewicht auf die
gerade hier massenhaft auftretenden Anachronismen, welche
im Dialog mit unterlaufen, ohne die Handlung zu berühren.
Es hat für uns mit dem antiken oder modernen Charakter
des Drama's Nichts zu schaffen, daß Cominius von römischen Theatern redet, daß Titus Lartius sich auf Cato beruft,
daß Menenius Coriolan's Stimme mit einer Glocke, sein
„Hum" mit einer Batterie, ihn selbst mit Alexander dem
Macedonier vergleicht. Man hat garnicht nöthig, dergleichen Seitensprünge der dichterischen Phantasie für absicht-
lichen, ironischen Uebermuth auszugeben, um ihnen jede Bedeutung für die Schätzung des Drama's abzusprechen. Shakspeare verdankte seine antiquarischen Kenntnisse eben nicht
systematischen Studien, sondern einer lediglich von sittlichem
und poetischem Interesse beherrschten Lectüre. Wo eine An-

spielung, ein Vergleich ihm an sich passend schien, hat er
sich nie darum gekümmert, ob der Redende in dem oder
dem Jahrhundert a. C. wohl die dazu nöthigen Kenntnisse
haben konnte.   Aber auch die Auffassung der für die
Handlung wichtigsten Lebensverhältnisse weicht mehrfach so
sichtlich von dem Historiker ab, daß es nicht gerechtfertigt
erscheinen würde, diese Aenderungen bei Bestimmung unsers
Standpunktes für die historische, sittliche und ästhetische Auffassung des Drama's unbeachtet zu lassen. —

Die Handlung führt uns in die Jugendzeit der römischen Republik zurück, da die kleine lateinische Gemeinde
von kriegerischen Ackerbürgern und städtischen Industriellen,
durch eine mächtig aufstrebende Aristokratie der monarchischen
Leitung eben beraubt, in sich zerrissen und von den Nachbarn gehaßt, gleichzeitig für ihre politische Organisation und
für ihr thatsächliches Bestehn kämpfte.   Im Gemeindeleben
einer kleinen Republik, in deren Senat und Volksversamm-
lung fast lauter persönlich Bekannte sich treffen, in den
Kämpfen kleiner Schaaren gegen nahe wohnende Feinde,
mit denen man im Frieden und Krieg täglich verkehrte,
mußte persönliche Kraft einen Spielraum und eine Bedeutung gewinnen, die ihr in großen künstlich geordneten
Staaten nur durch besondere Gunst der Umstände gewährt
wird.   Standesgeist, Ehrgeiz, jede politische Leidenschaft
mußte in den engen, aber selbstständigen und urkräftig bewegten Verhältnissen an innerer Kraft und Heftigkeit gewinnen, was sie an Großartigkeit der Ziele und Mannigfaltigkeit der Mittel entbehrte.   Es sind nicht kleinstädtische
Verhältnisse, in die der Dichter uns einführt, trotz der Klein-

heit der Stadt; auch nicht kleinstaatliche, ungeachtet des geringen Umfanges des Landes — denn auf dem Markt dieser kleinen Stadt verhandelt man nicht Prozesse um des Esels Schatten, sondern mit souveräner Gewalt die höchsten Fragen der Gesellschaft. Und dieser kleine Staat wird nicht durch mächtige Nachbarn bevormundet. Er vertritt sein Recht oder seinen Anspruch mit dem Schwerte, in rücksichtslosester Selbstständigkeit, und, wenn noch nicht im Bewußtsein der Uebermacht, so doch in vollkommen gerechtfertigtem Vertrauen auf seine den Nachbarn ebenbürtige Stellung. Nach beiden Seiten hin fallen, gleich nach Eröffnung der Scene, wichtige Entscheidungen. Die bis dahin ganz unmündige Volksmasse der Stadt erlangt gesetzlich anerkannte Vertreter ihres Rechts. Als politische Korporation tritt sie von nun an in geschlossenen Reihen der Aristokratie gegenüber — und unmittelbar darauf stellt der Krieg gegen einen gefährlichen Feind alle Kräfte des Staats auf die Probe. Da erhebt sich der Held des Drama's mit der ganzen Ueberlegenheit heroischer Kraft über die Reihen der aristokratischen Standesgenossen wie über die Menge. Als „Coriolan", geschmückt mit dem Namen der heldenmüthig eroberten Stadt, kehrt Marcius heim; Volk und Adel beugen sich vor seiner Größe und seinem Verdienst, halten die höchsten Ehren für ihn in Bereitschaft. Aber seine starre, überkräftige Natur sträubt sich gegen die Sitte, welche von dem Amtsbewerber eine äußerliche Anerkennung der Volkssouveränetät fordert. Unfähig, den Unterschied zu machen zwischen der gewaltigen Masse und den schwachen Atomen, aus denen sie sich zusammensetzt, verwandelt er die laue

Dankbarkeit gegen den siegreichen Krieger gar bald in glühenden Haß gegen den hochmüthigen Unterdrücker. Seine
Standesgenossen haben Nichts für ihn, als Bedauern und
Klagen. Er erliegt dem Sturm der von Demagogen mißleiteten Menge und geht in die Verbannung. Sein Patriotismus, schon lange in gefährlichem Bunde mit einem
fast übermenschlichen Stolze, er erliegt der Prüfung. In
engherzigster Rachsucht führt er den Feind gegen die Vaterstadt. Schon winkt der verführerische Trank vollständiger
Rache seinen durstigen Lippen — da trifft ihn der Rückschlag des verletzten Naturgesetzes. Sein vermessenes, eigen-
mächtiges Selbstgefühl geht an der Regung zu Grunde,
aus der es seine erste und beste Nahrung gesogen. Ehrfurcht und zur andern Natur gewordene Liebe für die
Mutter, sie macht ihn nicht etwa anderen Sinnes, aber
sie bricht seinen Willen; er opfert seinen Feldzugsplan einer instinctartigen Gefühlsregung und erleidet dann schließlich das Schicksal der nicht consequenten Selbstsucht. Sein
Tod, unter den Schwertern des neidischen Nebenbuhlers,
fügt endlich einen neuen Ton zu dem endlosen Trauer-
gesange, in dem Geschichte und Dichtung das unabänder-
liche Schicksal der sich überhebenden, von den sittlichen
Grundlagen des Lebens vermessen sich lossagenden Kraft
uns verkünden.

Dies die Grundzüge der sehr einfachen Fabel, wie der
Dichter sie wiedergiebt, allerdings nach Plutarch, aber mit
freier und für das Verständniß des Ganzen sehr lehrreicher
Aenderung mehrerer wichtiger Punkte.

Am auffallendsten ist diese freie Behandlung des

Stoffes in der Darstellung des Volkes. Dessen Verhältniß zum Staate und zum Adel war dem Dichter durch Plutarch in folgenden Grundzügen gegeben:

„Da Marcius schon durch seinen Ruhm und seine
Tapferkeit große Gewalt in der Stadt erlangt hatte, gerieth
der Senat, den Reichen beistehend, in Streit mit dem Volke,
welches Vieles und Schreckliches durch die Wucherer zu
erdulden glaubte. Denn diese beraubten die mäßig Wohl-
habenden aller Habe, durch Pfändung und Verkauf. Die
ganz Armen aber führten sie ins Gefängniß, während sie
doch oftmals mit Narben bedeckt waren und in den Feld-
zügen für das Vaterland gekämpft hatten. — Den letzten
Zug hatten sie gegen die Sabiner unternommen, während
die Reichen ihnen versprachen, sich zu mäßigen, und der
Senat beschloß, daß Marcus Valerius sich dafür verbürgen
sollte. Darauf aber, als sie auch jenen Kampf muthig bestanden und die Feinde besiegt hatten, widerfuhr ihnen von
den Wucherern nichts Billiges, noch that der Senat, als
erinnere er sich seines Versprechens, sondern er ließ es zu,
daß man sie wieder einkerkerte und auspfändete; in der
Stadt aber gab es böse Unruhen und Zusammenrottungen.
Und den Feinden blieb es nicht verborgen, daß das Volk
uneinig war, sondern sie fielen ins Land und verwüsteten
es. Und als die Magistrate die junge Mannschaft zu den
Waffen riefen, so kam Niemand. — So wurden die Behörden wieder verschiedener Meinung. Und einige glaubten,
man müsse den Armen nachgeben und die zu große Strenge
des Herkommens mildern. Einige aber widerstrebten, zu
denen auch Marcius gehörte, indem er die Geldfrage nicht

7*

für die Hauptfrage hielt, sondern den Rath gab, wenn sie klug wären, so möchten sie den Anfang und ersten Ver=such des gegen die Gesetze sich erhebenden Pöbels nieder=schlagen."

Es wird dann berichtet, wie die unzufriedene Menge nicht etwa zum Aufruhr, sondern zu massenhafter Auswan=derung sich entschließt, wie Menenius im Namen des be=sorgten Senats mit ihnen unterhandelt, durch geschickte An=wendung der auch von Shakspeare aufgenommenen Fabel sie zur Versöhnlichkeit stimmt und gegen Bewilligung von fünf Tribunen, zur Hülfsleistung gegen die Gewalt des Con=suls, den Frieden schließt. Dann aber heißt es ausdrücklich: „Sobald nun die Stadt wieder einig war, so waren die Plebejer gleich in Waffen und boten sich den Behörden freiwillig zum Kriegsdienste dar." — Es bedarf nur eines unbefangenen Blicks in das Drama, um sich zu überzeugen, daß Shakspeare von dieser Uebergangsperiode, da die arme und abhängige Menge der kleinen Leute zu einer mächtigen politischen Genossenschaft, zu einem wirklichen Bürgerstande sich heranbildet, offenbar sich keine Vorstellung machen konnte. Sein Zeitalter bot ihm keine Analogie, keinen le=bendigen Maaßstab für den merkwürdigen politischen Instinct dieser beständig murrenden und revoltirenden und dabei doch von zähester Anhänglichkeit an Gesetz und Vaterland erfüll=ten altrömischen Plebs. Jene Auswanderer des Mons Sacer, die lieber das Vaterland mit dem Rücken ansehen, als daß sie gegen ihre Bedrücker an die rohe Gewalt ap=pelliren, jene nicht wieder erreichten Muster des zähesten passiven Widerstandes, jene kaltblütigen, juristisch=militairi=

schen, bei allem Ungestüm ihrer Forderungen doch durchaus
im innersten Herzen conservativen Oppositionsmänner, sie
verwandeln sich ihm in den Pöbel einer modernen großen
Stadt, in eine jedes politischen Gedankens unfähige Masse
von Individuen, nicht von bestimmten Vorstellungen gelenkt,
noch von klar erkannten Interessen, sondern von dunkeln
Gefühlen, und daher die Beute der niedrigsten Demagogen;
bei angeborner Gutmüthigkeit und derber Kraft dennoch
grausam und feig, wenn nicht ein überwältigender Einfluß
der höhern Stände ihnen die fehlende Seele einhaucht.
Der Dichter ignorirte die ausführliche Schilderung des
Plutarch, welche zu diesen Vorstellungen nicht sonderlich
paßte, und hielt sich an eine andere Erzählung seiner
Quelle, deren Ton und Tendenz er mit einigen, der ersten
Darstellung entnommenen Thatsachen merkwürdig genug verbindet. Es ist dies der Bericht, welchen Plutarch im
zwölften Capitel des Coriolan über einen zweiten Aufstand
der Plebs giebt, der nach dem Kriege gegen Corioli aus-
gebrochen sei, und zwar in folgender Weise:

„Nun, als der Krieg beendet war, begannen die
Schmeichler des Volkes wieder zum Aufstand zu reizen,
ohne irgend eine neue Veranlassung oder einen gerechten
Grund zur Klage. Denn sie gründeten diesen zweiten Aufstand gegen den Adel und die Patrizier auf das Elend
und Unglück des Volkes, welches nothwendig eintreten
mußte, wegen des frühern Streites zwischen ihm und dem
Adel. Denn der größte Theil des urbaren Landes im römischen Gebiet war wüst und unfruchtbar geworden, aus
Mangel an Bestellung. Denn sie hatten keine Mittel, um

sich Saatkorn aus andern Ländern zu verschaffen, wegen ihrer Kriege, durch welche die große Noth unter ihnen entstanden war. Da nun die Volksaufwiegler sahen, daß kein Korn auf dem Markte war, und daß, wenn es vorhanden wäre, das Volk die Mittel nicht hätte, es zu kaufen, so verbreiteten sie verleumderische Anklagen gegen die Reichen, als ob diese aus Rachsucht die Theuerung herbeigeführt hätten." Dann erzählt Plutarch weiter, wie der Senat durch Entsendung einer Colonie nach Veliträ und durch einen Krieg gegen die Antiaten das Volk zu beruhigen und zu beschäftigen dachte. „Aber auch hiegegen agitirten die Tribunen; die Colonisten mußten mit Gewalt zum Auszuge genöthigt werden, den Kriegsdienst aber verweigerte das Volk ganz und gar. Da habe sich denn Marcius Coriolanus an die Spitze seiner Clienten und Freiwilligen gestellt, große Kriegsbeute von den Antiaten gemacht und diese seinen Streitern großmüthig überlassen. Der Haß der Menge aber gegen ihn sei dadurch nur noch gesteigert worden." Diese Erzählung lieferte dem modernen Dichter nun die dunkeln Farben zu dem Bilde, welches er seiner Weltanschauung gemäß von dem gegen den Adel sich auflehnenden Volke zu entwerfen geneigt war. Er verwendete sie nicht ausschließlich, aber die einzelnen Lichter, durch welche er ihre Wirkung mildert, gehören nicht specifisch dem Wesen der altrömischen Plebejer an. Sie zeigen eben nur Spuren roher Kraft und instinctiver Gutmüthigkeit, wie sie in dem nicht gebildeten, aber auch noch nicht verbildeten und überbildeten Menschen in jeder Zeit und bei jedem Volke sich finden. Freilich haben die Volksscenen des

„Coriolan" dabei an Frische und Leben wahrscheinlich ge=
wonnen, was sie an historischer Treue verloren. Nicht me=
chanisch aneinander gereiht, sondern in ächt Shakspeare'scher
Weise, in der Mischung und Durchdringung, auf der eben
der Reiz des wirklichen, concreten Lebens beruht, im Ge=
gensatz gegen den abstracten Begriff, kommen jene Elemen=
tar=Kräfte der Masse überall zu wirksamster Geltung. So
wird die wüthende Aufregung der Eröffnungsscene ausdrück=
lich als eine Wirkung nicht des Uebermuths, sondern der
Noth bezeichnet. „Das wissen die Götter! Ich rede so aus
Hunger nach Brot, und nicht aus Durst nach Rache", ruft
der erste Bürger, nachdem er ingrimmig geschildert, wie der
Anblick ihres Elends den Patriziern gleichsam ein Verzeich=
niß sei, worin sie ihr Wohlleben lesen. Den Coriolan
wollen sie erschlagen, als den Feind des Volkes, der zwi=
schen ihnen und billigem Brot steht, durchaus nicht aus
bloßem Haß gegen das hervorragende Verdienst. Wohl
haben sie ihm angemerkt, daß er Alles nur gethan hat, um
seiner Mutter Freude zu machen und tüchtig stolz zu sein
— doch giebt es unter dem ergrimmten Haufen sogar noch
Leute, welche einen Unterschied zu machen wissen zwischen
bösem Willen und der unüberwindlichen Schroffheit seiner
Natur. Der zweite Bürger möchte ihm nicht als Laster an=
rechnen, was er an seiner Natur nicht ändern kann. Er
lobt seine Uneigennützigkeit, und Niemand widerspricht ihm.
Nicht Alle halten es für zu gewissenhaft, ihm die reichen
Gaben, die er dem Vaterlande dargebracht, dankbar anzu=
rechnen, so bitter sie auch durch seinen Hochmuth gewürzt
sind. Als es zur Consul=Wahl geht, schämen sich die

Leute, dem Verdienst die Anerkennung zu weigern, obgleich
ihnen Coriolan die Dankbarkeit wahrhaftig nicht leicht macht.
Sein offenbarer Hohn würde nicht einmal hinreichen, die
Masse gegen ihn aufzureizen, wenn die Einflüsterungen der
Demagogen nicht das Feuer schürten. Aber bei alledem ist
diese im Grunde guter Regungen nicht ganz unfähige Menge
so weit entfernt von der Ahnung eines politischen Gedan-
kens, wie nur je der grob oder fein gekleidete Pöbel eines
an monarchischen Absolutismus gewöhnten Landes es war.
Gleich der erste Aufstand ist nichts weiter als das blinde
Umsichschlagen einer durch Bevormundung verdummten
Masse, die für jedes Unglück die Vorsehung, in Gestalt der
Regierung, verantwortlich macht und den Reichen zu Dache
steigt, wenn das Korn nicht gerathen ist. Von vernünftiger
Begründung irgend einer Klage, oder gar von einem Plan der
Abhülfe ist nirgend die Rede. Der geordnete Auszug auf
den heiligen Berg wird in eine Straßenemeute verwandelt;
von der bei Plutarch so hervorgehobenen Bedrückung durch
die Wucherer, die strengen Schuldgesetze und den unbillig
harten Kriegsdienst ist nicht die Rede; man sieht nicht einmal, wie die bewilligten fünf Tribunen dem Kornmangel
steuern sollen, wie das rein politische Zugeständniß die hungrigen Leute so enthusiasmiren kann, daß sie „die Mützen
schmeißen, als sollten auf des Mondes Horn sie hängen."
Ganz besonders zeigt sich die ächt moderne aristokratische
Anschauung des Dichters in dem Nachdruck, mit welchem
überall die „Feigheit" des Volkes betont wird, und zwar
gegen das ausdrückliche Zeugniß seines Gewährsmannes.
Aus jedem Worte spricht da das übermüthige Kraftbewußt-

sein des mittelalterlichen, zum Waffenhandwerk erzogenen
Adels gegenüber den unorganisirten und unkriegerischen
„losen Leuten". Schon Menenius, der noch am besten von
ihnen redet, der ihre Harmlosigkeit und Gutmüthigkeit mehrfach anerkennt, stellt ihnen das Zeugniß aus:

> „Denn fehlt im Ueberflusse auch der Verstand,
> So sind sie doch ausbündig feig."

Und doch sind sie nicht seinen Waffen, sondern seinen guten
Worten gewichen. Da Coriolan die „hochadeligen Rebellen" auf die volskischen gefüllten Scheuern anweist, schlei-
chen sie sich muthlos davon. Vor Corioli redet Marcius
sie an als „Gänseseelen in menschlicher Gestalt, die vor
Sklaven laufen, die Affen schlagen würden — wund rück-
lings, Nacken roth, Gesichter bleich vor Furcht und Fieber-
frost." Ihr Benehmen in der eben eroberten Stadt erinnert an die Heldenthaten des Nym, des Bardolph und ihrer
Genossen. „Kissen, bleierne Löffel, Blechstückchen, Wämser,
Die der Henker selbst verscharrte mit dem Leichnam, stiehlt
die Brut noch eh' die Schlacht zu Ende." Hier freilich
gewährte Plutarch einen Anhaltepunkt; aber auch wo das
ganz entgegengesetzt lautende Zeugniß des Historikers nicht
geradezu umgangen werden konnte, ist die Anerkennung des
Volkes sichtlich das beiläufige, halb widerwillige Zugeständniß des von der plebejischen Untüchtigkeit doch einmal dog-
matisch überzeugten Aristokraten. Es ist wahr, als Marcius
sie anredet:

> „Ist irgend Einer hier,
> Der üblen Ruf mehr fürchtet als den Tod,
> Und schön zu sterben wählt, statt schlechten Lebens,

> Sein Vaterland mehr als sich selber liebt:
> Wer so gesinnt, ob Einer oder Viele,
> Der schwing' die Hand, um mir sein Ja zu sagen,
> Und folge Marcius!"

Da jauchzen Alle, schwingen die Schwerter und heben ihn auf ihren Armen empor. Und Cominius läßt sich zu der Anerkennung herbei:

> „Kommt Gefährten,
> Beweist, daß ihr nicht prahlet, und ihr sollt
> Uns gleich in Allem sein."

Aber diese Anerkennung gilt den Soldaten, nicht den Bürgern; das der antiken Welt eigenthümliche und gerade hier entscheidende Verhältniß des Bürger-Soldaten bleibt dem Dichter ein fremdartiges; es geht ihm nicht recht auf in dem lebendigen Strom der Lebensanschauung, welche das Drama durchzieht. Es ist des Marcius überlegener Geist, es ist der Zauber der Disciplin, der die Bürger hier in Helden umschafft, weit mehr, als die Tüchtigkeit ihrer eigenen Natur, und kaum entlassen, verwandeln sie sich wieder in die wankelmüthige, zaghafte und trotzige, vielköpfige und sinnlose Menge, welcher ihr eigenes Benehmen und das geflissentlich betonte Urtheil der Aristokraten keine demüthigende Beschimpfung erspart. Wenn die Plebejer, von den Tribunen gehetzt, den verbannten Marcius höhnend aus dem Thore verfolgen, um später in ihrer Angst vor dem Rächer sich blind wüthend gegen die bisherigen Führer und Rathgeber zu kehren, so hat man Jack Cade's rasenden Haufen vor sich oder den Pöbel des cäsarischen Rom, nicht aber die Begründer des dauerhaftesten republikanischen Gemeinwesens, welches die Welt gesehen.

Noch schlimmer natürlich kommen die Tribunen weg,
die demagogischen Verführer der unwissenden, schwankenden
Menge. Sie sind in jedem Zuge die Tonangeber einer in
sich verfallenden politischen Gemeinschaft, nicht die Stimm=
führer eines noch unklaren und ungeübten, aber doch mit
sichtlicher Kraft zu bürgerlicher Selbstständigkeit sich empor=
ringenden Volkes. Menenius nennt sie, ihnen ins Gesicht,
„ein Paar so verdienstlose, stolze, gewaltsame, hartköpfige
Magistratspersonen (alias Narren), als nur irgendwelche in
Rom." Er verhöhnt ihre Kleinlichkeit, ihre Ungeschicklichkeit
und Wichtigthuerei in Geschäften. Aus jedem ihrer Worte
sieht er den Esel herausgucken, ihre Bärte hält er für eine
passende Füllung zu dem Packsattel eines Esels, sie selbst
sind ihm erbärmliche Hirten des Plebejer=Viehes. Er schätzt
den einen Marcius höher, als ihre sämmtlichen Vorfahren
seit Deukalion, „wenn vielleicht auch einige der besten unter
ihnen erbliche Henkersknechte wären!" Und ihre Thaten sind
eher alles Andere, als eine Widerlegung dieser Worte.
Zwar ihren Ingrimm gegen Coriolan dürfen wir ihnen als
keine Todsünde anrechnen, nachdem wir genugsam erfahren,
wie der überstolze Aristokrat über sie denkt. Es ist kein
Wunder, daß es ihnen schon recht wäre, wenn der Krieg
ihn verschlänge, ihn „der zu stolz ward, so tapfer er ist."
Und möglicher Weise haben sie nicht einmal so ganz Un=
recht, wenn sie seine freiwillige Unterordnung unter Comi=
nius mehr auf Rechnung seines klug überlegenden Ehrgeizes,
als seiner Bescheidenheit schreiben. Einen weit düsterern
Schatten wirft auf ihren Charakter ihre Ansicht von dem
Wesen des Volkes, welches sie vertreten.

„Das Volk, für das wir stehn,
Vergißt nach angeborner Bosheit leicht
Auf kleinsten Anlaß diesen neuen Glanz.“

Es ist der erbärmliche Neid der Mittelmäßigkeit gegen die
überlegene Kraft, es ist die schmutzige Quelle des schlimm=
sten Fehlers der Massen, des Undanks, gegen die der Dich=
ter hier, als gegen den dunkelsten Fleck der nicht im Dienste
des Geistes geläuterten Natur, die volle Wucht seiner Be=
redtsamkeit richtet. Ich halte es für einen sehr thörichten
und sehr schädlichen Aberglauben, in diesem Undank, wie
es wohl hie und da noch geschieht, eine Schutzwehr der
Freiheit zu sehen. Diese Sorte von Demokraten pflegt eben
ihre Cimone und Themistokles zu verbannen, um sich an
den ersten besten Kleon wegzuwerfen. Ihr Operationsplan
gegen den Helden ist in typischer Wahrheit das instinct=
mäßige Verfahren der kaltblütigen Gemeinheit gegen die
geniale, auf dem feurigen, aber launischen und unbändigen
Rosse der Leidenschaft stolz dahinstürmende Kraft. Auf den
Ekel des Helden gegen die schamlose Bosheit der Verleum=
dung bauen sie die Hoffnung ihres Erfolges. Es soll ihnen
an der unverschämten Lüge nicht fehlen, die das heiße Blut
dieser nobeln Natur in zornigem Aufkochen hinauftreiben
wird in das Gebiet des prüfenden und ordnenden Gedan=
kens — und dann bürgt ihnen gerade die Heldenkraft des
Gegners für seinen Sturz. Die Scene wäre vollendet und
von unvergleichlicher Wirkung, wenn nicht ein Umstand das
eben festgestellte Urtheil wiederum kreuzte und auf die ganze
Intention des Dichters wenigstens einen Schimmer zweifel=
haften Lichtes würfe. Es scheint fast, als sollen wir glau=

ben, die Tribunen wollen nur aus Bosheit dem Volke ein=
reden, daß Coriolan es stets gehaßt, daß er sie alle zu
Eseln umschaffen möchte, sie halten, wie das Kameel im
Kriege, das nur sein Futter erhält, um seine Last zu tragen.
Sollen das aber wirklich Verleumdungen sein gegen den
Mann, welcher vor unsern Augen das hungernde Volk in
Stücken hauen wollte, ehe er ihm das geringste Zugeständ=
niß machte? Um so entschiedener und klarer wird dann
freilich die Stimmung, als die verrätherischen Schufte bis
zum entscheidenden Augenblicke sich dem gehaßten Helden
gegenüber in die Maske wohlwollender Ergebenheit hüllen,
als sie in boshafter Berechnung den ohnehin schwer Gereiz=
ten durch die freche Beschuldigung des „Verraths“ seines
Gleichmuthes berauben, als sie ihrer Gesinnung ein treff=
liches Denkmal setzen in den Worten:

> „Geht, seht ihm nach zum Thor hinaus und folgt ihm,
> Wie er euch sonst mit bitterm Schmäh'n verfolgte,
> Kränkt ihn, wie er's verdient.“

Und von Herzen gönnen wir am Schluß die rächende Wuth
des verzweifelnden Volkes, nicht zwar den kühnen Volks=
führern des alten Rom, wohl aber den modernen, in Tri=
bunen verkleideten Lumpen=Demagogen, welche der Dichter
an ihre Stelle gesetzt hat.

Der gährenden, kaum erst zu organischen Bildungen
sich anschickenden Masse des von diesen schlechten Demago=
gen mißleiteten Volkes gegenüber zeigt der römische Adel
sich in Gestalt einer nicht blos rechtlich, sondern auch that=
sächlich überlegenen, bevorzugten Kaste, die aber im Begriff
steht, von der Höhe des ausschließlichen Privilegiums in

die Rechtsgemeinschaft des republikanischen Verfassungslebens
hinabzusteigen. Diese Aenderung hat in die Standesvor-
urtheile hie und da bereits Bresche gelegt, ohne sie jedoch
zu zerstören. Aber auch die alte Kraft ist noch in schönen
Resten vorhanden, und selbst die sich vorbereitende höhere
Entwickelung findet schon hie und da ihre wohlwollenden
und bewußten Vertreter.

Die schwankende, an sich selbst irre gewordene Stellung des ganzen Standes zeigt sich von vorn herein in der
Nachgiebigkeit gegen die empörten Plebejer, augenscheinlich
weit mehr ein Werk der Furcht, als eine Kundgebung politischer Weisheit, später in der Preisgebung des geschätzte-
sten Standesgenossen und vor Allem in der nicht nur auf
den ersten Anblick unnatürlich schwachen und unedlen Haltung dieser Aristokratie Angesichts der furchtbaren, nicht nur
die politischen Gegner, sondern den gesammten Staat be-
drohenden Katastrophe.

Die vom Dichter benutzte Erzählung wimmelte hier
übrigens so von unentwirrbaren Widersprüchen, daß selbst
der Genius eines Shakspeare nicht ausreichte, in dieses
Chaos von Ereignissen, mit dramatischer, übersichtlicher Einheit auch psychologische Wahrheit zu bringen. Bei Plutarch
schont Coriolan sorgfältig die Landgüter der Patrizier, indem er die Aecker der Plebejer verwüstet, und lähmt auf
diese Weise die gemeinsame Action der einander ohnehin
nicht recht trauenden Stände. So unterwirft er ungehin-
dert die meisten der latinischen Bundesstädte und gewinnt
das volle Vertrauen der Volsker, die ihm vor Tullus Au-

fibius den Vorzug geben. Dann als er Lavinium belagert, ändert sich plötzlich die Stimmung in Rom. Die Plebs will den Verbannten zurückrufen, der Senat aber hindert es. Warum? darüber läßt uns der Geschichtsschreiber im Dunkeln. Erst als die Feinde dicht vor der Stadt lagern am Cloelischen Graben, bequemt sich auch der Senat zum Unterhandeln. Coriolan, auch entfernt nicht der Wütherich des Drama's, verlangt als Preis des Friedens Rückgabe des den Volskern abgenommenen Landes und die Aufnahme seines Volkes in die latinische Eidgenossenschaft, zu gleichem Rechtsgenuß mit den Römern. Dazu bewilligt er 30 Tage Bedenkzeit, die er benutzt, um sieben mit den Römern verbündete Städte zu unterwerfen. Die Römer, so wird uns ausdrücklich gesagt, sind muthlos und wie betäubt und thun nicht das Geringste zur Abwehr. Dann, nach Ablauf der Frist, reden sie die bekannte Sprache, deren später das weltherrschende Rom gegen die empörten Bundesgenossen sich zu bedienen pflegte:

„Aus Furcht würden die Römer niemals nachgeben. Wenn Coriolan aber meinte, daß die Volsker eine Gunst erlangen müßten, so werde dies geschehen, sobald jene die Waffen niederlegten!!"

Nun giebt ihnen Coriolan wieder drei Tage Bedenkzeit, um einen gemäßigteren und gerechteren Beschluß zu fassen. Statt dessen schicken die Römer die Gesandtschaft der Priester, wie im Drama. Da Coriolan auf seinen (ganz billigen) Bedingungen beharrt, bleiben sie hartnäckig, jammern dabei beständig über die Grausamkeit des uner-

bittlichen Siegers und verkriechen sich schließlich sammt ihrem
Heldenmuthe und ihrer consequenten Politik unter den
Schleier der bittenden Frauen.

Natürlich konnte der Dichter diesen wüsten Haufen sich
widersprechender Sagen und rhetorischer Erfindungen für
sein Drama nicht brauchen. Er ignorirt, wie billig, die un-
motivirte Sinnesänderung des Senats, sowie die Versöhnlichkeit Coriolan's und die unzeitige Consequenz-Parade der
um Frieden jammernden Römer. Coriolan wird ihm einfach der unerbittliche, rachedürstende Feind, dem das von
Factionen zerrissene Rom wehrlos zu Füßen liegt.

Das wäre nun Alles vollkommen durchsichtig und psychologisch verständlich, wenn nicht das Benehmen des Adels
während der Katastrophe Alles überböte, was demokratische
Parteilichkeit jemals gegen den engherzigen Egoismus dieses
Standes vorgebracht hat, während das durch den Dichter
uns vorher vermittelte Bild uns denn doch zu andern Erwartungen zu berechtigen schien. Der Coriolan des Dichters weiß nichts von jenem Unterschiede, welchen der des
Historikers zwischen seinen Freunden und Standesgenossen
und seinen plebejischen Feinden sorgfältig macht. „Er kann
die Körner nicht lesen aus dem Haufen verdorbener Spreu."
Die Freunde, welche ihn zaghaft im Stiche ließen, gelten ihm nicht mehr als die Feinde, die ihn vertrieben. Nun
sollte man glauben, die gleiche Gefahr müßte in beiden
Ständen den gleichen Wunsch der Abwehr erwecken: der
hochmüthigste Aristokrat, sofern noch einige Mannheit in
ihm übrig, müsse mit dem Volk sich verbinden, zur Abwehr
des Hochverräthers, der an der Spitze eines feindlichen

Heeres erscheint, nicht um die Privilegien seines Standes
zu restauriren, sondern Standesgenossen und Gegner ohne
Unterschied seinem Grimme zu opfern. Weit gefehlt! Es
ist gegen den entnervenden und entsittlichenden Einfluß des
rücksichtslosen Standesegoismus selten eine schärfere, wenn
auch vielleicht nicht ganz absichtliche Satire geschrieben
worden, als diese Scenen, welche den Zustand des von
Coriolan angegriffenen Roms schildern. Das Benehmen des
Adels ist wahrlich nicht geeignet, den Verdacht zu widerlegen, den der Tribun Licinius ausspricht:

> „Sie sähen
> Viel lieber, ob sie selbst auch drunter litten,
> Aufrührerhaufen durch die Straßen stürmen,
> Als daß der Handwerksmann im Laden singt
> Und Alle freudig an die Arbeit gehn.“

Kein Gedanke des Widerstandes scheint ihnen zu kommen,
als der Volsker vor den Thoren lagert. Gemeine Schmähungen des Volkes sind Alles, was die Führer und Herren
des Staates nun übrig haben. Menenius vor Allen leistet
das Mögliche in überlästigem Geschwätz und garnicht he-
roischem Jubel über die Verlegenheit des Volkes. — Wir
sind überhaupt nicht im Stande, dem Charakter dieses sena-
torischen Spaßmachers (the pleasantest of the senate)
so viel Geschmack abzugewinnen, als es unter den Beur-
theilern und Bewunderern Shakspeare's hergebracht ist. Mit
seiner streng aristokratischen Gesinnung, seiner bei jeder Gelegenheit unverhohlen hervorbrechenden Verachtung des Volkes verdankt er seine Popularität hauptsächlich einer negativen Eigenschaft, der wir doch nur sehr mäßige Bewunde-

rung zollen können. Er selbst giebt uns das Geheimniß
seiner staatsmännischen Künste zum Besten. Er denkt, was
er sagt, und verbraucht seine Bosheit in seinem Athem.
Seine Schwäche bildet den besten Theil seiner Kraft. Es
ist seine Offenherzigkeit und seine lustige Weltmannssitte,
die seinem adligen Hochmuth den Stachel nimmt. Er ist
bekannt als ein Patrizier zwar, aber doch ein lustiger; seine
kleinen, liebenswürdigen Fehler nehmen seiner Malice den
Stachel. Man legt die Worte nicht auf die Goldwage bei
einem Manne, der es mehr mit heißem Wein hält, als mit
Tiberwasser, der mit dem Hintertheil der Nacht mehr Verkehr hat, als mit der Stirne des Morgens. Seine plebejischen Manieren füllen einen Theil der Kluft aus, welche
seine im Grunde sehr aristokratischen Gesinnungen zwischen
ihm und dem Volke befestigen. Er weiß nachzugeben, wenn
Widerstand keinen Gewinn hoffen läßt, aber nicht dem Recht
und dem Wohl des Volkes macht er seine Zugeständnisse,
sondern seiner Dummheit und Rohheit und dem augenblicklichen Interesse der Privilegirten. Wie höchst unliebens-
würdig und unmännlich sich seine Schadenfreude bei dem
feindlichen Angriff äußert, wurde schon eben berührt. Den
Volskischen Wachen, dem armen „Hans Schilderhaus" gegenüber prahlt er beinahe wie Falstaff gegen seine bewundernden Kneipgenossen, und er möge es uns verzeihen, wenn
wir nach seinen demüthigen Bitten bei Coriolan die plötzliche Anspielung auf „den Römertod", den er sich geben
wird, kaum für mehr halten, als für eine besser gemeinte
als angebrachte rhetorische Wendung. Aber nicht nur dieser
Allerweits-Vermittler, Zweck-Redner und Bonmots-Fabrikant

verliert in der Gefahr den Kopf. Auch Cominius kniet vor
dem alten Waffenkameraden nieder und ein Titus Lartius
findet kein Wort des Rathes und des muthigen Trostes für
die sinnverwirrende Bethörung seines Volkes. Und doch
hat der Dichter uns ein Recht gegeben, uns von diesen
ächt adligen Naturen eines Besseren zu versehen. Ist denn
Titus Lartius nicht mehr derselbe Mann, der im Beginne
des ersten Volsker-Krieges erklärte, er werde, auf eine Krücke
gelehnt, mit der andern schlagen? der im Kampfe den jüngeren Standesgenossen voranging, wie an Tapferkeit und
Erfahrung, so in der seltenen Tugend freiwilliger patriotischer Unterordnung unter das höhere Talent und in ächter
Gentlemans-Sitte? Hat denn Cominius seine eigenen Leistungen vergessen, erinnert er sich gar nicht mehr der Thaten, welche die bewaffneten Bürger (seine Freunde nannte
er sie damals) unter seinen Augen und seiner Führung ver-
richteten? Haben seine eigenen Worte denn keinen Sinn
mehr für ihn, in denen er seinen Coriolan einst pries, „daß
Muth die erste Tugend, und zumeist den Eigner erhebe?“
Wahrlich, wer sich entscheiden sollte über den politischen
Werth — entweder jener wankelmüthigen, kurzsichtigen Volksmasse, welche den Uebermuth des Helden nicht ertragen
mochte, der ihr das Verzeichniß seiner allerdings großen
Thaten alle Tage auf den Rücken schrieb, und die nun vor
dem zurückgekehrten Feinde den Muth verliert — und zwischen diesem Adel, der aus bloßer Schadenfreude muthlos
die Waffen streckt, nicht vor dem Restaurationshelden, sondern vor dem offenen, rücksichtslosen Verräther: er käme
schwerlich in Gefahr, durch seinen Ausspruch großes Unrecht

zu thun. Und auch dem Dichter treten wir schwerlich zu
nahe, wenn wir in diesen, einer verwirrten Sage entnommenen und für die wirksamsten Schluß-Situationen seiner
Handlung allerdings nothwendigen Scenen seine wohlbekannte, tiefe, sorgfältige und ungezwungene Motivirung
theilweise vermissen.

Um so großartiger, dabei nach allen Seiten tief und
fest begründet in dem Boden der Verhältnisse, erhebt sich
die Hauptgestalt des Drama's, Coriolan.

In wenigen seiner Helden ist Shakspeare so kühn über
die gewöhnlichen Dimensionen menschlicher Kraft und menschlicher Verirrungen hinausgegangen — in wenigen ist er so
sorgfältig bemüht gewesen, die außergewöhnliche Erscheinung
durch die gründlichste Motivirung zu den normalen Verhältnissen des Lebens ins klarste Verhältniß zu setzen, uns mit
einem tiefen Einblick in das Gesetz ihres Werdens und
Wachsens den Maaßstab ihrer Größe und ihrer Schuld zu
gewähren. Dabei darf allerdings nicht vergessen werden,
daß seine Quelle ihm hier mehr als auf halbem Wege entgegen kam. Plutarch giebt nicht nur eine ausführliche Charakteristik Coriolan's, er verweilt auch bei den bedingenden
Ursachen dieser bizarren Erscheinung, er betont ausdrücklich,
daß Cajus Marcius nach dem frühen Tode seines Vaters
von seiner Mutter allein erzogen wurde, daß diese Frau sein
Leben hindurch den mächtigsten Einfluß auf ihn ausübte,
daß er bei Allem, was er that, mehr ihre Zustimmung und
ihre Ehre im Auge hatte, als alle andern Erfolge. — Der
Historiker berührte hier den springenden Punkt für jede
tiefere und gediegene Auffassung des aristokratischen Lebens-

princips, und Shakspeare war in vollem Maaße der Dichter, der diese bloßgelegte Goldader einer reichen psychologischen Entwickelung mit scharfem Auge zu erkennen und mit der ihm eigenen Gründlichkeit, Kraft und genialen Selbstständigkeit sie auszubeuten befähigt war.

Es ist die entscheidende Bedeutung der Familie für alles aristokratische Sein, Fühlen und Denken, um die es sich hier handelt. Sie beruht wesentlich auf der Thatsache, daß das Grundelement aristokratischer Gesinnung eben Nichts anders ist, als die natürliche uns angeborene Selbstliebe, zur Würde und Kraft eines sittlichen Princips gesteigert und gereinigt, indem sie mit der Selbstliebe Anderer zu einem Vertrage gemeinsamer Anerkennung, und eben darum auch gegenseitiger Beschränkung sich durch ein gegebenes Verhältniß verbunden sieht. Es verhält sich die Wirkung und Bedeutung dieser socialen Institution zu der der natürlichen Familie, wie die Wirkung der elektrischen Batterie zu der der einfachen Leidener Flasche. Gereinigter, disciplinirter und dadurch verstärkter Egoismus war von jeher der feste Grund, auf dem das Wesen der Familie ruhte, nicht wie romantische Kulturhistoriker und sentimentale Lyriker sie sich ausmalen, sondern wie sie in handgreiflicher Wirklichkeit sich gestaltete, von den Erzvätern bis auf den heutigen Tag. Es sind eben gemischte, auf der starken Grundlage des Instincts ruhende Gefühle, welche das Leben regieren, nicht logische Abstractionen, noch sentimentale Entzückungen. Die Selbstverleugnung der Mutter, welche am Bette des kranken Kindes die Nächte durchwacht, ist mit der Eitelkeit, welche die niedliche Duodez-Ausgabe der eigenen Schönheit

im modischen Prachteinbande der bewundernden, womöglich
beneidenden „Freundinnen" präsentirt, weit näher verwandt,
als optimistische Lobredner der menschlichen Natur zuzugeben geneigt sind. So wollen wir denn auch den Aristokraten nicht schelten, der die Risse seiner Vaterlandsliebe
gelegentlich durch eine gute Dosis Familienstolz bessert, und
mit der Natur nicht hadern, die wie ein tüchtiger Maschinen-
bauer ihre wichtigsten Schrauben und Triebräder nicht aus
dem geläutertsten, zartesten und glänzendsten, sondern aus
dem solidesten Material zu fertigen liebt. Shakspeare ist
ihr auch in diesem Drama, oder sagen wir lieber in dieser
kühnen und großartigen Tragödie aristokratischer Kraft und
aristokratischen Uebermuthes treulich gefolgt. Er hat den
Schlüssel zu dem Charakter und dem Schicksal des Helden
in den seiner Mutter niedergelegt, er läßt uns in den frü-
hesten Jugend-Eindrücken, in der starken Einwirkung der Familie noch mehr, als in den umfassend und meisterhaft gezeichneten politischen Umgebungen die ersten Impulse und
das bestimmende Grundgesetz dieser bizarren Größe erkennen.
Eine gründliche Würdigung Coriolan's muß ihren Weg
nothwendig durch die Betrachtung Volumnia's (und Virgilia's) nehmen.

Voran steht Volumnia, das typische Bild der altrömischen Matrone, Coriolan's angebetete Mutter. [1] Es ist vor
Allem ein glühendes Gefühl mütterlicher Liebe für den einzigen, herrlichen Sohn, welches die hohe Frau unserer Theilnahme nahe rückt. „Tagelange Bitten eines Königs", so
rühmt sie sich gegen Virgilia, „hätten einst der jungen
Mutter nicht eine Stunde seines Anblickes abgekauft." Sie

lebt nur in ihm, dem herrlichen Abbilde und Vermächtniß
des früh geschiedenen Gatten. Aber diese Liebe, dieser
Sonnenblick aus der ewigen Heimath menschlich=natürlichen
und weiblichen Fühlens und Seins, kaum einen flüchtigen
Moment hindurch darf sie die strengen, edeln, aber harten
und kalten Züge der ächt antiken Frauengestalt verklären.
Ihr Marcius ist ihr mehr und weniger, als der Sohn, in
dem alle ihre höchsten Vorstellungen von menschlicher Größe
und Tüchtigkeit sich verkörpern, der ihr eignes Selbst ihr
zeigt, verjüngt und ausgestattet mit Allem, was die Natur
sie ahnen und träumen ließ, indem sie es ihren Wünschen
versagte. Er ist vor Allem der starke Arm, durch welchen
der Wille des Weibes, aber des stolzen, aristokratischen
Weibes, eingreift in Rath und That der Männer; er ist
die feste Grundlage und der herrliche Schmuck ihrer socialen
Existenz noch mehr, als ihres rein menschlichen Fühlens;
er ist das heilige Opfer, dessen Darbringung ihrem Fa=
milien= und Standeshochmuth die Weihe der erhabensten
Tugend giebt, eines Patriotismus, wie ihn die großen Mo=
narchieen der Neuzeit in dieser Intensität, in dieser schroffen,
furchtbaren Größe nicht leicht mehr erzeugen. Früh sandte
sie das einzige, angebetete Kind in den grausen Krieg, denn
nicht besser erschien er ihr, als „ein Gemälde, das an der
Wand hängt, wenn Ehrgeiz ihn nicht beseelte." Wäre er
ihr Gemahl, so würde sie lieber seiner Abwesenheit sich
freuen, durch die er Ehre erwirbt, als der Umarmungen
seines Bettes. Hätte sie zwölf Söhne, keiner ihr weniger
theuer als ihr guter Marcius, sie sähe lieber eilf für ihr
Vaterland edel sterben, als einen einzigen in wollüstigem

Müßiggange schwelgen. Diese Ruhmes- und Vaterlandsliebe der römischen Matrone ist übrigens weit entfernt, dem
romantischen Ideal jener Tugenden zu entsprechen. Ihr
hochherziges Ehrgefühl steigert sich jezuweilen zu einer
Energie, oder sagen wir lieber Härte des Ausdrucks, die
von unserer Vorstellung von weiblicher Liebenswürdigkeit
und von weiblicher Würde denn doch etwas starke Zugeständnisse verlangt. Mit der Genugthuung eines ergrimmten Kriegsmannes spricht sie von Wunden und Feindesblut,
von Tod und Thränen. Es ist wahrlich, als hörte man
den ungestümen Faulconbridge im „König Johann", wenn
sie ihren Marcius preisend ausruft:

> „Vor sich trägt er
> Gejauchz der Lust, läßt Thränen hinter sich;
> Der schwarze Tod liegt ihm im nerv'gen Arm,
> Erhebt er ihn, so stürzt der Feinde Schwarm."

Wittwen-Thränen und Feindesblut sind auch für die trium-
phirende Mutter des siegreichen Helden kein Gegenstand fro-
her Betrachtung, so lange weibliche Milde und Herzensgüte
auch nur einigermaßen gegen den despotisch herrschenden
Ehrgeiz das Feld behaupten. Man kann schon denken,
welche Rolle künstliche, abgeleitete Pflichten und Erwägungen hier spielen werden, wo man die Grundtriebe des weiblichen Herzens mit dieser Leichtigkeit ab und zur Ruhe verweist. Die Vaterlandsliebe dieser Dame vor Allem wird
den Gegnern ihres Sohnes und ihrer Kaste oft genug ein
wunderliches Angesicht zeigen. Von jeher hat sie ihrem
Marcius die Plebejer als „lumpige Sklaven" geschildert,
„Geschöpfe nur gemacht, daß sie mit Pfennigen schachern,

barhaupt stehen in der Versammlung, gähnen, staunen, schweigen, wenn einer seines Ranges sich erhebt, redend von Fried' und Krieg." Ihr Katechismus der Staatskunst erfreut sich für das fünfte Jahrhundert vor Christi Geburt merkwürdig präciser und aufgeklärter Rechtsansichten. Eifrig belehrt sie den zu heftigen und aufrichtigen Sohn:

„Du könntest mehr der Mann sein, der du bist,
Wenn du es wen'ger zeigtest; schwächer wären
Sie deinem Sinn entgegen, hehltest du
Nur etwas mehr, wie du gesinnt, bis ihnen
Die Macht gebrach, um dich zu kreuzen."

Ist es nicht ein treffliches Stück Politik, was sie zum Besten giebt, indem sie erläuternd fortfährt:

„Weil dir jetzt obliegt, zu dem Volk zu reden,
Nicht nach des eignen Sinnes Unterweisung,
Noch in der Art, wie dir dein Herz befiehlt:
Mit Worten nur, die auf der Zunge wachsen,
Bastard-Geburten, Lauten nur und Sylben
Die nicht des Herzens Wahrheit sind verpflichtet. —
Ich wollte meine Art und Weise bergen,
Wenn Freund und Glück es in Gefahr verlangten,
Und blieb in Ehr'."

Wir sahen oft, wie unerbittlich Shakspeare den Fehlern, den Lächerlichkeiten und Lastern der Menge den Spiegel vorhält. Hier zeigt sich denn doch recht deutlich, daß das Zauberglas auch für die Bilder anderer menschlicher Thorheit und Schlechtigkeit Platz hat, als für jene, die wir in Verbindung mit übelriechendem Athem und schwieligen Fäusten zu denken gewohnt sind. Wir beneiden keinen Menschen und keinen Stand um diese Art von robuster, wasserdichter „Ehre", die sich mit Volumnia's hoher Politik vertrüge. Es wird ganz besonderer Veranlassungen bedürfen, um unter der harten Kruste, welche Vorurtheile, Ehrgeiz, später noch dazu gerechte Erbitterung, um das gewaltige Herz dieses Weibes gezogen haben, das ächte Gold ihres Charakters dennoch zur Anschauung zu bringen. — Der Dichter fand sie bei seinem Erzähler vor, fast schon zum Gebrauch geordnet, und mit gewohnter Meisterschaft bemächtigte er sich ihrer und fügte sie als lebendiges Glied in den Organismus seines Drama's. Die stolze, noch so eben von Rachedurst glühende, von ihrem Volk tödtlich beleidigte Matrone, als Fürsprecherinn eben dieses, von ihr so gehaßten als verachteten Volkes bei dem zu siegreicher Vergeltung bereit stehenden, schwer beleidigten Heldensohn, die Mutter, welche nicht nur ihre Liebe, nein, auch ihren Zorn (was noch mehr sagt) dem unverjährbaren und über alle menschliche Leidenschaft erhabenen Recht des Vaterlandes zum Opfer bringt: sie ist durch und durch eine ächt antike Erscheinung, eine Kombination menschlichen Empfindens und Denkens, die auch ein Shakspeare ohne das beredte Zeugniß der Ueberlieferung schwerlich gewagt hätte. Die ganze Scene schließt sich genauer, als alle andern Theile des Drama's an die Worte Plutarch's, freilich mit einer Wärme und klaren Gegenständlichkeit der Auffassung, die auch die Nachahmung zum selbstständigen Kunstwerk erhebt. Das ethische Hauptmoment des ganzen Drama's, das waltende Grundgesetz, vor dem auch die stolzeste und unbändigste Leidenschaft biegen oder brechen muß, es drängt sich in Volumnia's Worten zusammen:

„Großer Sohn, bu weißt,
Des Krieges Glück ist ungewiß; gewiß
Ist dieß: daß, wenn bu Rom besiegst, der Lohn,
Den bu dir erntest, solch ein Name bleibt,
Dem, wie er nur genannt wird, Flüche folgen.
Dann schreibt die Chronik einst: Der Mann war edel,
Doch seine letzte That löscht Alles aus,
Zerstört' sein Vaterland; drum bleibt sein Name
Ein Abscheu künft'gen Zeiten!" —

Von dieser Frau nun wird Coriolan erzogen, erzogen
wie eben nur eine einsam dastehende Mutter ihr einziges
Kind erzieht, mit der ganzen ausschließlichen Hingabe, die
nun einmal der einzige Weg ist und bleibt, auf welchem
der geistige Inhalt eines Menschenlebens sich in die Seele
des Andern ergießt, bis zur völligen Einheit des Empfindens und Denkens.

Plutarch bezeichnet diesen Einfluß ausdrücklich als
maaßgebend für den Charakter des Helden — als maaßgebend, aber auch als gefährlich:

„Cajus Marcius", sagt er, „über den dieses geschrieben ist, von seiner verwittweten Mutter erzogen, des Vaters
beraubt, zeigte, daß der Verlust des Vaters, der zwar sonst
ein Unglück ist, gleichwohl die Ausbildung zu einem tüchtigen, über die Menge hervorragenden Manne nicht hindert.
Er war aber auch ein Zeugniß für die, welche glauben,
daß die Natur, wenn sie bei tüchtiger Grundanlage der
Erziehung entbehrt, mit dem Guten zugleich vieles Schlechte
erzeuge, wie ein fruchtbarer Boden, dem es an Bearbeitung
fehlt. Denn die Kraft und Stärke seines Geistes erzeugte
großen und thatkräftigen Eifer für rühmliches Handeln.
Indem er aber wiederum sich maaßlosem Zorn und unver-

söhnlicher Feindschaft hingab, machte sie ihn schroff und
widerwärtig im Umgang. Und indem man seine Selbst=
beherrschung in Lust und Schmerz und seine Uneigennützig=
keit bewunderte, und sie Enthaltsamkeit, Gerechtigkeit und
Männlichkeit nannte, so zürnte man wiederum seinem ge=
hässigen, lieblosen und vornehmen Wesen im Umgange mit
den Bürgern."

Die Worte dieses einfachen Berichtes sind dem Dichter
eben so viel Saamenkörner geworden, aus denen er die Lebens=
triebe dieses mächtigen Mannescharakters in frischester Ur=
sprünglichkeit emporwachsen ließ. Die fortwirkende Macht
jener ersten Jugend=Eindrücke, von denen der Historiker in
so bedenklich=betonter Weise berichtet, sie tritt uns in Allem,
was Coriolan ist, thut und leidet, als wesentlich bestim=
mend entgegen. Gleich bei der ersten Erwähnung seines
Namens ist es das Urtheil des Bürgers:

„Ich sage Euch, was er rühmlich gethan hat, that er
nur deshalb (nämlich aus Stolz). Wenn auch gewissen=
hafte Menschen so billig sind, zu sagen, es war für sein
Vaterland, so that er's doch nur, um seiner Mutter Freude
zu machen und tüchtig stolz zu sein."

Und so ist's. Mit dem Eichenkranz heimgekehrt aus
siegreichem Kampf bringt er der Mutter knieend die Huldi=
gung seines Triumphes; an sie wenden sich seine Freunde,
wenn sie verzweifeln, seinen Starrsinn zu beugen. Ihrer
Autorität, nicht ihren wenig erbaulichen Gründen opfert er
seinen Zorn gegen Volk und Tribunen, als er dem zur Milde
mahnenden Menenius mit drastischer Selbstironie entgegnet:

„Gut, milde sei's denn, milde!" —

Dieselbe instinctartig wirkende Autorität und keineswegs
freie Ueberzeugung, wie wir späterhin sehen werden, zwingt
ihm endlich die verhängnißvolle Wendung ab, im vollen
Lauf des Erfolges. Es ist ein besonders feiner und bedeutungsvoller Zug, daß bei allen diesen Gelegenheiten der
Einfluß der Gattinn hinter den der Mutter sichtlich zurücktritt. Shakspeare hat Plutarch's Bemerkung nicht ausdrücklich aufgenommen: „daß nämlich C. Marcius auf Bitte
der Mutter und nach ihrem Wunsche sein Weib gewählt."
Aber in jedem Zuge Virgilia's zeigt es sich, daß er ihn
gleichwohl im Auge hatte. Wenn irgend ein Weib, so
mußte dieses „liebliche Schweigen" befähigt sein, den bedenklichen Platz neben der Wort-führenden Schwiegermutter
und deren stolzem und heftigem, von Jugend auf nur vor
dem Willen der einen Frau sich beugenden Sohne in Ehren
und Frieden zu behaupten. Ein weniger hingebendes, stilles,
bescheidenes Wesen mußte hier in Conflicte gerathen, die
häufiger der Komödie angehören, als der Tragödie — ein
weniger edles und festes mußte von der Charaktergröße und
der heißblütigen Willenskraft ihrer Umgebungen erdrückt
werden. Daß aber Virgilia bei aller ihrer Sanftmuth und
lieblichen Milde gar wohl im Stande ist, in ihrer engen
und bescheiden umgränzten Sphäre einen Willen zu haben,
dafür führt ihr erstes Auftreten zwischen den andern Frauen
den klaren Beweis. Sie mag das Haus nicht verlassen,
so lange der geliebte Gemahl nicht daheim ist. So
fest als sanft widersteht sie dem Zureden der Freundinn,
wie dem der Schwiegermutter. Und dabei ist es lediglich
das feine Gefühl eines ächt weiblichen Herzens, was sie

zurückhält, auch entfernt nicht der leidige Anstand. Was
sich schickt und was erlaubt ist, wissen Volumnia und Va-
leria so gut als sie. Aber das sich selbst genügende Glück
eines, ganz in seiner Liebe aufgehenden Herzens verstehen
sie doch nur halb. Dafür hat freilich Virgilia auch nur
ein halbes Verständniß für den beißen, fast unweiblichen
Ruhmesdrang der aristokratischen Matrone. Sie denkt während des Krieges mehr an die Gefahren der Schlacht, als
an die Ehren des Triumphes. Die allerdings etwas dra-
gonermäßigen Helden-Phantasieen Volumnia's machen ihr
Angst. Nicht mit Entzücken denkt sie an blutige Stürme
und grimmige Feinde. Nicht in ihren Augen ziert Blut
den Mann schöner, als Gold-Trophäen. Coriolan müßte
nicht der ächte, gewaltige Aristokrat sein, der keine andere
Schranke des egoistischen Selbstgefühls respectirt, als die
Gesetze des Blutes und der Ehre, wenn alle Liebe und
Hingebung dieses Weibes ihn jemals mit den Grundsätzen
seiner Erziehung und den Ueberlieferungen seiner Familie
in Widerspruch brächte.

Es darf und soll nun garnicht geleugnet werden, daß
diese Grundsätze und Ueberlieferungen nicht nur ihre glänzende Außenseite, sondern auch ihre sehr respectable innere
Würde haben. Sie erheben vor Allem die heroische Vaterlandsliebe, wenn nicht zur eigentlichen Basis, so doch gewiß
zu einer der stärksten Triebfedern des Charakters. In einem
jungen, stets von Feinden bedrohten Staate, in einem Sprößling einer kriegsgeübten Familie wird jene Anhänglichkeit an
das gemeine Wesen natürlich vor Allem in kriegerischem
Muthe sich zeigen — und dieser strahlt denn auch als

glänzendste Farbe in dem so reichen, als großartigen Bilde.
Durch außergewöhnliche Körperkraft unterstützt (nach Plutarch pflegten sich seine Gegner mit ihr zu entschuldigen,
wenn Coriolan sie an Muth übertraf), steigert er sich bis
zu äußerster, tollkühner Verwegenheit, wo Gefahr, Ehre und
Siegeshoffnung ihn reizt. Es geht über Percy, des Heiß-
sporns, schwindelnden Ehrgeiz hinaus, wenn Coriolan, von
siegreichem Kampfe beinahe erschöpft, seine Wunden dem
noch frischen Feinde verheimlicht und mit dem eignen Blute,
als wäre es Feindesblut, prahlt, um den Gegner zu reizen.
Aber diese Tapferkeit empfängt ihre Weihe und wahre
Bedeutung durch das Talent des Feldherrn und den politischen Scharfblick des Staatsmannes, (Coriolan sieht die
Gefahr des Volsker-Krieges voraus, als Alles sich sicher
wähnt), so wie vor Allem durch die Gediegenheit seines
Kraftbewußtseins, die in seiner stolzen Bescheidenheit, seinem Widerwillen gegen alle äußere Zeichen der Anerkennung
sich ausspricht. (Beiläufig vielleicht die allergefährlichste
Maske des Hochmuths).

„Ruhm und Ehre, von jungen Männern erlangt“,
sagt Plutarch, „löscht, wie es scheint, den Ehrgeiz leichterer
Naturen, und stillt schnell ihren Durst. Starke und feste
Gemüther aber reizt die Ehre nur an, wie der Lufthauch
die Flamme. Denn nicht als hätten sie ihren Lohn empfangen, sondern als hätten sie ein Pfand gegeben, schämen
sie sich, den Ruhm zu hinterlassen, und ihn nicht durch
ihre Werke zu übertreffen.“

In diesem Sinne mag Marcius nicht einmal von der
eigenen Mutter sich loben hören, so wenig, wie von dem

Feldherrn vor der Fronte des durch ihn siegreichen Heeres.
Als er während des Cominius Lobrede den Senat ver=
läßt, bezeichnet Menenius seinen Sinn in den treffenden
Worten:

> „Wie könnt' er eurer sched'gen Brut wohl schmeicheln,
> Wo Einer gut im Tausend? Wenn ihr seht,
> Er wagt eh' alle Glieder für den Ruhm,
> Als eins von seinen Ohren, ihn zu hören?"

Und an einer andern Stelle:

> „Sein Sinn ist viel zu edel für die Welt.
> Er kann Neptun nicht um den Dreizack schmeicheln,
> Nicht Zeus um seinen Donner. Mund und Herz ist Eins;
> Was seine Brust nur schafft, kommt auf die Zunge,
> Und ist er zornig, so vergißt er gleich,
> Daß man den Tod je nannte."

Freilich liegt schon in diesen Worten für den aufmerksamen
Beobachter die Andeutung des Schattens dicht neben dem
Lichte.   Diese Gleichgültigkeit, ja Abneigung gegen Lob
und Ehrenbezeugung beruht nicht sowohl auf einer mäßigen
Vorstellung von dem eignen Werth als auf einer sehr hohen
von dem eignen Beruf und der nach der Kraft zu bemes=
senden Verpflichtung. Coriolan ist nur bescheiden, wenn
sein Blick auf seinem Ideal männlicher Tüchtigkeit ruht.
Ein Blick auf seine Umgebungen weckt in ihm, wie wir bald
sehen werden, alle Dämonen des Hochmuths. Es ist wahr,
seine Uneigennützigkeit wetteifert mit seiner Tapferkeit. Sie
bewährt sich glänzend, als er das angebotene Zehntel der
Beute ausschlägt und mit dem Antheil des einfachen Sol=
daten vorlieb nimmt. Er ist hierin so recht das Gegentheil
der mittelmäßigen Durchschnitts=Aristokraten, deren zäher
Eigennutz den Gegnern der Aristokratie gemeinhin ein ebenso

günstiges Stichblatt bietet, als denen des Volkes der sinnlose Wankelmuth und die unvernünftige Gier der Massen.
Und daß dieser hochragenden, stolzen Heldennatur die sanften,
menschlichen Gefühle nicht fremd sind, dafür zeugt neben dem
Verhältniß zur Mutter und zur Gattinn der schöne Zug seiner Dankbarkeit. Mitten im Siegesjubel der gewonnenen
Schlacht gedenkt er des Gastfreundes, der ihn in Corioli
einst freundlich aufnahm. Die Befreiung des Gefangenen
ist der einzige Lohn, den er als besondere Auszeichnung
von dem Feldherrn erbittet.

So hätten wir hier die Farben zu einem Ideal-Bilde
des antiken Helden beisammen, ein wetteiferndes Seitenstück
zu dem Urbilde modern germanischer Tüchtigkeit, das Shakspeare in Heinrich V. aufstellte — ginge nicht Hand in
Hand mit jener Kraft und kernigen Gediegenheit seines
Wesens ein krankhaft überreiztes Selbstgefühl, das wenig
erfreuliche Resultat einer ganz auf Weckung des exaltirtesten
Ehrtriebes berechneten, weiblichen Erziehung. Sein ur-
sprünglichster Zug, die in rücksichtslosem Erfolgsdurst auf
das Ziel losstürmende Kraft, edel in der Grundanlage,
aber jedes leidenschaftlichen Ausbruchs fähig, wenn sie gekreuzt wird, sie bildet sich trefflich ab in der Erscheinung
seines Sohnes. — Der kleine Marcius, hören wir ausdrücklich, ist ganz der Vater. Schon hört er lieber die Trommel,
als den Schulmeister. Wie er den Schmetterling fängt,
ihn fliegen läßt, ihn dann, nachdem er bei der Verfolgung
gefallen, wüthend zerfetzt, ist er das treue Symbol jener
Mischung von Thatendurst, Großmuth und sinnloser Heftigkeit, welche den Helden von Corioli auf den Gipfel der

Größe erhebt und ihn dann seinem Schicksal unwiderstehlich
entgegentreibt.

Solche Eigenschaften sind in jeder Zeit und in jedem
Volke eine gefährliche Mitgabe — ganz besonders aber in
einer jungen, von den Kämpfen aristokratischer Familien-
kreise gegen das Gleichberechtigungsstreben des Volkes zerrissenen Republik. Ein tief einschneidender, unüberwind-
licher Widerwille gegen das niedere Volk bringt sie bald
genug zu verhängnißvoller Wirkung. Dieser Widerwille ist
augenscheinlich älter, als irgend eine politische Ansicht oder
Ueberzeugung; er hängt mit den ersten, sinnlichen Jugend-
Eindrücken zusammen und war sicher in dem ächt englischen
Abscheu vor dem stinkenden Athem, den schmierigen Händen,
den ungereinigten Zähnen, dem ganzen unfashionablen Aeußern
der Menge schon begründet, als sich in dem heranwachsenden,
adligen Krieger und Staatsmann die Theorie von der plebejischen Gemeinheit und Nichtsnutzigkeit, der politischen
und socialen Bevormundung des Volks heranbildete. Dem
vor uns handelnden Helden des Drama's ist diese Ueberzeugung bereits zur andern Natur geworden, sie macht sich
bei jeder Gelegenheit Luft, heroisch, humoristisch oder schlecht-
weg brutal, je nach Veranlassung und Stimmung. Wir
können es aller Tendenz-Aesthetik zum Trotz wirklich nur
als junkerhafteste Brutalität bezeichnen, wenn Coriolan die
um Brod schreienden Bürger als „rebellische Schurken,
als Hunde" begrüßt, denen ein gutes Wort geben, schmeicheln hieße jenseit des Abscheu's, wenn er nach einer Fluth
von Schmähungen gegen ihre Feigheit, ihre Gemeinheit,
ihre Gier sein Votum abgiebt:

„Wenn sich der Adel doch der Mild' entschlüge,
Daß ich mein Schwert ziehn dürst'. Ich häufte Berge
Von Leichen der zerhau'nen Sklaven, höher,
Als meine Lanze reicht!"

Eine Schmeichelei gegen aristokratische Manieren und Ge=
sinnung wäre in dieser Scene kaum zu entdecken, man
müßte die romantische Extase denn so weit treiben, um
Shakspeare selbst im Ernst für einen Geistesverwandten
hinterpommerscher Städte=Verwüster und Prügel=Virtuosen
zu halten. Wenn Menenius dem Volke hier Ueberfluß von
Mangel an Verstand und ausbündige Feigheit vorwirft, so
wird man in dem Auftreten Coriolan's wenigstens über
Mangel an frechem, herzlosem Hochmuth und über Ueber=
fluß an Besonnenheit und Humanität nicht klagen dürfen.
Natürlicher schon und weniger verletzend, wenn auch von
Liebenswürdigkeit immer noch weit entfernt, ist der Paroxys=
mus der adligen Ueberzeugungen in den Aufregungen des
Kampfes, da Coriolan die vor Corioli zurückweichenden
Römer in seiner Art zum Gefechte ermuthigt:

„Die ganze Pest des Südens fall' auf euch!
Schandflecke Roms ihr! — Schwär' und Beule mag
Vergisten euch, daß ihr ein Abschen seid,
Eh' man euch sieht, und ihr einander ansteckt
Meilenweit gegen den Wind!"

Die rücksichtslose Einsetzung des eigenen Lebens für die
Ehre der vaterländischen Fahne nimmt hier der Entrüstung
über die weniger willensstarken Genossen, resp. Untergebenen
den größten Theil der herzerkältenden Bitterkeit. Wir glau=
ben weniger den erbitterten Feind des eigenen Volkes zu
hören, als den um den fast schon berührten Siegespreis

9*

betrogenen Helden. Die Stelle muthet uns fast an, wie eine Shakspeare'sch-antike Paraphrase des Wortes, was Friedrich seinen vor Torgau weichenden Bataillonen zurief: „Ihr Kerle, wollt ihr denn ewig leben?" Und am Ende treten wir mit unserm ganzen Gefühl auf die Seite des einen, ganzen, fest in sich geschlossenen Mannes gegen das vielköpfige Ungeheuer, Volk genannt, wenn wir den groß-artig uneigennützigen, von ruhmvollen Narben bedeckten Hel-den genöthigt sehen, den souveränen Pöbel um die Beloh-nung seiner Verdienste zu bitten! Die mit Recht hoch berühmte Scene der Consulats-Bewerbung ist in jedem Zuge das typische, unerreichte Gemälde eines ächten, demo-kratischen Urwählerspectakels — nur freilich, daß dabei zu allen Zeiten die Antonius' und die Cleon' häufiger waren, als die Aristides' und Coriolane. Welchem leiblich an-ständigen Menschen, der je verurtheilt war, bei den Kunst-leistungen unserer Demagogen in Glacéhandschuhen den Zu-schauer abzugeben, welchem von dem schönen Aberglauben an das Recht des Verdienstes noch nicht ganz geheilten Manne spräche hier Coriolan nicht zum Herzen in der Bemerkung:

„Ich bitte euch nun, wenn sich's zum Ton eurer Stimmen paßt, daß ich Consul werde. Ich habe hier den üblichen Rock an!"

Und vollends in der trefflichen Motivirung seines Antrages:

„Freund, ich will meinem geschworenen Bruder, dem Volk, schmeicheln, um eine bessere Meinung von ihm zu ernten; es ist ja eine Eigenschaft, die sie hoch schätzen. Und da der Weisheit ihrer Wahl mein Hut lieber ist, als

ihr Herz, so will ich mich auf die einschmeichelnde Verbeu-
gung üben und mich mit ihnen abfinden auf ganz nach-
äffende Art. Das heißt, Freund, ich will die Bezauberungs-
künste irgend eines Volksfreundes nachäffen und den Ver-
langenden höchst freigebig mittheilen. Deßhalb bitt' ich euch:
laßt mich Consul werden!"

Nur freilich, daß die Zustimmung, welche das stolze
Rechts- und Verdienst-Bewußtsein des unerschütterlich auf
sich selbst ruhenden Mannes uns abnöthigt, sofort durch
einen sehr bedenklichen Vorwurf gegen den aristokratischen
Politiker gekreuzt wird. Mit einer Gesinnung wie Coriolan's
spielt der Amtsbewerber eine gleich tragische Rolle, auf dem
Markt, im Wahllocal und im Vorzimmer des Ministers.
Der Pöbel, in der Blouse wie im Frack, erträgt jeden Stolz
eher, als den des Verdienstes, weil eben kein anderer das
Bewußtsein der eigenen Mittelmäßigkeit so empfindlich verwundet. Und indem Coriolan die Laufbahn des Staatsmannes betritt, ohne der dort geltenden Grundbedingung
des Erfolges sich zu fügen, verletzt er in für ihn verhängnißvoller Weise das Grundprincip seines eigenen Standes
und verfällt der unerbittlichen Logik der Geschichte. Er
spricht sein eigenes Urtheil und berührt den innersten Lebens-
nerv dieses ächt staatsmännischen Drama's in dem Monolog,
der auf die Bewerbung folgt:

„O süße Stimmen!
Lieber verhungert, lieber gleich gestorben,
Als Lohn erbetteln, den wir erst erworben.
Warum soll hier mit Wolfsgeheul ich stehn
Um Hinz und Kunz und Jeden anzuflehn
Um nutzlos Fürwort? — Weil's der Brauch verfügt!

Doch wenn sich Alles vor Gebräuchen schmiegt,
Wird nie der Staub des Alters abgestreift;
Berghoher Irrthum wird so aufgehäuft,
Daß Wahrheit nie ihn überragt." —

Der Gedankengang dieser Rede zeigt Coriolan mit dem
einzig zuverlässigen Lebensgesetz der conservativen Aristokratie bereits in seinem Innern zerfallen. Sein subjectives
Gefühl setzt er dem geheiligten Brauch entgegen. Er vergißt, daß jedes Vorrecht eine Fessel wird und werden muß
für den, der es genießt, daß unbedingte persönliche
Freiheit zur Isolirung führt und unverträglich
ist mit dem Streben nach Macht. Und somit treibt
er denn vor dem Winde der Leidenschaft seinem Verhängniß
entgegen. In der Entscheidungsscene entfaltet das Drama
wie billig seine höchste Kraft. Es giebt Nichts prächtiger
Wahres, dem Leben so recht eigentlich Abgelauschtes, als
das Benehmen des von den Tribunen angeklagten Helden,
da das Zureden der Mutter ihn endlich bestimmt, vor dem
Volke die ihm verhaßte Versöhnungsscene zu spielen. Sein
Abscheu vor Lüge und Verstellung, da er der staatsklugen
Mutter endlich nachgiebt, macht einen guten Theil seines
Stolzes wett.

„Fort meine Sinnesart!" ruft er in bitterm Hohn
gegen eine Welt, welche der Schein regiert,

„Komm über mich, Geist einer Metze!
Mein Kriegsschrei sei verwandelt,
Der in die Trommeln rief, jetzt in ein Pfeifchen,
Dünn wie des Hämmlings, wie des Mädchens Stimme,
Die Kinder einlullt. Eines Buben Lächeln
Wohn' auf der Wange mir."

Dann bäumt sich die ehrliche Mannes-Natur noch einmal auf:

„Ich will's nicht thun!
Nicht so der eignen Wahrheit Ehre schlachten
Und durch des Leibs Geberdung meinen Sinn
Zu ew'ger Schand' abrichten!"

Dann spielt die Mutter ihre höchste Karte aus. Ihr Jammer, ihre leidenschaftliche Bitte bricht äußerlich seinen Entschluß, aber ohne das Innerste seines Herzens zu berühren:

„Ich gehe auf den Markt.
Schilt mich nicht mehr. Als Taschenspieler nun
Stehl' ich jetzt ihre Herzen, kehre heim
Von jeder Zunft geliebt!"

Natürlich zieht der Neuling im politischen Diebshandwerk gegen die geübten Herren von Metier glänzend den Kürzern. Sein kaum gebändigter Jähzorn fährt wild auf den Köder los, welchen die schamlose Perfidie des Tribunen in der Anklage auf „Verrath" ihm hinwirft. Der endliche Ausbruch des Verurtheilten, Gebannten ist ein unübertroffenes Prachtstück Shakspeare'scher Declamation. Nur concentrirtere Kraft und Kühnheit, keineswegs die conventionelle idealisirte Form erhebt hier die poetische über die prosaische Rede:

„Du schlechtes Hunderack! deff' Hauch ich hasse
Wie fauler Sümpfe Dunst; deff' Gunst mir theuer,
Wie unbegrab'ner Männer todtes Aas,
Das mir die Luft vergiftet. — Ich banne dich!"

Der Abschied von Rom ist für die Empfindung dessen, der das Ende nicht kennt, auffallend ruhig. Die rasende Wuth, welche „den verworfenen Sclaven" Tod und Verderben wünschte, schrickt theils zusammen vor dem ungewohnten Bilde der entfesselten Leidenschaft in der hoch verehrten Mutter — theils hat sie schon zu entschlossener Rachsucht sich gesammelt. Das „Thier mit vielen Köpfen" wird seine schwere Hand noch empfinden. Er thut seiner eignen Vergangenheit denn doch wohl Unrecht, wenn er, den Racheplan im Herzen, seinen Freunden verheißt, sie werden nie Etwas von ihm hören, als was dem frühern Marcius gleicht. Jedenfalls bleibt es auffallend, daß die sichtliche Liebe und Anhänglichkeit seiner Standesgenossen und die sichere Aussicht auf baldige Aenderung des wankelmüthigen Volkes seinen Gedanken keine andere Wendung geben. Sagt er doch selbst zur Mutter:

„Ich werde
Geliebt sein, bin ich gewißt!"

So entbehrt sein rachesüchtiger Landesverrath auch die Entschuldigung, welche äußerste Noth und Hoffnungslosigkeit sonst dem verzweifelten Beginnen gewährt. „Nicht Hoffnung, sein Leben zu erhalten, führt ihn zu Aufidius." Ihn müßte er ja am meisten meiden, wenn er den Tod fürchtete.

„Nein, Haß,
Ganz meinen Neidern Alles weit zu machen
Bringt mich hierher"

das ist sein nur zu wahres Bekenntniß. Die Triebfedern seines unseligen Thuns beurtheilt Aufidius, der ihm an männlicher Kraft nicht gewachsene, an Ehrgeiz ihm gleiche, aber an politischem Verstande ihm überlegene Gegner nur zu richtig: Sie sind

„Stolz,
„Der immer, bleibt das Glück unwandelbar,
Den Held befleckt; dann Mangel an Verstand,
Wodurch er nicht den Zufall klug beherrscht,
Der ihn begünstigt —

endlich „Natur, die ihn aus einem Stücke schuf", d. h. die
ungebändigte, stets nur auf ein Ziel gerichtete Kraft eines
selbstischen Willens.   Und wenn Brutus, der Mann des
idealen Rechtsgedankens, das Auflehnen seines subjectiven
Gefühls gegen die ewigen Grundlagen der Gesellschaft auf
der Stelle mit den schmerzlichsten Demüthigungen büßen
mußte — wie könnten diese dem heroischen Egoisten erspart
werden, der trotzig das einsame Gefühl der persönlichen
Kraft und den auf sich selbst ruhenden Willen in die Wag-
schale wirft gegen alle Regungen, die dem Menschen, als
einem sittlichen Wesen, das Theuerste sind?   Es liegt eine
höchst bedeutsame Mahnung in dem Umstande, daß sein
durchaus dem innern Instinct angehöriger Entschluß vor
dem unklaren Naturtriebe zusammenbricht, nachdem er allen
Erwägungen der Vernunft und des Rechtes widerstanden.
Die Scene selbst, freilich wesentlich an Plutarch gelehnt,
ist ein unerreichtes Meisterstück dramatischer Kraft. Einzelne
Wendungen, z. B.:

> „Ha! meine Mutter beugt sich,
> Als wenn Olympus sich vor kleinem Hügel
> Mit Flehen neigte."

oder:

> „Das Taubenauge,
> Das Götter verlockt zum Meineid!"

sie vertreten lange Schilderungen anderer Dichter. Von
den ächt antiken, entscheidenden Schlußworten Volumnia's
war schon die Rede. Coriolan's Nachgeben ist übrigens
augenscheinlich nicht Reue, nicht erwachendes Vaterlandsgefühl, sondern lediglich eine Schwäche, der Beginn seines
nun in reißender Steigerung sich vollendenden Falles. Trotz

und falsche Schaam hält ihn ab, nach Hause zurückzukehren. Der den heimischen Mitbürgern und ihren Gesetzen starr Widerstrebende muß verachteten Feinden sich beugen, fast ihr Schmeichler. Wir erröthen für ihn, wenn er den Volskischen Senat anredet:

> „Heil, edle Herrn! Heimkehr' ich, euer Krieger,
> Unangesteckt von Vaterlandsgefühlen,
> Sowie ich auszog. Eurem hohen Willen
> Bleib' ich stets unterthan."

Dann rühmt er seine Erfolge und prahlt mit Rom's Schmach. Er fällt und muß fallen, ein trübseliges Opfer des schwächern, an seiner Eitelkeit gekränkten Gegners — ein furchtbares Memento mori der Selbstsucht, und kleidete sie sich in die glänzende verführerische Gestalt des heldenkühnen, den niedern Verlockungen der Habsucht und Eitelkeit unzugänglichen, durch und durch wahren und kraftvollen Mannes. Die Anerkennung, welche der natürlichen Größe und Kraft des Gefallenen von den Feinden gezollt wird, reicht vollkommen hin, den herben Mißklang der Katastrophe ästhetisch versöhnend zu mildern. Aber sie kann und soll den Eindruck der ernsten Wahrheit nicht schwächen, welche diese Tragödie des im Kultus der Kraft erstarrten Heroenthums in tausend Zungen predigt: Der Wahrheit, daß auch die gewaltigste Kraft und das stolzeste Verdienst nur in freiwilliger Unterordnung unter die Pflicht, unter die in den Grundgesetzen der Gesellschaft sich offenbarende Vernunft das Maaß ihrer Würde findet, wie die Bürgschaft ihrer Erfolge!

Anmerkung zur fünfzehnten Vorlesung.

---

[1] (S. 118.) Volumnia's Verhältniß zu Coriolan, ihre entscheidende Bedeutung für die Entwickelung seines Charakters und die Gestaltung seines Schicksals hat Shakspeare ganz treu nach seiner Quelle
gezeichnet. „Marcius, der Meinung, er schulde seiner Mutter auch
die Liebe zum (früh gestorbenen) Vater, wurde nicht müde, die Volumnia zu erfreuen und zu ehren. Auch nahm er auf ihre Bitte und
nach ihrem Willen ein Weib und bewohnte, als er Kinder bekam, mit
der Mutter dasselbe Haus.“ So schildert Plutarch im vierten Kapitel
des „Coriolan“ die Familienverhältnisse seines Helden, und die ent-
scheidendsten Momente der Sage sind wesentlich Ausführungen dieser
Grundzüge.

Die Trauerspiele.

Sechszehnte Vorlesung.

Rückblick auf die Entwickelung des englischen Trauer-spiels vor Shakspeare. — König Cambyses. — Die „Spanische Tragödie". — Titus Andronikus.

Geehrte Versammlung!

Indem wir uns anschicken, mit der Betrachtung des „Titus Andronikus" das Studium der Shakspeare'schen Trauer-spiele zu beginnen, erscheint es nothwendig, den kultur- und literarhistorischen Vorbedingungen dieser mächtigsten und einflußreichsten Schöpfungen des Dichters eine einge-hendere Aufmerksamkeit zuzuwenden, als die kurze Einleitung zu diesen Vorträgen es gestattete. Es ist dort von der Natur und der Entstehung des englischen Trauerspiels be-reits in der Kürze die Rede gewesen. Wir gedachten der epischen Breite und Fülle jener Mysterien des Mittelalters, auf welche die Anfänge des ernsten modernen Drama's in England zurückgehen, wie in Italien, Spanien und Frank-reich. [1] (Bd. 1. S. 28.) Wir bezeichneten dann die allego-rischen Moralitäten des fünfzehnten und sechszehnten Jahr-hunderts als die Quelle jenes mächtigen ethischen Stromes,

welcher das englische, speziell das Shakspeare'sche Drama
durchzieht. (I, 31.) Es wurde ferner an den bedeutenden
Einfluß erinnert, welchen die klassische Geschmacksbildung
des sechszehnten Jahrhunderts auf diesem Gebiete ausüben
mußte und wirklich übte, ohne daß jedoch die stricte Nachahmung der Alten den nationalen Geschmack in England
in dem Grade sich unterwerfen konnte, wie es gleichzeitig
in Frankreich geschah. (Bd. I. S. 35.) Mögen einige weitere Bemerkungen über diese für die Entwickelung des modernen Drama's entscheidende Krisis uns auf den Standpunkt versetzen, von dem aus in den Zusammenhang des
Shakspeare'schen Trauerspiels mit der ästhetischen und sittlichen Bewegung seiner Zeit sich eine annähernd deutliche
Einsicht eröffnet.

Es ist gerade jene Behauptung der nationalen Grund-
richtung, verbunden mit bereitwilligster und gelehriger Annahme und Verarbeitung der klassischen Anregungen, in
welcher die mächtige Lebenskraft des englischen Volkes um
die Mitte des sechszehnten Jahrhunderts einen ihrer glänzendsten Triumphe feierte. Während man in Deutschland
die Muttersprache aus den Kreisen der Unterrichteten nach
Kräften verdrängte und Dramen, Oden und Epen aus Te-
rentianischen, Virgilischen und Horazischen Reminiscenzen
zusammensetzte, während Frankreich wenigstens die Form
seines Drama's von den römischen Nachahmern der Griechen
einfach entlehnte, geht in England die nationale Kunst ihren
Weg, ohne jedoch den klärenden und ordnenden Einflüssen
der fremden Vorbilder sich ganz zu entziehen. Man ließ
sich die Freude an einer reichen, vor den Augen der Zu-

schauer sich vollziehenden Handlung durch keinen Kunstrichter
verderben, man dachte nicht daran, den die Moralitäten
durchwehenden ernst=sittlichen Geist durch die schulgerechte
Reproduction einer fremden Weltanschauung zu schwächen und
zu fälschen, man wurde der Richtung auf das Natürliche
und Wirkliche nicht untreu, indem man nach und nach
Sprache und Handlung von naturalistischer Rohheit und
Ungelenkigkeit zu befreien lernte. Die Alten wurden den
englischen Dichtern hochverehrte Meister des schönen, bei
höchster Kraft dennoch maaßvollen Ausdrucks, nicht despo-
tische Meister, nicht unwiderruflich feststehende Normen des
Denkens und Empfindens, sowie der daraus hervorgehenden
dichterischen Composition. So entwickelte sich merkwürdig
schnell und kräftig, aber freilich nicht mit einem Schlage,
noch ohne mühsames Ringen, mit wunderlichen Uebergangs=
formen jene durchaus auf freie, dichterische Gestaltung des
reichen modernen Lebensgehaltes gerichtete Bühne, deren
Ideal in den vollendeteren Werken Shakspeare's mit einer
in menschlichen Dingen seltenen Vollkommenheit sich ver-
wirklichte. Die Betrachtung dieser Uebergangsformen ist für
das Verständniß Shakspeare's von höchster Bedeutung. Sie
zeigt den Dichter auf dem Gebiet des Trauerspiels wie
auf dem des Lustspiels als den wahren und ächten Sohn
seiner Zeit. Sie nimmt seinen Seltsamkeiten und Aus=
wüchsen das Befremdende und ist dabei in hohem Grade
geeignet, das eigenthümliche, seinen Vorgängern wie seinen
Nachfolgern unerreichte Verdienst seiner Schöpfungen hervor=
treten zu lassen, indem sie gleichzeitig nachweist, wie diese
in ihrem ganzen materiellen Organismus (wenn der

II.   10

Ausbruck erlaubt ift) als durchaus naturwüchfige Producte
einer von Shakfpeare keineswegs vollkommen und felbft=
ftändig gefchaffenen Gefchmacksrichtung fich zeigen. Eine
vollftändige Literar=Gefchichte der Shakfpeare'fchen Epoche
liegt außerhalb der Grenzen diefer Betrachtungen. Wohl
aber möge eine näher eingehende Darftellung von nur ein
Paar hervorragenden und befonders lehrreichen Erfcheinun=
gen aus der reichen fich darbietenden Fülle das Gefagte
deutlicher und anfchaulich machen. Ich hoffe dem Zwecke
diefer Vorträge damit beffer zu dienen, als mit allgemeinen
Betrachtungen und gelehrt ausfehenden Notizen über dem
größeren deutfchen Publikum dermalen noch unzugängliche
Schriftfteller und Werke.²

„Ich will es thun in des Königs Cambyfes Weife",
fagt Falftaff, als er in Eaftcheap fich anfchickt, feines luftig=
gen Prinzen geftrengen Herrn Vater zu fpielen. Shakfpeare
traveftirt hier den „König Cambyfes" von Prefton, eines
der erften englifchen Stücke, in welchen aus den Elementen
der Myfterien, der Moralitäten und klaffifcher Eindrücke
und Reminiscenzen die erfte rohe Form des modernen
Trauerfpiels fich geftaltete. Das Stück erfchien 1561,
gleichzeitig mit dem klaffifch=regelmäßigen Ferrex und Porrex
des Lord Buckhurft (vgl. Bd. I, S. 35), und unter dem cha=
rakteriftifchen Titel:

„Eine jammervolle Tragödie, gemifcht mit luftigen
Späßen, enthaltend das Leben des Cambyfes, Königs von
Perfien, vom Anfang feiner Regierung bis zu feinem Tode;
deffelbigen einzige gute Thathandlung, dann aber viele
Schändlichkeiten und tyrannifche Mordthaten, fo von felbigem

und durch ihn verübt wurden, und zuletzt von Allem sein
schrecklicher Tod, verhängt durch Gottes Gerechtigkeit. Wie
folgt beschrieben von Thomas Preston." *

Den eigentlich dramatischen Inhalt des Gedichts bildet
die nach Herodot in einfach chronologischer Folge dialogi-
sirte Geschichte des Cambyses. Es werden die populärsten
und pikantesten Anekdoten herausgenommen und der Reihe
nach in Scene gesetzt. Von psychologischer Motivirung,
oder auch nur von Durchführung eines historischen Causalnexus ist nicht die Rede. Wir wohnen zunächst der Raths-
sitzung bei, in welcher der König den Zug gegen Aegypten
beschließt und seine Stellvertretung in Persien dem Sisamnes
überträgt. Sisamnes handelt dann als ungetreuer Haus-
halter, er wird verklagt, verurtheilt, symbolisch (durch An-
legung des Schwertes an seinen Nacken) enthauptet und
vor den Augen der Zuschauer geschunden. Die Bühnen-
weisung bemerkt ausdrücklich, dies müsse vermittelst einer
falschen Haut bewerkstelligt werden. Mit dieser Haut befiehlt der König den Stuhl zu beziehen, auf welchem des
Verbrechers Sohn, der tugendreiche Otian, fortan das Recht
sprechen soll. Dann muß Prexaspes, des Königs Liebling,
eine Anwandlung von Freimüthigkeit mit dem Leben seines
Sohnes zahlen. Der Knabe wird expreß durch den Vater
herbeigeholt, damit der König seine Schützenkunst und seine
Nüchternheit an ihm erweise, und auch das Ausschneiden
des Herzens, in welchem der Pfeil steckt, wird der Wißbe-
gierde der Zuschauer nicht unterschlagen. Als nächstes Opfer
fällt Smerdis, des Königs Bruder. Dann erhitzen Venus
und Cupido des Königs Herz für seine Base. Die „Schwester"

der Herodotischen Erzählung erschien den englischen Gemüthern vielleicht schon damals zu choking. Sie muß sich
dem Willen des Tyrannen ergeben und wird geschlachtet,
als das erste unvorsichtige Wort ihr entschlüpft. Schließlich ereilt den König die Strafe seiner Frevelthaten, indem
er, mehr historisch als dramatisch, beim Besteigen seines
Rosses sich durch Unvorsichtigkeit mit dem eigenen Schwerte
verwundet.

Durch diese durchaus anekdotische, lose verknüpfte Reihe
von Scenen ziehen sich nun als Träger des geistigen und
sittlichen Moments, als Ersatz für Charakteristik und dramatischen Zusammenhang, die den Moralitäten entlehnten
allegorischen Gestalten. Ein Prolog kündigt mit einer Fülle
gelehrter Citate die Verherrlichung der Gerechtigkeit als
Aufgabe des Trauerspiels an. Bei Sisamnes, dem unge-
rechten Richter, bittet „Dürftigkeit“ (small Hability) vergeblich um Gehör. „Volksstimme“ und „Volksklage“ (Common Cry und Commons Complaint) wenden sich an den
König, von „Untersuchung“ und „Beweis“ (Triall und
Proof) unterstützt. Smerdis wird durch „Aufmerksamkeit“
und „Sorgfalt“ (Attendance und Diligence) berathen
und getröstet, dann aber auf des Königs Befehl durch
„Mord“ und „Grausamkeit“ (Murder und Cruelty) vom
Leben zum Tode gebracht. Dieselben würdigen Lieblings-
diener des Königs vollziehen mit Behagen den Blutbefehl
an seiner unglücklichen Gemahlinn. Alle diese gelehrten
und nachdenklichen Einfälle des Dichters aber bekommen
ihre rechte Würze erst durch einen kräftigen Zusatz volks-
thümlicher, mitunter verzweifelt naiver Komik, in welcher

der noch sehr rohe, aber keineswegs ungesunde Humor des
Zeitalters sich für die ernste Spannung bei den pathetischen
und sententiösen Scenen entschädigt. Wie Nym, Pistol und
Bardolph vor des ritterlichen Heinrich Kriegszug nach Frank-
reich, schwelgen die Rüpel Auf, Snuf und Huf in dem
Gedanken an die lucrativen und ergötzlichen Heldenthaten,
zu welchen der Krieg gegen Aegypten ihrer Mannhaftigkeit
Gelegenheit geben wird. Dortchen Lakenreißers Großmutter
„Meretrix" verfährt mit ihnen noch strenger, als jene eben
so muthige als zärtliche Dame mit dem schwadronirenden
Pistol. Sie prügelt Auf so lange, bis dieser sich ihr als
Dienstmann ergiebt. Dann bekommt er seinen Tagesbefehl:
„Laß einmal sehen, ob du manierlich vorausgehen kannst!
Hut ab! sobald ich's sage, draußen so gut, wie bei Tische.
„„Zu befehlen, gnädige Frau"", bei jedem Wort. „Pfui!
Pfui! solche Soldaten sind hier im Lager! Ein tüchtiges
Weib haut euch zwei oder drei davon in die Pfanne.
Munter! Die Kunden warten zu Hause! Vorwärts! Nur
immer manierlich!" Ein andermal müssen die Bauern Hob
und Lob in ihrem Platt-Englisch die vox populi gar er-
götzlich tragiren. Den Kern dieser ganzen komischen Partie
und gleichzeitig den mächtigsten Hebel der ernsten Handlung
bildet Ambidexter, der die Rolle des Vice spielt, das rohe
Urbild der Shakspeare'schen Clowns. Halb possenhafter Hans-
wurst, halb betrachtender und belehrender Chor, dann wieder
Intriguant und Vertreter des bösen Princips, hat er freien
Zutritt in jeder Scene, ist er der Vertraute des Königs und
des Sisamnes wie der der Rüpel und des zuschauenden Publikums. Zum Kriege zieht er aus mit einem alten Kasten

auf dem Kopf statt des Helmes, als Harnisch dient ihm
ein Eimer, er schwingt den Schaumlöffel als Schwert, deckt
sich mit einer blechernen Stürze und trägt als Lanze einen
Rechen auf der Schulter. Dann legitimirt er sich durch
einige Witze aus dem tiefsten Register der Leutseligkeit und
prügelt sich mit den Rüpeln, um gleich darauf den Sisamnes
zu seinen Uebelthaten zu verführen. Den Smerdis ver-
leumdet er beim Könige, nachdem er ihm erst ganz gute
Rathschläge gegeben. Merkwürdig genug trägt er bei Hofe
beständig die glänzendsten Erfolge davon, während seine
populäre Praxis ihm Nichts einbringt, als Schläge, von
Ruf und Snuf, wie von Marianne „Laßt's-Gut-Sein“,
der rüstigen Bauerfrau. Und nach allen diesen Abenteuern
von mehr oder weniger zweifelhaftem Charakter erhebt er
sich plötzlich zu der ganzen Höhe seines Berufes, indem er
dem Auditorium deutlich und kräftig den Hauptgedanken
des Stückes auslegt:

„Was war's für ein König, der solche Thrannei verübte? Wahrlich, ich denke, es war Bischof Bonners Vetter.
Denn Beider Ergötzen war es, Blut zu vergießen, aber nie
das Gerechte zu thun.“

Man erinnere sich, daß „König Cambyses“ 1561 über
die Bühne ging, drei Jahre, nachdem der Tod der katholischen Maria den allzufeurigen Bekehrungsversuchen jenes
Prälaten ein Ziel gesetzt hatte.

Die Sprache des „König Cambyses“ trägt wie der
Inhalt des Stückes das Gepräge einer aufstrebenden, aber
noch ungelenken, mit chaotischen Massen halbverarbeiteten
Materials ringenden Bildung. Die ernsten Stellen sind in

siebenfüßigen gereimten Jamben geschrieben,' mit der Cäsur
am Ende des vierten Fußes, ein Vers, der zu schwülstiger
Monotonie noch mehr verführt, als der klassisch-französische
Alexandriner. In den komischen Partien herrscht der Knittel-
vers vor. Gar oft erinnert der Ton schlagend an das Pathos
der Rüpel im Sommernachtstraum. Doch fehlt es auch
keinesweges an Funken ächter Poesie. ' Das scenische Arrangement macht reichlichst Gebrauch von der naiven Genüg-
samkeit einer noch durch kein Hoftheater verwöhnten Zeit.
Wie Schnock der Schreiner und Zettel der Weber kündigen
die auftretenden Personen sich meist treuherzig nach Amt,
Würde und Namen dem Publikum an, Smerdis und Cambyses eben so gut wie Ambidexter. Die Rollenvertheilung
erinnert an die idyllischen Gewohnheiten unserer dramatischen Lesekränzchen. Für 38 Personen nimmt der Dichter
mit den Talenten und der Lunge von 8 Schauspielern
vorlieb. Der Eine giebt einen Lord, den Rüpel Ruf, den
Smerdis, die Venus und die Allegorieen Common Cry und
Commons Complaint. Ein anderes, nicht weniger viel-
seitiges Talent tragirt die „Schande" mit der schwarzen
Trompete, die Meretrix, die Königinn, die unglückliche
Mutter des erschossenen Sohnes und den Otian, des Sisamnes Sohn. Das ganze Trauerspiel zeigt in lehrreichster
Weise die junge englische Tragödie in hartem Ringen mit
den Formen der „Moralität. " Die pedantische, gelehrte
Schulbildung, der derbe Volkshumor, die naive Lust an
einer reichen, drastischen Handlung, und der sittliche Ernst
eines charaktertüchtigen, religiösen Volkes wirken als rohe,
ungefügige, aber lebenskräftige und entwickelungsfähige Ele-

mente neben und gegen einander, wartend, bis der Genius
des Volkes sie in der Kunstform des ächten Trauerspiels zu
wirklich poetischer Wirkung versöhne.

Und merkwürdig schnell hat sich diese Umbildung vollzogen. Sie ist keinesweges das Werk eines einzelnen Meisters. In rüstigstem Wetteifer arbeiteten die Talente zweiten
und dritten Ranges sich in die Hände, um dem Alle über-
ragenden Genius Shakspeare's Formen zu schaffen, elastisch
genug, um den Reichthum seiner das ganze Leben in seinen
Höhen und Tiefen umfassenden Weltanschauung aufzunehmen,
und doch hinreichend bestimmt und fest, um der Schöpferkraft
des Dichters im Ganzen und Großen den Weg zu weisen,
auf welchem eine nachhaltige und gründliche Wirkung ihr
möglichst erleichtert würde. Was das seit dem Erscheinen
des „Königs Cambyses" verflossene Menschenalter hiefür
auf dem Gebiete der Tragödie geleistet, dafür liefern die
unmittelbaren Vorgänger Shakspeare's die schlagendsten Be-
lege. Sie zeigen zugleich, wie ganz und vollständig Shakspeare, wie unser Goethe, den Anforderungen seiner Zeit
gerecht wurde, wie er ihre Errungenschaften auch in dieser
Richtung des poetischen Schaffens sich in unbefangenster
Weise zu eigen machte, ehe er in Entfaltung der ihm eigenthümlichen Kraft das Höchste erreichte. Eine der einflußreichsten und bewundertsten jener vorshakspeare'schen Tragödien war das wahrscheinlich 1589 erschienene „Spanische
Trauerspiel", von Kyd.° Sie vereinigt in so hohem Grade
die hervorragenden Eigenthümlichkeiten der Epoche und der
Gattung, und ihr Einfluß auf Shakspeare's ersten tragischen
Versuch ist so sichtbar, daß ihre nähere Betrachtung recht

eigentlich die natürliche Grundlage für die Würdigung des Letztern bildet.

Die „Spanische Tragödie" gehört zu jener Reihe von blutigen Schauerstücken, von deren Zusammenhang mit der öffentlichen Stimmung der letzten achtziger Jahre schon die Rede gewesen ist (Bd. I, S. 28). In Sprache, Anlage und Durchführung zeigt das Stück gegen den 28 Jahre ältern „König Cambyses" einen ungeheuern Fortschritt. Die alten Alexandriner sind bereits durch den Shakspeareschen Blankvers ersetzt, der sich nicht selten zu einem ganz respectabeln Schwunge erhebt. Der lose zusammengefügte, anekdotische Inhalt macht einer wohlgefügten, einheitlichen Handlung Platz, die allegorischen Personen verschwinden, bis auf die Gestalt der „Rache", welche in Begleitung des Geistes des getödteten Andreas als Chorus die Scene eröffnet. Beide wohnen der Handlung als Zuschauer bei und beschließen jeden Akt durch ein paar bedeutungsvolle Worte. In dieser „Rache" nun verkörpert sich das ganze Pathos des Trauerspiels. Wir haben die tragische Leidenschaft in ihrer einfachsten, naturwüchsigsten Form vor uns. Frecher Uebermuth auf der einen Seite steigert das verletzte Rechtsgefühl auf der andern zur dämonischen, unersättlichen Rachlust. „Auge um Auge, Zahn um Zahn", ist der Wahlspruch. Aus jeder Scene weht der Geist eines gesunden, kräftigen Volkes, von robuster Sinnlichkeit, welches, von Todfeinden umgeben, für sein Recht und seinen Besitz Alles zu wagen entschlossen ist. Anlage und Ausführung wimmeln von Anklängen an Shakspeare, an Heinrich VI, Titus Andronikus, Hamlet, ja an Romeo und Julia.

Gewinnen wir zunächst eine kurze Uebersicht über die Handlung.

Der Geist des in der Schlacht getödteten Ritters Andreas steigt also aus der Unterwelt auf, um, von der „Rache" geleitet, am Untergange seines Feindes sich zu ergötzen. Dieser, der portugiesische Prinz Balthasar, wird gefangen nach Spanien gebracht, und verliebt sich dort in Bel-Imperia, des getödteten Gegners hinterlassene Braut. Damit schürzt sich der tragische Knoten. Bel-Imperia denkt nicht daran, sich dem „Mörder" ihres Geliebten hinzugeben, und um ihres Entschlusses desto sicherer zu sein, schafft das praktische Mädchen sich auf der Stelle einen zweiten Liebhaber an, Horatio, des alten Hofmarschalls Hieronimo Sohn, mit dem sie nun abwechselnd Rachepläne ersinnt und Schäferstündchen à la Romeo und Julia feiert. Auf dem Gipfel des verliebten Entzückens (die Scene erinnert an die berühmte Shakspeare'sche Balcon-Scene wie eine üppige Rubens'sche Frauengestalt an eine Venus Urania) wird das Pärchen durch den eifersüchtigen Nebenbuhler und dessen Mitverschworenen, Bel-Imperia's Bruder Lorenzo, überrascht. Horatio wird vor den Augen der Zuschauer an einen Baum gehängt und erstochen. Lorenzo schafft sich dann mit der Virtuosität und dem sichern Verbrecher-Humor eines Jago die untergeordneten Helfershelfer seiner Gewaltthat vom Halse, und glaubt nun sein Spiel gewonnen zu haben. Da übernimmt der alte Hieronimo, Horatio's Vater, das Werk der Rache. Zweifel und Seelenschmerz machen ihn halb toll, zu einem Mittelding zwischen Hamlet und Lear. Seine phantastischen Einfälle bringen den Hof in

Aufruhr. Den portugiesischen Gesandten, welche nach Lorenzo fragen, antwortet er mit einer poetischen Schilderung der Hölle, wo Lorenzo in kochendem Blei und unschuldigem Blute gesotten werde, in dem finstern, schrecklichen Thal, wo die Seelen der Mörder büßen. Als man Horatio nennt, gräbt er mit einem Dolch in die Erde und ruft wie wahnsinnig nach Rache. Auch des unschlüssigen Hamlet Scham über die Entschlossenheit des Laertes findet ihr Vorbild in der Scene, in welcher ein Mann aus dem Volke den Hofmarschall Hieronimo um seinen Beistand bittet zur Verfolgung der Mörder des ihm erschlagenen Sohnes. Unterdessen nimmt Horatio's Mutter nach einem wirklich rührenden und poetischen Monolog sich das Leben, [7] und nun endlich gestaltet dem Alten das überwallende Gefühl sich zum Plan und Entschluß. Es ist Nichts anderes als — eine Hofkomödie, welche ihm die Gelegenheit zur Rache verschafft. Seine Schlachtopfer werden zum Mitspielen beredet und dann auf der Bühne mit scharfen Dolchen abgefertigt, statt der harmlosen Theaterwaffen. Aber damit ist's noch nicht gethan. Hieronimo wird ergriffen und peinlich befragt. Aus purer Desperation, ohne irgend begreiflichen Grund, macht er sich das Sprechen durch Abbeißen und Verschlucken der eigenen Zunge unmöglich. Dann verlangt er ein Federmesser, angeblich um zur Aufsetzung eines schriftlichen Geständnisses sich die Feder zu schneiden, und mit diesem unscheinbaren Instrument bringt er erst die Könige von Spanien und Portugal, dann sich selbst ums Leben. Der Dichter aber, als fürchte er, immer noch nicht die rechte Energie der strafenden Gerechtigkeit gezeigt zu haben, läßt schließlich die

„Rache" Musterung über die Todten halten, wobei sie ein
kleines Programm der für die Abgeschiedenen noch in Aussicht stehenden Prozeduren zum Besten giebt. Andreas'
Feinde werden ewiglich büßen. Lorenzo soll auf Jxion's
Rad, sein Vater unter des Tityos Geier, Balthasar auf
Chimaera's Rücken, die beiden schurkischen, resp. gehängten
und erschossenen Diener aber, der Eine an des Sisyphus
Arbeit, der Andere in Acherons brennende Fluthen. So
soll „ihre endlose Tragödie" sich erfüllen. Eigenthümlich
ist allen Charakteren die rücksichtslose, wahrhaft dämonische
Energie. Es fehlt nicht an einzelnen, zum Theil recht glücklichen Anläufen zu psychologischer Motivirung, aber Alles
ist ins Extreme und Ungeheure gearbeitet. Die Sprache
ist reich an kräftigen wie an lieblichen Stellen, doch noch
außerordentlich ungleich. Wie in den Jugendstücken Shakspeare's, nur in weit höherem Maaße, machen klassische
Schulreminiscenzen sich geltend, und zwar nicht nur als
energische Ausrufe oder scharf zugespitzte Pointen, sondern
auch mitten in Schilderungen, Betrachtungen und lyrischen
Gefühlsausbrüchen. In dem offiziellen Schlachtbericht unterstützt der spanische General seine Schilderung durch das
Citat:

„Pede pes, et cuspide cuspis,
Arma sonant armis, vir petiturque viro."

Der über die Gefangennehmung seines Sohnes jammernde
Vicekönig von Portugal ruft inmitten seiner Klage:

„Qui jacet in terra, non habet unde cadat.
In me consumpsit vires fortuna nocendo
Nil superest ut jam possit obesse magis."

Als Hieronimo die Leiche seines gemordeten Sohnes erblickt, macht er gar in 14 lateinischen Versen seinem Schmerze Luft, selbst Fräulein Bel-Imperia giebt gelegentlich von ihren klassischen Kenntnissen Zeugniß, und bei Arrangirung des eingelegten Schauspiels bringt der philologische Enthusiasmus der damaligen guten und besten Gesellschaft den Hieronimo gar auf den Einfall, die Rollen um der größern Ergötzlichkeit willen in vier fremden Sprachen, Latein, Griechisch, Italienisch und Französisch, extemporiren zu lassen! Als es nachher dazu kommt, wird allerdings in dem uns vorliegenden Druck ehrliches Englisch gesprochen, und der Verfasser bemerkt dazu ganz naiv, es sei diese Abänderung zu Gunsten des Verständnisses der gewöhnlichen Leser geschehen. Auch an Antithesen und Concepten ist kein Mangel. Wir haben eben alle Seltsamkeiten und Auswüchse der Shakspeare'schen Jugendstücke in erhöhtem Maaße beisammen, aber auch bereits die energische, aus den Fesseln der Allegorie befreite Handlung, welche bei allem Reichthum und bei aller Unbekümmertheit um die theatralischen Convenienzen der klassischen Muster dennoch dramatischer Einheit sichtlich zustrebt, so wie jenes mächtige, naturwüchsige Pathos und jene straffe Frische der Charaktere, durch welche das nationale Schauspiel der Engländer über die gleichzeitigen klassischen Exercitien der französischen Bühne von vorn herein einen so entschiedenen Vorsprung gewann.

Indem wir uns nun von diesem merkwürdigen und in seiner Art Epoche machenden Trauerspiel zu dem bald darauf erschienenen * „Titus Andronikus" Shakspeare's wenden, begegnen wir durchaus der gleichen Weltanschauung, der

gleichen Gewaltſamkeit der Affecte, derſelben Freude am
Hochtragiſchen bis zum Gräßlichen, ja bis über die Grenze
hinaus, wo das Gräßliche in das Lächerliche umſchlägt, dem
gleichen einfachen, unvermittelten, ebenſo rohen als ſtarken
Gerechtigkeits = Gefühl. Auch die Technik beider Stücke ver=
räth deutlich dieſelbe Schule. Die Sceniſirung iſt, wie
bei Kyd, auf das Entgegenkommen einer friſchen, naiven
Phantaſie weit mehr berechnet, als auf die Convenienzen
einer äußern Wahrſcheinlichkeit nach dem Maaßſtab des ſinn=
lichen Auges. Die Sprache wetteifert in Kraftausdrücken
mit der ſtarken Koſt, an welche die Zuſchauer durch die
Mode = Dramen gewöhnt waren, Schulreminiscenzen drän=
gen ſich ein, wie ſie in Shakſpeare's vollendeten Werken
ſich nicht mehr finden, das Feuer der Declamation treibt
den Dichter über Maaß und Naturwahrheit wohl einmal
hinaus. Und bei alledem trifft der Blick des aufmerkſamen
Beobachters auf ſo unzweideutige Spuren des Shakſpeare=
ſchen Genius, daß die Aechtheit des Stückes auch ohne das
ausdrückliche Zeugniß der Zeitgenoſſen kaum zweifelhaft wäre.
Die Klaue des Löwen zeigt ſich vor Allem in einer Klarheit
und einem energiſchen Zuſammenhang der Motivirung, mit
welcher ſich die beſten Stücke der Vorgänger Shakſpeare's
nicht meſſen können. Die Sprache erreicht nicht ſelten die
Schönheit und den Schwung der beſten und beliebteſten
Shakſpeare'ſchen Dichtungen, ein paar Charaktere erweiſen
ſich deutlich als erſte Grundzüge zu hervorragenden Typen
des Shakſpeare'ſchen Drama's, und der Schluß des Stückes
trägt in einer eigenthümlichen Wendung das Gepräge der
Weltanſchauung des Dichters.

Den Stoff des Titus entnahm Shakspeare höchst wahr-
scheinlich einer Ballade, welche mit dem Drama zugleich im
Jahre 1593 in die Register der Londoner Buchhändler eingetragen wurde, wohl dieselbe, welche Percy in den Reliques
of Ancient English Poetry aus der Sammlung „The
Golden Garland of Princely Delights“ mittheilt (vgl.
Delius, Einleitung zu Titus Andronikus, S. II.). Der
Geist des Titus klagt hier das traurige Schicksal, welches der
Undank Roms dem Titus bereitet hat. Sechszig Jahre hat
er in Ehren zu Rom verlebt, von 25 Söhnen hat er 22
in rühmlichem Kampfe dem Vaterlande geopfert, als er die
gefangene Gothenfürstinn, ihre Söhne und den unheilvollen
Mohren, ihren Geliebten, als Gefangene heimführt und
damit zu seinem eigenen Verderben den Grund legt. Bald
gewinnt das fremde Weib die Liebe und die Hand des
Kaisers, den sie mit ihrem schwarzen Buhlen schamlos verräth, und fortan trachten Beide nach des Titus, ihres Be-
siegers, Verderben. Des Kaisers Sohn, an Titus' Tochter
Lavinia verlobt, wird auf des Mohren Anstiften durch
Tamora's Söhne ermordet. Dann werden zwei Söhne des
Titus in die Grube gelockt, in welche die Mörder den
Leichnam geworfen, hierauf fälschlich angeklagt und ver-
dammt. Lavinia erleidet durch die Gothenprinzen Schän-
dung und Verstümmelung, wie bei Shakspeare, doch gelingt
es ihr gleich, durch Schreiben mit einem Stabe sich ihren
Verwandten verständlich zu machen. Der Mohr, nach dem
Blute der ganzen Familie lüstern, verlangt des Titus rechte
Hand als Lösegeld für die zum Tode verurtheilten Söhne.
Er erhält sie sogleich und schickt sie dem Betrogenen dann

höhnend zurück, begleitet von den Köpfen der bereits Hin-
gerichteten. Nun fällt Titus in den Wahnsinn des Schmerzes
und der Rache. Die Kaiserinn und ihre Prinzen forschen ihn
aus, in den in das Drama übergegangenen Furien-Masken;
aber sie werden erkannt. Zunächst werden nun die Prinzen
in einen Hinterhalt gelockt, von Titus geschlachtet, um ihrer
Nichts ahnenden Mutter als Speise vorgesetzt zu werden.
Auch das von Lavinia gehaltene Blutbecken fehlt hier nicht.
Den Schluß bildet dann das Atriden-Mahl, welches mit
Ermordung der Kaiserinn, des Kaisers, der Lavinia, so wie
mit dem Selbstmorde des Titus endet. Auch der grauenvollen Hinrichtung des Mohren, wie das Drama sie hat,
geschieht zum Schluß kurze Erwähnung.

Man sieht auf den ersten Blick, daß wir hier die
Handlung des Titus Andronikus in allen ihren Haupt-
momenten beisammen haben. Sie wurde indessen von
Shakspeare durch Hinzufügung einiger Umstände und Zwi-
schenfälle ergänzt, die nicht sowohl bestimmt sind, neue
dramatische Verwickelungen zu begründen, als die Lücken
zu füllen, welche in der epischen Ueberlieferung für das
psychologische Verständniß dem feinen Sinn sich bemerklich
machten. Sie dienen sämmtlich der Motivirung und Charakteristik und drücken schon diesem Jugendversuche Shakspeare's ganz unverkennbar den Stempel jener tiefsinnigen
und großartigen Methode auf, durch welche er allen seinen
Vorgängern und Nachfolgern sich so unendlich überlegen
zeigt. Dahin gehört vor Allem die meisterhafte Exposition
des ersten Akts, welche, ganz Shakspeare's freie Erfindung,
die rohe Mordgeschichte der Ballade zu einer dem innern

Sinne vollkommen verständlichen, von der Logik nicht tragischer Leidenschaften getragenen Handlung erhebt. Der
Dichter zeigt uns die kaiserlichen Brüder, Bassianus und
Saturninus, im Streit um den Besitz des Thrones. Saturninus, der ältere, macht Herkommen und Erbrecht geltend,
Bassianus vertraut seiner persönlichen Tüchtigkeit, seiner Beliebtheit beim Volke. Das letztere, von dem Tribunen
Marcus Andronikus geleitet, macht von seiner Souverainé-
tät zu Gunsten des Titus Gebrauch, des siegreichen, hoch-
verdienten Feldherrn. Ihm, als dem Würdigsten, wird die
Wahl übertragen, und die Fürstensöhne fügen sich wohl oder
übel seiner Entscheidung, Bassianus wohl mit der besseren
Hoffnung, da seine Verlobung mit des Titus Tochter Lavinia ihm Ansprüche auf den Beistand ihrer Verwandten zu
gewähren scheint. Aber Titus erweist sich ganz als der
loyale, persönlichen Rücksichten nicht zugängliche Ehrenheld.
Ungeirrt durch des Saturninus leidenschaftliches Drohen,
bringt er unbedenklich Eigenliebe und Empfindlichkeit seinem
Rechtsgrundsatze zum Opfer und entscheidet für den anspruchs-
vollen älteren Prinzen gegen den jüngeren, dessen Stellung
und Wesen ihm ohne Frage die Aussicht auf größeren Dank
eröffnen muß. So ist von vorn herein der Knoten einer
ächt tragischen Verwicklung trefflich geschürzt. Aus dem
ganzen, ungestümen und selbstsüchtigen Auftreten Saturnin's
läßt sich unschwer errathen, wie wenig diesem hochmüthigen
Egoisten es genehm sein wird, einem ohnehin als Retter
des Reiches vom Volke gepriesenen Feldherrn noch gar persönlich den Thron zu verdanken. Sein Undank wird keinesweges beschönigt. Aber er erscheint in eminent tragischem

Sinne als das nur zu natürliche Erzeugniß der durch die Größe der Wohlthat an der empfindlichsten Stelle getroffenen Selbstliebe einer kleinen Seele.

> „Zur Krone halfst du
> In Hoffnung, über Rom und mich zu herrschen!"

In diesem Ausruf des durch das Aufflammen der Leidenschaft über alle Schranken der Verstellung fortgerissenen Kaisers (Akt 4, Sc. 4) enthüllt sich deutlich das entscheidende Motiv seiner Handlungsweise. Wir haben nicht den abstracten Tyrannen des Schauer-Drama's vor uns, der aus purer Liebe zur Sache in Scheußlichkeiten schwelgt, sondern einen uns vollkommen begreiflichen moralischen Krankheitsproceß, der über die Erscheinungen der gewöhnlichen Wirklichkeit nur quantitativ hinausgeht. Mit demselben Instinct für die wesentlichen Bedingungen des tragischen Interesses ist Tamora behandelt, die weibliche Furie des Stücks. Shakspeare fand in der Ballade nur das üppige und grausame Weib, welches gewissenlos den Mann betrügt, der die Gefangene zur Mitbesitzerinn seines Thrones erhob und ihr nur zu unbegränztes Vertrauen schenkt. Es fiel ihm nicht ein, die Ueberlieferung ihrer Schandthaten auch nur in einem Zuge zu mildern; aber er erhob die gemeine Verbrecherinn der Sage zur tragischen Heldinn, indem er uns in der mörderischen Feindinn der Andronifer die in ihrem heiligsten Gefühl grausam verletzte Mutter zeigte, welche das Blut des gemordeten Sohnes an den übermüthigen Siegern zu rächen hat. Wir können Tamora unsere Theilnahme nicht mehr gänzlich entziehen, nachdem wir Zeugen

waren, wie sie vergeblich um Erbarmen flehte für ihren
Lieblingssohn, den von des Titus Söhnen als Sühnopfer
für die Manen der im Kampfe gefallenen Brüder zum
scheußlichen Martertode geforderten Helden. Wir treten mit
vollem Herzen auf ihre Seite, wenn sie in würdiger und
ergreifender Rede an den Sieger sich wendet:

> „Genügt dir's nicht, daß man nach Rom uns führte
> Als deines Einzugs und Triumphes Schmuck,
> Gefangne dir und deinem Römer-Joch?
> Mußt du den Sohn noch schlachten auf dem Markt,
> Weil er für's Vaterland mit Muth gekämpft?
> O, dünkt der Streit für König und für Volk
> Euch fromme Pflicht, so ist er's diesem auch:
> Titus, beflecke nicht dein Grab mit Blut!
> Und willst du der Natur der Götter nah'n,
> Nah' ihnen denn, indem du Gnade übst,
> Denn gnädig sein giebt echten Adel kund.
> O schone, Titus, meinen ält'sten Sohn!"

Allerdings fehlen in der Charakteristik dieser Jugend-Arbeit
noch größtentheils jene feinen Nuancen, welche die vollendeten dramatischen Schöpfungen Shakspeare's mit dem ihnen
eigenthümlichen Zauber umgeben. Aber wir haben es schon
hier fast durchaus mit sittlich verständlicher Handlung zu
thun. Der wollüstige Reiz des blos materiell Gräßlichen
wird hier ganz wesentlich durch das Interesse gemildert und
gereinigt, welches der Dichter an rein sittlichen Fragen zu
nehmen uns nöthigt. Es ist eigentlich nur eine Gestalt
dieser Tragödie, auf welche diese Anerkennung sich kaum
ausdehnen läßt, die des Mohren: und doch sind auch in
diesem Zerrbilde menschlicher Verworfenheit die Spuren der
Shakspeare'schen Manier schon ganz unverkennbar vorhanden.

So viel freilich muß ohne Weiteres zugegeben werden: Von eigentlich dramatisch gültigen Motiven, welche die satanische Schlechtigkeit jenes Ungeheuers verständlich machten, hat der Dichter uns Wenig oder Garnichts gezeigt, wir müßten denn Aarons scheußliches Wüthen gegen die Familie des Titus auf Rechnung seiner Anhänglichkeit an seine kaiserliche Geliebte schreiben: jedenfalls eine schwache, im Gedicht nur ungenügend angedeutete Motivirung. Dafür wird bei jeder Gelegenheit Aaron's Freude an der Bestialität als solcher so recht nachdrücklich betont. Die sinnliche Leidenschaft der beiden Gothen-Prinzen benutzt er mit sichtlichem Behagen, um die raffinirte Mißhandlung Lavinia's, den Mord des Bassian und die Hinrichtung der beiden unschuldigen Andronifer herbeizuführen. Die dämonische Wildheit des Raubthieres spricht aus ihm, wenn er der verliebten Kaiserinn entgegnet:

> „Fürstinn, wie Venus deinen Sinn beherrscht,
> So ist Saturn des meinigen Monarch.
> Was deutet sonst mein tödtlich starres Aug',
> Mein Schweigen, meiner Stirn Melancholie,
> Mein Vließ von krauser Wolle, jetzt entlockt,
> Recht wie die Natter, wenn sie sich entrollt
> Zu schlimmem Biß und gift'gem Ueberfall?"

Mit wahrer Künstlerfreude erfüllt ihn der gelungene, nichtswürdige Verrath, der den zu edelmüthigen und vertrauenden Titus gleichzeitig zweier Söhne und seiner rechten Hand beraubt. Auch das einzige menschliche Gefühl, welches der Dichter ihm läßt, die Liebe zu seinem Sohne, stachelt ihn nur zu neuen Scheußlichkeiten. Es macht einen graulichen Eindruck, wie er ohne die leiseste Spur eines Bedenkens die Wärterin spießt und ihren Todesschrei höhnend nachäfft. Und die Krone setzt der Dichter diesen Ausgeburten einer ungeheuerlichen Phantasie in dem Glaubensbekenntniß auf, welches der endlich gefangene und zum Tode verurtheilte Bösewicht seinen Feinden ins Gesicht schleudert:

> „Noch fluch' ich jedem Tag (und glaube doch,
> Nicht viele stehn in dieses Fluchs Bereich),
> Wo ich besond're Bosheit nicht beging,
> Jemand erschlug, wo nicht, die Anstalt traf;
> Unschuldige verklagt auf falschen Eid;
> Todfeindschaft unter Freunden angeschürt;
> Den Heerden armer Leute brach den Hals;
> In Scheun' und Schober Kohlen warf bei Nacht,
> Und rief dem Eigner: Löscht den Brand mit Thränen! —
> Oft grub ich todte Körper aus dem Grab,
> Und stellte sie vor lieber Freunde Thür,
> Recht, wenn ihr Kummer fast vergessen war;
> Und, wie auf Baumesrind', auf ihre Haut
> Ritzt' ich mit meinem Dolch in röm'scher Schrift:
> „Eu'r Kummer lebe fort, obgleich ich starb." —
> Gelt, tausend Greuel hab' ich ausgeübt
> So leichten Sinns, als Einer Fliegen fängt;
> Und Nichts, in Wahrheit, geht mir so zu Herzen,
> Als daß mir nicht zehntausend noch gelingen."

Und bei alledem hat selbst dieses moralische Ungeheuer ein gewisses Etwas in sich, welches seine Erscheinung, wenn auch nicht ästhetisch rechtfertigt, so doch sie erträglich macht. Es geht ein Zug durch sein Wesen, freilich noch roh und unentwickelt, der sich später in einer ganzen Reihe Shakspeare'scher Charaktere zu einem der wirksamsten dramatischen Motive ausbildet. Nicht nur seine Nichtswürdigkeit, seine abstracte Freude am Verbrechen stellt Aaron an den untersten Platz in der Reihe jener interessanten Bösewichter, welche in vielen der interessantesten Shakspeare'schen Stücke mit dämonischer Anziehungskraft unsere Theilnahme fesseln. Dieser Mohr erinnert an Richard III., an Jago und Edmund auch durch die Ueberfülle physischer und geistiger Kraft, durch seine Erhabenheit über feigherzige Furcht ebensowohl wie über Gewissensbisse. Er zeigt den rohen Grundzug des ächt Shakspeare'schen, tragischen Humors, die entschlossene, selbstbewußte Auflehnung der egoistischen Persönlichkeit gegen alle sittlichen Grundlagen der Gesellschaft, die so magisch auf uns wirkt, wenn wir, wie bei Richard III., in den Stand gesetzt werden, ihre relative Berechtigung zu ermessen. Die Ruchlosigkeit des waghalsigen Spielers wird, wenn nicht sittlich, so doch ästhetisch erträglich, sobald er entschlossen und gefaßt seinen Einsatz zahlt: und diese Entschlossenheit ist dem Mohren nicht zu bestreiten. Ja, es gewinnt an einer Stelle fast den Anschein, als mache der Dichter den Versuch, die moralische Häßlichkeit dieses Unmenschen ähnlich wie bei Richard III. als das Erzeugniß einer unverschuldeten Ungunst der Natur zu bezeichnen.

> „Laß Narr'n und Weiße fromm um Gnade werben;
> Mag Schwarz mit Seele so wie Antlitz färben.“

Diese Worte erinnern von ferne an Richard's giftig-höhnische Monologe über die Häßlichkeit, mit welcher die parteiische Natur ihn gebrandmarkt. Doch steht sie hier zu vereinzelt, um den Charakter tragisch zu rechtfertigen und Shakspeare von dem Verdacht einer Beeinflussung durch den an starke,

sinnliche Reizmittel, an die Darstellung des Gräßlichen als
solchen gewöhnten Zeitgeschmack freizusprechen.

Wenn so der Nachweis geführt wurde, daß Shakspeare,
bis auf diese einzige Ausnahme, schon in dieser Jugend-
arbeit aus richtigem Instinct jenem Grundgesetz der Tragödie genügte, welches die tragische Theilnahme auf gemischte, von unsern Normal-Empfindungen durch keine un-
übersteigliche Kluft getrennte Charaktere beschränkt, so ist es
nicht weniger anziehend, in einem andern seiner Zusätze zu
dem überlieferten Stoff sein feines Gefühl für die Unzu-
lässigkeit einer Handlung anzuerkennen, welche den ganz
Reinen und Unschuldigen den unglücklichen Verhältnissen
oder gar menschlicher Bosheit zum Opfer bringt. Titus
blieb ihm keinesweges der untadelhaft edelmüthige und
fleckenlose Held der Ballade. Schon sein Verfahren gegen
den Gothen-Prinzen ruft neben dem Stolz der besiegten
Feindinn den nur zu sehr gerechtfertigten Haß der tödtlich
beleidigten Mutter gegen ihn auf, und zeigt ihn mit wahrhaft erschreckender Naivetät an der Barbarei seines Zeitalters
und seines Volkes betheiligt. Ohne eine Spur menschlicher
Bewegung zu zeigen, antwortet er der für den Sohn fle-
henden Mutter:

> „Ergieb dich, Fürstinn, faß' dich in Geduld. —
> Hier stehn die Brüder derer, die dein Voll
> Lebend und todt sah. Den Erschlagnen heischt
> Ein Todtenopfer frommes Pflichtgefühl.
> Dem ist dein Sohn bestimmt. Sein Tod versöhnt
> Der heimgegangnen Schatten Klageruf."

Und wenn hier die von der rohen Zeitsitte nothdürftig le-

gitimirte Rachsucht durch keine Regung höherer Menschlich-
keit gemildert wird, so macht gleich darauf das starre, einseitige Bewußtsein des persönlichen Rechts-Anspruches in
einer leidenschaftlichen und rücksichtslos harten Weise sich
geltend, die ganz für sich allein auch die tragischste Schick-
salswendung hier vollkommen rechtfertigen mußte.   Wir
glauben das rohe, ins Maaßlose gearbeitete Urbild des alten
Lear vor uns zu haben, wenn Titus die bereits an Bassian
verlobte Tochter ohne einen Augenblick des Nachdenkens dem
Saturnin verspricht, und dann den der Uebereilung sich
widersetzenden Lieblingssohn niedersticht, als träte ihm ein
wildes Thier in den Weg.   Selbst das Grab weigert er
ihm, und als er den Bitten der Seinigen hierin endlich
nachgiebt, ist es immer noch nicht der Sohn, sondern sein
eigenes, verletztes Ansehn, was er beklagt.   Es bedarf des
ganzen Heroismus, der ganzen, mächtigen Innigkeit des
Vatergefühls, wie es in den folgenden Scenen in wachsen-
der Gewalt sich zeigt, um dies hochgespannte, wenn nicht
überspannte Selbstbewußtsein unserer menschlichen Theilnahme
nahe zu rücken.   Die Scene, in welcher der alte Mann mit
hochherzigem Enthusiasmus die siegbekränzte Rechte für die
Rettung der Söhne hergiebt, bildet aus diesem Grunde
recht eigentlich den Schwerpunkt des Trauerspiels.   Sie ist
von Shakspeare aus der Ballade übernommen, und mit
einer Kraft und Wahrheit dramatisirt, welche bereits an die
bessern Werke des Dichters erinnert.   In allem Vorherge-
henden wirkt eigentlich der rohe Naturtrieb, ohne die Controle des Gedankens und des sittlichen Pflichtgebots.   Ehrgeiz, Wollust, Liebe, Rachsucht tobten wie die entfesselten

Elemente. Selbst das starke Familiengefühl der Androniker
fand noch keine Gelegenheit, als sittliche, der Selbstsucht
überlegene Macht sich zu documentiren. Diese wird ihm
hier geboten. Es ist ein gewaltiger Unterschied, ob Titus,
sein Bruder und seine Söhne für die Beleidigung der Ihrigen nach Rache dürsten, wie Tiger und Wölfe, oder ob sie
wetteifern, der Erhaltung der Blutsfreunde das schmerzlichste
Opfer zu bringen. Hier zum ersten Male tritt ein mächtiger Fonds sittlicher Anlage in diesem Chaos roher Naturtriebe siegreich hervor. Wir haben es immer noch mit Barbaren zu thun, aber doch nicht mit wüthenden Unmenschen.
Die Entscheidung der Scene durch den frommen Betrug
des Titus ist von höchster sittlicher und dramatischer Wirkung. Sie verklärt und durchgeistigt jenes Familiengefühl,
diese primitivste Grundlage der Gesellschaft, welches hier
noch ausschließlich alle Conflicte beherrscht. Es fehlen der
Motivirung und der Charakteristik die feinen und reichen
Abstufungen der vollendeten Werke Shakspeare's. Der
Dichter hat es noch nicht gelernt, bis in die innersten Tiefen
des Herzens die leisesten Regungen des Gefühls zu verfolgen; er zeigt sich noch nicht, wie auf der Höhe seiner Entwickelung, eingeweiht in die Labyrinthe des zersetzenden
Gedankens. Die Motive sind noch einfach, ursprünglich;
sie wirken mit der Gewalt von Naturkräften. Aber sie sind
durchaus wahr und folgerichtig, sie zeigen nirgends jene
Widersprüche und Lücken, welche auch in den besten Arbeiten der Vorgänger Shakspeare's nicht selten den denkenden
Leser verletzen und weder durch das Feuer der Declamation,
noch durch das Getöse einer lärmenden, gewaltsamen Hand-

lung verdeckt werden können. Namentlich gegen die „Spanische Tragödie", an welche Tendenz, Sprache und Technik
des „Titus Andronikus" überall erinnern, bildet dieser Erstlingsversuch Shakspeare's in dieser Beziehung einen glänzenden Gegensatz. Shakspeare muthet es uns nicht zu, uns
für einen Geist zu interessiren, welcher aus der Unterwelt
aufsteigt, um Rache an einem Gegner zu nehmen, dem er
einst in offener Feldschlacht im ehrlichen Kampfe unterlag.
Er zeigt uns keine Heldinn, welche ihre glühende Anhänglichkeit an den getödteten Geliebten vor Allem dadurch bethätigt, daß sie seinem überlebenden Freunde sich in des
Worts verwegenster Bedeutung an den Hals wirft. Die
Vorliebe für künstliche Verwickelungen und für eine bedeutungsvolle tragische Symbolik theilt Shakspeare mit seinem
Vorgänger. Es ist schwer einzusehen, zu welchem Zwecke
eigentlich Titus, der sonst nur zu schnell entschlossene Kriegsmann, so lange den geistreichen Hamlet spielt und seine
Gegner durch geheimnißvolle Zettel, die er ihnen in den
Hof schießt, zur Vorsicht veranlaßt. Die frivole Aufopfe-
rung des armen Bauern, der dem Kaiser die Bittschrift
überbringt, das rohe Vorbild von Hamlets genialer Gleichgültigkeit gegen das Schicksal des Rosenkranz und Güldenstern, macht hier einen weit peinlichern Eindruck, weil dies
ganze Demonstriren, Zaudern und Komödie-Spielen in dem
Charakter des alten Feldherrn keine rechte Erklärung findet,
und weil nachher die Schlußscene ganz deutlich zeigt, daß
von wirklichem Wahnsinn hier die Rede nicht sein kann.
Um so entschiedener aber erhebt sich dann die Schlußkata-
strophe über den entsprechenden Theil des „Hieronymo".

Ohne eine Art Schauspiel im Schauspiel geht es auch bei Shakspeare nicht ab. Aber die Erscheinung der Kaiserinn und ihrer Söhne in mythologischer Tracht ist trefflich auf die vermeintliche Geistesstörung des Titus berechnet und führt zu einer zwar entsetzlichen, aber nicht unwahrscheinlichen und für ein an starke Aufregungen gewöhntes Publikum ohne Frage sehr wirksamen Entscheidung, während das gelehrte Schauspiel am Schluß der spanischen Tragödie, und die daraus hervorgehende Metzelei augenscheinlich auf Zuschauer berechnet sind, die bei einer spannenden und aufregenden Handlung nicht gewöhnt sind, ängstlich nach dem Warum? zu fragen. Aecht Shakspearisch und dem Stücke des Kyd unendlich überlegen ist der Schluß. Die zum guten Theil unmotivirten Blutscenen der spanischen Tragödie schließen mit dem widerwärtigsten Mißklange, den man sich denken kann: mit der wollüstigen Ausmalung einer Rachsucht, welche den Feind über das Grab hinaus bis in alle Ewigkeit mit ihrem Hasse verfolgt. Auch im „Titus" empfangen die Schuldigen ihre gerechte und unerbittlich harte Strafe. Aber Lucius, der Rächer, schließt mit den Worten:

> „Dann ordnen wir mit Weisheit unsern Staat;
> Gleich schlimmen Ausgang hemme Kraft und Rath."

Was später in „Romeo und Julia", in „Macbeth", „Hamlet" und „Lear" in bewußtester, künstlerischer Ausführung hervortritt, das erscheint hier, in dem ersten tragischen Versuche des Dichters, als ein instinctiver Zug seiner kerngesunden Natur. Es ist die tiefe Ueberzeugung von der Ohnmacht der individuellen Leidenschaft gegen die Grundgesetze der Gesellschaft, auf der nicht zum geringsten Theil

die Kraft und Würde der Shakspeare'schen Tragik beruht.
Aus dieser Ueberzeugung entspringen jene lichten Perspectiven auf eine bessere, gesundere Ordnung der Dinge, mit
welchen der Dichter gerade seine düstersten Gemälde menschlicher Verirrungen zu beschließen liebt. Sie verleihen der
Tragik Shakspeare's einen epischen Zug, eine großartige,
sichere Ruhe, welche der Freiheit und Energie der individuellen Entwickelung nicht im Geringsten hinderlich ist und
doch die antike Resignation, gegenüber dem unabwendbaren
Schicksal, in einer der vertieften modernen Weltanschauung
entsprechenden Weise höchst glücklich ersetzt. Die Besprechung
der vollendeten Tragödien des Meisters wird Gelegenheit
geben, hierauf zurück zu kommen.

Die Technik des „Titus", das scenische Arrangement
wie die Sprache, zeigt gegen die „spanische Tragödie" gleichfalls sehr bedeutende Fortschritte, ohne jedoch den Einfluß
des herrschenden Geschmacks zu verleugnen oder die jugendlichen, überkräftigen Talenten eigenthümlichen Ausschreitungen zu vermeiden. Hierher gehört zuvörderst ein gewisses
Uebergewicht des declamatorischen Schwunges über die Logik
der Situation, eine gewissermaßen selbstständige Gewalt
des poetischen Ausdrucks, die in den Werken des gereiften
Dichters sich fast gänzlich verliert. Die Einfachheit der alt-
englischen Bühne zeigt hier ganz deutlich ihre Schattenseite.
Indem sie die Phantasie des Dichters von der strengen
Controle des Auges emancipirt, läßt sie die poetischen
Schilderungen der Außenwelt hie und da zu einem bloßen
Reflex subjectiver Stimmungen ausarten und zeigt dem ru-
higen Beobachter mitunter seltsame, fast komische Widersprüche.

Solch einen drolligen Gegensatz bildet z. B. Tamora's doppelte Schilderung des Waldes, in welchem die Jagd stattfindet. Als sie den Mohren erblickt, macht ihre üppige Liebeslust in der glänzend beredten Schilderung sich Luft:

„Die Vögel singen hell aus jedem Busch,
Die Schlange sonnt sich, aufgerollt im Grün,
Das Laub erzittert in der kühlen Luft
Und malet Schattengitter auf den Grund.
In seinem süßen Dunkel laß uns ruhn!
Horch! Wiederhalls Geplauder neckt die Hunde,
Dem vollen Horn antwortend bellen Ruf,
Als tönt' ein Doppel-Jagen uns zugleich.
Setz' dich und horch dem fröhlichen Gebell!" 2c.

Und gleich darauf, als sie die unsinnige Anklage gegen Bassianus erhebt, sagt sie genau von derselben Stelle des Waldes:

„Die Zwei verlockten mich in dieses Thal.
Ihr seht, es ist ein wüst' abscheulicher Ort,
Die Bäum', obwohl im Sommer, kahl und dürr,
Erstickt von Moos und tück'schem Mistelwuchs.
Hier scheint die Sonne nie, hier athmet nichts,
Nachteulen nur und unglückdroh'nde Raben."

Auch auf die äußere Wahrscheinlichkeit resp. Möglichkeit der scenischen Vorgänge wird nicht immer die nothwendige Rücksicht genommen. So wird die Jagd im Walde durch Hörnerklang eröffnet, und von diesen Klängen erwacht der kaiserliche Hof und stellt dann auch auf der Stelle sich ein. — Die Sprache des „Titus", der damals bereits allgemein übliche Blankvers mit gereimten Abgängen, erinnert nicht selten, sowohl durch die Ueberschwänglichkeit des Pathos, als durch die klassischen Citate, an die „spanische Tragödie".

Doch sind diese Reminiscenzen der Schule weit entfernt, den ungebührlichen Raum einzunehmen, welcher ihnen dort eingeräumt wurde. Sie beschränken sich auf kurze, an bedeutenden Wendepunkten eingelegte Sentenzen. Die langen, noch dem erzählenden Gedicht angehörigen Schilderungen fallen hier fort und machen durchweg dem unmittelbaren Ausdruck des Gefühls und des Wollens Platz. Nicht selten erhebt sich die Diction zu hoher poetischer Kraft. Des Titus erste Rede (I, 2):

„Heil dir, o Rom! Siegprang' im Trauerkleid'“ ꝛc.

zeigt in schöner Vereinigung den gerechtfertigten Stolz des siegreichen Kriegers, das Vaterlandsgefühl des Bürgers und den Schmerz des trauernden Vaters. Ebenso einfach und schön ist seine Todtenklage um die gefallenen Söhne. Sie bildet in ihrem schlichten, wahren Gefühlsausdruck einen merkwürdigen Gegensatz gegen die barbarische Anordnung des Todtenopfers, welche ihr kurz voranging. Ein Gegenstück dazu bildet die pathetische Klage, in welche Titus ausbricht, nachdem der Mohr ihn um seine Hand betrogen (III, 1). Shakspeare entwickelt hier schon die ganze Farbenpracht seiner Sprache, ohne daß seine Bilder sich verwirrten oder in Schwulst ausarteten. Aaron's Monolog am Anfange des zweiten Aktes ist ein Muster kräftigen, schwungvollen Ausdrucks. Die Bilder sind kühn, einfach und edel. Die Poesie der rücksichtslosen, überkräftigen Selbstsucht, im Triumph des Glückes, im Vorgefühl der berauschenden Genüsse der Macht und des Reichthums, kommt zu wirksamster Geltung, wenn der Mohr die zur Kaiserinn erhöhte Geliebte in den Worten feiert:

„Nun, Tamora, ersteigst du den Olymp,
Fortuna unter dir, und thronst erhöht,
Weit über'm Donner und der Blitze Gluth,
Und außer dem Bereich des blassen Neids.
Wie, wenn die goldne Sonne grüßt den Tag,
Ihr Morgenstrahl das Meer mit Licht umglänzt,
Und den Zodiak mit Flammenrädern messend,
So Tamora" ꝛc.

Auch von jenen seinen Zügen, durch welche Shakspeare auf
der Höhe seiner Kraft oft so wunderbar das innerste Ge-
müthsleben seiner Helden enthüllt, findet sich hier schon eine
Probe. Ich meine die Regung von überreizter Sentimentalität in dem Herzen des von Jammer und Haß übersät-
tigten Titus, als sein Bruder die Fliege erschlägt (III. 2):

„Wenn nun die Fliege Vater hatt' und Mutter?
Wie senkt' er dann die zarten, goldnen Schwingen
Und summte Klag' und Jammer durch die Luft!
Harmloses, gutes Ding,
Das mit dem hübschen, summenden Gesang
Herflog uns zu erheitern! Und du tödtest sie!"

Die ganze Tragödie, wenn wir unser Urtheil kurz zusammenfassen sollen, zeigt den Dichter noch ringend mit den
hoffnungsreichen Fehlern genialer, ungezügelter Jugendkraft,
mit Ueberschwänglichkeit des Ausdrucks und des Gefühls,
mit der Neigung, die verschlungenen Knoten des Schicksals
zu zerhauen, statt sie weise und sorgsam zu lösen; seine
Analyse erinnert noch mehr an das Schlachtfeld als an das
Theater des Anatomen. Indem er der Fortschritte seiner
Zeitgenossen sich entschlossen bemächtigt, zeigt er in Ueber-
ladung der Handlung, in Verwechselung des Tragischen mit
dem blos die Nerven erschütternden Gräßlichen sich nicht

frei von ihren Fehlern. Dennoch aber trägt die energische und kerngesunde Motivirung, die straffe, ächt dramatische Composition bereits deutlich den Stempel der großen Shak-speare'schen Manier. „Titus Andronikus" steht keineswegs tiefer unter „Hamlet", als die „Räuber" unter „Wallen-stein" oder „Tell". Dieses Trauerspiel, mit allen seinen Härten, mußte unter den Erscheinungen jener reichen Ju-gendperiode des englischen Drama's als Document eines wesentlichen Fortschrittes in die Augen fallen, auch wenn nicht unabweisbare Zeugnisse der Zeitgenossen dasselbe als den Erstlingsversuch des größesten Meisters unserer Auf-merksamkeit dringend empfohlen hätten.

Anmerkungen zur sechszehnten Vorlesung.

---

[1] (S. 143.) Es mag hier nachträglich bemerkt werden, daß die „Mirakelspiele", welche I, 28 erwähnt werden, in England schon im zwölften Jahrhundert gebräuchlich waren, nicht erst im dreizehnten, wie dort irrthümlich gesagt wurde.

[2] (S. 146.) Ich ergreife die Gelegenheit, um des höchst verdienstlichen Werks Bodenstedt's über die Dramatiker der Shakspeare-schen Epoche zu gedenken, von welchem der erste Band, Uebersetzungen und Auszüge aus Webster enthaltend, bereits vorliegt. Erst wenn nach Vollendung dieser vortrefflichen Arbeit die Lectüre der Zeitgenossen und unmittelbaren Vorgänger Shakspeare's dem großen deutschen Shakspeare-Publicum möglich gemacht sein wird, dann wird in einem Werke von der Tendenz dieser Vorlesungen jenes ausführlichere Eingehen auf die Geschichte des vorshakspeare'schen Drama's gerechtfertigt erscheinen, welches mehrere Kritiker des ersten Bandes in demselben vermissen.

[3] (S. 147.) Das Stück steht bei Hawkins, the Origin of the English Drama, Illustrated in its various species, viz mystery, morality tragedy and comedy. T. I, p. 243—317.

[4] (S. 151.) So, um nur ein Beispiel zu geben, bittet Olian den König für seinen verurtheilten Vater:

„O mightie king, vouchsafe your grace my father to remit;
Forgive his fault, his pardon I doo aske of you as yet.
Alas, although my father hath your princely heart offended,
Amends for misse he wil now make, and faults shalbe amended."

II.   12

⁵ (S. 151.) So ist die Klage der Mutter um den erschossenen Sohn nicht ohne Stellen voll ächten Gefühls:

„O blissful babe, o joy of womb, hearts comfort and delight,
For councel given unto the king, is this thy juste requite?
O hevy day and doleful time, these morning tunes to make!
With blubred eyes into mine armes from earth I wil thee take" etc.

⁶ (S. 152.) Sie steht bei Hawkins t. II, p. 1—122, unter dem Titel: „The spanish tragedy, or Hieronimo is mad again." Kyd, den wahrscheinlichen Verfasser, stellt Ben Jonson neben Lily und Marlowe, aber unter Shakspeare.

⁷ (S. 155.) Als ihre Dienerinn sie zur Mäßigung ermahnt, entgegnet sie in der Ekstase des Schmerzes die schönen Worte:

„My soul, poor soul; thou talkst of things,
Thou knowst not what. My soul hath silver wings,
That mount me up unto the highest heavens.
To heaven, ay, there sits my Horatio,
Back'd with a troop of fiery Cherubims,
Dancing about his newly healed wounds,
Singing sweet hymns, and chanting heavenly notes" etc.

Den Baum, an welchem man ihren Horatio ermordet hat, verflucht sie mit ächt tragischem Pathos:

„Down with these branches and these loathsome boughs
Of this unfortunate and fatal pine:
Down with them. Isabella rent them up
And burn the roots from whence the rest is sprung . . . .
Fruitless for ever may this garden be,
Barren the earth, and blessless whosoever
Imagines not to keep it unmanur'd!
And eastern wind, commix'd with noisome airs
Shall blast the plants and the young saplings:
The earth with serpents shalbe pestered,
And passengers for fear to be infect
Shall stand aloof" etc.

⁸ (S. 157.) Eine bestimmte Angabe über das Jahr der Abfassung ist bis jetzt nicht festgestellt. In seinem Bartholemew Fair,
vom Jahr 1614, sagt Ben Jonson: „Wer schwören will, daß Hieronymo oder Titus Andronikus noch immer die besten Stücke sind,
wird ohne Widerrede als ein Mann gelten, dessen Urtheil sich beständig
zeigt und in den letzten 25 oder 30 Jahren sich nicht geändert hat."
Damit fiele Titus Andronikus spätestens ins Jahr 1589. In das
Londoner Buchhändler-Register wurde das Stück als druckfertig schon
am 6. Februar 1593 eingetragen. Daß es 1594 gedruckt wurde,
wissen wir aus Langbaine: Account of English Dramatic Poets.
(vgl. Delius Shakspeare, Einleitung zum Titus Andronikus). Die
älteste vorhandene Ausgabe ist vom Jahr 1600. Die Aechtheit des
Stückes ist, abgesehen von inneren, später zu erwägenden Gründen,
durch das Zeugniß des Meres so wie durch die Aufnahme in die
Folio-Ausgabe von 1623 hinreichend erwiesen.

Siebzehnte Vorlesung.

Romeo und Julia.

Geehrte Versammlung!

Unmittelbar auf „Titus Andronikus" folgt in der Reihe der Shakspeare'schen Tragödien „Romeo und Julia". Die unübertroffene Verherrlichung der glühendsten und zartesten Jugendliebe entströmte der Seele des Dichters bald nachdem seine Phantasie, wetteifernd mit den damaligen Beherrschern der Bühne, sich in die Schauer einer bis zur barbarischen Wildheit gesteigerten Rachsucht getaucht. Der Gegensatz in Ton und Stimmung ist scharf und schlagend, aber nichts weniger als unnatürlich und unglaublich. Es gehört recht eigentlich zum Wesen einer gesunden, reich beanlagten Jugend, daß sie gewaltigen Zeitströmungen mit empfänglichem Sinne sich hingiebt, selbst bis zum Uebermaaß und zur Erzeugung des Zerrbildes. Wir haben die seltsamen kriegerischen Declamationen noch in frischem Gedächtniß, zu welchen die nationale Bewegung der vierziger Jahre unsere jungen Lyriker entflammte; nicht viel anders verhalten Schiller's Räuber sich zu der Stimmung der siebziger und achtziger

Jahre, noch Titus Andronikus zu den Kriegs- und Rache-
Gefühlen, welche das englische Publicum in den Tagen der
Pariser Bluthochzeit, der katholischen Verschwörungen und
der Armada durchglühten. Aber dergleichen Aufregungen
sind weit entfernt, in tüchtigen Naturen die normalen, rein
menschlichen Empfindungen dauernd zu schwächen oder zu
trüben. Liebe und Heldenmuth gingen von je Hand in
Hand; die Entfaltung der heroischen Gefühle, selbst wenn
sie zu tragischem Uebermaaß sich steigert, steht bei Völkern
wie bei dem Einzelnen der Pflege der zarten und innigen
durchaus nicht im Wege, vorausgesetzt, daß jene Exalta-
tionen des gesunden, sittlichen Grundes nicht entbehren,
und daß unglückliche Verhältnisse sie nicht aus vorübergehenden Störungen zu organischen Leiden gestalten. Es
ist bekannt, daß kurze und glückliche, wenn auch noch so
leidenschaftlich geführte Kriege auf den nationalen Geist in
der Regel ebenso glücklich wirken, als langwierige, dem
natürlichen Rechtsgefühl zuletzt nicht mehr verständliche
Kämpfe ihn zu verderben pflegen. Wenn hier der opferfreudige Heldenmuth endlich zu fühlloser Härte erstarrt,
während die Sorge um die Selbsterhaltung jeden geistigen
und gemüthlichen Aufschwung verkümmert, erstarkt im ersten
Falle das Gefühl für das Schöne neben dem des Erhabenen, und die heilsame Erschütterung des Bodens kommt
den Blüthen der Kunst und des edleren Lebensgenusses
trefflich zu statten. Es gilt das in vollstem Maaße von
dem Zeitalter Elisabeth's, in welchem die Entwickelung jedes
edleren Luxus und der ihm entsprechenden Bildung mit dem
heroischen, in entscheidenden Augenblicken selbst krampfhaften

und gewaltsamen Aufschwung der brittischen Thatkraft Hand
in Hand ging. So tritt denn auch der üppige Liebesfrüh-
ling in Romeo und Julia dem Kenner jener Epoche ebenso
wenig als vereinzeltes, poetisches Wunder entgegen, wie die
dämonische Wildheit in Titus Andronikus ihn befremdet:
die Fäden, durch welche das Genie seine Nahrung aus dem
Boden der Zeit und des Volkes zieht, bleiben dem aufmerksamen Blick auch hier nicht verborgen. In der gesammten schönen Literatur jener Tage hält dem Geschmack
an Darstellung ernster Welthändel und furchtbarer Kata-
strophen das Entzücken über die üppige, erotische Lyrik und
Novellistik der Italiener vollständig die Wage. Die Cavaliere Elisabeth's glänzten auf dem Parkett der Damensalons
nicht weniger als auf dem Deck des Orlogschiffes, sie verstanden sich gleich gut auf verliebte Sonette und witzige
Concepte wie auf Schlachtpläne und religiös-politische Streit-
fragen. Während Sackville's „Fürstenspiegel" der Geschichte
die ernstesten Lehren abgewann, ergötzten Surrey, Daniel
und Drayton die feine Welt durch Liebesgedichte im besten
italienischen Styl. Die Novellensammlungen der Paynter
und Belleforest fanden wenigstens ebenso eifrige Leser als
Holinshed's Chronik oder North's Plutarch. Shakspeare
selbst, wie wir uns erinnern, hatte seine poetische Laufbahn
als Sänger sinnlich glühender Liebe begonnen. Er hatte
Venus und Adonis besungen, ehe er die tragischen Wechsel
und die bittern Früchte des Bürgerkrieges in „Heinrich VI."
und „Richard III." von der Bühne herab seinen Mitbürgern
zeigte. Und wenn die ersten Jahre seines dramatischen
Schaffens ihn mächtig ergriffen zeigen von dem patriotischen

Schwunge der Zeit, so liefern eine Reihe von Dramen derselben Epoche den Beweis dafür, daß die Vertiefung in
jene tragischen und heroischen Staatshandlungen sein jugend-
liches Herz keineswegs ausschließend erfüllte, daß er die
Freuden und Leiden der Liebe durchgekostet hat, wie die
ächten Künstlernaturen aller Zeiten und Völker. Er hatte
bereits die unheimliche Gewalt der sinnlichen Leidenschaft
in jenen erzählenden Gedichten geschildert und die „ver-
lorenen Mühen" verliebter Pedanterie in einem Lustspiele
verspottet, als er, mitten in der ernsten Beschäftigung mit
den Thaten und Leiden seines Volkes, die Stimmung für
diese Tragödie der großen Passion fand, in welcher die Gluth
des einen und die geistreiche Schärfe des andern Jugend-
versuchs unter der Herrschergewalt des seiner Kraft vollständig mächtigen Genius in das Maaß des vollendeten
Kunstwerkes sich fügen.

Romeo und Julia gehört ohne Zweifel noch der Jugend
des Dichters an.[1] Im Jahre 1598 citirte es Meres in
seinem oft erwähnten „Schatzkästlein des Witzes" unter
Shakspeare's damals beliebtesten Stücken. Eine genauere
Zeitbestimmung gründete zuerst Tyrwhitt auf die, wenn nicht
zwingend richtige, so doch immerhin wahrscheinliche Deutung
einer Stelle des ersten Akts. Die Wärterinn spricht mit
der Lady Capulet über Julia's Alter:

> „Elf Jahr ist's", sagt sie, „seit wir's Erdbeben hatten:
> Und ich entwöhnte sie (mein Leben lang.
> Vergess' ich's nicht) just auf denselben Tag."

Nun ist es Thatsache, daß Shakspeare Anspielungen auf
Zeitbegebenheiten nicht abhold war, und nach einer Nachricht

Gabriel Harvey's (in einem Briefe in der Vorrede zu
Spenser's Werken) spürte man in der That am 6. April
1580 in England einen Erdstoß. Damit fiele das Trauerspiel ins Jahr 1591. Drake versucht eine positive Beweis-
führung für das Jahr 1593. Er hält es für einen Widerspruch, daß Julia für vierzehnjährig erklärt wird, während wir
eben erfahren, daß man sie vor elf Jahren entwöhnte.
Nehme man ihr Lebensalter für diesen Zeitpunkt als das
gewöhnliche von einem Jahre, so müsse die Amme sich bestimmt verrechnet haben, und es seien dreizehn, nicht elf Jahre
nach dem Erdbeben vergangen. Daß Shakspeare die ursprüngliche Anlage des Drama's, wie die des Hamlet, später
vervollkommnete, wird durch die Verschiedenheit der ersten
und zweiten Ausgabe, wenn nicht strict bewiesen, so doch
wahrscheinlich gemacht. Jene erschien 1597 und bezeichnet
das Stück bereits als ein oft und mit großem Beifall gegebenes. Sie weicht vielfach von dem gangbaren Texte ab,
der erst 1599 herauskam. Die Anspielung auf Spenser's
1596 gedruckte Fairy Queen, welche man wohl nicht mit
Unrecht in Mercutio's Schilderung der Königinn Mab erblickt, könnte sehr gut ein späteres Einschiebsel des Dichters
sein (wie sie denn auch im Zusammenhange der Scene als
ein Hors-d'oeuvre deutlich sich kennzeichnet), und würde
für die spätere Entstehung des Stücks Nichts beweisen.
Den Stoff und einen guten Theil der Charakteristik entnahm Shakspeare, seine alte Weise auch hier nicht ver-
lassend, einem Gedicht des Arthur Brooke, aus dem
Jahre 1562:

„The tragical historye of Romeo and Juliet written

first in Italian by Bandele, and nowe in English by
Ar. Br. — In aedibus Richardi Tottelli. — Novb. 1562."

Brooke selbst hatte aus italienischen Quellen geschöpft,
zunächst aus Bandello; aber auch dessen Erzählung ist aus
alten Sagen geflossen, welche vor ihm Luigi da Porta und
Massuccio bearbeitet haben, Letzterer schon 1470. Bei
Massuccio spielt die Geschichte in Siena. Der Liebhaber
heißt Marietto, die Heldinn Gianetta. Die heimliche Ehe,
die Ermordung des Vetters der Frau, die Verbannung, die
von der Familie verlangte Heirath, der Schlaftrunk, die
Versäumniß des Boten — Alles dies ist schon in dieser
rohesten und ältesten Form der Sage gegeben. Aber die
Katastrophe ist prosaischer und verletzender. Marietto, eigen-
mächtig aus der Verbannung heimgekehrt, wird von der
Justiz ergriffen und hingerichtet. Gianetta erblickt sein blu-
tiges Haupt auf dem Stadtthor und birgt dann ihre Verzweiflung in einem Kloster, wo sie bald durch den Tod
erlöst wird. — Bei Luigi da Porta (Anf. saec. 16) ist die
Sage schon reicher gegliedert. Durch die interessanten, in
Shakspeare's Dichtung übergegangenen Nebenpersonen werden die Situationen vervielfacht, die Effecte vorbereitet und
gesteigert. Wir haben die streitenden Montecchi und Capu-
letti vor uns, eine Andeutung des Erzählers erinnert an
Rosalinde, Julia's Vorgängerinn in Romeo's Herz; das
erste Zusammentreffen auf dem Feste wird lebendig geschildert. Der stehende, gutmüthige Mönch der italienischen
Novelle, wenn auch noch lange nicht Shakspeare's edel denkender und weiser Lorenzo, hilft den Liebenden an's Ziel
(und zwar in der Kirche, im Beichtstuhl), und die Ereignisse

folgen dann bis zum Schlusse ganz wie bei Shakspeare.
Aus Luigi da Porta schöpfte Bandello, und aus diesem
erst der redselige, moralisirende Brooke, wahrscheinlich die
unmittelbare Quelle des Trauerspiels. Wir haben eben
einen jener unverwüstlichen Stoffe vor uns, welche, sich in
die Nacht der Zeit verlierend, von Volk zu Volk wandernd,
in den verschiedensten Sprachen und Kunstformen ihre Wirkung bewähren; bleibende, geheiligte Symbole für die einfachsten und darum mächtigsten Combinationen menschlichen
Wollens, Empfindens und Könnens. Aber indem diese
Quelle berauschender Poesie aus den heitern Gebieten süd-
lich-romanischen Genuß-Lebens in die ernstere, rauhere und
großartigere germanische Welt eintrat, erweiterte sie sich zu
einem mächtig daher brausenden Strome, mit gefährlichen
Strudeln und geheimnißvollen Tiefen, aber auch mit reiche-
rer Fülle des belebenden und erquickenden Elements. Die
Romantiker und ein großer Theil des nicht kritischen Publicums preisen Romeo und Julia vornämlich um des
eigenthümlich südlichen Hauches willen, der diese Dichtung
durchzieht; es ist die Gluth der Empfindung und die liebliche Pracht der poetischen Sprache, welche ihnen vor Allem
den poetischen Werth des Stückes bestimmen. Schlegel gab
dieser Anschauung den beredtesten Ausdruck in der berühmten Stelle der dramatischen Vorlesungen:

„Es war Shakspeare aufbewahrt, Reinheit des Herzens
und Gluth der Einbildungskraft, Sanftmuth und Würde
und heftige Leidenschaft in einem idealen Bilde zu verbinden.
Durch die Weise, in der er es behandelte, ist es ein glor-
reicher Lobgesang des Gefühls geworden, welches die Seele

adelt und ihr ihre volle Erhabenheit giebt, welches die Sinne
selbst in Geist veredelt — und gleichzeitig eine schwermüthige
Klage über seine Gebrechlichkeit, die seiner Natur entspringt
wie den Verhältnissen des Lebens: gleichzeitig die Apotheose
und das Grablied der Liebe. Sie erscheint hier wie ein
himmlischer Strahl, der sich zur Erde herabsenkend in einen
Blitz sich verwandelt, durch den sterbliche Wesen verzehrt
werden, im Augenblicke des Entbrennens. Was der Duft
des südlichen Frühlings Bezauberndes hat, was im Gesange
der Nachtigall schmachtet, und in der sich öffnenden Rose
wollüstig erglüht, das durchweht dieses Gedicht. Das
Süßeste und das Bitterste, Liebe und Haß, sprudelnde
Laune und düstere Ahnung, Liebesumfangen und Begräb=
niß, die Fülle des Lebens und Selbstvernichtung — hier
ist das Alles innig vereinigt. Und alle diese Gegensätze
sind in dem harmonischen und wunderbaren Werk so ge=
mischt, daß der Wiederhall, den das Ganze im Gemüthe
zurückläßt, nur ein einziger, endloser Seufzer scheint."

Und Philarète Chasles giebt den gleichen, hier un=
widerstehlich auf den Leser eindringenden Empfindungen in
seiner ächt französischen pittoresken Weise einen trefflichen
Ausdruck in der Stelle:

„Wer erinnerte sich nicht jener herrlichen Sommer=
nächte, während welcher die Kräfte der Natur sich zu ent=
wickeln streben und dennoch zu schlummern scheinen: wer
gedächte nicht jener Nächte, welche ein Gemisch innerer Gluth
und überströmender Thatkraft sind, eine Vereinigung unge=
stümer Kraft und erquickender Frische?"

„Die Nachtigall singt ihre schönsten Lieder in heiliger

Stille der Gehölze und die Kelche der Blumen sind noch
zur Hälfte geschlossen. Ein bleicher Schimmer rosigen Lichts
steigt empor über den Wipfeln grüner Bäume und am
Saume der Hügel. Diese tiefe Ruhe, man fühlt es, birgt
eine geheime, erquickende Kraft in sich. Unter jenem melan=
cholischen Schweigen der Natur schlummert ein mächtiges
Fühlen. Unter jener kühlen, vom blassen Lichte des Mondes
und dem Flimmern nächtlicher Gestirne beleuchteten Dunkel=
heit erräth man leicht den verhaltenen Duft einer sinnigen
Blumenwelt, die, noch mit Schweigen bedeckt, ungeduldig
der Stunde des Erwachens harrt.

„Dies ist die eigenthümliche Atmosphäre, in welcher
Shakspeare's wundervollste Schöpfung athmet: Romeo und
Julia.“

Wem spräche dieses warme, beredte, zartsinnige Lob
nicht aus dem eigenen Herzen! Es giebt treu und lebendig
den ersten, überwältigenden Eindruck wieder, den die wun=
derbare Fülle des Gedichtes in der Seele des fein fühlenden
Lesers zurückläßt; aber es ist weit entfernt der Würde der
Shakspeare'schen Tragödie ein Genüge zu thun; es dringt
nicht vor von dem glänzend strahlenden Gewande bis zu
dem Herzen des Kunstwerkes. Shakspeare begnügte sich
nicht, die Liebe zu schildern in ihren Entzückungen und
ihren wildesten Schmerzen — er zieht den Schleier fort
von ihrer räthselvollen Verbindung mit den sittlichen Grund=
gewalten des Lebens, er legt die geheimsten Fasern bloß,
mit welchen sie eindringt in den Kern des Charakters,
er ist nicht nur der Maler der großen Passion: er ist
gleichzeitig ihr Physiolog, und er würde ihr Arzt sein, wenn

es ein Mittel gäbe gegen den Tod. Lassen sie es mich
versuchen, dieses Urtheil zu begründen.

Es muß zunächst die Sorgfalt auffallen, mit welcher
Shakspeare hier fast sämmtliche Nebenrollen behandelt, so
wie der ungewöhnlich breite Raum, welchen er den humoristischen Scenen neben den pathetischen giebt. Augenscheinlich ist er bemüht, uns den Schauplatz gegenwärtig zu
halten, auf welchem das Schicksal der Liebenden sich verwickelt und entscheidet; wir werden beständig angehalten,
in der mondbeglänzten Zaubernacht des Gefühls den hellen
Tag des Lebens, der Thatsachen nicht zu vergessen; nicht
als die abstracten Liebhaber des Minneliedes und der ero-
tischen Novelle, sondern als bestimmte Personen in den aller-
concretesten Verhältnissen treten uns Romeo und Julia entgegen. Wir werden daher wohl thun, uns diese Verhältnisse genau anzusehen, ehe wir unser Urtheil dem stürmi-
schen Meer poetischer Entzückungen und tragischer Affecte
anvertrauen. So viel ist auf den ersten Blick klar: diese
Verhältnisse sind weit entfernt, den Bedingungen einer wohl-
geordneten Gesellschaft zu entsprechen. Wir haben ein Stück
ächt mittelalterlich-italienischen Lebens vor uns, wie Shakspeare und die Gebildeten seiner Zeit es durch die Lectüre
der italienischen Novellisten kannten, wie Goethe es dem großen lesenden deutschen Publicum durch seine Uebersetzung
des Benvenuto Cellini vorgeführt hat: Viel Leben und
wenig Ordnung, reiche Geistesbildung neben moralischer
Verwilderung und ungebändigtster Leidenschaft, alle Blüthen
einer verfeinerten Cultur neben einem hohen Maaße von
sittlicher Rohheit. Blutige Straßenkämpfe wechseln im Leben

der Cavaliere mit glänzenden Festen, in den Boudoirs der
Damen spielen drastische Ammenscherze ihre Rolle neben den
Sonetten Petrarca's, und das Giftfläschchen hat seinen Platz
unter den Geheimnissen der Toilette. Im glänzenden Gewande höchster Geschmacks- und Kunstbildung verliert die Leidenschaft beinahe das Bewußtsein ihres verwerflichen Gegensatzes gegen die natürliche und nothwendige Ordnung des
Lebens. Das Drama versetzt uns nach dem bei allem Glanz
und allen Schattenseiten dieser Zustände reich betheiligten
Verona. Zwei vornehme Familien stören durch ihre Händel
den Frieden der Stadt, die Sicherheit der Straßen; sie
treten das Gesetz des Fürsten unter die Füße in blinder
Leidenschaft, ohne den Schatten einer Berechtigung. Die
Eröffnungsscene zeigt ihre Diener in widerwärtig-lächer-
lichem Raufen, mitten inne zwischen natürlicher Feigheit,
rachsüchtiger Erinnerung an früheren Zwist und Streben nach
der Gunst ihrer Herren; die Bürger, mit Recht erbittert
über das wüste Treiben, schlagen mit Knütteln dazwischen;
kaum daß die Dazwischenkunft des Fürsten dem Skandal
für den Augenblick Ruhe gebietet. Als typische Vertreter
des sinn- und grundlosen Familienzwistes und wüstester
adliger Raufsucht ragen Tybalt und Mercutio aus der Masse
hervor. Der Erste in jedem Zuge der jähzornige, tückische,
übermüthig stolze und unversöhnliche Wälsche, wie unsere
germanische Phantasie ihn sich so gerne herausstaffirt. Seine
Tapferkeit freilich ist unzweifelhaft. Er ist nach des Feindes
Zeugniß „kein papierner Held, ein beherzter Ceremonien-
meister der Ehre. Ein Raufer! Ein Ritter vom ersten
Range." Aber seine bösartige Tücke kommt seiner Tapferkeit

gleich. „Wie die Hölle haßt er den Frieden," welchen der ruhigere Benvolio ihm bietet. Mit Mordgedanken erblickt er Romeo auf des Capulet Fest; kaum daß das ernste Gebot des Wirthes und Familienhauptes ihn von grober Verletzung des Gastrechts zurückhält. Er giebt seinen Sinn darum nicht auf und treibt es beim ersten Anlaß mit Gewalt zu der ihm und Allen verderblichen Katastrophe. Shakspeare läßt sich hier die Gelegenheit nicht entgehen, einer der schlimmsten Modenarrheiten seines Zeitalters derb zu Leibe zu rücken. Es war bereits mehrfach die Rede von der geckenhaften Händelsucht, dem ebenso albernen als gefährlichen Spiel der Duell-Renommage, in welchem der Adel des 16. Jahrhunderts sich für das verlorene Fehde=recht des Mittelalters zu entschädigen suchte. Dies renom=mistische Unwesen, wie der ihm entsprechende Ton der ge=zierten Hofsprache empfing seine Anregungen und Muster vornämlich aus Italien und Frankreich. Da bekommt denn nun Tybalt, der Typus des vornehmen Italieners, und mit ihm alle die übergalanten Herren auf der Shakspeare'schen Bühne (vgl. Bd. I, S. 52, 75) den Sermon zu genießen:

„Der Henker hole diese phantastischen, gezierten lis=pelnden Eisenfresser! Ist das nicht ein Elend, daß wir mit diesen ausländischen Schmetterlingen heimgesucht werden, mit diesen Modenarren, diesen Pardonnez-Moi, die so stark auf neue Weise halten, ohne jemals weise zu werden!"

Nicht viel weiser übrigens, aber doch ein gutes Theil liebenswürdiger und angelsächsisch=treuherzig benimmt sich Mercutio, der sanguinische Humorist (so weit dies möglich) unter den übermüthigen, rohen Gesellen, wie Tybalt, der

melancholische Duckmäuser. Mercutio erfreut sich, unter den
Shakspeare'schen Humoristen, der besondern Gunst unsrer
Romantiker, obgleich, oder vielleicht weil das tiefere Gemüth
der meisten Uebrigen ihm abgeht, oder doch wenigstens nicht
Gelegenheit findet, sich zu zeigen.

„Ein Hofmann, überall höchlich geachtet, denn er verstand zierlich zu reden und hatte lustige Einfälle. Wie ein
Löwe unter Lämmern kühn einhertritt, so war Mercutio zu
schauen unter den verschämten Mädchen. "

In diesen Worten lieferte schon Brooke dem Dichter
einige wesentliche Grundzüge seiner Erscheinung, die Shakspeare freilich etwas ins Derbe ausgeführt hat. Mercutio's
Reden sprudeln von zum Theil recht kräftigem, ja cynischem
Witz, mit dem er nicht Freund, nicht Feind verschont. „Der
Teufel plagt ihn, um Andere zu plagen" — es ist ihm
gleich, an wem er sich reibt. Seine Bolzen müssen fliegen,
und hätten sie keine andere Zielscheibe, als das Brusttuch
einer alten verschrumpften Amme. Er hört sich eben gerne
reden, und spricht „in einer Minute mehr, als er in einem
Jahr verantworten kann. " Er ist vielleicht der Roheste in
der ganzen Gesellschaft. Die Katastrophe ist zu großem
Theil sein Werk. Als der ächte, rand- und bandlose Hän-
delmacher tritt er den Capulets entgegen. „Laßt es ein
Wort und einen Schlag sein" ruft er dem Tybalt entgegen,
der ihn „auf ein Wort" bei Seite bittet. Da Romeo, in
der frischen Seligkeit seiner Liebe, den „Schurken" seines
„Verwandten wider Willen" (des Tybalt) ruhig einsteckt,
zieht er auf der Stelle vom Leder — und nicht Bitten, nicht
Vernunftgründe des Freundes, viel weniger Erinnerung an

das Gesetz und das Gebot des Fürsten — sondern das
alte Eisen des Gegners bringt ihn zur Ruhe. Bei alledem hat diese rauhe, eckige, wunderliche, wenn nicht geradezu
unschöne Gestalt etwas Wohlthuendes, welches sie von der
ganzen Umgebung sehr vortheilhaft abhebt. Es geht ein
Zug der Wahrhaftigkeit und intellectuellen Gesundheit durch
sein gesammtes Auftreten, der, trotz aller Verwilderung dieses brach liegenden Ackers, für die Güte des Bodens unzweifelhaft Bürgschaft leistet. Sein unbändiger Witz hat
mit übermüthiger Zierbengelei Nichts gemein. Gegen ihn
und Seinesgleichen ist das goldene Goethe'sche Wort nicht
gesprochen:

> „Wer sich nicht selbst zum Besten haben kann,
> Gehört auch selbst nicht zu den Besten."

Seine eigene Häßlichkeit wird von seinem Witz nicht weniger
verschont, als die der Amme:

> „Gebt ein Gehäuse für mein Antlitz mir,
> 'ne Larve für 'ne Larve! Nun erspähe
> Die Neugier Mißgestalt: Was kümmert's mich?"

So führt er sich selbst ein. Den klaren, sicheren Rationa-
lismus aller Shakspeare'schen Humoristen theilt er in vollem
Maaße. Den von bösen Ahnungen, den Kindern des erreg-
ten Bluts, befangenen Romeo tröstet er durch seine heiter
kräftigen Vorstellungen über das „Nichts" der Träume und
phantastischen Einbildungen, nachdem er von deren poetischen Symbolen in der Schilderung der Königinn Mab eben
ein so glänzendes Bild und von seiner eigenen ästhetisch-
literarischen Bildung eine treffliche Probe gegeben. Seine
Festigkeit, die Unabhängigkeit seiner Vorstellungsweise wird

II. 13

im Angesicht des Todes garnicht erschüttert. Seinen letzten
Athem verwendet er zu freilich verdammt bittern Späßen
über das „Loch, nicht so tief wie ein Brunnen, und nicht
so weit wie eine Kirchenthüre, das aber doch gerade hinreicht, um die Seele durchzulassen" — und es ist gewiß
nicht ohne Bedacht geschehen, daß der Dichter gerade dieser
durch und durch angelsächsischen Natur jenen Sermon gegen
die gezierte Barbarei der wälschen Sitte in den Mund legt.
Es ist eben nur die ungebändigte Leidenschaft, welche ihn
mit dem finstern Tybalt in eine Sphäre verweist, nicht die
innerste Natur seines Wesens.

Diese Leidenschaftlichkeit aber, dies unbändige Sich-
Gehen-Lassen bildet recht eigentlich die geistige Atmosphäre,
in welche der Dichter uns einführt, deren Einfluß hier weder
Alter, noch Geschlecht, noch Bildung sich entziehen. Selbst
Benvolio, der Ruhigste von Allen, hat seinen Antheil daran.
Da er den Mercutio zum Frieden mahnt, bekommt er eine
Aufzählung seiner eigenen Sünden zur Antwort, die, alle
Schandmäuligkeit des tollen Gesellen abgerechnet, immer
noch ein gutes Maaß heißblütiger, unbändiger Laune auf
seinem Conto läßt. Die grauköpfigen Alten gehen der
Jugend keineswegs mit gutem Beispiel voran. Ihr Unge-
stüm macht gleich in der ersten Scene einen tragi-komischen
Gegensatz gegen ihre gebrechlichen Jahre. Capulet nament-
lich ist ganz Mercutio, aber ohne dessen drastischen Witz
und ohne die Entschuldigung des jugendlich-heißen Bluts.
Wie alle Bonvivants ist er im Grunde eine gutmüthige
Haut: Er zuerst fügt sich, nachdem seine erste Hitze ver-
raucht ist, dem fürstlichen Friedensgebot.

> „Für Greise, wie wir sind,
>   Ist Frieden halten, denk' ich, nicht so schwer!"

Das sind seine Worte, als er die Nachricht empfängt. Da
der Sohn des feindlichen Hauses ungeladen auf seinem
Balle erscheint, kommt es ihm nicht in den Sinn, das
Gastrecht zu brechen. Er braust ordentlich auf gegen den
tückischen Tybalt, der ihm das zumuthet. Der Familien-
zwist hält ihn nicht ab, den Sohn seines Feindes ohne allen
hämischen Neid nach seinem Werthe zu preisen:

> „Er hält sich als ein wackrer Edelmann,
>   Und in der That, Verona preiset ihn
>   Als einen sitt'gen, tugendsamen Jüngling!"

So urtheilt er über Romeo. Seiner Tochter ist er ein
guter, nachgiebiger Vater. Ihre Wahl gedenkt er durch
keinen Zwang zu beschränken:

> „Sein Will' ist von dem ihren nur ein Theil!"

Aber alle diese Gutmüthigkeit, dies biedermännische Wesen
hat nur einen zweifelhaften Werth. Es ist nie in die Zucht
des Willens genommen worden, die allein das rohe Erz
des Instincts zu dem reinen Metall des geschlossenen Charakters läutert. Das erste beste Ereigniß kreuzt, kaum einmal seinen Willen, sondern einfach seine Laune — und der
lustige, derb-gutmüthige alte Herr verwandelt sich in die
widerwärtige Gestalt des grauhaarigen Brausekopfs, der
bejahrten Thorheit. Nichts natürlicher, wahrer, so recht
aus der Fülle des realen Lebens geschöpft, als diese jähen
Wechsel seiner Stimmung, da Julia ihn beim Wort nimmt
und seinen Willen wirklich „als einen Theil des ihrigen"
ansehen will. Seine rohe, unbändige Natur macht sich auf

der Stelle in gemeinen Schimpfreden Luft, er erhitzt sich
an seinen eigenen Worten, bedroht schließlich die Tochter,
die nur um Aufschub bittet, mit schimpflicher Verstoßung
und Enterbung: eine so nachdrückliche als ernste Illustration
der täglich zu machenden Erfahrung, daß Selbstbeherrschung
und edles Maaß ihren zuverlässigen Halt in der Stärke des
Willens haben, und nicht in der Schwäche der Leidenschaft,
daß der nicht bekämpfte Instinct mit den Jahren wohl an
Kraft und Nachdruck abnimmt, aber nicht an Heftigkeit und
launischer Willkür. Daß die beiden Frauen, welche in dem
Hause des alten Sprudelkopfes das Regiment führen, diese
Umgebungen weitaus nicht verschönern, bedarf kaum der
Erwähnung. Das Schicksal stellt dem nach Liebe und Vertrauen sich sehnenden Herzen der heranwachsenden Julia die
Wahl zwischen einer Amme, dem unübertroffenen Muster
des schwatzhaften, zudringlichen, thierisch gutmüthigen, aber
durch gründliche Entwöhnung von allem Denken in den
Zustand sittlicher Unzurechnungsfähigkeit versunkenen Weibes
— und zwischen der Mama, die bei der ersten passenden
Gelegenheit zur Anwendung des Giftfläschchens räth. Man
sieht, es ist ein wildverwachsenes Gehege, aus dessen Un-
kraut sich die beiden Blumen erheben, deren duftige Schöne
— und deren frühes trauriges Welken die Dichtung feiert.

Es ist nun an der Zeit, die beiden Hauptgestalten der
Tragödie ins Auge zu fassen, in sorgsamer Beobachtung
ihrer Entwickelung nach dem Kern ihres Wesens zu spähen.
Vielleicht daß uns dann auch ein Blick verstattet wird in
das innerste Heiligthum der Tragödie, in jene Werkstatt, in
der durch die Verkettung menschlichen Wollens und Thuns

mit gegebenen Verhältnissen die Netze des Schicksals sich weben.

Es liegt vor allem zu Tage, daß wir den Helden uns reich ausgestattet zu denken haben mit jenem Fonds natürlicher Begabung und Kraft, den das sogenannte Schicksal in seinen Opfern nicht missen mag. Wir hörten schon, wie der Feind ihn lobte als einen sitt'gen, tugendhaften Jüngling, als einen wackern Edelmann; von seiner Tapferkeit sehen wir die schlagendsten Proben. Er zeigt sich dem gefürchteten Tybalt überlegen — und wenn wir auch nicht berechtigt sind, ihn als gänzlich unberührt zu betrachten von den Modethorheiten der Zeit (Mercutio giebt ihm schwerlich ganz ohne Grund den „bon jour", den „französischen Gruß für seine französischen Pumphosen") — so bildet die Grazie, die maaßvolle Anmuth, der vollendet edle Anstand seines Auftretens, wo er sich eben zusammennimmt, den erfreulichsten Gegensatz gegen das rohe, zerfahrene Wesen seiner Umgebung. Wir werden gleich Gelegenheit haben, diesen Punkt bei Betrachtung der Ballscene noch näher ins Auge zu fassen.

Seine Bekanntschaft machen wir in dem kritischen Stadium einer an sich ungefährlichen Jugendkrankheit. Es ist jene „im Auge ruhende Liebe" der frühen, aufblühenden Jugend, jene launische, grillenhafte „Liebe im Müßiggang", das erste stammelnde, verworrene Zwiegespräch des Herzens mit der kaum erwachten Natur, jene Liebe, bei der die Persönlichkeit noch kaum aus der Gattung hervortritt. Merkwürdiger Weise hat man diese „überflüssige Intrigue" dem Dichter zum Vorwurf gemacht² — als ob nicht bis auf

diesen Tag jeder Romeo für eine, resp. für ein halbes
Dutzend meistens mehr oder weniger junonischer, voll auf-
geblühter Rosalinden seufzen müßte, ehe ihm die Augen für
seine Julia aufgehen! Eine erste Jünglingsliebe, die das
ganze Leben beherrscht und erfüllt, sie ist ein treffliches
Ingredienz für tugendhafte Romane und sentimental-christ-
lich-romantische Epen — Shakspeare ist nicht der Mann,
die Naturwahrheit seiner Gestalten so unsinnigen Phrasen
zu opfern.

Romeo tritt uns also in dem Paroxysmus einer regel-
rechten Primaner-Liebe entgegen. „Am frühen Morgen,
im dunkeln Schatten der Kastanien, mehrt er den Thau
durch seine Thränen, bei Tage sperrt er sich in die dunkle
Kammer." Das sind für einen jungen Edelmann und Majo-
ratserben, der nichts Nöthigeres zu thun hat, noch nicht
eben gefährliche Dinge. Sie ließen sogar baldige Genesung
hoffen, wenn nur ein bedenkliches Symptom sich wegschaffen
ließe. Wenn einen achtzehnjährigen, gesunden Jungen seine
Fensterliebe gegrüßt hat, so läßt es ihm keine Ruhe, bis
wenigstens ein mitfühlendes Herz seinen Jubel theilt, —
und Gnade Gott dem Ohr des Herzensfreundes, wenn die
Treulose vielleicht einmal ihren Kanarienvogel interessanter
fand, als den linkischen Bückling ihres angehenden Romeo.
Die richtige Komödienliebe, bei der Niemand zu Schaden
kommt, sie besteht einmal nicht ohne Vertraute, ja wir dürfen hinzusetzen, Männerliebe fühlt überhaupt das Bedürfniß
der Mittheilung, und sie wird es befriedigen, wo nicht ausdrückliche Pflichten oder Interessen sie hindern. Es ist augenscheinlich eine abnorme, krankhafte Anlage, welche schon dem

Liebhaber Rosalindens diese natürliche Linderung versagt. „Er flieht die Freunde, offener Mittheilung abgeneigt, der eigenen Neigungen Vertrauter." Dem Trost und der Klage unzugänglich, wird seine Knospe vom Wurme zernagt. Solch angebornes Mißtrauen in früher, unerfahrener Jugend ist entweder ein Zeichen von Schwäche oder — was noch gefährlicher — von schwer beweglicher Kraft, von einem Mangel jenes Beobachtungs- und Orientirungs-Sinnes, der in leidenschaftlichen Krisen den Blick instinctartig nach Außen wendet, und die edlen, innern Organe vor den Anfällen der Krankheit bewahrt.

In diesem Zustande nun folgt Romeo dem Drängen der lustigen Freunde zum Feste der Capulets. Genußdürstend, in seiner Jugendliebe verletzt, leidenschaftlich und schwermüthig ist sein Herz jedem Eindrucke wehrlos geöffnet. Die Ahnungen, welche ihn auf der Schwelle ergreifen, sind augenscheinlich nicht Wirkungen, sondern mitwirkende Ursache der kommenden Dinge. Nicht das in der Luft schwebende, geheimnißvolle Schicksal erregt seine Phantasie, sondern seine erregte Phantasie führt ihn dem Schicksal entgegen.

Es ist nun Zeit, das Wesen ins Auge zu fassen, in dessen Gestalt ihn sein Verhängniß ergreift.

Wie Romeo, steht Julia vor dem geheimnißvollen Vorhange, welcher das Traumleben der Kindheit von den Aufregungen, Genüssen und Schmerzen des vollkräftigen Lebens trennt. Leider sind es nicht eben geweihte Hände, welche sich ein Geschäft daraus machen, den Vorhang zu lüften. Von den pädagogischen Grundsätzen der Wärterinn giebt ihre Erzählung vom Erdbeben und vom Taubenschlage, und

von ihrem seligen Manne ein mehr natürliches als erbau-
liches Bild — und Mama und Papa thun das Ihrige,
die Ausbildung der vierzehnjährigen, heißblütigen Italienerinn zu vollenden. Man kann schon denken, daß Mama
eine aufmerksame Schülerinn hat, wenn sie die Reize des
vornehmen, jungen, stattlichen Freiers schildert, welchen die
Familie der Erbtochter bestimmt hat. Julia ist offenbar
noch vollkommen reine Unschuld, aber ihre Neugier (wenn
auch nicht ihr Verlangen) ist doch sichtlich erregt, als sie
entgegnet:

> „Gern will ich sehn, ob Sehen Neigung zeigt.
> Doch weiter soll mein Blick den Flug nicht nehmen,
> Als ihn die Schwingen Eures Beifalls tragen."

In dieser Stimmung eilt sie zu den berauschenden Genüssen
des glänzenden Festes, auf dem ein Augenblick über ihr
Leben entscheidet. Man hat über die Möglichkeit und Naturwahrheit der berühmten Ballscene vielfach gestritten. Ich
glaube, schon die bis jetzt gewonnene Kenntniß des Paares
muß einen guten Theil dieser Bedenken zerstreuen. Der
Rest aber schwindet bei unbefangener Betrachtung des Vorganges selbst, so wie bei gebührender Erwägung gewisser
Voraussetzungen, welche auf seine Form nothwendig wirken
mußten. Ich sage auf die Form, denn von dieser ist hier
überhaupt nur die Rede; die Sache selbst, der plötzliche
Sieg der Leidenschaft über zwei jugendlich glühende, unerfahrene, zu erhöhter Empfänglichkeit durch alle Verhältnisse
nothwendig gestimmte Herzen — diese Thatsache wiederholt
sich zu oft und zu nachdrücklich vor unsern Augen, als daß
es nöthig scheinen könnte, diesem unerschöpflichen Thema

der Lyrik, von Salomo bis auf Heine, hier das Opfer einiger sentimentalen Phrasen zu bringen. Aber auch das stürmische, rasche Vordringen des Liebhabers und das scheinbar zu schnelle Gewähren der Dame verliert alles Auffallende, wenn man über der Gluth der Bewerbung ihre gemessene, geistreiche Form nicht vergißt, so wie die Sitte des Jahrhunderts und des Landes und Volkes. Die Scene ist ein merkwürdiges Beispiel für die Wirksamkeit der edeln, idealisirenden Form, wo es gilt, der Natur ihre Rohheit zu nehmen und ihr doch ihre Stärke zu lassen. Der Parallelismus der Verse und der Gedanken, die höchste Eleganz und Geistesgewandtheit nimmt dem Ausbruche der Leidenschaft alles roh Natürliche und Verletzende, und umhüllt den starken, dämonischen Trieb mit dem Festgewande der durch die Gesellschaft geheiligten Sitte. Das „nach dem Buch Küssen" würde allerdings eine deutsche Julia auf dem Balle sich höflichst verbitten — es ist jedoch, mit Gervinus, daran zu erinnern, daß die englische Sitte des sechszehnten Jahrhunderts darüber anders bestimmte. Ein Engländer von gutem Hause hätte damals gegen den Anstand verstoßen, wenn er, in die Gesellschaft tretend, die Damen nicht mit einem Kuß begrüßte. In dem „Leben des Kardinal Wolsey" von Cavendish spricht die Gemahlinn des französischen Grafen Crecy so zu einem englischen Gast:

„Da Ihr ein Engländer seid, bei denen es Sitte ist, alle Damen ohne Anstoß zu küssen, so will ich, obwol es hier zu Lande nicht üblich ist, so frei sein, Euch zu küssen — und so sollt Ihr alle meine Damen begrüßen."

Auch bei der Brautwerbung Heinrichs V. um Katharina

von Frankreich ist von dieser englischen Nationalsitte die
Rede.

Den Styl der ganzen Ballscene vergleicht Gervinus
sehr treffend mit dem des Sonets, das dem Dichter hier
vorschweben mochte als die typische, gewissermaßen geheiligte
Form für den poetischen Ausdruck leidenschaftlicher Liebes-
werbung. Ebenso bleibt Julia bei ihrem berühmten Monolog vor der Hochzeitsnacht durchaus in der Weise, in
dem Gedankengange und den Bildern der damals üblichen
Hochzeitsgedichte — und für die köstliche Abschiedsscene gab
das in der Literatur des Mittelalters vielfach auftretende
„Tagelied " Form und Inhalt her, bis auf den Streit über
Nachtigall und Lerche, über Mond und Sonne. Shakspeare
rechnete an diesen lyrischen Stellen augenscheinlich auf die
sympathetische Wirkung der anheimelnden, mit diesen Stimmungen gewissermaßen verwachsenen musikalisch-poetischen
Weisen. Seine Originalität hat eben Nichts gemein mit
der Effecthascherei einer überfeinerten ästhetischen Bildung.
Die Kühnheit seines Ausdrucks, da wo der urselbstständige
Gedanke sie heraus fordert, sie ruht auf dem sehr soliden
Grunde einer vollkommenen Herrschaft über alle in der nationalen Ueberlieferung bewährt gefundenen Formen.

Meisterhaft motivirt ist sodann die Balconscene, welche
in fast betäubend raschem Fortschritte der Handlung den Bund
der Herzen durch das gegenseitige Geständniß besiegelt.

Julia, in tiefem Sinnen, in nachzitternder Aufregung
des Festes und der ersten Liebeswonne halb laut vor sich
hin sprechend, offenbart dem heimlich lauschenden Geliebten
das süße Geheimniß. „Gern hielte sie streng auf Sitte,

möchte gern verleugnen, was sie sprach." Es geht ihr
schwer ans Herz, daß er von leichtem Sinne, von Flatter-
liebe sprechen könnte. Nun aber, da das Wort einmal gesprochen, haben die Förmlichkeiten des Anstandes Sinn und
Zweck verloren. Nacht, Einsamkeit, daneben das Bewußtsein der Gefahr drängen zur Aufrichtigkeit — vor Allem
die erhabene Naturgewalt der berauschendsten und furchtbarsten Leidenschaft in jugendlich glühenden Herzen. Bei alle
dem ist Julien die so natürliche Scheu und Besorgniß
keineswegs fremd:

> „Sie freut sich nicht des Bundes dieser Nacht,
> Er ist zu rasch, zu unbedacht, zu plötzlich;
> Gleicht allzusehr dem Blitz, der nicht mehr ist,
> Noch eh' man sagen kann: Es blitzt!"

Dennoch ist gerade sie es, die gleich darauf die heimliche
Vermählung verlangt. Es ist keine Frage, daß sie damit
aus dem sichern Zauberkreise weiblicher Sitte und Scheu
verwegen heraustritt und den Dämonen sich preis giebt,
welche da draußen schadenfroh mit Glückes- und Liebes-
hoffnungen ihr Spiel treiben. Wir geben noch mehr zu:
Der Schritt enthielte für eine erwachsene, wohlerzogene Dame
in geordneten Verhältnissen nicht nur tragische Verschuldung
— er wäre geradezu unnatürlich und unzart. Hier ist es
denn doch wesentlich anders. Der Dichter kommt uns allerdings nicht durch ausdrückliche Erklärungen über Julia's
Beweggründe zu Hülfe. Doch dürfen wir ihr immerhin
zutrauen, daß sie an die Feindschaft der Familien dachte,
an die Schwierigkeit des Wiedersehens, an die Gewalt der
vollendeten Thatsache und des Sacramentes gegenüber dem

Vater. Natürlich ist aber heißes Blut mehr im Spiel als Bedachtsamkeit. Julia thut, wenn auch noch so erklärlich und verzeihlich, sie thut den Fehltritt, bei dem das Schicksal sie faßt.

Nun aber scheidet sich in merkwürdiger Weise ihre Entwickelung von der des Geliebten. Die eine Bahn führt aufwärts aus der heißen und trüben Atmosphäre des leidenschaftlichen Naturtriebes auf die lichte Höhe heldenmüthiger, lauterster, durch aufopferndste Treue und Hingebung geheiligter Liebe, die andere verliert sich schnell in dem Abgrunde haltloser, verblendeter Verzweiflung. Es lohnt der Mühe, diesen Wandelungen zu folgen.

Fassen wir zunächst Romeo ins Auge. Wir begegnen ihm am frühen Morgen nach der schicksalsschweren Nacht im Garten Lorenzo's. Seine Erzählung ist nicht geeignet, die Sorge zu zerstreuen, mit welcher der fromme Pater ihn kommen sieht. Aber das wohlwollende Herz und die Menschenkenntniß des Mannes Gottes besiegen alle Bedenken. Ist schon Romeo's Liebe noch lange nicht die beglückende, trostvolle, unwandelbare, zu allem Heil und aller Gesundheit führende Hingabe des männlichen Herzens, welche auf gründliche Kenntniß, auf bewußte Achtung und gemeinsames Streben ebenso sich gründet, als auf den sympathetischen Zug der Natur, so ist sie doch auch nicht mehr die „im Auge ruhende" Liebe des unreifen Jünglings. Es ist eben der mächtige Trieb des Herzens, aus dem bei gesunder Entwickelung jene einzig wahre und ächte Liebe, jener herrlichste Schmuck und Lohn alles menschlichen Strebens hervorwächst. Und diesen Naturtrieb denkt Lorenzo zum Guten zu wenden, für seinen Schützling wie für die Gesellschaft. Die Vernunft giebt sich für einen Augenblick in den Dienst der Leidenschaft, um deren Kraft für vernünftige Zwecke zu zähmen.

Es ist aber kein Segen bei dem gefährlichen Bunde. Jene Verschlossenheit Romeo's, die wir als eine krankhafte Stelle seiner Natur schon oben bemerkten, sie weicht dem Glück so wenig als dem Unglück. Ein rechtzeitiges Wort von ihm hätte den verderblichen Streit unmöglich gemacht, der ihn nachher Glück und Leben kostet. Zu um so furcht= barerer Kraft steigert sich das in der Brust verschlossene Gefühl. Schon vor der Trauung hat der übermüthige Flug desselben die gefährliche Höhe erreicht, von der der trunkene Blick die Gefahr herausfordert, nicht ahnend, daß er von der auf Sturmesschwingen herbeigeeilten um so furchtbarer gefaßt und um so tiefer gestürzt werden muß, je höher und je freier die Stellung. Und die Gefahr läßt nicht auf sich warten. Nach schwachem Widerstande wird Romeo fortge= rissen in ihren Wirbeln. Als er Mercutio's Leiche erblickt, übergiebt seine Liebe für einen verhängnißvollen Augenblick an die entflammte Wuth das Steuer des Schiffes. Und da der Feind gefallen und mit ihm die Hoffnung auf Ver= söhnung, Ruhe und Glück, zuckt es wie ein Blitz über das dunkle Chaos seines Gemüthes. Eine Welt von Reue, Jammer, Verzweiflung und Trotz drängt sich in dem Worte zusammen:

„Weh' mir, ich Narr des Glücks!"

Seine rasende Verzweiflung, als der Mönch ihm seine Verbannung ankündigt, ist nur zu wahr. Es ist der

Gedankengang, oder sagen wir lieber, die Gefühlsscala,
die sich genau bis ins Kleinste jedesmal wiederholt, wo
eine wirklich heiße, tief brennende Liebe in die schauerliche
Wüste der Trennung gestoßen wird. Und doch ist Lorenzo
keinesweges der Philister, als den die Romantiker ihn anklagen, wenn er ruft:

> „Du kindisch blöder Mann, hör' doch ein Wort!"

Kein vernünftiger Arzt wird den Kranken hassen oder verachten, der im Fieber phantasirt, aber er wird ihm auch
das Sturzbad nicht ersparen, wenn er es für nöthig hält,
um das Delirium zu heben. Nur zu sehr ist Lorenzo im
Recht, wenn er dem Rasenden mit den Worten zu Leibe geht:

> „Bist du ein Mann?
> Dein Aeußres ruft, du seist es; deine Thränen
> Sind weibisch; deine wilden Thaten zeugen
> Von eines Thieres unvernünft'ger Wuth!"

Die Wirkung bleibt denn auch nicht aus. Doch thut man
der Philosophie Lorenzo's wol schwerlich Unrecht, wenn
man seinen praktischen und gefälligen Rathschlägen den
Löwentheil an dem Verdienst dieser Bekehrung zugesteht.
Und wie wenig gründlich diese Bekehrung war, das zeigt
sich nur zu bald. Die erste, oberflächliche Nachricht von
dem vermeintlichen Unglück stürzt den in Mantua in süßer
Hoffnung schwelgenden Romeo jählings zurück in die alte,
trotzige, verstockte, schwachmüthige Verzweiflung:

> „Ich biet' euch Trotz, ihr Sterne!"

Das ist das ganze Raisonnement, mit dem er dem Schicksal
verwegen den Handschuh hinschleudert. Alle heilsame Ueberlegung weicht von ihm. Julia's unverändertes, garnicht

leichenhaftes Aussehen macht den auf den Abgrund Los-
rennenden nicht stutzig. Sein Ungestüm kommt dem Zufall
zu Hülfe, der die Absichten des Freundes kreuzt. Sich und
allen ihm nahe Kommenden verderblich, geht er elend zu
Grunde, wie es Lorenzo vorher sagte.

Wie anders Julia!

Von dem Augenblick an, da sie in dem vermessenen
Entschluß der heimlichen, schnellen Vermählung über ihr
Schicksal die Würfel geworfen, ebbt der wild ausgetretene
Strom ihres Gefühls lieblich zurück in die Grenzen ächt
weiblicher, maaßvoller Haltung; innigste Hingabe verbindet
sich mit vollkommener Selbstbeherrschung und entschlossenstem
Muthe; das leidenschaftliche, vierzehnjährige Mädchen blüht
auf zu der wunderherrlichen Gestalt des vollendeten, liebenden Weibes!

Schon bei der Trauung bildet ihre Haltung den erfreulichsten Gegensatz gegen Romeo's maaßlosen Jubel, in dem
Wort:

„Gefühl, an Inhalt reicher als an Worten,
Ist stolz auf seinen Werth und nicht auf Schmuck!
Nur Bettler wissen ihres Gut's Betrag.
Doch meine treue Liebe stieg so hoch,
Daß keine Schätzung ihren Werth erreicht!"

Dann, als die Wärterinn mit der Schreckensnachricht von
der Verbannung kommt, faßt sie sich unendlich leichter und
schneller als Romeo gegenüber dem väterlichen Freunde.
Als die Mama auf „ein kräftig Tränkchen für Romeo
sinnt", parirt sie auf der Stelle die Gefahr, indem sie
sich selbst zur Vollstreckerinn der That anbietet. Mit derselben Gegenwart des Geistes begegnet sie den Nachstellungen

der Amme. Der erste Blick in die gemeine Seele des kupplerischen Weibes macht aller lang gewohnten Vertraulichkeit plötzlich ein Ende. Und ihr heldenmüthiger Entschluß, vor Allem das Selbstgespräch, nach welchem sie den Schlaftrunk nimmt, vollendet den Triumph und die Läuterung ihres Charakters. Die Stelle ist beiläufig ein Meisterstück, das für sich allein einen Dichter unsterblich machen könnte. Nicht im Fieber des Enthusiasmus nimmt sie den Trank. Mit ruhigem, klarem Blick werden alle Aussichten, auch die entsetzlichsten erwogen. Für den Fall, daß der Schlaftrunk nicht wirkt, legt sie den Dolch neben sich. Den bösen Argwohn gegen Lorenzo überwindet ihre reine Seele auf der Stelle. Dann aber dringt erst eine ganze Welt des Grauens und des nächtlichen Schreckens auf ihre gemarterte Phantasie ein: Die Möglichkeit, daß sie zu früh erwache, der Ekel vor der Verwesung, verbunden mit allen Schauern der Geisterwelt. Ihre Phantasie beginnt denn doch sich zu erhitzen. Aber Tybalt's Geist, der nach Romeo spähend sich aus seinen Leichentüchern erhebt, er treibt sie in den Paroxysmus des Muthes, nicht der Furcht. In feierlicher Ekstase bringt sie das furchtbare Opfer auf dem Altar der Alles wagenden, Alles glaubenden, Alles hoffenden Liebe!

„Ich komme Romeo! Dies trink' ich Dir!"

Es fragt sich nun: Woher diese siegende Heldenkraft in dem zarten, schwachen Weibe, während der Mann wie ein Rohr in dem Sturm von dem Delirium der Furcht und Hoffnung herüber und hinüber gerissen wird? Woher diese Goethe'schen Gestalten des weibischen Mannes, und des

ebenso kühnen und entschlossenen, als gefühlsinnigen Weibes
mitten in der Shakspeare'schen Welt?

Die Antwort ist einfach: Shakspeare unternimmt hier
einen vereinzelten, aber glänzenden und entscheidenden Siegeszug in das Gebiet, auf welchem der Dichter Werther's
und Lotten's, Tasso's und Leonoren's, Eduard's und Otti-
lien's als einheimischer Herrscher gebietet — ich meine die
enge begränzten, aber desto reicher blühenden und duftenden
Reviere der rein menschlichen, individuellen Gefühle, speziell
die Mysterien der gewaltigsten aller rein subjectiven Pas-
sionen, der Passion an sich: der Liebe. Auf diesem Gebiet
aber hat nun einmal das Weib seinen natürlichen Lebens-
beruf, während der normal entwickelte Mann es so zu sagen
nur als Gast betritt, um den Schweiß des Kampfplatzes zu
trocknen, um in der trauten, köstlichen Heimath auch seines
Herzens die Kraft zu erneuern für die harten, aber ersprieß-
lichen Kämpfe der Männerschlacht. Weh' ihm, wenn der
Ort der Ruhe ihm den Kampfplatz verleidet! Das in Liebe
aufgehende Weib erhebt sich über die Schwäche des Geschlechts zur Würde und Heldenkraft rein menschlicher Idea-
lität — der Mann, welchem die Liebe alleiniger, Alles
andere verschlingender Lebenszweck wird, überläßt sich mit
fliegenden Segeln und ohne Steuer dem Sturme! Abge-
fallen von dem Grundgesetz seines Wesens theilt seine
Erscheinung die Unschönheit alles Zweckwidrigen, und je
genialer seine Beanlagung, je gewaltiger seine ursprüngliche
Kraft, desto unfehlbarer erliegt er, nicht dem Schicksal, sondern der Rache des Naturgesetzes, das er verletzte. Shak-

speare, auf seinem Adlerfluge über alle Höhen und Tiefen
menschlichen Seins und Empfindens, hat jene romantischen
Abgründe der großen Passion wahrlich nicht übersehen. Er
hat sie ausgemessen, er hat ihre lieblichsten und ihre furchtbarsten Geheimnisse enthüllt, wie Wenige nach ihm. Aber
es ist ein gewichtiges Zeugniß für die massive Gesundheit
seines Charakters, daß unter den Helden seiner ernsten Stücke
der einzige Romeo ganz aufgeht in den Gefühlswechseln der
Liebe, während seine sonstigen Liebesritter allesammt den
bunten Festzug seiner Komödien schmücken.

Und wem es hier noch nicht einleuchtete, daß die Tragödie von Romeo und Julia denn doch noch einen andern
Wiederhall in unserm Gemüth zurücklassen soll, als einen
einzigen, endlosen, romantisch schmachtenden Seufzer, der
lasse sich das durch den Dichter selbst sagen, ja nachdrücklich einschärfen. Dem antiken Chore vergleichbar, als ein
Vermittler zwischen dem Verfasser und seinen Zuschauern
und Lesern, erhebt sich unter dem bunten Gewirre der leidenschaftlichen und leidenden Personen die herrliche Gestalt
des Pater Lorenzo. Liebevoll theilnehmend an dem Schicksal
der Leidenden (wie beiläufig fast sämmtliche Sh. Mönche),
thätig eingreifend in den Gang der Verhältnisse, selbst über
die strenge Grenze der Pflicht und des Rechtes hinaus, hält
er sich gleichwohl beständig über dem Toben der Gefühle
in den lichten Höhen ruhiger Betrachtung. Auf der Zwei-
seitigkeit der Menschennatur, auf der grace, der göttlichen,
vernünftigen Geistes- und Gemüthskraft, und dem rude
will, der ungezähmten Leidenschaft, ruht sein ernster Gedanke während der Morgenbeschäftigung, bei welcher ihn

Romeo zuerst findet. Romeo's unbändigen Jubel vor der Trauung weist er mit den Worten zurecht:

> „So wilde Freude nimmt ein wildes Ende
> Und stirbt im höchsten Sieg, wie Feu'r und Pulver
> Im Kusse sich verzehrt. Die Süßigkeit
> Des Honigs widert durch ihr Uebermaaß,
> Und im Geschmack erstickt sie unsre Lust.
> Drum liebe mäßig; solche Lieb' ist stät:
> Zu hastig und zu träge kommt gleich spät."

Shakspeare bewährt sich auch in diesem glühendsten, süßesten, leidenschaftlichsten seiner Gedichte als die sittliche, fest geschlossene Kernnatur. Ihm ist das Gefühl, und wäre es das süßeste und schönste, nicht Gesammtinhalt und Summe des Lebens, er klagt nicht, wie der verzweifelnde Liebhaber, die Sterne an, wenn die entfesselte Leidenschaft ihr eigenes Werk vernichtet. Der Blick, welchen die Schlußscene uns öffnet, über das Grauen des Todes hinaus in den düstern Frieden des über den Gräbern aufdämmernden Morgens, auf die heilsame schwer erkaufte Frucht so vielen Leidens (ich meine die Versöhnung der streitenden Geschlechter), er löst mit ernstem, männlichem Accord die Dissonanzen der leidenschaftlichen Klage. Mit der Aussicht auf die ernste, rettende, ordnende That, nicht mit dem trostlosen Jammer über das unwiederbringlich verlorene Glück endet die berühmte Liebestragödie des glühendsten und zartfühlendsten — aber auch des gesundesten und männlichsten unter den Dichtern!

Anmerkungen zur siebzehnten Vorlesung.

---

[1] (S. 183.) Dafür zeugt, ganz abgesehen von allen bestimmten chronologischen Angaben und Berechnungen, schon Vers und Sprache, namentlich die italienisirenden Wortspiele und Concepte, der häufig angewendete Reim und der in ganzen Scenen mit den fünffüßigen Jamben wechselnde Alexandriner.

[2] (S. 197.) Diese Episode ist beiläufig nicht Shakspeare's Erfindung. Der Dichter fand sie bei Brooke ganz fertig vor. „Und während er sein schon parteiisches Auge auf sie richtete," heißt es von Romeo während des Balles, „ward seine frühere Liebe, für die er noch so eben sterben wollte, so schnell vergessen, als wäre sie niemals dagewesen. Das Sprüchwort sagt: Aus den Augen, aus dem Sinn! Wie ein Nagel den andern aus dem Brette treibt, so treibt eine neue Liebe die alte aus dem Gemüth."

[3] (S. 203.) Wer an einem recht glänzenden Beispiel sehen will, wie Shakspeare seine Quellen zu durchgeistigen und zu adeln wußte, indem er ihnen im Thatsächlichen bis in die kleinsten Einzelnheiten folgte, der vergleiche den Schluß des Balcongesprächs im Drama mit der entsprechenden Stelle bei Brooke. Bei Shakspeare läßt Julia, nachdem sie die Vermählung vorgeschlagen, ganz zuletzt sich die gerade in ihrer Einfachheit ins innerste Herz bringenden Worte entschlüpfen:

> „Doch meinst du es nicht gut,
> So bitt' ich dich, hör' auf zu werben, laß
> Mich meinem Gram!"

Dafür legt ihr Brooke den nachfolgenden, wenigstens an Undeutlichkeit und unpraktischem Idealismus nicht leidenden Sermon in den Mund:

„Denn wenn du meine Ehre zu schädigen trachtest, so sollst du
auch ferner dein Ziel verfehlen, wie du bisher gethan. Aber wenn
deine Gedanken keusch sind und in Tugend gegründet, wenn die Heirath Ziel und Ende deines Verlangens ist, so will ich des Gehorsams
nicht gedenken, den ich den Eltern schulde, noch des langjährigen Ha-
ders unserer Geschlechter, sondern ganz mich dir hingeben, mich und
das Meine, und meines Vaters Hause entsagen, dir folgend, wohin
du auch gehst. Doch wenn durch leichtfertige Liebe und ungesetzliche
Werbung du die zarte Frucht meines Mädchenthums in ihrer Reife
zu pflücken gedenkst, so thust du Unrecht. Und dann ersucht dich deine
Julia, deine Bewerbung aufzugeben und sie unter ihren Angehörigen
leben zu lassen."

⁴ (S. 208.) Es erfordert jedoch die Gerechtigkeit, zu bemerken,
daß Shakspeare's Verdienst sich hier lediglich auf die Form, auf die
wundervolle Kraft der Sprache beschränkt. Den Gedankengang des
Monologs fand er ganz vollständig bei Paynter und Brooke. Die
Stelle lautet bei dem Letzteren:

„Ich muß den Trank nun nehmen, den ich hier bei mir habe,
dessen Kraft und Wirkung ich noch nicht kenne. Und aus dieser Klage
erhob sich ein anderer Zweifel: Wie weiß ich denn (sprach sie), ob dies
Pulver früher oder später wirken wird, als es soll, oder vielleicht gar
nicht? Dann wird meine List offen zu Tage liegen und für immer
werde ich des Volkes Gespräch und Gelächter sein. Und wie weiß ich
ferner (sprach sie), ob scheußliche Schlangen oder anderes giftiges Ge-
thier und Gewürm mich nicht schädigen, wenn ich nun daliege wie
todt? Sagt man doch, daß sie in finstern Höhlen unter der Erde
lauern und daß man in Gräbern gemeinhin sie findet? Oder wie
soll ich, in der frischen Luft aufgewachsen, den Pestgeruch ertragen von
solch einem Haufen halb verwester Leichen und längst begrabenen Ge-
beines, wo alle meine Vorfahren ruhen, in dem Grabe meines ganzen
Geschlechts? Wird nicht der Mönch und mein Romeo, wenn sie kommen, mich in dem Grabe erstickt finden, falls ich früher erwache?
Und während sie bei diesen Gedanken verweilte, ward die Kraft
der Einbildung so stark, daß es ihr däuchte, sie säße Tybalt's Leiche
sich aus dem Grabe erheben (gräßlich zu schauen): gerade, wie sie vor
wenigen Tagen ihn todtwund, in seinem Blute schwimmend erblickte...."

Da erzitterten ihre zarten Glieder vor Furcht, aufrecht stand ihr goldenes Haar auf ihrem kindlichen Haupte. Und von dem Entsetzen hervorgepreßt, durchbrach eiskalter Schweiß ihre Haut. Und weiter war es ihr, als umringten sie tausend Leichen, drohend, sie zu zerreißen. Doch als sie nun fühlte, daß ihre Kräfte schwanden, und daß die Furcht zunahm in ihrem Herzen, da besorgte sie, daß Schwäche oder thörichte Feigheit die Ausführung ihres Vorhabens hindere. Und wie von Wahnsinn ergriffen, faßte sie hastig das Glas und leerte es schleunigst, ohne längeres Besinnen. Dann kreuzte sie ihre langen, feinen Arme über der Brust und Bewußtlosigkeit überkam sie."

Achtzehnte Vorlesung.

Hamlet.

Geehrte Versammlung!

Indem ich mich anschicke, mich für das Studium dieser Tragödie Ihnen als Führer anzubieten, bin ich mir der eigenthümlichen Schwierigkeit, ja der Bedenklichkeit meines Unternehmens vollkommen bewußt. Wer zu einer Versammlung von gebildeten Deutschen über „Hamlet" redet, ist sicher, bei Vielen seiner Zuhörer einer fertigen und abgeschlossenen Ansicht des Gegenstandes, bei Allen einer Fülle von Erinnerungen und Anschauungen zu begegnen, welche die Bildung eines gründlichen und klaren Urtheils keineswegs immer erleichtern. Es erscheint fast weniger schwierig, von Luther und Friedrich dem Großen, von Schiller und Goethe eine neue und originelle Auffassung zu geben, als über den dänischen Theaterprinzen eine noch nicht irgendwo aufgetauchte und mehr oder weniger ausführlich verhandelte Bemerkung zu machen, oder seine Erscheinung durch ein noch nicht abgenutztes Bild zu erläutern. Seit die deutsche

Bühne von der literarischen Bewegung des vorigen Jahrhunderts berührt wurde, haben Dichter und Aesthetiker in
der Erläuterung, haben Künstler ersten Ranges in der Auffassung und Darstellung dieses Charakters gewetteifert.
Schröder bearbeitete ihn 1778 für die Hamburger Bühne
und hinterließ die Titelrolle allen deutschen Charakter-
Spielern als eine Art von unerläßlichem Probe- und Meisterstück. Für das Verständniß gab Goethe's so einfache als
musterhaft scharfe und tiefsinnige Entwickelung im Wilhelm
Meister den richtigen Ausgangspunkt, ohne gleichwohl den
Gegenstand zu erschöpfen, oder alle durch ihn angeregten
Fragen endgültig zu lösen, und seitdem hat es kaum einen
deutschen Dichter, Literator oder Journalisten gegeben, der
sich nicht verpflichtet gefühlt hätte, in dieser gewissermaßen
zur Nationalsache erhobenen Erörterung sein mehr oder weniger motivirtes Votum zu Protokoll zu geben. Die öffentlichen Ereignisse der letzten drei Jahrzehnte kamen hinzu,
um die Tragweite der Frage auszudehnen und das menschliche, künstlerische und wissenschaftliche Interesse durch einen
guten Zusatz politischer Erregtheit zu erhitzen. Eine Art
von symbolischer Verwandtschaft zwischen den Vorgängen
des Drama's und des Lebens mußte selbst der oberfläch-
chen Beobachtung sich aufdrängen. „Hamlet" wurde neben
„Faust" der je nach Stimmung und Neigung bewunderte
oder geschmähte Vertreter deutschen Geistes und deutschen
Charakters; — das Kunstwerk des britischen Dichters ging einer
späten Nachwelt und einem fremden Volk auf als eine pro-
phetische Offenbarung seines innersten Wesens, als eine
warnende Verkündigung des tragischen Ausgangs, welchen

das Schicksal oder vielmehr die Grundbedingungen der nationalen Bildung und der nationalen Anlage unsern praktischen Bestrebungen in Aussicht stellten. So ist die Auffaffung „Hamlet's" fast zu einer Art von politischem Glaubensbekenntnisse geworden — wie zu einem Prüfsteine des
ästhetischen Gefühls und der literarischen Bildung. Wenn
irgendwo, so liegt hier die Gefahr nahe, im Trachten nach
Selbstständigkeit der Paradorie, in der Hingabe an die
massenhaft sich aufdrängenden Erinnerungen der Trivialität
zu verfallen; und eine gesunde, zweckmäßige Behandlung
des Gegenstandes wird ebenso sehr in bescheidener, vorur-
theilsfreier Benutzung und Aneignung des von Andern Ge-
leisteten, als in Wahrung des selbstständigen Urtheils sich
zu bewähren haben. Sie wird namentlich Einhaltung des
Maaßes in Vermeidung aller gesuchten, an den Vorgängern
sich steigernden Effekte und Pointen sich zum Gesetze machen
und ein möglichst unbefangenes, voraussetzungsloses Eindringen in den Organismus des Kunstwerks sich zum Ziele
setzen. Lassen Sie es mich versuchen, auf diesem Wege zu
einem ohne pedantische Spitzfindigkeit doch durchaus bewußten und klaren Genuß des Gedichtes, vielleicht zu einer
wünschenswerthen Orientirung, unter Vorstellungen und Anschauungen mannigfaltigsten Ursprungs, Ihnen behülflich
zu sein.

Indem wir von „Romeo und Julia" zu „Hamlet"
uns wenden, als dem in der Entstehungszeit nächstem der
eigentlichen Trauerspiele, führt ein Zeitraum von wenigen
Jahren uns von einer genialen Jugendarbeit zu einem der
allervollendetsten Werke des früh gereiften, mit seinen reichen

Hülfsmitteln in souverainer Meisterschaft frei schaltenden
Mannes. In dem ältesten zuverlässigen Zeugniß für das
Alter Shakspeare'scher Dichtungen, jener oft erwähnten
Stelle des „Schatzkästlein" von Meres, also 1598, wird
unter den Tragödien neben „Romeo und Julia" des
„Hamlet" noch nicht gedacht. Es ist nicht glaublich, daß
Meres, der enthusiastische Bewunderer Shakspeare's, eine
solche Arbeit übergangen, während er „Titus Andronikus",
„Richard II." und „Richard III." rühmend erwähnt. [1] Erst
am 26. Juli 1602 wurde „Hamlet" in das Londoner
Buchhändler-Register eingetragen als ein von der Shakspeare-
schen Truppe aufgeführtes Stück. [2] Der älteste erhaltene
Druck ist 1603 erschienen. Er giebt den Text in solcher
Unvollständigkeit, so corrumpirt und mit so wesentlichen
Abweichungen von den späteren Ausgaben, daß man hier
wohl mit Recht an einen ersten, unvollkommenen und durch
einen unberechtigten Herausgeber noch dazu aufs Unverant-
wortlichste entstellten Entwurf gedacht hat. [3] Es fehlen
mehrere Stellen, und zwar durchweg solche, in welchen der
Dichter dem Verständniß seines Werkes, gegen seine sonstige
Art, durchaus absichtlich und planmäßig zu Hülfe kommt:
Das Gespräch zwischen Hamlet und Horatio (III. 2), in
welchem Hamlet über den Charakter seines Freundes sich
ausführlich ausspricht, der kurze Monolog derselben Scene,
das eigentliche Programm des entscheidenden Gesprächs mit
der Mutter, endlich das Zusammentreffen Hamlet's und
Fortinbras' (IV, 4), in Folge dessen der Prinz mit der Genauigkeit des scharf beobachtenden Arztes seinen Zustand
schildert. Es ergiebt sich so aus äußern und innern Gründen,

daß Shakspeare diesem ohne Frage gedankenreichsten seiner
Gedichte auch eine ganz besondere Sorgfalt widmete, daß
der erste Entwurf einer sorgfältigen Ueberarbeitung unter=
worfen wurde, ohne daß wir jedoch im Stande wären, über
die Entstehungszeit dieses Entwurfes, sowie über seine
wahre, ursprüngliche Gestalt genaue Auskunft zu geben.
Die Vollendung des jetzt gangbaren Textes für das Theater
muß nach jenem Vermerk des Buchhändler=Registers in die
Jahre 1600 oder 1601 fallen, eine Annahme, die auch
durch die zahlreichen Anspielungen auf den in derselben Zeit
entstandenen „Julius Cäsar" unterstützt wird.

Die Grundzüge der Handlung entnahm der Dichter
einer altnordischen, zuerst in dem dänischen Chronisten Saxo
Grammaticus erzählten Sage, welche ihm in der novellisti=
schen Bearbeitung des Franzosen Belleforest (vom Jahre
1564) oder in dessen 1596 erschienenen englischen Ueber=
setzung vorlag. Es ist schon bemerkenswerth, daß er sie
mit weit größerer Freiheit behandelte, als es sonst seine
Art ist. Die Novelle berichtet, wie das Drama, die Ermor=
dung des Königs von Dänemark durch seinen Bruder, so=
wie dessen Thronbesteigung und Vermählung mit der Wittwe.
Prinz Hamlet, des Ermordeten Sohn, wird durch seines
Vaters Geist zur Rache gerufen, und täuscht seinen Gegner,
wie bei Shakspeare, durch erkünstelten Blödsinn. Er wird
durch den mißtrauischen Onkel scharf überwacht. Die ver=
gebliche Spionage einer Dame und eines superklugen Hof=
manns, sowie deren tragischer Ausgang, wird in den äußern
Umrissen ziemlich ähnlich wie im Drama berichtet. Auch
mit seinen Begleitern auf der Reise nach England verfährt

Hamlet wie bei Shakspeare. Dann aber nimmt die Erzählung eine ganz andere Wendung. Hamlet ist keineswegs
der tiefsinnige, geistreiche und unentschlossene Träumer des
Drama's. Er verfährt praktisch und entschlossen. In England gewinnt er die Hand der Königstochter. Hierauf kehrt
er nach Dänemark zurück, findet den König mit seinem, des
todt Geglaubten, Leichenbegängniß beschäftigt, und nimmt
an ihm und der ihm ergebenen Hofpartei blutige Rache.
Dann rechtfertigt er seine That vor dem Volke, wird zum
Könige gewählt und unternimmt einen Zug nach England,
von welchem er, nach Tödtung des englischen Königs, mit
zwei Frauen zurückkehrt. Die Eine davon bringt ihn später
ums Leben. Man sieht, der Dichter verdankt hier seiner
Quelle nur die ganz äußern Umrisse der Handlung; ihre
Seele und Bedeutung und damit das ganze dramatische
Interesse des Stückes gehört ausschließlich ihm. Er erfüllte
den Helden der altnordischen Sage mit einem durchaus modernen Lebensgehalt und brachte die gesammte Umgebung
mit ihm in eine Uebereinstimmung des Farbentones, welche
dem unbefangenen Publikum Shakspeare's gewiß ebenso natürlich vorkommen mußte, als sie unsere historisch-kritische
Betrachtungsweise hin und wieder befremdet. Wenn Shakspeare in seinen englischen „Historien" durch seine Pietät
gegen die vaterländische Ueberlieferung, durch den patriotischen Aufschwung seines Zeitalters und durch seine freie,
großartige Auffassung des thatsächlichen Lebens sehr oft zum
politischen Dichter im besten und eminentesten Sinne des
Wortes wird, so ist dagegen unsere auf einer comparativen
Gelehrsamkeit ruhende Geschichtsauffassung ihm völlig fremd,

und vollends die nicht zu den historischen Dramen gehörigen
Stücke fassen die Handlung, ob geschichtlich oder nicht, durchaus von rein menschlichem, um historische Voraussetzungen
und Ueberlieferungen ganz unbekümmertem Standpunkte.
Der mächtige, realistische Instinct des Dichters umgiebt
deren Hauptträger stets mit einer Atmosphäre, in welcher
ihre überlieferte Entwickelung natürlich und nothwendig erscheint, und welche ihrer poetischen Wirkung durch die richtige Vertheilung der Lichter und Schatten vortrefflich zu
Hülfe kommt. Aber diese Atmosphäre pflegt unserer histo-
risch-kritischen Auffassung der entsprechenden Zeit nur in so
weit zu entsprechen, als deren kulturhistorischer Charakter in
den speciellen, dem Dichter von seiner Quelle überlieferten Vorgängen deutlich sich ausprägt. So fand Romeo's und Julia's
stürmisch-leidenschaftliche Liebe in dem unbändigen, regel-
losen Treiben der ganzen Umgebung einen trefflichen Hintergrund und zu nicht geringem Theile ihre ästhetische Rechtfertigung. Das Trauerspiel des männlichen, thatkräftigen
Ehrgeizes führt uns in „Macbeth" mit Nothwendigkeit unter
eine Welt von entschlossenen Kriegern und Staatsmännern;
aber der geistreiche Dänenprinz, der Märtyrer seiner Bildung und Genialität, bewegt sich, ganz unbekümmert um das
Jahrhundert des Saxo Grammaticus, durchaus nicht unter
altnordischen Recken, sondern recht eigentlich in der aristokratischen Gesellschaft des sechszehnten Jahrhunderts. Wir
sehen uns von den Hofleuten der Shakspeare'schen Epoche
umgeben, vertraut mit allen Künsten und Genüssen einer
weit fortgeschrittenen Bildung, aber auch durch deren Ent-
wickelungs-Krankheiten merklich geschwächt. Ja noch mehr:

Es ist gerade die schwache Seite dieser Aristokratie, ihre
Genußsucht, ihre an Charakterlosigkeit streifende Geschmeidigkeit, es ist der unschöne Firniß einer conventionellen
Gesellschaftsbildung, der hier ganz besonders hervortritt, so
zwar, daß selbst die vereinzelten Träger einer energischen
Thatkraft theils sich angesteckt erweisen von der Krankheit
der Zeit, theils augenscheinlich nur um des Gegensatzes
willen eingeführt werden in ganz skizzenhafter Darstellung.
Die Sache ist so handgreiflich, daß es fast überflüssig schiene,
ihrer ausdrücklich zu gedenken, wenn nicht namhafte und
hochverdiente Commentatoren des Dichters sie ganz übersehen hätten, um auch aus Hamlet, wie aus Macbeth, einen
symbolisch-historischen Charakter zu machen.   Da soll in
Hamlet „ein socialer Charakter der neueren Zeit gleichsam
gezeichnet sein (vgl. Gervinus Bd. III, S. 283), der aus
der Heroensitte des Naturzeitalters herausstrebt, in das ihn
das Schicksal gestellt hat, wo Alles auf die physische Kraft
und auf den Trieb des Handelns ankommt, den ihm das
Schicksal versagt hat. " In eine solche rohe und wilde Zeit
sollen alle die blutigen unnatürlichen Vorgänge uns versetzen, die wir vor uns sehen: Ehebruch, Vergiftung und
Blutrache, ebenso die Kriegsthaten, auf die wir zurückblicken:
Der Zweikampf des alten Hamlet mit Norweg, und die Eisschlacht mit dem beschlitteten Polacken. Und dieser Zeit soll
Hamlet zum Opfer fallen, weil er ihr eben an Gewöhnung,
Charakter und Bildung entfremdet ist, und als Merkstein
einer sich ändernden Civilisation in eine Welt von feinern
Gefühlen herüberreicht.   Ich glaube, die unbefangene Be-
trachtung des Textes wird unschwer erweisen, daß der Dichter

an einen solchen kulturhistorischen Gegensatz nicht gedacht
haben kann. Um ihn aus dem Stücke heraus zu lesen,
müßte man geradezu zu der Annahme greifen, daß jene sich
ändernde Civilisation bereits sämmtliche im Stücke auftretende Personen, vielleicht mit Ausnahme des Fortinbras,
umgewandelt habe, daß die heroische Zeit mit dem einen
Manne begraben und plötzlich verschwunden wäre. Dann
aber hätte es wieder keinen Sinn, in Hamlet's fremdartiger
Stellung zu der Bildung und den Anforderungen seines
Zeitalters den Schlüssel seines Schicksals zu suchen. Eine
Untersuchung der um den Prinzen gruppirten Nebenfiguren
möge das deutlich machen.

Im Mittelpunkt der Verhältnisse steht vor Allem der
König, Claudius im Drama, Fengo in der Novelle. Ganz
wie Macbeth hat er einen Meuchelmord nicht gescheut, als
ein geheiligtes, theures Leben zwischen ihm und seinem sündlichen Begehren stand. Ja, es steht fast noch schlimmer um
ihn, er hat den eignen Bruder gemordet, wie jener den
gütigen Herrn, den Gast, den Verwandten. Aber schon die
Ausführung der That wirft ein eigenthümliches Licht auf
seinen Charakter. Er wählt statt des Dolches das Gift,
jedenfalls kein Symbol heroischer Wildheit. Und sein späteres Auftreten ist sehr weit entfernt, die so erregte Erwartung zu widerlegen. Im Besitze der Macht ist er sichtlich
bemüht, das unrecht Gewonnene in Frieden und Ruhe zu
genießen, zu leben und leben zu lassen. Dem drohenden
Norweger schickt er Gesandte mit gütlichen Vorstellungen,
der zweideutigen Trauer des Stiefsohnes und Neffen begegnet er mit besorgter Schonung, ja mit beflissener Schmei-

chelei. Er zeigt keinen Zug von Macbeth's entarteter, aber
urgewaltiger Heldennatur. Das Gefühl seiner Erbärmlichkeit durchdringt ihn kaum weniger, als seinen geistreichen
Gegner, der sich auf seine Kosten in herabwürdigenden Bei-
wörtern erschöpft. Gegen den ermordeten Bruder verhält
er sich, wenn wir Hamlet glauben dürfen, wie ein Satyr
zu Apollo oder wie Hamlet selbst zu Herakles. Sein
Schlemmen giebt dem Dichter Veranlassung zu einem derben Ausfall gegen das bekannte Laster aller nordischen
Völker, seine Landsleute mit eingerechnet, eine Unsitte, von
der wir nur zu gut wissen, daß sie mit der raffinirtesten
Uebercivilisation sich ganz vorzüglich verträgt. Sein ganzes
Auftreten zeigt keine Spur von der wilden Kraft des schottischen Usurpators. Durch schlechte, hinterlistige Künste,
nicht durch kühne Gewaltthat, sucht er sich seinen Gegner
vom Halse zu schaffen. Ein Urias-Brief, dem mißliebigen
Prinzen nach England mitgegeben, soll diesmal die Dienste
des Giftfläschchens leisten; vor dem empörten Vasallen, dem
nichts weniger als sonderlich bedeutenden und gewaltigen
Laertes weicht er zurück, und in dem hinterlistigen Mord-
plane, für dessen Entwerfung er den Frieden erkauft, spielt
wiederum das Gift eine Hauptrolle, das eigentliche Sinnbild der feigen, ohnmächtigen Tücke. Er ist in jedem Zuge
der „lächelnde Schurke", als welchen ihn Hamlet bezeichnet.
Zu Macbeth verhält er sich, wie das geschmeidige, schmei-
chelnde, giftgeschwollene Reptil zu dem brüllenden Löwen.
Seinem Verbrechen fehlt der Glanz des kühnen Entschlusses,
das Gepräge der selbst in ihrer Entartung noch achtbaren
Willensstärke, und auch seine Gewissensbisse nehmen sich aus

wie ein gemaltes Feuer neben der höllischen Gluth, welche in den Adern des von dem Bewußtsein der unsühnbaren Schuld gerüttelten Nordlandskriegers wüthet. Sein Gebets-Versuch, bei dem ihn Hamlet belauscht, zeigt ihn kläglich getheilt zwischen ohnmächtiger feiger Reue und unbezwing-barer Lust an den Früchten seines Verbrechens. Wohl weiß er, daß dort oben kein Kunstgriff gilt, daß dort die ver-goldete Hand der Missethat das Recht nicht wegstoßen kann, wie in den verderbten Strömen dieser Welt. Dennoch will er versuchen, was die Reue kann, die Reue ohne Besserung, die bloße feige Furcht vor der Strafe — und nicht mit Macbeth's unwiderruflicher Selbstverurtheilung schließt er, sondern mit dem schlaffen Trost einer kleinen, vor der Wahr-heit zusammenschreckenden Seele: „Vielleicht wird noch Alles gut!“ Wir haben in jedem Zuge den ebenso furcht-samen als gewissenlosen, ebenso thatscheuen als genußsüch-tigen Weltmann vor uns — einen Charakter, dessen sitt-liche Krebsschäden überall hervorsehen unter dem Firniß ge-fälliger Umgangsformen, der an Alles eher erinnert, als an das Heldenthum der altnordischen Vorzeit. Und nun vollends die Umgebungen dieses durchaus nobeln cultivirten Tyrannen! Schon seine Mitschuldige, das Weib, um dessen Besitz er gesündigt, zeigt alle wesentlichen Züge einer weit eher an Ueberfeinerung, als an Rohheit krankenden Zeit. Die blasirte Uebersättigung des üppigen Genußlebens, nicht die energische exaltirte Selbstsucht einer Lady Macbeth ist Schuld an ihrem Falle. So kam sie dahin, den ekeln, aber pikanten Verführer ihrem herrlichen Gatten vorzuziehen, den Satyr dem Apollo. Nach Art abgeschwächter, kleinlich

angelegter Naturen hat sie die Energie des Hasses so wenig,
als die der Liebe. Welches ihr Verhalten bei dem Morde
des Gemahls gewesen, läßt aus ihrem Benehmen bei dem
Anschlage gegen Hamlet sich unschwer errathen. Man sieht
deutlich, daß die sündliche Neigung zu dem Mörder des
Gatten die Liebe zu dem schwer beleidigten Sohne keineswegs gänzlich erstickt hat. Rücksichten auf sie sind es nicht
zum geringsten Theile, welche dem Könige möglichste Schonung des Prinzen gebieten. Als Hamlet nach dem Schauspiel mit der ganzen Macht seiner Rede ihr Herz bestürmt,
ist sie sichtlich erschüttert. Sie läßt deutliche Spuren von
Reue blicken, neben der Furcht vor dem Schwerte des
Rächers.

> „Du lehrst die Augen recht ins Innre mir,
> Da seh' ich Flecke, tief und schwarz gefärbt,
> Die nicht von Farbe lassen!"

Mit diesem Geständniß erwiedert sie die Strafpredigt des
Sohnes, und da er unbarmherzig fortfährt „Dolche zu
reden", hat sie Nichts zu entgegnen als klägliche Bitten
um Schonung, und am Schluß verspricht sie freiwillig hei-
liges Schweigen über den Vorgang. Aber schon im furchtbarsten Augenblicke der mächtig ergreifenden Scene erweist
ihre Erregung sich wieder als eine matte und oberflächliche.
Wie würde der Dichter ihr sonst den Geist des gemordeten
Gatten unsichtbar und unfühlbar bleiben lassen, wie könnte
sie die Ruhe zu rationalistischen Gemeinplätzen behalten, in
der einsamen mitternächtlichen Stunde, neben der frisch blutenden Leiche des gemordeten Polonius, Angesichts des An-
klägers, dessen Geister wild aus den Augen blitzen, während

sein Haar sich sträubt, sowie ein schlafend Heer beim Waffen-
lärm? Und nachher läßt sie denn auch wiederum die Sache
ihren Gang gehen, halb Mitwisserinn, halb Mitschuldige,
zum Schlimmen zu schwach wie zum Guten, das richtige
Gefäß für die matte, gemeine Alltags=Sünde, wie sie in
der Treibhaus=Atmosphäre eines raffinirten, unthätigen Genußlebens gedeiht, nicht aber in der scharfen Luft einer
von roher Naturkraft überquellenden Zeit!

Und vollends Polonius, des Königs Vertrauter, das
Factotum des Hofes, der offizielle Repräsentant und Cere-
monienmeister der Gesellschaft, in welche der Dichter uns
einführt! Mit wahrer Herzenslust zeichnet Shakspeare hier
jene Sorte von bodenloser Albernheit, welche sich mit so-
genannter Lebenserfahrung und Weltmannsbildung so gern
verträgt, ja die sich fast immer zu ihr gesellt, wenn lange
Gunst des Glückes und die Befriedigung der Eitelkeit durch
die Ehren und Vortheile einer hohen Stellung die zwingende Aufforderung zu wirklicher Geistesarbeit entfernte,
während das Bedürfniß der Selbstbewunderung mit der
Gewohnheit dienstbeflissener Nachgiebigkeit in gleichmäßigem
Wachsen blieb. Im vollen Glanz zeigt sich seine erfahrene
Lebensweisheit, seine garnicht geringe Kenntniß der Gesellschaft, als er dem nach Paris abgehenden Sohne mit den
bekannten väterlichen Rathschlägen unter die Arme greift.
Seine Sprüche, klar gefaßt und trefflich vorgetragen, erweisen sich als ein goldenes A. B. C. für den angehenden
Weltmann, heute wie zu Shakspeare's und zu Hamlet's
Zeit. Er empfiehlt durchaus die vielgerühmte Mittelstraße
zwischen Herzenshärtigkeit und leichtsinniger Gutmüthigkeit,

15*

zwischen Händelsucht und Feigheit, zwischen finsterer Verschlossenheit und leichtsinnigem Vertrauen. Das Bewußtsein
der väterlichen Würde, die Feierlichkeit des Moments, vor
Allem die gänzliche Abwesenheit jeder auf das Hofmanns-
Gehirn wirkenden Hoffnung oder Furcht vereinigen sich
hier, um nur die guten Seiten seines Wesens hervortreten
zu lassen. Aber schon die Weisung an den nach Paris
entsendeten Reinhold läßt sehr deutlich den durch Hofleben und nicht immer saubere, noch heroische Geschäfte ab-
genutzten Charakter erkennen, sowie die Geschwätzigkeit des
bei der Musik des eigenen Wortes geistig entschlummernden
Alters. Den Diener richtet er ab zum Spion und Denun-
zianten gegen den Sohn, ohne Bosheit freilich, aber mit
sichtlicher Vorliebe für krumme Wege und weibischen Klatsch.
Dabei giebt sein Verzeichniß der Dinge, die dem Sohne
„nicht Schande bringen würden", einen guten Begriff von
dem Ehrencodex der nobeln, feingebildeten Welt, über welche
Shakspeare hier nicht zum ersten Male seine Meinung sagt.
„Solche wilde ausgelassene Streiche soll Reinhold dem
jungen Herrn nachsagen, als hergebrachter Maaßen die Gefährten der Jugend und der Freiheit sind." Und als der
Diener nun des Spielens gedenkt, so fährt der alte Gentle-
man gleich weiter fort: „Ja, oder trinken, raufen, fluchen,
zanken, h...., so weit könnt ihr gehen." Zierlich sollen
diese Fehler ans Licht gebracht werden, daß sie der Freiheit
Flecken scheinen. Dann ist für einen jungen Mann von
Welt und von Stande dabei in der nobeln Gesellschaft von
keiner Unehre die Rede — auch kaum in den Augen des
sorgsamen Papa's, der dem Herrn Sohn seine menus plaisirs

nicht verkümmern wird, so lange sie in den Grenzen des
„guten Tons“ und der „Lebensklugheit“ sich halten. In
solchen kleinen Polizeikünsten, im Spioniren, Klatschen, Kund=
schaften ist das Muster des wohldenkenden Welt= und Hof=
mannes zu Hause. Er spricht von den Heldenthaten der
liebenswürdigen Pariser Roué’s mit dem ganzen selbstgefäl=
ligen Bewußtsein einer alten Kokette, welche der Triumphe
und Romänchen ihrer Jugend gedenkt. Wenn es dem regie=
renden Herrn darum zu thun ist, sich in der Chronique
scandaleuse seines Hofes zu unterrichten, oder einem Ge=
sandten gewöhnlichen Schlages ein kleines Geheimniß ab=
zulisten, so mag er sich nur an ihn wenden. Er wird sei=
nen Mann finden. Aber nun machen schwierige Verhältnisse
an seinen Verstand Ansprüche und stellen seine Hofmanns=
ehre auf die Probe, und es ist mit dem Nimbus des alten,
eleganten Narren plötzlich zu Ende. Seine Weltmannssitte
erweist sich als langweilige Geckenhaftigkeit, als er vor den
allerhöchsten Herrschaften mit sonderlichem Behagen der „Ein=
falt und Kürze“ sich rühmt, „der Seele des Witzes“, als
er die treffliche Definition der Tollheit giebt:

> „Denn, worin besteht die Tollheit,
> Als daß man garnichts Anders ist als toll?“

und als er dabei den „Defectiv=Effect“ in der Seele des
schwermüthigen Prinzen so scharfsinnig ergründet. Vor Ham=
let’s feinem Hohn aber und prüfendem Scharfsinn erleidet
die Beredtsamkeit und Geistesgegenwart des eingebildeten
Muster=Diplomaten jene klassischen Niederlagen, welche das
Zusammentreffen der Schlauheit mit dem scharfen Verstande,
der hohlen Gesellschaftsform mit der Macht selbstständigen

Denkens und Empfindens mit typischer Wahrheit und vollkommen plastischer Anschaulichkeit schildern. Seitdem haben
Tausende und aber Tausende schlauer Poloniusse mündlich
und schriftlich die Wolken für Kameele und manches unschuldige Kameel auch wohl für eine drohende Wetterwolke
erklärt. Aber Etliche davon haben auch ihren Hamlet gefunden, und die allbereite Vielgeschäftigkeit, das Zutragen
und Aushorchen ist weder sicherer noch ehrenvoller geworden,
als sie zu des gefährlich = sentimentalen Prinzen Zeit im
„faulen Staate Dänemark" sich erwies.

Wäre nun Jemand begierig zu erfahren, wie junge
Weltleute es anzufangen haben, um in ihren alten Tagen
die Vollendung eines Polonius zu erreichen, so hätte der
Dichter auch für ihn sattsam gesorgt. Er dürfte nur Rosenkranz und Güldenstern, die wackern, stattlichen Hofjunker,
in das Examen rigorosum begleiten, das der Prinz mit
ihnen anstellt, oder zur Audienz vor dem Könige, dem zu
dienen, und zwar ohne alle äußere Nöthigung zu dienen,
die Edeln so stolz sind. Er könnte auch Osrik sehr bequem
zum Muster nehmen, den reichen Hofcavalier, „die mit weit-
läufigen Besitzungen von Koth gesegnete Elster", wie Hamlet
sich ausdrückt. Trotz seiner Jugend könnte Osrik als Hof-
Meteorolog mit Polonius sich messen. Es wird ihm heiß
und kalt, und schwül auf gewisse Weise, je nach des Prinzen
Befehl. „Er machte Umstände mit der Mutter Brust, als
er daran sog." Sein schales, dienstbeflissenes Geschwätz,
seine Komplimentirbuch = Phrasen geben dem Dichter zu einem
scharfen Ausfall gegen den überfeinen Umgangston mancher
zeitgenössischen Kreise Anlaß:

„Auf diese Art hat er, und noch viele Andere von demselben Schlage, in die das schale Zeitalter verliebt ist, nur den Ton der Mode und den äußerlichen Schein der Unterhaltung erhascht: eine Art von aufbrausender Mischung, die sie durch die blödesten und gesichtetsten Urtheile mitten hindurch führt. Aber man treibe sie nur zu näherer Prüfung, und die Blasen platzen."

Das wären denn die Repräsentanten jenes „rohen, blutgierigen Zeitalters", aus welchem Hamlet als Markstein einer sich ändernden Civilisation hervorragen soll! weil — einmal von einem Zweikampf seines Vaters mit dem König von Norwegen die Rede ist und weil eine Eisschlacht mit dem beschlitteten Polacken gelegentlich erwähnt wird! Auch die wenigen gesunden und thatkräftigen Gestalten dieser Gesellschaft sind weit entfernt, die Physiognomie einer halb cultivirten Urzeit zu tragen. Laertes erweist sich in Ansichten und Bildung ganz als den vollendeten Typus der fein geschliffenen, ritterlichen Hof-Aristokraten, welchem die andern Cavaliere sich je nach ihren schwachen Kräften zu nähern suchen. Neigung und frühe Gewohnheit ziehen ihn nach Paris, nach dem schon damals klassischen Boden zierlicher Weltmannssitte und eleganten Genusses; seine Abschiedsworte an die Schwester athmen durchaus den kühlverständigen Geist einer durch conventionelle Sitte geregelten und von disciplinirtem Egoismus beherrschten Gesellschaft. Nicht Gründe der Sittlichkeit und Ehre, sondern Berechnungen des wahrscheinlichen Erfolges sind es, die er der gefährlichen Neigung der Schwester entgegenstellt, und wie richtig er die Natur dieser nichts weniger als heroisch-

leidenschaftlichen Liebe durchschaut, das wird später bei Betrachtung der Haupthandlung sich zur Genüge ergeben. Und
daß sein energisches Auffahren nach dem Tode des Vaters
sich nach Ziel und innerem Gehalt über die sittliche Atmosphäre eines zur Hof-Aristokratie verfeinerten Feudaladels,
d. h. der vornehmen von Shakspeare beobachteten Welt keineswegs erhebt — auch darüber wird eine unbefangene
Betrachtung der Katastrophe uns nicht zweifelhaft lassen.
Horatio endlich, „der Römer unter den Dänen“, wie er
sich nennt, ist viel zu sehr Ausnahme in seiner Umgebung
und viel zu sehr Nebenfigur in der Handlung, um deren
Charakter irgend merklich zu beeinflussen. Der Dichter stellt
ihn, als das Ideal des Vertrauten, dem Helden zur Seite.
Er handelt nirgend selbstständig. Seine Tugenden sind die
des scharfen Beobachters und des resignirten Denkers in
einer verbildeten Zeit, durchaus nicht die starken, heroischen
Impulse eines urkräftigen Jahrhunderts: Gelassenheit im
Unglück, Selbstständigkeit der Gesinnung, fester, passiver
Muth und gründliche Bildung haben ihn davor behütet,
„Fortunen zur Pfeife zu dienen.“ Für den Gang des
Drama's wird er nur nöthig als das reine, durchsichtige
Gefäß, in welches Hamlet von Zeit zu Zeit den edelsten
Inhalt seines eigenen Wesens ergießt. Mit Brutus, welchem Gervinus ihn ausführlich vergleicht, hat er Nichts
als die männliche Gelassenheit und Ruhe gemein. Und
auch Fortinbras, der junge, thatkräftige Norweg, der be-
fähigte, entschlossene Erbe der von den Nächstberechtigten
sündlich und schimpflich verscherzten Macht, er kann die geistige Atmosphäre des Drama's nicht ändern. Dazu ist sein

Einfluß auf die Handlung viel zu äußerlich, seine ganze Zeichnung viel zu sehr Skizze und bewußter, absichtlicher Gegensatz gegen den individuellen Charakter des Helden. Dieser betritt die Bühne nicht als ein Fremdling in seiner Zeit und Umgebung, sondern als deren ganz natürliches und vollkommen verständliches Erzeugniß. Er vereinigt im vollsten Maaße die eigenthümlichen Vorzüge einer feingebildeten Zeit und Gesellschaft mit deren Gebrechen, und das Schicksal bringt ihn in die Lage, beide Seiten seines Wesens in glänzender und ergreifender Vollständigkeit zu entwickeln. Sein scharfer Gegensatz gegen seine Umgebungen aber ist durchaus persönlicher, individueller Natur. Er ruht in der Verschiedenheit der geistigen Begabung, des persönlichen Schicksals und der individuellen Charakter-Anlage, nicht in der Art seiner Bildung und seiner davon abhängenden Lebensanschauung. In den von ihm getragenen oder doch erfüllten Ereignissen des Drama's macht Hamlet eine Entwickelung von einer selbst bei Shakspeare seltenen Vollständigkeit durch, eine Entwickelung, über welche der Dichter das ganze Füllhorn seiner reichen Welt- und Menschenkenntniß verschwenderisch ausschüttet. Seit Goethe's Vorgang ist die Vertiefung in dieses mit den edelsten Schätzen der Poesie und ächter Lebensweisheit reich geschmückte Labyrinth der eigentliche Hochgenuß für die Freunde des Dichters geworden, eine Art von nationalem, poetischem Gottesdienst, welchem sich kaum Jemand entziehen darf, der für psychologische und ästhetische Fragen überhaupt ein Interesse hat. Betreten denn auch wir dieses Heiligthum mit der Besonnenheit und Sammlung, welche die Natur des Gegenstandes fordert, während die Menge der von allen Seiten sich darbietenden Führer sie durchaus nicht immer erleichtert.

Mit ganz besonderer Sorgfalt vermittelt der Dichter vor Allem die vollständigste und anschaulichste Kenntniß von der physischen und geistigen Beschaffenheit des Helden, von seinem Bildungsgange, seiner Begabung, seinen Beschäftigungen, von Allem, was ihn zu dem Manne gemacht hat, als der er in die Ereignisse eingreift.

Seine äußere Erscheinung schon ist weit mehr die eines bequemen, feingebildeten Weltmannes als die eines Helden. Dem Hercules möchte er selbst sich vergleichen, sowie den erbärmlichen, verbrecherischen Oheim seinem herrlichen, gemordeten Vater; „er ist fett und kurz von Athem", sagt die Königinn selbst ausdrücklich von ihm während des Gefechts in der Entscheidungsscene. Goethe möchte ihn als einen behaglichen, jovialen Blondin sich denken. Doch hat der Mangel an physischer Stärke ihn keineswegs abgehalten, in den durch seinen Stand gebotenen Uebungen sich zu versuchen. Er ist ein vorzüglicher Fechter geworden, der mit den Besten ehrenvoll um den Preis ringt. Auch seine militärische Tüchtigkeit erfreut sich voller Anerkennung von sachverständiger Seite. Gleich einem Krieger läßt Fortinbras, der schlachtenfrohe Streiter, ihn am Schluß auf die Bühne tragen,

> „Denn er hätte,
> Wär' er hinaufgelangt, unfehlbar sich
> Höchst königlich bewährt."

Aber seine Herzensneigung, das sieht man deutlich, ist bei ganz anderm Dingen. Mit genialer Geisteskraft ausgestattet, hat er von früh an sich den Studien ergeben — und mit

welchem Erfolge, dafür giebt fast jeder seiner Aussprüche
das glänzendste Zeugniß. Es dürfte sich in der Geschichte
des gesammten Drama's schwerlich ein zweiter Charakter
finden, der in dem Maaße wie er durch die bloßen Ein=
zelheiten des Dialogs uns zu erregtester Theilnahme spannte,
ganz abgesehen von den Chancen der Handlung und der
Entwickelung seines Charakters. Er öffnet den Mund nicht,
ohne daß eine geistreiche oder tiefsinnige Bemerkung, ein
treffender Witz, ein glänzender Einfall uns erfreute. In
souveräner Ueberlegenheit durchschaut er seine sämmtliche
Umgebung und spielt mit ihr in genialer Sicherheit, selbst
da, wo „seine Zunge Dolche redet", oder wo Liebe und
Haß in chaotischer Verwirrung seinen Busen zerreißen. Ihn
aus der reichen Schaar seiner Helden hat Shakspeare er=
lesen, daß er den Dichter in der ihm zunächst am Herzen
liegenden Sache vor Zuschauern und Nachwelt vertrete: es
ist Hamlet, dem er sein künstlerisches Glaubensbekenntniß
anvertraut. Durch ihn bekommen die Gegner des Globe=
Theaters ihre Lection, die Knaben von St. Paul, „die klei=
nen Nestlinge, die immer über das Gespräch herausschreien
und höchst grausamlich dafür beklatscht werden."

Auch das Publikum wird zurechtgewiesen über den Vor=
schub, welchen sein schwankender schlechter Geschmack dem
Unfug gewährt, über sein Wohlgefallen am Scandal, an
Stücken, in welchen Dichter und Schauspieler sich wacker
mit ihren Gegnern herumzausen. Im Gespräch mit den
Künstlern macht Shakspeare ihn zum Träger seiner eignen
innersten Ueberzeugungen. Er legt ihm das Feinste, Schla=
gendste, in aller Einfachheit Tiefsinnigste in den Mund,

was über das Wesen der ächten Schauspielkunst vielleicht
je gesagt worden ist.   Seine Anweisungen verrathen in
jedem Worte den Menschenkenner, wie den Meister des
guten Geschmacks.   Zusammengehalten mit seinen Handlungen bilden seine Reden einen seltsamen Commentar zu
den glänzenden Hoffnungen, welche die Tonangeber der deutschen Bildung einst auf die Resultate einer ästhetischen Erziehung des Menschengeschlechts setzten und hie und da auch
noch wohl setzen.   Doch davon später.   Das tiefe geistige
Interesse, welches ihn noch in männlichen Jahren auf die
Universität nach Wittenberg führte, es bewährt zunächst seine
gerühmte humanisirende Kraft, seinen segensreichen Einfluß
auf Charakter und Sitte, in der Veredlung seines Geschmacks und seiner Genüsse.   Die Schlemmerei des Königs
ist ihm zuwider, wie das gezierte Wesen der Hofleute und
der Kavalierhochmuth des Adels.   Die nächtlichen Zech-
gelage erregen ihm Abscheu.   Sie veranlassen ihn zu dem
schon oben erwähnten Ausfall gegen die unmäßige Trunk-
sucht der nordischen Völker.   Seine Freunde, seinen vertrauten Umgang wählt er nicht unter den Vornehmsten, sondern unter den Besten.   Wo fand edle, uneigennützige, auf
sittliche Tüchtigkeit und ächte Sympathie des Charakters
gegründete Männer-Freundschaft, wo fand sie einen würdi-
gern Ausdruck, als in den herrlichen Worten, die Hamlet
an Horatio richtet:

> „Hör' mich an!
> Seit meine theure Seele Herrin war
> Von ihrer Wahl, und Menschen unterschied,
> Hat sie dich auserkoren.   Denn du warst
> Als litt'st du Nichts, indem du Alles littest;

Ein Mann, der Stöß' und Gaben vom Geschick
Mit gleichem Dank genommen und gesegnet,
Weß Blut und Urtheil sich so gut vermischt,
Daß er zur Pfeife nicht Fortunen dient,
Den Ton zu spielen, den ihr Finger greift.
Gebt mir den Mann, den seine Leidenschaft
Nicht macht zum Sklaven, und ich will ihn hegen
Im Herzensgrund, ja in des Herzens Herzen,
Wie ich dich hege."

Wie zu den Schauspielern der trefflich unterrichtete, geschmackvolle Mäcen, so spricht hier der Ehrenmann, dessen reines Gefühl für Wahrheit und Natur sich nur geschärft hat an dem hohlen Prunk der ihn umgebenden Welt. Nicht um die Dienste, um die Liebe der Freunde ist es ihm zu thun, und diese Liebe bringt er ihnen, bringt er jedem Gegenstande seiner Achtung und Verehrung im vollen Maaße entgegen. Mit tiefem, ungeheucheltem Schmerze erfüllt ihn der Tod des trefflichen Vaters; sein eigener Todfeind, da er das Complot gegen ihn schmiedet, rechnet mit Genugthuung und Sicherheit auf seine arglose Treuherzigkeit, auf den „Taubenmuth, dem es an Galle fehlt." Seine Pietät gegen die Mutter hält in den furchtbarsten Lagen Stich, und gesetzt, es könnte ein Uebermaaß von Gewissenhaftigkeit geben, so ließe, wie wir bald sehen werden, der gehemmte Verlauf der Handlung ihn dazu als Beispiel erscheinen. Alles zusammengerechnet, wird der Gesammteindruck seines ursprünglichen, durch den tragischen Conflict seiner Sendung noch nicht zerrissenen Wesens nur wenig verlieren, bei einem Vergleich mit dem glänzenden Bilde, welches Ophelia von ihm entwirft:

O welch' ein edler Geist ward hier zerstört!
Des Hofmanns Auge, des Gelehrten Zunge,
Des Kriegers Arm, des Staates Blum' und Hoffnung,
Der Sitte Spiegel und der Bildung Muster,
Das Merkziel der Betrachter!"

Das ist der Mann, welchen der Dichter einem Conflicte
gegenüberstellt, dessen eminent tragische Wirkung weniger
durch die Sachlage an sich bedingt wird, als durch deren
Zusammenstoß gerade mit dieser Persönlichkeit, mit dieser
bestimmten Art des Empfindens und Seins. Hamlet, der
zartfühlende, redliche Biedermann, der treuliebende Sohn,
der kunstsinnige und geschmackvolle Gelehrte, der allem Gewaltsamen, Rohen gründlich abgeneigte Aristokrat des Geistes,
er kehrt aus dem Sitze der ernsten Musen, aus dem Kreise
edler Freunde zurück. Er findet das Vaterhaus wieder als
die Stätte eines wüsten, anstößigen Genuß-Lebens, als den
Schauplatz ruchloser Impietät gegen die Manen des eben
gestorbenen, durch einen „Lumpenkönig" ersetzten Vaters.
Die Trinksprüche des frechen Usurpators höhnen die brennende Klage des mehr um den Todten als um das eigene,
schmählich verletzte Recht trauernden Sohnes. — und bald
zeigt ein unheimlich aufflammendes Licht ihm in der Tiefe
dieses Sumpfes das gräuliche, giftige Gewürm, gegen welches sein Muth die Probe bestehen soll. Der Geist des
Vaters steigt aus den Qualen des Fegefeuers herauf und
ruft den Sohn zur Blutrache gegen den Mörder. Der
Dichter mißt seine Kraft im Zenith seines Schaffens an
einer Aufgabe, die in ihrer einfachsten, unentwickeltsten
Gestalt ihn bei seinem ersten Schritte auf der Bahn des
Trauerspiels beschäftigte. Es ist das Pathos der durch

die Verhältnisse zur frommen Pflicht erhobenen Rache, welches in seiner feinsten, durchgearbeitetsten Schöpfung wie
in seinem tragischen Erstlingswerk die bewegende Kraft der
Handlung bildet. Hier wie dort schlingt sich der tragische
Knoten, indem die Pflicht der strafenden Gerechtigkeit von
der ihrer Aufgabe nicht genügenden Gesellschaft auf die
schwachen Schultern des Einzelnen gewälzt wird. Aber
wenn die Ursache der Krankheit dieselbe ist, so bildet ihr
Verlauf in beiden Stücken den schroffen Gegensatz, welcher
das überschäumende, der Erfahrung entbehrende Gefühls-
leben der Jugend von der besonnenen Arbeit des in die Irr-
gänge menschlicher Entwickelung tief eingedrungenen Mannes
sondert. Wie dort Mangel jeder regelnden und schützenden
Hemmung, so bedingt hier das zu künstliche Räderwerk der
arbeitenden Maschine den unglücklichen Ausgang. Dort
brach die That aus der Empfindung hervor, wie das tödtliche Eisen aus dem Geschütz. Hier drängt eine Welt von
Beobachtungen, Erwägungen und Gedanken sich zwischen
das Gefühl und den Entschluß, zwischen den Entschluß und
die Handlung. Das ganze Interesse concentrirt sich, um
so zu sagen, in der innern Seite des Drama's, in dem
Seelenleben des Helden. Im Gegensatz gegen die meisten
Shakspeare'schen Trauerspiele ist es der Conflict der Pflichten
in seinen labyrinthischen Windungen, der uns beschäftigt,
weit mehr als die Pathologie der die Existenz aus ihren
Grundlagen hebenden Leidenschaft. Wenn man bedenkt, daß
Shakspeare im Stande war den Hamlet zu schreiben, während die entgegengesetzte Lösung eines ähnlichen Conflictes
im Cäsar noch ganz frisch in ihm lebte, und zur selben Zeit,

als er in dem Lustspiel „Was Ihr wollt" den ganzen,
köstlichen Humor einer mit sich und dem Leben ins Klare
gekommenen Mannes=Seele entfaltet, so muß man in der
That über eine Objectivität, über eine souveräne Beherr=
schung der schöpferischen Kraft staunen, die fast über die
natürlichen Grenzen menschlichen Vermögens hinaus zu rei=
chen scheint.

Doch lassen wir uns durch den Reiz der hier sich auf=
drängenden Parallelen in der besonnenen Würdigung des
Kunstwerkes nicht stören. In der ersten Geisterscene des
Hamlet weicht Shakspeare einmal von dem Grundgesetz ab,
welches er sonst bei der dramatischen Benutzung des Gespen=
sterglaubens regelmäßig einhält. Der Sage folgend macht
er den an sich nicht unbedenklichen Versuch, den ahnungs=
vollen Geheimnissen des innersten Seelenlebens eine objec=
tive sinnliche Geltung und Gestaltung zu geben. Des
Königs Geist ist bei seiner ersten Erscheinung nicht wie
Banquo's und der des Cäsar in Brutus Zelt nur den
Betheiligten sichtbar. Wiederholt sehen ihn die Schild=
wachen, nüchterne, gleichgültige Leute; auch Horatio, der
kaltblütige Rationalist, welcher selbst dem Zeugniß seiner
Augen noch mit Unglauben begegnet. Die Scene scheint
fast an die Ahnfrau und ihresgleichen zu erinnern, an die
Theatercoups des neuromantischen Gespenster= und Schick=
sals=Drama's. Aber nur die ganz äußere Form, das der
Sage entnommene Motiv hat sie mit ihnen gemein; die
Wirkung auf den Zuschauer und noch mehr auf die Leser
ist hier ebenso würdig und im besten Sinne poetisch, als
sie dort für das Gefühl des nur halb und halb kritisch

geſtimmten Zuſchauers dem Lächerlichen nur zu häufig ſich
nähert. Wie in „Don Juan" die Zaubergewalt der Töne,
ſo umgiebt hier der tiefernſte, ächt dramatiſche Gehalt der
Situation und die äußerſt kunſtvolle, fein berechnete Anwendung aller poetiſchen Farben die geheimnißvolle, dem
Verſtande Hohn ſprechende Erſcheinung mit der ganzen Gewalt des concreteſten, ſinnlichen Lebens.

Zunächſt: Auch hier (wie bei Einführung der Hexen
im Macbeth) ging der Dichter keinen Schritt weiter, als
die Phantaſie ſeiner Zuſchauer in ungezwungenſter Weiſe
ihm folgen konnte und mußte. Man glaubte eben im damaligen England an die ſichtbare Erſcheinung Verſtorbener
vollſtändig ſo allgemein und feſt, als an das Treiben der
Hexen. Addiſon ſagt darüber (Spectator No. 419):

„Unſere Vorväter ſahen mit Ehrfurcht und Schreck
auf die Natur. Es gab kein Dorf in England, das nicht
ſeinen Geiſt hatte. Auf allen Kirchhöfen ging es um. Jede
Gemeinde hatte eine eigene Geſellſchaft von Feen — und
man konnte keinem Schäfer begegnen, der nicht ſein Ge-
ſpenſt geſehen."

Die Vorſtellungen vom Fegfeuer, welche Shakſpeare
zur Motivirung der Handlung hier ſo unendlich glücklich
benutzt, ſie waren dem von der alten Kirche kaum gelöſten
Volke noch völlig geläufig. Aus der engliſchen Ausgabe
des Lavaterus (eines geiſtesverwandten Vorgängers ſeines
berühmten ſchweizeriſchen Namensvetters) bringt Drake eine
Schilderung jenes Reinigungsortes bei, von welcher die
Worte des alten Dänenkönigs ſich nur durch ihren poetiſchen Schwung unterſcheiden:

II. 16

„Viel leichter ist es", so heißt es dort, „alle Leiden dieser Welt zu ertragen, welche alle Menschen seit Adam erlitten, und die sie erbulden werden, bis zum Tage des jüngsten Gerichts, als einen einzigen Tag die leichteste dieser zwei Strafen (nämlich des Fegfeuers und der Hölle) zu tragen. Unser Feuer, mit den Flammen des Fegfeuers verglichen, hat nicht mehr als gemaltes Feuer zu bedeuten."

Und mit welcher Virtuosität die Wirkung der allgemeinen, dem Dichter entgegengebrachten Vorstellungen hier durch alle Umstände, durch die ganze Färbung der Situation gesteigert, ja für uns später Lebende fast gänzlich ersetzt wird, dafür liefert die mächtige, unfehlbare Wirkung der Scene, wo sie eben nur leiblich anständig gespielt wird, das vollgültigste Zeugniß. In wildester Aufregung seiner Phantasie trifft die erste Nachricht den Prinzen.

„Mich dünkt, ich sehe meinen Vater!" So unterbricht er plötzlich auffahrend seinen bittern Bericht über das „wirthschaftliche Treiben" der Königinn, über die „kalten Hochzeitschüsseln", welche das Begräbnißmahl des Vaters übrig gelassen.

„In meines Geistes Aug' Horatio!" entgegnet er dem bedeutungsvoll fragenden Freunde — und nun folgt mit centnerschwerem Gewicht dessen Erzählung von den Schrecknissen der Nacht. Man merkt schon, der Geist wird offene Ohren finden und willigen Glauben. Zumal, da er im Grunde als ein sehr braves und verständiges Gespenst sich erweist, das wir ordentlich liebgewinnen. In ächt christlich-menschlicher Weise will er die treulose Gattinn geschont wissen, damit nicht Mutterblut die Hand seines Sohnes

beflecke. Und dabei nehmen seine Worte gar keinen andern
Einfluß in Anspruch, als irgend eine menschliche Warnung
oder Aufforderung ihn ebenfalls hoffen dürfte. Sie bestär-
ken nur einen Verdacht, welchen die Verhältnisse ohnehin
schon erweckt haben müssen; sie bringen eine ganz einfache,
sittliche Pflicht in Erinnerung. Von einem übernatürlichen
Einfluß auf Hamlet's Willen, vom Eingreifen einer der
Vernunft und dem unverdorbenen Gefühl nicht Rede stehenden Gewalt in die Gesetze des Drama's ist Nichts zu bemerken. Die ganze Stelle ist ein rechtes Musterbeispiel für
den Lessing'schen Grundsatz: Auch im ernsten Drama sei
jede Ueberschreitung der physischen Naturgesetze erlaubt, so-
weit ihr zu starker Contrast mit der Einsicht der Zuschauer
nicht den Eindruck des Lächerlichen hervorbringt. Dagegen
müsse Alles natürlich zugehen im Gebiete des Empfindens,
des Denkens und des Wollens. In wie eminenter Weise
der Verlauf des Drama's dieser Grundforderung genügt,
das bleibt uns jetzt zu betrachten.

So steht Hamlet denn Angesichts einer Aufgabe, welche
an sich betrachtet zwar hart und ernst, aber für einen gesunden, normalen Mannescharakter kaum übermäßig schwierig, geschweige von unlöslich-tragischer Bedeutung erscheint.
Es ist kein Mord, kein frevelhafter Eingriff in das Gesetz
im eigentlichen Sinn, welchen der Geist von ihm verlangt.
Als geborener höchster Richter soll er, freilich auf außer-
ordentlichem Wege, den Frevel strafen, welchen ein Usurpator
gleichzeitig an dem geheiligten Leben des Königs und an
dem Rechte des Thronfolgers beging. Die Gefahr, welche
zwischen ihn und seine Pflicht tritt, erweist sich, wenn nicht

als verächtlich, so doch sicher nicht als unüberwindlich. Er
ist nicht nur der legitime Thronerbe, sondern auch der ent-
schiedene Liebling des Volkes.

> „Sie tauchen seine Fehl' in ihre Liebe,
> Die, wie der Quell, der Holz in Stein verwandelt,
> Aus Tadel Lob macht, so daß meine Pfeile,
> Zu leicht gezimmert für so scharfen Wind,
> Zurückgekehrt zu meinem Bogen wären,
> Und nicht zum Ziel gelangt."

So entschuldigt der ihn fürchtende König die Schonung des
scheinbar Wahnsinnigen, der den Polonius umbrachte. Und
noch an einer andern Stelle, im geheimen Gespräch mit
seiner Gemahlinn wird dieser, dem Laertes gegenüber vielleicht verdächtige Ausspruch vollkommen bestätigt. Hamlet
ist außerdem von treuen Freunden umgeben, unter denen der
einzige Horatio alle Hofleute des Königs aufwiegt. Begeisterte Liebe zu dem Gemordeten, ingrimmiger Haß gegen
den Mörder, ausreichende Mittel, endlich eine mächtige
außerordentliche Anregung seines Gefühls und seiner Einbildungskraft vereinigen sich, ihm die That zu erleichtern.
Wir werden berechtigt sein, in ihm selbst die Ursache zu
suchen, wenn die Ausführung hinter unsern Erwartungen,
hinter seinen eignen Vorsätzen zurückbleibt.

Und dazu haben wir denn auch bald genug den aus-
reichendsten Grund. Schon sein Benehmen unmittelbar nach
der Erscheinung muß uns befremden. Es giebt der wesentlich heroischen Situation sogleich einen tragischen Zusatz,
der sich denn auch unwiderstehlich zur herrschenden und
maaßgebenden Stimmung entwickelt.

Zunächst ist der Prinz natürlich in der äußersten Ekstase

und voll guter Vorsätze. Aber bezeichnend genug, in dem
wortreichen Strom einer malerisch=pathetischen Betrachtung
machen diese auf der Stelle sich Luft, statt daß sie in einem
kurzen bestimmten Entschluß sich zusammendrängen sollten.
Er ergeht sich in Ausrufungen über den lächelnden ver=
dammten Schurken, er schildert in schwungvoller Beredt=
samkeit sein Entsetzen und schließlich zieht er — den Dolch?
O, nicht doch, er zieht die Schreibtafel hervor, um ein bittres
Epigramm zu citiren, und die Losung, mit der er redet,
heißt nicht „Tod dem Mörder", sondern Ade! Ade! gedenke
mein! Dem entspricht nur zu gut, was nun folgt. Kaum
ist der Geist fort, als Hamlet vor Allem an Zeitgewinn
denkt, als er ein abenteuerliches sinnreiches Spiel ersinnt,
um sich diesen zu sichern. Wie Brutus, des Tarquinius
Gegner, wird er sich wahnsinnig stellen, damit sein tief=
sinniges, verstörtes Wesen keinen Verdacht errege. Aber er
hat keinen Tarquinius zu bekämpfen, sondern einen Lumpen=
könig, den er weit übersieht und gründlich verachtet, mit
dem er unserm Gefühle nach ohne Umstände abfahren könnte,
ohne gerade übermenschlichen Heldenmuth zu entwickeln. Wo=
her nun diese unerwartete seltsame Wendung?

Fehlt es dem Prinzen vielleicht an Muth? Fürchtet
er die Macht des einmal gebietenden Herrschers? Man
sollte es nicht denken. Hat er doch so eben eine glänzende
Probe bestanden. Als das Gespenst ihm zu folgen winkte,
als die beherztesten Freunde ihn beschworen, sich nicht allein
in die Macht des Grausens zu begeben, da war sein Leben
ihm keine Nadel werth, da trotzte er den Schrecken der Ein=
bildungskraft, wie den Rathschlägen der Vorsicht. Wäre er

wohl der Mann, vor einem Strauß mit den Anhängern
eines unbeliebten Usurpators zu erschrecken, eines Usurpators,
den später ein einfacher Edelmann wegen einer verhältniß=
mäßig unbedeutenden Sache mit Leichtigkeit zur äußersten
Demüthigung zwingt? Und noch viel weniger ist an irgend
eine Schwäche der Einsicht zu denken, etwa an einen mangel=
haften Ueberblick, an ein Verkennen der Sachlage. Ueber
diesen Punkt haben wir uns von vorn herein orientirt.
Zum Ueberfluß verbraucht der sogleich entworfene Verstel=
lungsplan unendlich mehr Scharfsinn, als die einfache Ver=
folgung des Zieles jemals erfordert hätte. Goethe hat es
zuerst ausgesprochen, und seitdem hat alle Welt es gesehen:
Der Fehler liegt im Willen, in der Kraft des Entschlusses,
in der Fähigkeit, abzuschließen mit der vorliegenden Sache,
von der Berathung zur Ausführung zu schreiten und dabei
der Phantasie jede Beschäftigung mit den möglichen Folgen
kategorisch zu untersagen. Es ist die heilsame Beschränkung,
die „heroische Bornirtheit“, wenn der paradox klingende
Ausdruck erlaubt ist, aller thatkräftigen Naturen, an deren
Mangel Hamlet zu Grunde geht. Er erliegt dem Gewicht
einer Aufgabe, welcher sich seine Kraft nicht gewachsen fühlt.
Darüber ist kein Zweifel. Aber die Gründe dieser Erschei=
nung, ihr Zusammenhang mit den eigentlichen Wurzeln des
Charakters, ihre Verbindung mit dessen glänzenden Seiten
und ihre nothwendige Rückwirkung auf die Zersetzung des
gemüthlichen und geistigen Lebens — das alles sind Fragen,
die einer sorgfältigen Erörterung immer noch werth sind.

Ich erlaubte mir, eine „heroische Bornirtheit“ die
Grundbedingung alles großartigen, entscheidenden, prakti=

schen Wirkens in der Kunst wie im Leben zu nennen. Das klingt paradox. Und doch genügt die einfachste Beobachtung unserer Entschlüsse und Thaten, um sich von der Wahrheit des Satzes zu überzeugen.

Jedes Unternehmen, welches von der ausgetretenen Bahn der Gewohnheit abweicht, stellt uns fremden Kräften und unbekannten Verhältnissen gegenüber, die unsere Beobachtung und unser Urtheil herausfordern, in dem Maaße, als sie unserm Willen sich in den Weg stellen. Ihre richtige Beurtheilung ist offenbar eine wesentliche Vorbedingung jedes Erfolges. Und doch dürfen diese Erwägungen und Berechnungen ohne Gefahr für die Sache nach unbedingter Vollständigkeit keineswegs streben. Es gäbe das einen doppelten Widerspruch: den einen gegen die endliche Natur unseres Erkenntnißvermögens, den andern, noch schlimmern, gegen die Abhängigkeit des praktischen Erfolges von den Zeitverhältnissen, die in jedem Augenblicke sich ändern. Bei jedem die Bahn der mechanischen Routine verlassenden Unternehmen tritt früher oder später ein Zeitpunkt ein, in welchem der zur That berufene Mann die Untersuchung für geschlossen erklären muß, unbekümmert um mögliche Reste, da er den Resultaten einer nothwendig unvollständigen Rechnung sich anzuvertrauen hat, als wären sie unbedingt gültig: denn eben auf diesem Vertrauen beruht die Benutzung des günstigen Zeitpunkts, beruht die Zuversicht auf die eigene Kraft, und damit der Erfolg. Hier nun tritt jene „heroische Beschränktheit", jener Instinct des Entschlusses in seine Rechte. Hier gewinnt das ganze Heer der Vorurtheile, die nationalen und religiösen, wie die des Standes und

des Berufs, auch die lediglich an der Person haftenden,
seine volle Bedeutung für das praktische Leben, hier erst
werden diese unentbehrlichen Triebräder der gesellschaftlichen
Maschine in ihrer von dem aufgeklärten Unverstand so oft
grundlos geschmähten Wichtigkeit erkannt. Sie sind eben
weiter Nichts, als fertige Resultate, wenn nicht gerade genau
aus den vorliegenden, so doch aus ähnlichen Factoren, For-
meln, die im entscheidenden Augenblicke den Zeitverlust des
Rechnens ersparen und der Ungewißheit zum Entschlusse ver-
helfen. So kommt der Soldat im Gefecht mit dem unsin-
nigsten Nationalstolze, mit dem übertriebensten Begriff der
Standesehre sicherlich weiter, als mit der trefflichsten Moral-
Philosophie. Der Kaufmann würde kein großartiges Geschäft abschließen, wenn er neben seiner Berechnung nicht
auch seinem Instinct und seinem Glück vertraute, ja, der
Geschichtsschreiber käme nie zum Komponiren, wenn er das
ihm klar aufgehende Bild seines Gegenstandes nicht unver-
zagt und rüstig erfaßte, unbeirrt durch den Gedanken an
den zurückbleibenden Rest des auch durch die gewissenhafteste
Arbeit nie vollständig erschöpften, und wenn erschöpften, so
doch nie unbedingt ausreichenden Materials.

Es liegt auf der Hand, daß die Fähigkeit zu diesem
rechtzeitigen, über jeden Erfolg entscheidenden Entschluß auf
einem glücklichen Gleichgewicht der Intelligenz und der Empfindung beruht, unterstützt durch einen bedeutenden Fonds
von physischer Kraft, dieser unerläßlichen Stütze des Selbst-
vertrauens im handelnden Leben. Wie diese Thatkraft durch
ein Zurückbleiben der intellectuellen Entwickelung in blinden,
verderblichen Ungestüm ausartet, so verliert sie unter dem

Einfluß anhaltender, namentlich vorwiegend formeller Gei-
stesthätigkeit sich nur zu leicht in eine Neigung zu spitz-
findigem Grübeln, philosophisch gewissenhaftem Zweifeln und
überklugem Rechnung-Tragen. Das eine Extrem hat der
Dichter in „Macbeth" gezeichnet, abgesehen von den mehr
oder weniger rohen Gestalten einiger Jugendstücke. – Das
andere findet in „Hamlet", dem geistreichen, zartfühlenden
Dänenprinzen, seinen klassischen Ausdruck, und jeder aufmerksame Blick in beide Tragödien führt den Beweis für
die wunderbare Gesundheit und Klarheit der Seele, in welcher Shakspeare dem einen Krankheitsproceß wie dem andern,
beobachtend und schöpferisch darstellend, gerecht zu werden
verstand.

Wir haben so den Standpunkt gewonnen, von dem
aus die Entwickelung Hamlet's kein unlösbares Räthsel
mehr bieten dürfte.

Zwei Monate sind nach der Erscheinung des Geistes
vergangen, als wir den Prinzen wieder erblicken. Er hat
sie angewendet, um mit allen Hülfsmitteln seines Talents
jene seltsame Rolle einzustudiren, zu welcher er, sichtlich des
Zeitgewinnes halber, sich entschloß, unmittelbar nachdem
die gewichtige Aufforderung zur That an ihn herantrat.
Methodisch und sorgsam geht er dabei zu Werke. Polonius
berichtet uns umständlich, wie er erst in Traurigkeit fiel,
dann seine Uebungen vernachlässigte, sich mit Wachen und
Fasten kasteite, bis er den Umgebungen das Bild der
Schwäche, der Zerstreuung, endlich geradezu der Verrückt-
heit zeigte: Alles das aber ohne directe Beziehung auf
das gebotene Werk. Nicht tief combinirte Vorbereitungen

eines entscheidenden Schlages denkt er so zu verstecken. Der ganze künstliche Apparat soll seiner eigenen persönlichen Sicherheit dienen, im Fall, daß sein trübsinniges, verstörtes Wesen den Argwohn des Königs erweckte, und der Erreichung dieses erbärmlichen Zweckes wird von vorn herein ein Opfer gebracht, schmerzlicher und größer, als das verwegenste Losstürmen aufs Ziel es je hätte fordern können. Ein Opfer zumal, zu dem eine wirkliche gesunde Mannes-Natur auch für den glänzendsten Preis sich schwerlich entschlossen hätte: denn es geht bei Weitem zum größern Theil auf fremde Kosten. Hamlet opfert methodisch und kaltblütig das Glück der Geliebten, lediglich um die Beobachter seines überfeinen Gebahrens auf falsche Fährte zu leiten, um in einem Spiele des Witzes und der geistreichen Laune den Sieg zu behalten und durch wollüstige Vertiefung in selbstgeschaffene Schmerzen das Bewußtsein der unliebsam ernsten Pflicht zu betäuben.

Wenn ich übrigens sage: Er opfert seine Liebe — so folge ich mehr dem einmal eingeführten Sprachgebrauch als dem Eindrucke des vorliegenden Falles. Meines Erachtens thut man dem Dichter Unrecht, wenn man Hamlet's Verhältniß zu Ophelia mit jenem schönen und ehrwürdigen Namen bezeichnet. Es wäre Sache eines Jago, nicht aber die des geistreichen, gefühlvollen Prinzen, ein früher wirklich aus tiefem Herzen geliebtes Wesen so zu behandeln, und auch dann noch müßte ein Anlaß vorangegangen sein, ausreichend, die Liebe in Haß zu verkehren. Von dem, was eine tragische Liebe kennzeichnet, ist aber, in Ophelia so gut als im Prinzen, meines Erachtens kaum eine Spur zu ent-

decken. Schon der Liebesbrief, welchen die gehorsame Tochter
an den Papa auslieferte, er ist alles Andere eher als der
leidenschaftliche Herzenserguß eines so genialen, geschmack-
vollen, so warm und richtig empfindenden Mannes. Die
Ueberschrift:

> „An die himmlische und den Abgott meiner Seele,
> die reizende Ophelia"

sie schwebt mitten inne zwischen Selbstironie und Wohlgefallen an dem hübschen, freundlichen Mädchen. In den
folgenden Worten:

> „An ihren trefflichen, zarten Busen diese Zeilen"

glauben wir gar die fade Galanterie eines Gecken zu hören.
Nicht viel besser ist das Verschen:

> „Zweifle an der Sonne Klarheit,
> Zweifle an der Sterne Licht,
> Zweifl' ob lügen kann die Wahrheit,
> Nur an meiner Liebe nicht."

Dem entspricht nur zu gut der cynisch-schlüpfrige Inhalt
seiner Scherze, als er den vor „Liebe" wahnsinnigen Melan-
choliker zu spielen bemüht ist. Und bei der ersten Begegnung mit Ophelien, bei dem Tête à Tête vor der Schau-
spielscene, hat vollends jeder Zweifel ein Ende. Wie könnte
ein Mann von Hamlet's Beanlagung und Bildung — auch
alle Selbsttäuschung der geistreichen Blasirtheit zugegeben —
wie könnte er, allein, ganz ohne Zeugen mit dem einst
wirklich und heiß geliebten Mädchen deren heiligste Gefühle
geflissentlich in dieser Weise mit Füßen treten? So raffi-
nirter Grausamkeit ist nur die in Haß verwandelte Liebe
fähig, nicht die unter anderweitigen Einflüssen einfach

erkaltete. Wir fürchten, es ist sehr viel Wahrheit in den
Worten des Prinzen: „Ihr hättet mir nicht glauben sollen;
ich liebte euch nicht." Wohl fand der geschmackvolle, jugend-
kräftige Mann, der gebildete Kenner und Verehrer des Schönen, einst Wohlgefallen an der anmuthigen, jugendlichen
Erscheinung, die mit wenig verstecktem Wohlwollen seine
Annäherungen litt. Es wäre ja wider die Natur, hätte
er die reiche Ausbeute von interessanten Beobachtungen und
freundlich = behaglichen Anregungen von sich gestoßen, die
hier auf die bequemste Weise sich bot. Aber von diesen
ersten Regungen des durch Bildung und Sitte ästhetisch
veredelten Bedürfnisses bis zum Erwachen einer Leidenschaft,
welche über das Glück des Lebens entscheidet, ist es ein
weiter Weg, und es ist die Frage, ob Hamlet diesen Weg
jemals zurückgelegt hätte, auch wenn er durch eine ernste
Schicksalsforderung nicht so schroff gekreuzt wäre. Aber
auch Ophelia hat von einer Julia kaum einen Blutstropfen.
In der Art, wie sie die Warnungen des praktischen, welt-
erfahrenen Bruders hinnimmt und neckend erwiedert, läßt
sich freilich von vorn herein der Einfluß der üppigen Atmosphäre dieses Hofes und dieser Gesellschaft garnicht verkennen. Von Polonius hören wir, „daß sie mit ihrem Zutritt sehr frei und bereit" war, und die Lieder und Bilder,
welche sie später während ihres Wahnsinns beschäftigen, sind
nicht geeignet, das zu widerlegen. Doch ist auch hier an
mehr als herzliches Wohlgefallen, gemischt mit ein klein
wenig sinnlicher Erregung, schwerlich zu denken. Dafür
spricht der ganz widerstandslose Gehorsam, mit welchem sie
die Briefe ausliefert, den Umgang abbricht, die Bereit-

willigkeit, mit der sie sich später als Werkzeug zur Prüfung
des gemüthskranken Freundes gebrauchen läßt, ohne daß
man irgend eine heftige Aufregung an ihr bemerkte. Ihr
Schwerpunkt ruht noch auf dem Verhältniß zu der Familie,
oder beginnt höchstens zu schwanken zwischen diesem und
dem Einfluß der Liebe zu dem fremden Manne. Sehr be=
zeichnend ist es erst der Tod des Vaters, der sie aus den
Fugen wirft und einem tragischen Ende überliefert. Die
Hinopferung ihrer eben knospenden Hoffnungen durch die
Laune eines geistreichen Schwächlings bleibt auch so tragisch
genug. Aber an eine wahre Leidenschaft zu glauben, die
nicht etwa einer unerbittlichen Ungunst der Verhältnisse zum
Opfer fällt oder der eigenen Maaßlosigkeit, sondern einem
unzeitigen Spiel des überscharfen Verstandes — diese Un=
natur muthen wohl viele unserer Ophelien uns zu, nicht
aber der naturwahrste und schlichteste der Dichter.

Doch wir kehren zu Hamlet zurück. In demselben
Maaße als sein Entschluß hinter seiner Aufgabe zurückbleibt,
reagirt das Bewußtsein seiner moralischen Schwäche auf die
unermüdliche Thätigkeit seines beobachtenden, combinirenden,
Alles erwägenden, prüfenden Geistes. Und wiederum: dies
allseitige Prüfen und Ueberlegen, dieses haarspaltende, mi=
kroskopische Untersuchen jeder lebendigen Empfindung häuft
sichtlich die Bedenken und Schwierigkeiten auf seinem Wege,
und umgarnt ihn mit seinen eigenen Netzen. Von Scene
zu Scene werden seine Bemerkungen geistreicher, glänzender,
tiefer, während es mit seiner Gewissenhaftigkeit abwärts geht
zur kaum mehr verschleierten Schwäche, von der Schwäche
aber zur sophistischen Verdrehung aller einfachsten, sittlichen

Grundvorstellungen, bis die geistreiche Sentimentalität endlich bei Thaten ankommt, deren moralische Genealogie man
sehr genau ansehen muß, um sie vom Verbrechen zu unter-
scheiden.

Zunächst gewährt es ihm sichtliche Freude, mit seinem
Gram zu spielen und in Erwartung des bevorstehenden
Heldenthums einstweilen seiner geistigen Ueberlegenheit über
die trivialen Umgebungen sich baß zu erfreuen. Es ist
dieses erste Stadium seines Krankheitsprozesses, in welchem
der Dichter ihn noch zum Träger und Vertreter seiner
eigenen tiefsten Ueberzeugungen geeignet findet. So jenes
ächt protestantischen Glaubensbekenntnisses:

„An sich ist Nichts weder gut noch böse; das Denken
    macht es erst dazu" —

eine Anschauung, auf welche die sittlichen Probleme seiner
tiefsten Dramen sich zurückführen lassen.

Hamlet's Schwäche und reiche Begabung drängt sich
in dem Bekenntniß zusammen:

„O Gott! Ich könnte in eine Nußschale eingesperrt
sein und mich für einen König von unermeßlichem Gebiete
halten, wenn nur meine bösen Träume nicht wären."

Das nothwendige Ergebniß einer scharfsinnigen, aber
durch keinen entschlossenen Willen getragenen Weltauffassung
spricht in der Schilderung seines Gemüthszustandes sich aus:

„Es steht in der That so übel um meine Gemüths-
lage, daß die Erde, dieser treffliche Bau, mir nur ein
kahles Vorgebirge erscheint. Seht ihr, dieser herrliche Bal-
dachin, die Luft, dies wackere umwölkte Firmament, dies
majestätische Dach, mit goldenem Feuer ausgelegt, kommt

es mir doch nicht anders vor, als ein fauler, verpesteter Haufen von Dünsten!"

Er „hat keine Luft mehr am Manne und — am Weibe auch nicht."

Wer stand je im Bewußtsein der Ohnmacht, vor den Trümmern glänzender Hoffnungen, wer fühlte sich je mit klarer Einsicht in die Sachlage, Angesichts einer unausführbaren und gleichwohl nicht abzuweisenden Aufgabe, ohne daß er dieses, in und über Deutschland sprüchwörtlich gewordene Hamlet's-Gefühl hätte kosten müssen! Es giebt da nur eine Heilung: die entschlossene Concentration der vorhandenen Kraft auf ein, wenn auch noch so geringes, aber erreichbares Ziel. Wer diese versuchte, wem dann nach dem ersten Erfolge, und schon während der sauern tapfern Arbeit, das „kahle Vorgebirge" sich wieder begrünte, wem die Sonne dann zuerst wieder durch den „Haufen fauler Dünste" mit lebendiger Pracht entgegen blitzte, der hat das Drama von Hamlet in sich erlebt, und die Aesthetiker werden wohl thun, bei ihm in die Schule zu gehen.

In jener Stimmung treffen Hamlet die Künstler. Ihr Erscheinen, ihre Leistungen fördern nicht nur durch die sympathetische Anregung die edelsten Schätze seines reichen Geistes zu Tage; sie erneuern auch auf ästhetischem Wege in ihm das Bewußtsein seiner pflichtvergessenen Schwäche Er verurtheilt sich in Ausdrücken bitterster Selbstverachtung. Er nennt sich „Hans den Träumer", einen blöden, schwachgemuthen Schurken; er hat einen Ekel an sich selbst, da er, wie ein Weibsbild, wie eine Küchenmagd mit Flüchen sein Herz erleichtert, jedem Entschluß fremd und jeder That.

Wir haben den berüchtigten Grundtext unserer gesammten politischen Poesie vor uns, den treibenden Gedanken unserer bestgemeinten Leitartikel und Kammerreden aus unserer ersten politischen Schulzeit — aber leider, in Hamlet's Entschluß auch das Vorbild der ihnen entsprungenen, politischen Thaten. Denn die Macht der Kunst und die Empörung seines sittlichen Gefühls, sie begeistern den „Helden" zu einer Komödie, freilich einem politischen Tendenzstücke pikantester Fassung. Der Ekel an der eigenen Unentschlossenheit findet augenblickliche Beruhigung in dem rechtzeitig sich einstellenden Scrupel über die mahnende Pflicht. Könnte denn die Erscheinung des Geistes nicht am Ende gar eine Lockung des Satans sein? Wäre es nicht weise, sich noch andere Sicherheit zu verschaffen, natürlich nur zur Beruhigung des Gewissens!

Wir werden ja sehen, wohin diese Gewissenhaftigkeit führt. Zunächst erfolgt ein Paroxysmus tiefster Verzagtheit. In dem resultatlosen Kampf des brennend lebhaften Gefühls mit dem trägen Willen erzeugt sich die tiefste, krankhafteste Sehnsucht nach Ruhe, nach Vergessen. Aber selbst vor das Asyl des Selbstmordes stellt sich als unerbittlicher Wächter der prüfende Gedanke! Für ihn giebt's keine Gewißheit, weder im Leben noch im Tode. Sein Bewußtsein, und wir dürfen hinzufügen, der Grundgedanke des Drama's, gewinnt den schlagendsten Ausdruck in den berühmten Worten des Monologs:

> „So macht Gewissen Feige aus uns Allen,
> Der angebornen Farbe der Entschließung
> Wird des Gedankens Blässe angekränkelt,

Und Unternehmungen voll Mark und Nachdruck,
Durch diese Rücksicht aus der Bahn gedrängt,
Verlieren so der Handlung Namen."

Noch einmal gewinnt es dann den Anschein, als sollten die träg herabhängenden Segel des stattlichen, vor der Strömung treibenden Schiffes von rettendem Fahrwinde schwellen. Durch den Erfolg des Schauspiels wird sein Selbstgefühl sichtlich gesteigert. Er läßt ihm gegen Rosenkranz und Güldenstern, wie gegen Polonius, so recht con amore den Zügel. Ja, er fühlt etwas von Thatkraft in sich. Die Spukezeit der Nacht erhitzt seine ohnehin überreizte Phantasie. Er traut sich Dinge zu, welche „der heitre Tag mit Schaudern säh'". Aber auch dicht hinter dieser Aufregung steht schon wieder der bedachtsame Zweifel. Er hätte die Vorsicht gar nicht nöthig, zu der er selbst sich ermahnt, „die Natur nicht zu vergessen!" Ist es doch ohnehin seine Art, „Dolche zu reden, keine zu brauchen".

Das zeigt sich denn auch sonnenklar in dem Erfolg seines Auftretens gegen den König. Die Gelegenheit liefert ihm das Opfer in die Hände, bequemer als er je es gehofft. Aber statt sie zu fassen, erschrickt er vor ihr. Und schnell ist sein geübter Scharfsinn bei der Hand, um die „Rechnung tragende" Energielosigkeit in den ehrwürdigen Mantel bedachtsamer Ueberlegung zu hüllen. Er phantasirt sich eine raffinirte Grausamkeit an, von der sein Herz himmelweit entfernt ist, nur um die drängende That los zu werden für einen weit aussehenden Vorsatz. Seine Worte werden Feuer und Gift in dem Maaße, als sein Wille und seine Sehnen erschlaffen.

II. 17

> „Hinein du Schwert! Sei schrecklicher gezückt,
> Wenn er berauscht ist, schlafend, in der Wuth,
> In seines Betts blutschänderischen Freuden,
> Beim Doppeln, Fluchen oder anderm Thun,
> Das keine Spur des Heiles an sich hat:
> Dann stoß' ihn nieder, daß gen Himmel er
> Die Fersen bäumen mag, und seine Seele
> So schwarz und so verdammt sei, wie die Hölle,
> Wohin er führt."

Diese genial geistreiche Bildung hat denn für die That oder etwas ihr Aehnliches nur in der aufwallenden Hitze plötzlicher Erregung noch Platz. Auf die Tapete führt er den Stoß, da ihm gegenüber dem Feinde der Muth versagte. Dem Zufall, dem Schicksal möchte er die Verantwortlichkeit aufbürden, vor der seine theoretisirende Schwäche zurückschrickt. So tödtet er denn, statt des Verbrechers, den unbedeutenden alten Mann, den Vater des durch seine Thorheit ohnehin zu Grunde gerichteten Mädchens. Und sehr bezeichnend für die Moralität dieser überfeinerten Bildung: Nicht ein Gedanke an Reue überkommt ihn Angesichts seines Opfers. Er höhnt den kläglichen vorwitzigen Narren, den er für einen Höhern nahm. Er ist viel zu voll von seiner geistreichen Rolle, von der tragischen Scene, die er mit der Mutter zu spielen denkt, als daß das Schicksal eines gewöhnlichen, zur Aristokratie des Geistes nicht gehörenden Menschen ihn rühren könnte!

> „Der Himmel hat gewollt,
> Um mich durch dies, und dies durch mich zu strafen,
> Daß ich ihm dienen mußt' und Geißel sein."

Das ist die ganze Reue der schönen Seele. An die arme Ophelia wird nicht einmal gedacht. Das ganze Gespräch

mit der Mutter, in welchem freilich seine Beredtsamkeit sich
glänzend entfaltet, würde einem leidlich praktischen Menschen
vor der That gar nicht in den Sinn gekommen sein. Es
ist ja in geradem Widerspruche gegen die ganze Geheimniß=
krämerei seines Verfahrens und kann den günstigen Augen=
blick für die That nur ins Ungewisse hinausschieben, wenn
nicht überhaupt sein Eintreten verhindern. Der arme Geist
hat offenbar einen schweren Stand gegenüber seinem genialen,
scharfsinnigen und beredten Sprößling. Wiederholt muß er
den weiten Weg aus dem Fegfeuer machen, um „den abge=
stumpften Vorsatz zu schärfen". Doch wenn wir genau zu=
sehen, hat „der alte Maulwurf" von dem Wesen seines
Sohnes mehr an sich, als dessen glänzende Schilderung der
Thatkraft des alten Herrn vermuthen ließ. Es ist, als
hörte man Hamlet selbst, wenn er den ihm doch gar wohl
bekannten Sohn nun plötzlich beschwichtigt, ihn ermahnt,
der gar zu sehr erschreckten Mutter sich anzunehmen, zwischen
sie und ihre Seele im Kampf zu treten. Er könnte doch
wissen, daß mehr als scharfe Worte nach dieser Richtung hin
von dem Prinzen nicht zu fürchten sind. Dafür sehen wir
diesen bald wieder mit einem neuen genialen Einfall be=
schäftigt. Er merkt sehr wohl, daß der König ihn durch
die Reise nach England nur los werden will (hat er seinen
Verdacht durch alle das endlose Komödien=Spielen doch ge=
flissentlich rege gemacht) und daß Rosenkranz und Güldenz
stern dazu die Hand bieten. Darin liegt ihrer ganzen
Stellung nach durchaus keine Bosheit! Sie dienen dem
Könige, ohne ihrer Meinung nach dem Prinzen zu schaden.
Aber diese einfache Betrachtung kann der übergelstreiche

Philosoph nicht mehr machen. Wie der Falke auf das Wild, stößt er auf die neue Intrigue:

> „Der Spaß ist, wenn mit seinem eignen Pulver
> Der Feuerwerker auffliegt. Und mich trügt
> Die Rechnung, wenn ich nicht ein' Klafter tiefer
> Als ihre Mine grab' und sprenge sie
> Bis an den Mond. — O, es ist gar zu schön,
> Wenn so zwei Listen sich entgegengeh'n!“

So wird dem geistreichen Manne das Intriguiren Genuß und Bedürfniß. Vor lauter Gewissenhaftigkeit sinkt er am Ende in Verhältnissen, die ihm nebensächlich und unbedeutend erscheinen, zum rücksichtslosen Egoisten herab.

Ganz vergeblich tritt dem stets haltungsloser Versinkenden das mahnende und strafende Bild frischer Thatkraft in der Kriegergestalt des jungen Fortinbras entgegen. Niemand weiß besser als er diese Erscheinung zu deuten. Mit unerbittlich scharfem Auge entdeckt er seine eignen geheimsten Gebrechen in dem reinen Spiegel der gesunden Mannesnatur — und ohne alle Schonung noch Selbstbetrug rechnet er sie sich vor: „den bangen Zweifel, der zu genau bedenkt den Ausgang, in welchem stets drei Viertel Feigheit steckt und nur ein Viertel Weisheit!“ Wie herrlich definirt der Schwächling die wahre Größe:

> „Wahrhaft groß sein, heißt,
> Nicht ohne großen Gegenstand sich regen;
> Doch einen Strohhalm selber groß verfechten,
> Wenn Ehre auf dem Spiel.“

Und ihr rechtes Relief bekommt seine Schwäche und Thorheit in den Erfolgen des viel unbedeutenderen Laertes. Was der rechtmäßige Thronerbe um den trefflichsten Vater nicht

wagte, das gelingt dem Unterthanen, dem einfachen Edelmann, der den Tod „eines alten Narren" zu rächen hat.
Die Berechtigung der Blutrache wird hier nachdrücklich hervorgehoben in dem Feuereifer des Sohnes, den ein bloßer
Verdacht leitet, keine Gewißheit, wie Hamlet. „Gewissen,
Frömmigkeit, beide Welten" schlägt er in die Schanze um
des einen, von Pflicht und Ehre gebotenen Zweckes willen.
Es sind geringe Mittel, über die er gebietet. Doch er ver-
waltet sie so, daß sie weit reichen, und wo der unendlich
bedeutendere Gegner unterliegt, feiert seine weder rechts
noch links sehende Entschlossenheit einen leichten Triumph.

Hamlet indessen, durch einen Zufall auf den Schauplatz, wenn nicht seiner Thaten, so doch seiner Pflicht zu-
rückgeführt, er versenkt sich in der berühmten Kirchhofsscene
in die Wollust jener inhaltlosen Sentimentalität, welche im
Anschauen der Hinfälligkeit und Gebrechlichkeit aller irdischen
Dinge das Pflichtgebot, das Gefühl für Recht und Unrecht
in seinem Anspruch an die einzelne Person so trefflich in
Ruhe lullt. In Betrachtungen über den Staub Cäsar's
und Alexander's, in zärtlich wehmüthigen Träumen über
den Schädel des armen Yorik, des jetzt so melancholischen
Spaßmachers, schwindet das Bewußtsein schwerer Verschuldung gegen die Lebenden. Die muthwillige, gegen Rosenkranz und Güldenstern verübte Tücke kann das von welt-
betrauernder Sentimentalität noch feuchte Auge nicht rühren.
Es sind ja gemeine, mittelmäßige Seelen, an deren Untergang nichts gelegen. Sie waren dem gnädigen Herren
langweilig.

„Sie rühren mein Gewiſſen nicht! Ihr Fall
Entſpringt aus ihrer eignen Einmiſchung;
's iſt mißlich, wenn die ſchlechtere Natur
Sich zwiſchen die entbrannten Degenſpitzen
Von mächt'gen Gegnern ſtellt!"

Da haben wir das Glaubensbekenntniß der „Ariſtokratie
des Geiſtes", aber freilich der falſchen, verkommenen. Man
halte gegen dieſen ſentimentalen Prinzen den König Heinrich
unter ſeinen Walliſern auf dem Schlachtfelde von Azincourt,
und man wird eine Anſchauung davon gewinnen, daß es
doch ein gut Ding iſt, wenn der Charakter das Talent in
den Zügel nimmt!

Die krankhafte Eitelkeit des Gedanken- und Rede-
Virtuoſen übertrifft ſich dann ſelbſt in den thörichten Ausbrüchen bei des Laertes Trauer. Gleichgültig genug hat
der Treffliche die Geliebte einer geiſtreichen Grille geopfert,
ihr Wahnſinn, ihr Tod hat ihn eben nicht merklich erſchüt-
tert. Aber nun komme Einer und klage den Verluſt als
den ſeinen — und das Selbſtgefühl des auserwählten Genies wird ſich gegen den Gedanken empören, daß Andere
das das Ihre nennen, was er mit ſeiner Theilnahme, wenn
auch nur beiläufig, begnadigte. Nun mit einem Male liebt
er Ophelia mehr als vierzigtauſend Brüder, nun wetteifert
er ſiegreich mit Laertes im — Prahlen! Das Aeußerſte
aber leiſtet ſeine vom Winde der Laune regierte Haltloſig-
keit, als er nun, unmittelbar nach den blutigſten Entſchlüſ-
ſen und den furchtbarſten Verwünſchungen gegen den König,
zum Spiel für deſſen Kurzweil ſich hergiebt, lediglich um
der Zerſtreuung willen. So trifft ihn denn von Rechts

wegen das Schicksal beim Spiel, in der Form eines tücki=
schen Zufalls, ihn, den keine Mahnung bewegen konnte,
dem Verhängniß zu ehrlichem Kampf unter die Augen zu
treten. Die so lange aufgesparte Rachethat wird nun endlich
vollzogen, in jäher Hitze, da es für ihn und für das Land
zu spät ist.

Und rings um ihn hält der Tod seine reiche, grausame
Ernte. Es erweist sich, daß die willenlose Schwäche, und
wenn sie in den Mantel der feinsten Geistesschärfe und der
reichsten Bildung sich hüllte, weit mehr Unglück anrichtet,
als die rücksichtslose Gewaltthat.

„This quarry cries on havock!"

Mit diesen unübersetzbaren Worten bezeichnet Fortinbras
kurz und prächtig den Inhalt der Katastrophe. Der Dichter
aber läßt zum Schlusse die Nebel des Weltschmerzes durch
einen kräftigen Windstoß aus den Regionen des thatkräfti=
gen Lebens zerreißen. Er entläßt uns mit einem ernsten,
aber vollen und kräftigen Accorde, nachdem seine Harfe, dem
Geiste seines Jahrhunderts weit vorauseilend, den Schmerz
und die Verirrungen, so wie das tiefste, heiligste Gefühls=
leben späterer Geschlechter in die geheimnißvollen Klänge
ihrer süßesten und ihrer wildbewegtesten Weisen gefaßt hat.

Nachdem Shakspeare in „Romeo und Julia" dem
Trauerspiel der einfachsten, natürlichsten und gewaltigsten
Leidenschaft sein mustergültiges Vorbild gegeben, zeigte er
in „Brutus" und „Hamlet" den subjectiven Gedanken im
Gegensatz gegen die Anforderungen der Außenwelt, dort
scheiternd an der Ueberkühnheit des selbstgewissen Entschlusses,

hier erliegend unter der Last der zu reichen und zu schweren
Waffen, die er sich selbst geschmiedet.   Die noch übrigen
Trauerspiele werden uns den Dichter zunächst als den gründlichen Kenner und genialen Darsteller zweier der gewaltigsten
und furchtbarsten Leidenschaften zeigen, im vollsten Besitze
einer die entgegengesetztesten Stoffe gleich sicher beherrschenden Gestaltungskraft, bis dann die letzten Schöpfungen seiner
tragischen Muse sich in die Nachtseite des Weltlaufes mit
dämonischer Kühnheit vertiefen und Dissonanzen schonungs-
los wecken, die erst spät in den Werken einer glücklichern
Epoche in dem vollen, reinen Accord des geläuterten, zur
Ruhe und Selbstgewißheit gelangten männlichen Bewußtseins sich lösen.

Anmerkungen zur achtzehnten Vorlesung.

----

[1] (S. 218.) Es ist also wahrscheinlich, daß ein paar ältere beiläufige Erwähnungen eines „Hamlet" sich nicht auf das Shakspeare'sche Drama beziehen, sondern auf eine uns nicht erhaltene Arbeit eines anderen Verfassers. So heißt es in einer von Thomas Nash 1587 geschriebenen Vorrede zu dem Menaphon von Robert Greene (vgl. Delius, Shakspeare, Einleitung zum Hamlet p. VII.): „We will afford you whole Hamlets, I should say handfuls of tragical speeches." Es ist hier nämlich von einer englischen Uebersetzung des Seneca die Rede. In dem Tagebuche des Theaterdirectors Henslowe vom Jahre 1594 wird Hamlet, und zwar nicht als neues Stück, unter den im Juni des Jahres von seiner und der Shakspeare'schen Gesellschaft zu Newington Butts aufgeführten Dramen erwähnt, und in einer 1596 gedruckten Brochüre sagt Thomas Lodge von einem Teufel: he looks as pale as the visard of the ghost who cried so miserably at the theatre: Hamlet revenge! Doch mag ich bei alledem die von Drake mitgetheilte Notiz nicht unerwähnt lassen, nach welcher Gabriel Harvey in Speght's Ausgabe des Chaucer im Jahre 1598 die Worte eingeschrieben hat: „Die jungen Leute ergötzen sich sehr an Shakspeare's Venus und Adonis; Lucretia aber und Hamlet, Prinz von Dänemark, gewinnen den Beifall der älteren Leute."

[2] (S. 218.) Der Vermerk lautet: James Roberts A booke, the Revenge of Hamlet prince of Denmarke, as it was latelie acted by the Lord Chamberlayn his servantes.

[3] (S. 218.) Delius l. c. stellt die Gründe für diese Ansicht in einer für mich überzeugenden Weise zusammen. Die Verspätung der

erſten authentiſchen Ausgabe, der von 1604, erklärt er aus der bekannten Abneigung, welche die Shakſpeare'ſche Geſellſchaft dem Druck
ihrer beliebten Neuigkeiten entgegenſtellte. So ſei es wahrſcheinlich,
daß die Ausgabe von 1603 ihre Entſtehung einem Induſtrieritter
verdanke, der auf den glänzenden Bühnenerfolg des neuen Hamlet
rechnete, um ſeine lüberliche und verdorbene Ausgabe des alten unter
die Leute zu bringen. Das einzige erhaltene Exemplar dieſer Ausgabe
(im Beſitz des Herzogs von Devonſhire) führt den Titel: The Tragicall Historie of Hamlet Prince of Denmarke. By William Shakspeare. As it hath beene diverse times acted by his Highnesse ser-
vants in the Cittie of London: as also in the two Univertities of
Cambridge and Oxford, and else-where. At London printed for
N. L. and John Trundele. 1603. Durch dieſe unberechtigte Veröffentlichung einer vom Dichter wahrſcheinlich längſt verworfenen Jugendarbeit ſcheint nun dieſer ſich endlich haben beſtimmen laſſen, das
Drama in ſeiner vollendeten Geſtalt dem Publicum zu übergeben.
Es geſchah dies in der Quartausgabe von 1604 unter dem Titel:
The Tragicall Historie of Hamlet, Prince of Denmarke. By William
Shakspeare. Newly imprinted and enlarged to almost as much
againe as it was, according to the true and perfect Coppie. At
London, Printed by J. R. for N. L. and are to be sold at his shop
under Saint Dunstan's Church in Fleetstreet. Für den außerordent-
lichen Beifall, welchen Hamlet in dieſer Geſtalt ſchon bei den Zeitgenoſſen fand, zeigen die ſchnell wiederholten Auflagen dieſer Ausgabe
aus den Jahren 1605, 1607 und 1611. Den authentiſchen vollſtän-
digen Text der von Shakſpeare ſelbſt beauffichtigten Aufführungen des
Hamlet giebt die Folioausgabe von 1623.

Neunzehnte Vorlesung.

— — —

Othello.

Geehrte Versammlung!

Wie höchst mißlich bei der wunderbaren Objectivität Shakspeare's die Schlüsse von dem Inhalt und Ton seiner Werke auf die Zeit ihrer Entstehung sind, und wie bedenklich es erscheinen muß, wenn man die mangelnden Nachrichten über seine persönlichen Schicksale und Stimmungen durch Rückschlüsse aus seinen Dramen ergänzen will, dafür liefert der über die Abfassungszeit des „Othello" lange geführte Streit und seine endliche unvermuthete Lösung einen merkwürdigen Beleg. Unter den englischen Commentatoren zählen Chalmers und Drake „Othello" zu den letzten Werken des Dichters. Sie berufen sich auf den tiefen Ernst der Stimmung, auf die meisterhafte Vollendung der Charakteristik, endlich auf eine Stelle des dritten Akts, in der sie eine Anspielung auf ein Zeitereigniß finden.

  „Eine offne Hand",
sagt Othello zu Desdemona,

  „Sonst gab das Herz die Hand;
  Die neue Wappenkunst ist Hand, nicht Herz."

Hier soll Shakspeare einen Seitenhieb gegen die von Jacob im Jahre 1611 neu geschaffenen Baronets führen, denen eine Zusatzacte vom 28. Mai 1612 die „blutige Hand" als Wappenzier bewilligte. „Othello" wäre danach also frühestens 1611 entstanden, nach Drake 1612, nach Chalmers 1614. Dem entgegen nahm Malone, ohne jene vorgebliche Anspielung für entscheidend zu halten, das Jahr 1604 an, und schließlich hat eine Entdeckung Collier's den Beweis geführt, daß dies furchtbar ernste, ja in manchen Scenen unerfreulich harte Trauerspiel derselben Epoche angehört, in der Shakspeare den „Julius Cäsar", den „Hamlet" und „Was Ihr wollt" geschaffen hat, daß es mithin dem Dichter gegeben war, sich abwechselnd in die heiterste und die düsterste Weltanschauung mit gleicher genialer Selbstgewißheit zu versenken, ohne weder hier noch dort die Geistesfreiheit einzubüßen, welche ihn in der Mitte seiner schöpferischen Thätigkeit, auf der Höhe seiner Kraft durchaus als den freiwaltenden Herrscher seiner Stoffe erscheinen läßt, über subjective Stimmungen und Verstimmungen, so weit wenigstens unsere Kenntniß reicht, vollkommen erhaben. Collier fand in den Papieren der Egerton'schen Familie folgende Bemerkung über die Kosten, welche im Jahre 1602 der Großsiegelbewahrer Sir Thomas Egerton während eines Besuches der Königinn auf seinem Landsitze Harefield für die Unterhaltung seiner hohen Gäste aufwandte. Von den 64 Pfund 18 Shilling 10 Pence, welche für Seiltänzer, Schauspieler und Tänzer aufgingen, empfing die Truppe Burbadge's für die am 6. August 1602 veranstaltete Aufführung des „Othello" 10 Pfund. Mit einem alten, längst bekannten

Stücke hat man aber die Königinn bei einer solchen Gelegenheit auf keinen Fall regalirt; auch wird „Othello" in
dem Meres'schen Verzeichnisse von 1598 nicht aufgeführt,
so daß seine Abfassung um die Grenzscheide der beiden
Jahrhunderte wohl feststehen dürfte. [1] Den Stoff entnahm
Shakspeare, wie die ähnlich harte und unerfreuliche Fabel
von „Maaß für Maaß" den „Hecatommithi" (hundert
Geschichten) von Giraldi Cinthio, von denen wir keine englische, wohl aber eine französische Uebersetzung kennen —
ohne jedoch deshalb behaupten zu dürfen, daß Shakspeare keinen englischen Text benutzen konnte. Es erschienen in seiner
Zeit häufig Uebersetzungen einzelner italienischer Erzählungen
als Flugblätter, und deren sind begreiflicher Weise eine
Menge verloren gegangen. Die Novelle enthält den geschichtlichen resp. romanhaften Vorgang bis zu Desdemona's
Ermordung in seinen äußern Umrissen im Ganzen so, wie
ihn der Dichter beibehielt. Jago, Cassio, Desdemona sind,
den Hauptzügen nach, wenigstens angedeutet, Rodrigo und
Brabantio fehlen ganz. Der Charakter des Mohren, und
demgemäß der Verlauf der Katastrophe ist von der in der
Tragödie gegebenen Auffassung gänzlich verschieden. Der
Othello der Novelle läßt Desdemona durch Jago ermorden,
leugnet die That beharrlich, selbst auf der Folter, und wird
endlich durch die Verwandten der Ermordeten auf dem Wege
der Privatrache getödtet. [2] Man sieht: Shakspeare fand
eine tragische Mordgeschichte vor, einen Stoff für den Pi-
taval; die Tragödie ist sein Werk.

Aber auch diese Tragödie mit ihrer augenscheinlichen
Milderung der furchtbaren Katastrophe, mit ihrer tiefen und

seinen Motivirung der gesammten Handlung, mit der Virtuosität ihrer Charakteristik, sie ist keinesweges dahin gelangt, oder sie hat auch wohl nicht beabsichtigt, dem Stoffe
seinen herben, strengen Beigeschmack gänzlich zu nehmen.
Othello ist nicht darauf berechnet, die tragischen Empfindungen des Mitleids und der Furcht durch jenen Aufschwung
eines rein menschlichen Enthusiasmus, eines erhöhten Selbst-
bewußtseins zu mildern, zu welchem uns die großen und
herrlichen Eigenschaften der Menschen-Natur selbst unter
Leiden und Verirrungen entflammen, und über den kein
Dichter leichter gebietet als Shakspeare, sobald er nur will.
Diese Tragödie entrollt von Anfang bis zu Ende ein nie-
derschlagendes Gemälde menschlicher Bosheit, menschlicher
kurzsichtiger Schwäche und rasender, bis an die Grenze des
Thierischen gesteigerter, ja, sie überschreitender Leidenschaft;
sie führt es uns vor in den grellsten Farben und in den
schärfsten Umrissen, sie wirft die hellsten Streiflichter und
die düstersten Schlagschatten darüber hin, sie muthet uns
nicht Freude am Gräßlichen zu, aber Nerven, die auch das
Gräßlichste zu ertragen vermögen.

Ein systematischer Schurke, abgesehen von den ersten
einleitenden Vorgängen, die einzige planmäßig und bewußt
handelnde Person des Stücks, ein durchgebildeter Virtuos
nichtswürdiger Bosheit macht es sich zur Lebensaufgabe, das
Glück des Paares, auf dem unsere Theilnahme ruht, planmäßig zu Grunde zu richten. Das eine seiner Opfer, die
reinste und menschlich-schönste Gestalt des Drama's, es hat
ihn gar nicht beleidigt. Sein herzzerreißender Untergang
ist nicht einmal Zweck, sondern nur untergeordnetes Mittel.

Aber auch zwischen dem Verräther und dem eigentlichen
Gegenstande seiner Bosheit scheint kaum ein thatsächliches
Verhältniß zu bestehen, das diesen Grad und diese Aus=
dauer des Hasses, diese teuflische Unerbittlichkeit der Rache,
wenn nicht rechtfertigen, so doch erklären könnte. Die Zu=
rücksetzung eines Untergebenen in der Beförderung ist die
ganze Verschuldung, für welche der Feldherr mit den raffi=
nirtesten Seelenqualen, mit der Vernichtung seines zeitlichen
und ewigen Heiles zu büßen hat. Fast Scene für Scene
sind wir Zeugen des peinlichsten aller Vorgänge: des
Triumphes der Bosheit über die vertrauende, kurzsichtige
Redlichkeit, jenes Irrewerdens der Seele an ihrem Ideal,
und in Folge dessen an sich selbst, nächst dem Bewußtsein
der Schuld ohne Frage die schlimmste der Geistesqualen.
Das Glück eines enthusiastisch liebenden Ehemannes wird
durch scheinbar plumpe, aber der Situation und seinem
Charakter nur zu trefflich angepaßte Ohrenbläsereien unter=
graben, die widerwärtigste und thierischste aller Leidenschaf=
ten, die Eifersucht, entwickelt sich vor unsern Augen bis zu
schrankenloser Herrschaft über Phantasie, Gewissen und Wil=
len; wir werden, wenn nicht Augen=, so doch Ohrenzeugen
einer Mordthat, wie die Akten unserer Kriminalgerichte sie
selten enthalten. Der Anstifter des Unheils, um seine Frei=
stunden nicht zu verlieren, betreibt nebenbei eine doppelte
Intrigue, welche die Ermordung zweier „Freunde“ und die
Ausplünderung des einen zum Zweck hat. Alles gelingt
ihm, bis eine späte poetische Gerechtigkeit, spät, weil sie
den Opfern nicht mehr zu Gute kommt, ihn ereilt. Die
Lehre des Stücks: von der Ueberlegenheit gewissenloser

Klugheit über kurzsichtige, von dunkeln Gefühlen geleitete
Redlichkeit, wird wenigstens durch den Zusatz ermäßigt, daß
jener Klugheit zwar die Macht verliehen ist, fremdes Glück
zu vernichten, jedoch meist ohne die Fähigkeit, auf dessen
Trümmern das eigene sicher zu gründen.

Und dieses Gemälde menschlicher Ruchlosigkeit und
menschlicher Schwäche, diese Handlung von entsetzlichem
Verlauf und trübseligem Ausgang, sie übt gleichwohl heute,
wie vor drei Jahrhunderten, ihre unfehlbare Anziehungskraft
auf die schaulustige Menge. Bei einer Darstellung, die
nur einigermaßen den Anforderungen des Dichters entspricht,
ist sie sicher, den Kenner zu fesseln, wie den unbefangen
genießenden Laien, und ganz besonders findet der Denker,
der Beobachter menschlichen Leidens, Handelns und Seins
seine Rechnung vor diesem so genialen als furchtbaren Gemälde einer der dunkelsten Schattenseiten unseres Gemüthslebens. Es fragt sich: wie gelang dem Dichter diese eben
so merkwürdige als unzweifelhafte Wirkung? Wie erhob er
jene Sammlung schauderhaftester Greuel zum Kunstwerk?

Vor Allem gewiß nicht, wie wir schon sahen, durch irgend
eine Nachgiebigkeit gegen unser Gefühl, durch Verschleierung
irgend einer gräßlichen Wahrheit. Es fehlen in „Othello“
fast gänzlich jene entzückenden Ergüsse der dichterischen Phantasie, die z. B. in „Romeo und Julia“ auch die schauer-
lichen Abgründe der unerbittlichen Tragik mit Blumen bekleiden und uns mit wollüstigem Schauder an die Form
fesseln, deren Inhalt uns Schrecken erregt. Kaum daß die
Stimme der Freude in einzelnen abgebrochenen Lauten sich
vernehmen läßt unter dem Toben der Leidenschaft, den

Klagen des Schmerzes und dem ernsten Drang der Ge=
schäfte. Othello, bis auf das kurze erste Wiedersehen der
durch den Seesturm getrennten Gattinn, hat keine einzige
Stelle, in der wir von dem Grausen und der peinlichen
Angst der tragischen Scenen uns erholen könnten, wie in
Romeo und Julia unter den graziösen Scherzen des heitern
Festes, oder bei den trunkenen Entzückungen des nächtlichen
Liebesgeständnisses oder der heimlichen Vermählung. Der he=
roische Aufschwung der leidenden Julia löste die wehmüthige
Klage fast auf in dem durchaus belebenden und erfreulichen
Gefühl der Bewunderung. Wir werden bald sehen, daß
hier das Gegentheil stattfindet. Und auch jene dort so
reichlich eingelegten heitern, humoristischen Partieen fehlen
hier fast gänzlich. Wo das Stück dazu einen Anlauf nimmt,
hindert der bittere Ernst der Situation, des Inhalts, durch=
aus den unbefangenen Genuß der humoristischen Form. Wir
lachen über Mercutio's eigenthümliche Galanterieen gegen
die Amme und über sein Schwadroniren gegen die feind=
lichen Kavaliere. Aber die Haut schaudert uns, wenn Jago
witzig wird mit Desdemona, an deren Todesqual er schon
im Geiste sich weidet, und selbst die humoristische Abschlach=
tung des albernen Rodrigo ist eben zu sehr Abschlachtung,
als daß ihre lächerliche Seite wesentlich und wirksam zur
Geltung käme.

Und noch weit weniger möchte die Tragödie ihre An=
ziehungskraft jener vorgeblichen lehrhaften Tendenz verdan=
ken, welche neuere Commentatoren in ihr entdeckt haben.
Allerdings sagt Desdemona in der Novelle des Cinthio:

„Ich fürchte, ich werde jungen Mädchen noch zur

Warnung dienen, sich nicht gegen den Willen der Eltern zu verheirathen, und daß eine Italienerinn sich nicht mit einem Manne verheirathen sollte, den Natur, Himmel und Lebensweise ihr völlig entfremdet!"

Das ist ohne Frage eine sehr verständige Betrachtung, und wer eine daran geknüpfte Moralpredigt mit Beispielen aus Shakspeare's Othello belegen wollte, könnte mit mäßigem Witz seiner Aufgabe genügen. Aber dadurch wird das Shakspeare'sche Trauerspiel noch nicht zur Gellert'schen Fabel. Gewiß ist Desdemona's Trennung von ihrer Familie nicht ohne Einwirkung auf ihr trauriges Schicksal. Aber sie ist denn doch nur ein Grund unter vielen. Der Erfolg Jago's war in den geregeltsten Verhältnissen, bei der normalsten Familien-Alliance, wenn nicht ganz so leicht, so doch jedenfalls möglich. Nicht um leichtsinnige Töchter zu warnen und Mesalliancen zu hindern, sondern um die Motivirung des ungeheuren Frevels mannigfacher, leichter und dramatisch wirksamer zu machen, werden jene Verhältnisse gelegentlich erwähnt und nach Maaßgabe der Situation auch wohl betont. Shakspeare zeigt sich allerdings überall von sittlichen Anschauungen und Ueberzeugungen aufs Lebendigste durchdrungen. Aber es dürfte vergebliche Mühe sein, in ihm die bewußte Hingabe seiner Kunst zur Einschärfung einer praktischen Klugheits-Moral zu suchen. Dagegen scheint uns der eben so gewaltige als herbe und strenge Reiz dieses Trauerspiels vor allem in der Treue und Lebhaftigkeit zu liegen, mit welcher eine der gefährlichsten Krankheiten der menschlichen Seele, eine Krankheit, deren Keim wir Alle, wie wir da sind, in uns tragen, vielleicht fühlen, uns hier geschildert wird, in ihrer Entstehung und in ihrem Verlauf, in ihrem gesammten Verhältniß zu unserem geistigen Organismus.

Sodann in der sorgfältigen, naturwahren Zeichnung und der ächt tragischen Mischung sämmtlicher Hauptcharaktere.

Endlich in der keineswegs moralisirenden und belehrenden, wohl aber tief sittlichen Färbung des Ganzen, in dem Ernst, mit welchem die natürliche Verbindung zwischen Leiden und Schuld aufgefaßt, in der kühnen Genialität, mit welcher sie dargestellt wird.

Lassen Sie uns das untersuchen!

Wie „Romeo und Julia" beschäftigt sich „Othello" mit dem Schicksal der Liebe. Dort, wie wir sahen, wurde eine naturgemäße, prädestinirte Herzensliebe von den Verhältnissen gekreuzt. Und nicht die Liebe, wohl aber die Liebenden gingen zu Grunde an der unbändigen Heftigkeit ihres Begehrens beim Zusammenstoß mit den realen Gewalten des Lebens.

In der vorliegenden Tragödie ist der Kampf der Gegensätze noch erbitterter, das Leiden unendlich schärfer, die Entzweiung unversöhnlicher. Denn, und dies ist wohl zu beachten, nicht zwischen dem Herzen und der äußern Welt entbrennt der Kampf. „Das kleine Königreich, Mensch genannt", bricht vielmehr in einem Bürgerkriege zusammen. Die edelsten Lebenssäfte verwandeln sich in Gift, die Natur liegt mit sich selbst im Streit; es ist, um ein anderes Bild zu wählen — es ist nicht der tödtliche Ausgang eines heroischen, begeisterten Kampfes, es ist der entsetzliche Verlauf einer scheußlichen Krankheit, es ist eine moralische Vergif-

tungsgeschichte, welcher wir beiwohnen, von der Mischung
des tödtlichen Tranks, von dem Freudenmahle, bei dem er
gereicht und genossen wird, durch alle Stadien des Schmer=
zes und der Todesqual hindurch bis zur gerichtlichen Oeff=
nung des Leichnams und zur Verurtheilung des Giftmischers.
Wir sehen das edelste und reinste Gefühl der menschlichen
Brust mit sich selbst im Streit. Es ist die verderbliche
Zersetzung der Liebe, ihre Umwandlung in tödtliche Eifer=
sucht, welche das Stück erfüllt.

Da ist es denn ein Meistergriff des Dichters, wie er
vor Allem die ursprüngliche Natur dieser Liebe zu unter=
scheiden wußte von der reinen, himmlischen Gluth, welche
Romeo und Julia beseligte und verzehrte. Es ist, damit
ich das Resultat der Betrachtung voranstelle, es ist die Liebe
der Phantasie, und nur in zweiter Linie die des Herzens,
welche Othello und Desdemona verbindet. ³ Es wird sich
vielleicht zeigen lassen, daß diese Art der Liebe, wenn nicht
ausschließlich, so doch vorzugsweise jener verheerenden Krank=
heit ausgesetzt ist, welche der Dichter uns schildert. Zunächst
aber möge eine aufmerksame Betrachtung der beiden pathe=
tischen Hauptcharaktere unsern Schlüssen einen festen Boden
gewinnen. Es wird diese Betrachtung um so sorgfältiger
sein müssen, da der Dichter, im vollen Gefühl der Bedeu=
tung und Schwierigkeit seiner Aufgabe, hier mit einer selbst
bei ihm auffallenden Umsicht und Gründlichkeit alle wesent=
lichen Gesichtspunkte festgestellt, alle Factoren der Rechnung
uns offen vorgelegt hat. Eine flüchtige Lectüre Othello's,
davon kann jeder Leser sich leicht überzeugen, ist kaum
möglich, wenigstens schwerlich genußreich: so dicht sind hier

die bedeutendsten und absichtlichsten Winke gestreut für die
Auffassung der Charaktere und der Handlung, so gedrängt
sind die Marken, welchen die Fahrt zu folgen hat, um nicht
in Klippen und Sandbänke sich zu verliern. Auf den
ersten Blick tritt uns Othello, denn ihn haben wir vor Allem
zu beachten, auf den ersten Blick tritt er uns als eine durchaus fremdartige Gestalt entgegen in der Sphäre aristokratischer Sitten, aristokratischer Staatskunst und verfeinerten,
ja zügellosen Lebensgenusses, in der sich die Handlung bewegt. Man hat mit Recht auf den glücklichen Irrthum des
Dichters hingewiesen, welcher den Mauren der Novelle zum
Mohren, zum Neger machte, zu einer Erscheinung aus einer
andern Welt, zum Genossen eines Stammes, den wir als
von wilderen, glühenderen Leidenschaften beherrscht zu denken
gewohnt sind. Und diese Grundanlage zu sänftigen, waren
seine Schicksale wohl nur in sehr beschränktem Maaße geeignet.

> „Ich bin von rauhem Wort
> Und schlecht begabt mit milder Friedensrede.
> Seit siebenjähr'ge Kraft mein Arm gewann,
> Bis vor neun Monden etwa, übt' er stets
> Nur Kriegesthat, im Felde, wie im Lager;
> Und wenig lernt' ich von dem Lauf der Welt,
> Als was zum Streit gehört und Werk der Schlacht."

So schildert er sich selbst im Senat. Nach Allem, was wir
von ihm sehen und hören, ist das weder Prahlerei, noch
falsche Bescheidenheit. Für seine Thatkraft, seinen uner-
schütterlichen Muth legt sein erbittertster Feind das gewich-
tigste Zeugniß ab. Es ist Jago, der ihn muthig die Schlacht
halten sah, als „die Kanone seine Reihen in die Luft

sprengte" und ihm den eignen Bruder von der Seite riß.
Wenn wir die Achtung sehen, welche er dem stolzen, wider=
willigen Adel abnöthigt, so werden wir keinen Zweifel in
seine Erzählung von der Heldenthat zu Antiochia setzen, da
er, mitten unter Feinden, den Türken tödtete, der einen
Venetianer geschmäht, und wir werden nur billig urtheilen,
wenn wir die kleine Münchhausiade seiner Reisebeschreibung
(die Geschichte von den Menschen mit dem Kopf unter der
Achsel) nicht seinem Charakter, seiner Aufrichtigkeit und
Wahrheitsliebe auf die Rechnung schieben, sondern vielmehr
seiner auch in andern Dingen nur zu entzündlichen Phan=
tasie, die ihn Gehörtes mit Gesehenem wohl einmal ver=
wechseln ließ. Wenn nun die Gluth dieser Phantasie wahr=
lich nicht gedämpft werden konnte durch ein Leben voller
unerhörter Aufregungen, Wechsel und Abenteuer, wenn die
Gewohnheit des Blutvergießens, das Kriegs= und Lager=
leben nicht geeignet war, ihn seine Sitten zu lehren und
sein Herz zur Sanftmuth zu stimmen, so ist dagegen ein
anderer mächtiger Einfluß dieser Laufbahn auf seinen Cha=
rakter garnicht zu verkennen. Das Temperament des Afri=
kaners wurde nicht milder unter Anstrengungen, Gefahren
und Tod, aber die strenge Kriegszucht, die Gewohnheit des
Gehorchens, dann die des Befehlens gab ihm die Kraft,
es zu beherrschen. Diese Gewalt des Willens über das
heiße, kochende Blut ist ein ganz wesentlicher Zug seiner
Erscheinung. Bei jeder Gelegenheit tritt sie zu Tage. So
in Cypern, als die unverhoffte Vernichtung des Feindes
und gleichzeitig das Wiedersehen oder eigentlich die erste
ruhige Vereinigung mit dem jungen, angebeteten Weibe eine

ausgelassene Freude selbst bei einem Manne ganz anderen
Charafters entschuldigt hätte. „Ehrbares Maaß", schärft
er vor Allem dem Cassio ein, „damit die Lust beim Sie-
gesfeste nicht unbändig werde." Und daß er selbst dieses
Maaß zu halten weiß, auch in sehr scharfer Probe, das hat
er von vorn herein zur Genüge gezeigt, als er in der Hochzeitsnacht ohne einen Versuch des Zauderns der Pflicht ge-
horchte, die ihm Geduld und Entsagung vorschrieb. Ueberhaupt sind alle seine Tugenden die der Kraft. Selbst Jago
nennt ihn vertrauensvoller, edler Art — und doch wird
uns nicht recht wohl bei dieser Mäßigung, dieser Besonnenheit, diesem Vertrauen: wir bemerken mit einem unheimlichen Gefühl das Widerstreben seiner unbändigen, überkräftigen Natur gegen das Gesetz der Vernunft, dem er sich
doch mehr, als einem fremden gefügt hat, als daß es ihm
gelungen wäre, es zu einem Theil seines eigenen Wesens
zu machen. Es ist, als sähen wir das feurige, schnaubende
Roß unter dem Zügel des Reiters knirschen, in jener ge-
wichtigen, vorbedeutenden Scene, da er zu dem bösen Han-
del des betrunkenen Cassio kommt. Noch ist die Sache
nicht klar. Die Schuld seines Lieutenants fängt erst an
vor seiner Seele zu dämmern, da überläuft's ihn heiß:

> „Mein Blut beginnt zu meistern die Vernunft,
> Und Leidenschaft, mein helles Urtheil trübend,
> Maaßt sich der Führung an. — Reg' ich mich erst,
> Erheb' ich nur den Arm, dann soll der Beste
> Von meinem Streiche fallen!"

Wer fühlte in diesen Worten sich nicht von der Vorahnung der entsetzlichen Katastrophe durchzuckt, wer sähe die

Augen des Löwen nicht funkeln hinter dem schwachen Gitter, der unsichern Schranke gegen die Kraft des Gewaltigen! Wenn diese Schranke nun bricht — wehe dem Wehrlosen, der dem entfesselten Thiere begegnet!

Mit diesem Charakter nun, dieser unverdorbenen, aber kaum gebändigten, viel weniger wirklich gezähmten Naturkraft, reich an Kenntniß der materiellen Außenwelt, erfahren in den Wechseln und Schrecken des Kriegslebens, aber arm an Kenntniß der innern Zustände einer gebildeten Gesellschaft und der Leute, welche sie schafft, betritt der berühmte Mohr die Hauptstadt seiner gebietenden Aristokratie, seines vielköpfigen Kriegsherrn. Die Häuser, aber nicht die Herzen der Großen öffnen sich seinen Erfolgen. Man belohnt den Feldherrn mit Würden und Reichthum, man bewirthet den Mann des Volks und der Soldaten, die Berühmtheit des Tages. Nur daß nun der Barbar, der Fremde, der Afrikaner sich nicht erdreiste, seinen Ursprung zu vergessen, daß er den Unterschied zwischen Thun und Sein im Sinne behalte und sich genügen lasse an dem, was das bloße Verdienst von den Bevorzugten des Glückes wohl noch erringt: An der kalten Achtung, an dem äußern Lohn! Daß er nicht an Gleichheit denke gegenüber den Leuten, von denen das Glück ihn getrennt, welche Nichts an ihn bindet, als die lästige Kette des Bedürfnisses und der in diesen Regionen freilich nicht mehr lästige, aber desto schwächere Seidenfaden der Dankbarkeit.

Er mag selbst ihnen kaum Unrecht geben. Sein Herz, nach vollbrachten Thaten, nach ehrlich erworbenem Ruhm, es weilt mehr bei der Erinnerung seines „freien, ledigen

Standes" als bei den Herrlichkeiten des goldenen Gefäng=
nisses, in welches der Herrendienst ihn einzwängt. Den
„freien Königssohn" treibt es aus der Stille des Friedens
und den Genüssen der Gesellschaft hinaus in die bunte,
bewegte Welt der Abenteuer und der Gefahren: Da fällt
sein Blick auf Desdemona, und es ist um seine Freiheit
geschehen.

Shakspeare hatte hier eine der schwierigsten Aufgaben
zu lösen, welche die dramatische Charakteristik sich jemals
stellte. Zunächst sollen wir es wahrscheinlich finden, daß
eine junge, von der Natur und vom Glück aufs Höchste
begünstigte Dame in hingebende, feurige Liebe verfällt für
einen Mann, den Abstammung, Bildung, Farbe, Alter, Le=
bensanschauung ihr gegenüberstellen wie den Gewittersturm
dem Frühlingslüftchen, wie den Adler der Taube. Und das
ginge noch an — denn es ist am Ende keine Verirrung
denkbar, der das menschliche Herz nicht auch unterworfen
wäre — aber dieses Verhältniß soll unsre innere, pathetische
Theilnahme wecken, es soll uns nicht unnatürlich scheinen,
nur ungewöhnlich, nicht widerwärtig, sondern nur aufregend
und anziehend, wir sollen es in seinem Entstehen begreifen,
damit wir seinen Verlauf mit lebendigem Interesse verfolgen.

So viel ist klar: eine Julia wäre hier nicht an ihrem
Platze. Das feurige, unerfahrene, in ahnungsvollem Ge=
nußdrange zum erstenmal schüchtern in den Festsaal des
Lebens tretende Mädchen müßte ja zurückschaudern vor der
halb seltsamen, halb furchtbaren Erscheinung des barbari=
schen, von der Natur gezeichneten Kriegers! Gewohnt, mit
dem Auge und dem Herzen zu denken, unfähig zur Reflexion,

dem Traumleben der Kindheit eben entwachsen, sehnt sie
sich nach dem Gespielen, dem Freunde, nicht nach dem ge=
waltigen Herrn.

Andrerseits, eine gereifte Weltdame, vertraut mit dem
Leben und dessen Genüssen, vielleicht gesättigt von dem,
was die Natur leicht und unaufgefordert bietet, — es ist
gar wohl denkbar, daß ihr Ehrgeiz seine Rechnung gefunden
hätte bei dem genialen, allgewaltigen Krieger, und wie oft
hat die blasirte Genußsucht nicht schon das Seltene, Pikante,
Häßliche schmackhafter gefunden, als die gesunde, sich täglich
bietende Nahrung! Aber freilich, eine Cleopatra hätte keinen
Jago zu fürchten gehabt. Nur die vollendete, unerfahrene
Unschuld giebt die Blößen, auf denen hier das Gelingen
der ganzen Handlung beruht.

Der Dichter brauchte eine Heldinn, unschuldig und
rein, wie Julia oder Miranda, dabei fähig zur Abstraction
und ohne Kenntniß der Welt, mit Muth und nervöser Neu=
gier ausgerüstet, hinlänglich, um im Augenblick der Ver=
suchung das Ohr ihrem Ruf nicht zu verschließen, dabei
ohne Heroismus, aber von lebhaftem, früh entwickeltem
Geiste — und er schuf seine Desdemona.

Nicht in Einsamkeit noch in Vernachlässigung hat die
Tochter des reichen Brabantio ihre Jugend verlebt. Ihre
blendende Schönheit, ihr Rang, die Gastlichkeit des Vaters
haben früh die Augen der Gesellschaft auf sie gelenkt; längst,
als wir sie kennen lernen, hat sie Gelegenheit und Veran=
lassung gehabt, die ihr ebenbürtige, elegante Männerwelt
zu beachten und zu studiren. Aber, sehr ungleich dem plötz=

lichen Aufflammen der feurigen Tochter des alten Capulet, hat sie dem reichen, glänzenden Jünglingsadel der Stadt in fast überjungfräulicher Zartheit sich fern gehalten. Wir werden kaum irren, wenn wir uns einen guten Theil dieser Zurückhaltung in enger Verbindung denken mit der seltenen Feinheit und frühzeitigen Bildung ihres Geistes und ihrer Talente. Sie ist geistreich, wie wir erfahren, von feinem trefflichem Witz; eine Meisterinn in allen weiblichen Künsten, sowie in denen der Musen. „Die Wildheit eines Bären würde sie zahm singen." Liegt es nicht nahe, daß dieser früh und fein gebildete Geist zum Nachdenken kommen mußte über Natur, Würde und Bedeutung dieser Männer= welt, welche sich um sie drängte? wäre es nicht natürlich, daß, einmal zum Nachdenken und Vergleichen gebracht, die Schwache und Zarte sich ein Idealbild jener männlichen Kraft macht, welche sie wohl nicht nur an sich vermißt, son= dern auch an der Schaar ihrer leichtfüßigen und leichther= zigen Freier, daß die Wißbegierige und dem Leben fern Stehende eine hohe, vielleicht überhohe Vorstellung gewinnt von der Erfahrung, welche ihr mangelt?

Da führt das Schicksal Othello in das Haus ihres Vaters. Der berühmte, gewaltige, seltsame Krieger muß schon durch sein bloßes Erscheinen, durch seinen Gegensatz gegen die schalen Umgebungen einen mächtigen Eindruck machen auf eine junge Dame, die sich bereits gewöhnt hat, mehr mit der Phantasie zu sehen, als mit dem Auge. Und nun fängt er an zu erzählen: ohne Kunst (an die war sie ohnehin zu sehr gewöhnt in ihren Salons), aber mit dem

starken und richtigen Accent der Natur, mit dem Nachdruck
der Erfahrung, mit der glühenden Phantasie seines südlichen Blutes:

> „So sprach ich denn von manchem harten Fall,
> Von schreckender Gefahr zu See und Land:
> Wie ich ums Haar dem droh'nben Tod entrann;
> Wie mich der stolze Feind gefangen nahm,
> Und mich als Sklav' verkauft; wie ich erlöst,
> Und meiner Reisen wundervolle Fahrt:
> Wobei von weiten Höhlen, wüsten Steppen,
> Steinbrüchen, Felsen, himmelhohen Bergen
> Zu melden war, im Fortgang der Geschichte,
> Von Kannibalen, die einander schlachten,
> Anthropophagen, Völkern, deren Kopf
> Wächst unter ihrer Schulter: Das zu hören
> War Desdemona eifrig stets geneigt."

Ihre Liebe, das sieht man deutlich, findet durch die Phantasie den Weg zum Herzen. Sie hat Nichts zu thun mit
dem unwiderstehlichen Sturm des nach Genuß dürstenden
Lebensgefühls, welcher Julia ihrem Romeo in die Arme
treibt. Das Ideal der männlichen Kraft, wie sie es im
Mohren zu erblicken glaubt, es unterjocht ihr Fühlen und
ihr Sein. Und diese Bewunderung der ihr überlegenen,
ihr unerreichbaren Größe nimmt in dem Busen des Weibes
erst in zweiter Linie die Form der geschlechtlichen Hingebung
an: Eine der gefährlichsten Formen der großen Passion,
wenn jenes Band in den realen Bedingungen der Persönlichkeit keinen Halt findet!

> „Sie liebte mich, weil ich Gefahr bestand,
> Ich liebte sie um ihres Mitleids willen:
> Das ist der ganze Zauber, den ich brauchte."

So giebt Othello selbst kurz und bündig die Deutung des
Herganges.

Und auch Othello's Neigung hat mit Romeo's über=
mächtigem Genußdrange Nichts zu schaffen. Im ernsten
Entzücken spricht er verächtlich von der Sinnenlust, von
dem leeren Tand des flücht'gen Amor. Er ist nicht der
Mann, sich durch den Genuß auch nur einen Schritt breit
von der Pflicht abführen zu lassen, „seinen Helm, wie er
sich ausdrückt, zum Kessel der Hausfrau zu machen." Was
ihn so mächtig an Desdemona fesselt, ist doch vor Allem
der hohe, entzückende Triumph, welchen die schöne, viel=
umworbene Senators=Tochter seinem Ehrgeiz, oder sagen
wir lieber seinem männlichen Selbstgefühl bereitet, da sie
den Fremden, den gereiften Mann, den Mohren um seiner
Tugend willen der glänzenden Jugend ihres Vaterlandes
und ihres Standes vorzieht.

Es liegt nahe, daß diese Liebe von den äußern, ihr
feindlichen Verhältnissen wenig zu fürchten hat. Dafür
bürgt genugsam Othello's selbstständige, erprobte Kraft.
Desto schlimmere Gefahren aber drohen in ihrem Innern.
Wehe dem Paare, wenn die künstlichen Fugen seines idealen
Glücks=Gebäudes vor dem ersten Angriff des Zweifels wei=
chen! Es wird ihnen schwer werden die Bresche zu füllen,
denn in unnatürlicher Spannung kommen sie zusammen, und
jeder Schritt der Rückkehr zu ihrer Natur muß sie von ein=
ander entfernen.

Und schon ist der wachsame, gefährliche Feind da, der
diesen nothwendigen Prozeß beschleunigt, seinen Verlauf
zu allen Schrecken der tragischen Leidenschaft steigert. Es

ist eine der merkwürdigsten und lehrreichsten Gestalten, die
Shakspeare gezeichnet. Jago — denn von ihm natürlich
ist hier die Rede — steht auf der äußersten Linken in der
Reihe der Shakspeare'schen Humoristen. Er hat einen star=
ken Familienzug gemein mit Edmund im „Lear", sowie
mit Richard III. Aber eine genauere Betrachtung läßt auch
Faulconbridge und Mercutio als seine entfernten Vettern
erkennen. Es sind diese Gestalten alle mit einander bei
Weitem nicht die Stiefkinder der Shakspeare'schen Muse.
Sie entschädigen durch urselbstständige Kraft für die Schroff=
heit ihrer unschönen Formen, ihr Verstand dringt mit un=
erbittlicher Klarheit durch die Dunstgebilde, welche das Trei=
ben der Gefühlsmenschen umhüllen. Ihre Erscheinung wirkt
wie ein scharfer Nordwind: erkältend, aber auch erfrischend,
belebend, vor Allem ernüchternd. Sie repräsentiren in
mehr oder weniger ausschließlicher Weise das weltmännische,
praktische Element des englischen Wesens, den unschönen
aber nützlichen und nothwendigen Kupferzusatz, ohne wel=
chen das edle Metall nicht geeignet wäre, den Weltverkehr
vortheilhaft zu vermitteln.

Es kann garnicht zweifelhaft sein, daß auch Jago seinen
reichlichen Antheil hat an den guten Seiten dieser derben,
tüchtigen, weltmännischen Art. Ja, mit großem Bedacht
hat der Dichter diese Seite seiner Erscheinung recht sorg=
fältig entwickelt.

Von seiner überlegenen Intelligenz vor Allem liefert
die gesammte Handlung des Trauerspiels nur eine fortlau=
fende Probe. Er übersieht Alle, mit denen er zu thun hat,
von Rodrigo, dem witz= und wehrlosen Grünschnabel, bis

hinauf zu dem Feldherrn, den er am Fädchen lenkt, während sonst Alles vor dem Gewaltigen zittert. Wir müssen uns ordentlich in Acht nehmen, nicht auf die Seite des Vogelstellers gegen den Gimpel zu treten, wenn Jago der imbecillen Erbärmlichkeit Rodrigo's den famosen Feldzugsplan zur Gewinnung Desdemona's entwickelt. „Thu' Geld in deinen Beutel." In übermüthiger, aber hier nur zu gut begründeter Sicherheit verräth er seine innersten Gedanken dem Tölpel, der doch nimmer im Stande ist, sie zu verstehen. Man wird unwillkürlich an Falstaff erinnert, der seine ritterliche Leutseligkeit gegen Sir Robert Shaal sich mit ein tausend Pfündchen bezahlen läßt. Sind es nicht an sich wahre, treffliche Worte, die Jago dem haltlosen Schwächlinge sagt:

„Hätte der Wagbalken unsers Lebens nicht eine Schaale von Vernunft, um eine andere von Sinnlichkeit aufzuwiegen, so würde unser Blut und die Bösartigkeit unserer Triebe uns zu den ausschweifendsten Verkehrtheiten führen. Aber wir haben die Vernunft, um die tobenden Leidenschaften, die fleischlichen Triebe, die zügellosen Lüste zu kühlen, und daraus schließe ich: Was du Liebe nennst, sei nur ein Pfropfreis, ein Ableger! "

Seine Lebensanschauung ruht durchaus auf dem ebenso festen und sichern, als harten und unfruchtbaren Boden einer Selbstliebe, welche, dies ist nicht zu übersehen, in seinen Erfahrungen und seiner Menschenkenntniß kaum weniger Nahrung gefunden hat, als in der ersten Anlage seiner Natur. Aufgewachsen unter dem „Fluch des Dienstes", wo Beförderung nach „Empfehl und Gunst" geht, nicht

nach Verdienst, Zeuge der rücksichtslosen Selbstsucht, welche
die Mächtigen leitet, trotz aller moralischen Maximen, und
zum Theil ihr Opfer, verhärtet er alsbald seinen egoistischen
Instinct zu einem wohlabgeschlossenen System. Eröffnet er
nicht eine ebenso richtige, als unerfreuliche Aussicht in das
nicht von ihm und Seinesgleichen allein gemachte Getriebe
der politischen Welt, wenn er ausruft:

„ Ei wir können nicht Alle Herren sein — nicht kann
jeder Herr getreue Diener haben! "

Es ist ein Blick auf die düsterste Schattenseite der
Gesellschaft, nicht nur Abscheu vor der Entartung des Einzelnen, der uns durchschauert bei seinen Worten:

„Seht ihr doch
So manchen pflicht'gen, kniegebeugten Schuft,
Der ganz verliebt in seine Sclavenfessel
Ausharrt, recht wie die Esel seines Herrn,
Ums Heu, und wird im Alter fortgejagt. —
Peitscht mir solch' redlich Volk!"

Man müßte geradezu ein wohlbezahlter Prediger der
offiziellen Moral sein, um diesem Gedankengang jeden Fonds
von Wahrheit abzusprechen. Es ist nur zu wahr, daß es
wirklich eine Art der Treue giebt, die den Menschen zur
Sache erniedrigt, auf deren breitem, geduldigem Elephanten-
rücken die schamlose Selbstsucht in der Maske des Rechts
ihre Zwingburgen aufrichtet. Jago's teuflische Lebensphilosophie hat hier in der That den nothwendigen Berührungspunkt jedes wirklich tragischen Charakters mit Gefühlen, die der Brust gerade der Tüchtigsten und Mächtigsten
keineswegs fremd sind.

Aber freilich auch nur einen Berührungspunkt. Seine

Entwickelung entfernt sich von da ab von dem normalen Wege menschlichen Empfindens, Denkens und Wollens mit einer wahrhaft grauenvollen Stetigkeit und Sicherheit der Bewegung. Es ist eine der kühnsten und erschütterndsten Darstellungen menschlicher Entartung, die je ein Dichter geschaffen, denn sie vollzieht sich von Anfang bis zu Ende unter der festen Leitung des freien Willens und im vollen Lichte des klaren Bewußtseins. Wir haben die bewußte, planmäßige Empörung des Einzelwillens gegen das Gesetz der Gattung vor uns, die vollständige und absichtliche Lösung von dem Grundprincip alles sittlichen Lebens, von der Solidarität, die zwischen dem Wohl des Einzelnen obwaltet und zwischen dem Gedeihen der Gesellschaft. Wir glauben Falstaff zu hören, wenn Jago seinen Katechismus der Ehre, des guten Namens zum Besten giebt:

„Der gute Name ist eine nichtige und höchst trügerische Einbildung — oft ohne Verdienst erlangt und ohne Schuld verloren. Du hast überall keinen guten Namen verloren, wenn du nicht an diesen Verlust glaubst."

Aber nicht in ohnmächtiger Abhängigkeit von der Masse seines sündhaften Fleisches, nicht abgestumpft durch jahrelange Hingabe an die Tyrannei der Sinne bekennt sich Jago zu diesem Glauben. Er ist nicht wehrlos der Thierheit verfallen, aber in dem verhängnißvollen Irrthum seiner Selbstsucht und seines Hochmuths streckt er freiwillig, und um so schimpflicher, vor ihr die Waffen. Er ist Mephisto, der einseitige, starre, ebenso beschränkte als übermüthige Verstand, im Dienst der schnödesten Selbstsucht, aus den halb

symbolischen Luftgebilden des deutschen Gedichts zu einer
concreten faßbaren Menschengestalt verdichtet.

Und diese in ein System gebrachte Isolirung seines
Wesens, diese „Theologie der Hölle", sie umstrickt ihn vor
unsern Augen immer dichter und dichter mit ihren unentrinnbaren, magischen Netzen. Er schwelgt im Anstaunen
seiner eigenen, wohlberechneten Bosheit. Wohlgefällig schätzt
er den Gegensatz ab zwischen dem Schein seiner Handlungen
und ihrem Wesen, zwischen seinem Fühlen und den Empfindungen abhängiger, d. h. sittlicher Menschen. Bei jeder
neuen Schandthat, welche er ersinnt oder ausführt, fühlt er
Etwas von der dämonischen Lust der souveränen Erhabenheit über das Gesetz, in welcher die christliche Auffassung
mit Recht den Urquell des Bösen sieht. '

Von gekränkter Selbstliebe, ja wir können hinzufügen,
von dem schmerzlichen Bewußtsein verkannten Verdienstes
ging, wie wir sahen, jener moralische Wahnsinn aus, der
ihn dann von Greueln zu Greueln jagt. Sein Unwille
war ursprünglich berechtigt, aber er entkleidet sich sofort aller
sittlichen Würde, indem er von der Vertheidigung zum Angriff übergeht, und zwar zum Angriff mit den schnödesten,
schimpflichsten Waffen, mit den vergifteten Pfeilen der heimlichen Tücke. Daß übrigens im Laufe der Handlung sein
Bewußtsein über seine Beweggründe sich verwirrt, daß er
in seinen Selbstgesprächen mehrmals in Widersprüche mit
sich geräth, darf nicht in Verwunderung setzen. Wirklich
consequent ist nur die gesunde Natur in harmonischer, voller
Entwickelung. Der abstracte Verstand, einmal gelöst von
der Basis des sittlichen Fühlens, ist vor keinem Trugschlusse

sicher — und kein Schurke bringt es so weit in der Verachtung der Ehre und des guten Namens, daß er nicht von
Zeit zu Zeit das Bedürfniß fühlte, seiner Bosheit auch vor
sich selbst wenigstens für Augenblicke ein Mäntelchen umzu-
hängen. So ist Jago's Haschen nach immer neuen Ent-
schuldigungen für seine Unthat nur zu natürlich. Gleich
anfangs erwähnt er nur mit halbem Glauben, aber deswegen
mit nicht geringerer Bosheit das Gerücht über Othello's Verhältniß zu Emilia, seiner eigenen Gattinn. Er ist weit entfernt von Eifersucht, davon zeugt sein ganzes Benehmen gegen
das zwar augenscheinlich sinnliche und leichtsinnige, aber
durchaus gutmüthige, auf alle Fälle höchst unbedeutende
Weib. Aber trotz seines forcirten Cynismus thut es ihm
wohl, sich für einen Augenblick im Lichte des Gekränkten
zu sehen, der zur Rache berechtigt ist. Und diese Confusion
wird immer stärker, je mehr im Anstarren der eigenen Greuel
seine Phantasie sich erhitzt. Das Selbstgespräch in der zweiten Scene des zweiten Akts macht das merkwürdig anschaulich. Jago redet sich zuvörderst ein, daß Cassio die Desdemona wirklich liebt. Von da bis zum Glauben an ihre
Gegenliebe ist nur ein Schritt: „Daß sie ihn liebt ist
denkbar und natürlich.“ So weit wohnen wir dem natürlichen Plaidoyer bei, nach welchem das halb betrogene, halb
bestochene Gewissen seinen Accord mit dem bösen Vorsatz
schließt. Aber nun fährt Jago plötzlich fort:

„Jetzt lieb' ich sie auch;
Nicht zwar aus Lüsternheit — wiewohl vielleicht
Nicht klein're Sünde mir zu Schulden kommt —

19*

(sollte vielleicht gar die gemeinschaftliche Seereise auf ihn
gewirkt haben?)

> Nein, mehr um meine Rach' an ihm zu weiden,
> Weil ich vermuthe, daß der üppige Mohr
> Mir ins Gehege kam, und der Gedanke
> Nagt wie ein fressend Gift an meinem Innern.
> Nichts kann und soll mein Herz beruhigen,
> Bis ich ihm wett geworden, Weib um Weib."

Da will also Jago mit einem Male den Liebhaber, den
Verführer spielen? Aber das ist nur ein flüchtiger Einfall.
Seine nächsten Worte schon schieben ihn in den Hintergrund:

> „Oder, schlägt dies mir fehl, bring' ich den Mohren
> In Eifersucht so wilder Art, daß nie
> Vernunft sie heilen kann."

Dann fürchtet Jago wieder den „Cassio" für „sein Ge-
spons" (für Emilia) und von seinem ursprünglichen Beweg-
grunde, von dem Ingrimm über die Zurücksetzung ist merkwürdig genug garnicht mehr die Rede.

Wer nun hier logischen Zusammenhang und sichere
Klarheit in Jago's Raisonnement vermißt, dem wollen wir
keinesweges widersprechen. Jago sucht eben von allen Ecken
Scheingründe zusammen, um seinen aus prinzipiellem Haß
gefaßten Entschluß in sich zu verstärken. Aber diese Verwirrung, diese Schwäche nimmt leider gänzlich ein Ende,
sobald sich der muthige, kaltblütige, äußerst gewandte Bösewicht an sein Werk begiebt. In der Steigerung der Kunstgriffe, durch welche er das übel verwahrte Gemüth Othello's
bethört, in der detaillirten Ausmalung ihrer Wirkungen bis
zu der entsetzlichen Katastrophe hat des Dichters wunderbare, unerbittliche Menschenkenntniß sich selbst übertroffen.

Aber der glühendste Shakspeare-Enthusiast wird gestehen
müssen, daß die Aufregung schon bei der Lectüre, und vollends bei einer gelungenen scenischen Darstellung, für gewöhnliche Nerven denn doch die Grenzen der tragischen Rührung
fast überschreitet. Es liegt das wesentlich in der Natur der
Leidenschaft, deren Entstehen und furchtbaren Verlauf diese
Scenen uns schildern: der Eifersucht auf dem Rechtsboden
der Ehe. Die Liebe an sich ist unter allen Aeußerungen
unsers psychischen Lebens ohne Frage die freieste und ge-
heimnißvollste; sie weniger als alle andern fällt in das
Gebiet des Willens, und somit des positiven Rechts. Und
wiederum beruht ihre ganze Berechtigung unter den Mächten
der wirklichen Welt wesentlich auf ihrer gesicherten Dauer,
resp. der Dauer des durch sie geschaffenen thatsächlichen
Verhältnisses. Ohne diese tritt sie aus der Reihe der
schaffenden und erhaltenden Gewalten in die der zerstörenden über, und zwar als die verderblichste von allen.
So wiederholt sich denn in jedem gesetzlichen Liebesbunde,
in jeder Ehe das tragische, unergründliche Räthsel aller mit
individueller Freiheit gepaarten Gesittung: die Vereinigung
des Freiesten und des Begränztesten, der Bund des Geistes
mit der Materie, die Verfestigung und Bindung des ungreif-
baren Lebensprincips der moralischen Welt in den Formen
einer durchaus auf Abhängigkeit und Beschränkung gebauten
Ordnung der Dinge. Bei der Wandelbarkeit des Naturtriebes ist nur eine zuverlässige, wirkliche Bürgschaft dieses
Verhältnisses denkbar: der sittliche, zur Charakterfestigkeit
gesteigerte Wille, der die wechselnden Triebe sich unterwirft.
Wo er fehlt oder verloren gegangen — da macht auf

diesem Gebiet das beste Recht ebenso nutzlos als thöricht seine
Ansprüche geltend. Ein eifersüchtiger Gatte wird auf uns
stets den peinlichen Eindruck machen, der von jedem unlös=
baren Problem unzertrennlich ist, von jedem Widerstreit zwi=
schen Mittel und Zweck. Unschädlich durch Mangel an Kraft
oder Einsicht ist er der Sündenbock der Komödie. Wo
aber seine Macht seiner Leidenschaft gleich kommt, wo voll=
ends eine ursprünglich edle Anlage in ihm zu Grunde
geht, wird er gegen sich selbst der thörichtste und beklagens=
wertheste aller moralischen Selbstmörder, dem Opfer seiner
Wuth gegenüber aber zum rasenden Thiere, um so wider=
licher, da sein vernunftloses und zweckwidriges Beginnen
mit dem heiligsten der formellen Rechtsansprüche sich deckt.
Diesen furchtbarsten Auflösungsproceß nun zeichnet der Dich=
ter mit tiefem, unerbittlichem Ernst und mit erschreckender
Wahrheit bis in die unscheinbarsten und doch wesentlichsten
Züge seines Verlaufes hinein.

Jago's erstem, heimtückischem Wort kommt Desde=
mona's gutes, argloses Gemüth und kaum weniger ihre
etwas phantastische Ueberschwänglichkeit nur zu erwünscht zu
Hülfe. Treuherzig und freundlich sagt sie dem bittenden
Cassio ihre Vermittlung zu; aber ihre Unerfahrenheit in
den Dingen der Welt und ihre ganze, wenigstens sehr stark=
gespannte Art zeigt sich deutlich genug, als sie erklärt:
sterben werde sie eher, als Cassio versäumen. Dann muß
ihre unbedachte Fürbitte gerade die gefährlichsten Erinne=
rungen in der Seele des Mohren erwecken. Sie bittet so
dringend für jenen Cassio:

„Der für ihn warb, und manches liebe Mal,
Wenn fie von ihm nicht immer günſtig ſprach,
Ihn treu verfocht."

Es iſt alſo doch nöthig geweſen, für den Mohren zu
werben, nicht immer hat fie günſtig von ihm geſprochen, es
hat Zeit gekoſtet, bis ihre Phantaſie ſich entflammte, bis
das Idealbild der Kraft und heldenhaften Größe die natürliche Scheu der Natur überwand. Und das ruft fie ihm ins
Gedächtniß, da der hübſche, elegante Freiwerber ſo eben unter
nicht ganz unverdächtigen Umſtänden ſie verließ, während der
böfe Feind lauert, den glimmenden Funken zu ſchüren!

So iſt denn das erſte Symptom der ausbrechenden
Krankheit trefflich motivirt. Es kündigt ſich an in den
bedeutſamen Worten:

„Holdſelig Ding! Verdammniß meiner Seele,
Lieb' ich dich nicht! Und wenn ich dich nicht liebe,
Dann kehrt das Chaos wieder!"

Das Chaos, d. h. die gewaltthätige Natur des halb bar-
bariſchen Kriegers, den das ungewohnte Entzücken der Liebe
noch kaum aus dem Feldlager in die Geſellſchaft führte!

Dann erſt erfolgt Jago's erſter, regelmäßiger Angriff
— ein unerreichtes Meiſterſtück feinſter Dialektik. Leiſe
Andeutungen müſſen die Neugier und den Argwohn reizen.
Den natürlichen Erwägungen, auf welche des Mohren „liebe-
volle, treue" Art der heimtückiſchen Läſterrede gegenüber
kommen müßte, ihnen wird durch eine ſchlaue Selbſtanklage
begegnet:

„Wie's, ich bekenn' es, oft mein Leben quält,
Fehltritten nachgehn; auch mein Argwohn oft
Aus Nichts die Sünd' erſchafft."

Dann senkt er mit teuflischer Freude die vergiftete Lanzette in die Adern des Feindes, wie der Folterer, welcher seinem Opfer bedächtig und sinnreich die Wirkungen seiner Schrauben und Zangen erklärt, ehe er sie anwendet. Es ist die berühmte Stelle:

> „O bewahrt euch, Herr, vor Eifersucht,
> Dem grüngeaugten Scheusal, das besudelt
> Die Speise, die es nährt. Heil dem Betrog'nen,
> Der, seiner Schmach bewußt, die Falsche haßt!
> Doch welche Qualminuten zählt der Mann,
> Der liebt, verzweifelt, argwohnt und vergöttert!"

Othello's Antwort zeigt in ihren entschlossenen Worten nur zu deutlich das Zucken des tödtlich getroffenen Herzens. Desdemona's Reize, ihre geselligen Vorzüge, ihre Talente, sie werden ihm zu ebenso viel unerbittlichen Quälern.

> „Sie war nicht blind, und wählte mich!"

Welche Reihe von Schreckgestalten des quälenden Argwohns drängt sich in dem einfachen Wort!

Und nun das rücksichtslose Vordringen der Anklage!

Die Erinnerung an Venedigs lockere Sitte muß das zu Beweisende wenigstens im Licht der Möglichkeit und Wahrscheinlichkeit zeigen. Die Kühnheit und Rücksichtslosigkeit ihrer eigenen Liebe muß Desdemona nun zum Verderben gereichen:

> „Den Vater trog sie, da sie euch geehlicht —
> Als sie vor eurem Blick zu beben schien,
> War sie in euch verliebt!"

Damit wird denn auch die Erinnerung an Brabantio's Warnung in dem Mohren wieder lebendig, die der alte, beraubte Vater ihm nachrief, da er die Tochter mit seinem

Fluch ihm dahin gab. Dann verschafft sich Jago einen wahren Schmaus der schwelgenden Rache. Othello muß noch dafür danken, daß man ihm zu Gemüth führt: nur unnatürliche Lust, maaßloser Sinn könnten das schöne Weib in seine, des schwarzen Ungeheuers Arme geführt haben, nachdem es sich ebenbürtigen, wohlgestalteten Freiern versagt hat.

Und es wirkt. Das Gift kocht und gährt in den Adern. Othello's nächstes Selbstgespräch zeigt ihn schon im vollen Anfall des Fiebers, in jener scheußlichsten aller Stimmungen, da die süßeste Nahrung der Seele sich in brennendes Gift verwandelt, da der trostlose Zweifel an dem eigenen Werth in der Mißachtung des geliebtesten Wesens geboren wird und das aufs Höchste gesteigerte Selbstgefühl mit dem tödtlichen Bewußtsein der kläglichsten Ohnmacht in einem Kampf zusammentrifft, von dem die innersten Fugen des Charakters erbeben.

Da führt der tückische Zufall das verhängnißvolle Schnupftuch in die Hände Emiliens, die, ein gedankenloses, gehorsames Werkzeug, es ihrem Jago überliefert. Bei alledem, und das ist wohl zu merken, müßten Jago's Verdachtgründe vor dem Blick des ruhigen Verstandes zerfließen, wie dünne Luft. Aber sie sind auch nicht auf den Verstand berechnet. Von der kranken Phantasie des Mannes erwartet Jago seinen Erfolg, von dem heißen Blute des Afrikaners, der sich ohnehin nur unheimlich fühlt in den Formen des feinern Lebens. So wäre gleich die Erzählung von Cassio's Traumreden weniger als Nichts für einen seines Verstandes noch mächtigen Hörer. Aber sie ist meister-

haft berechnet, das bereits erregte Blut vollends zu ent-
zünden. Nicht mehr bedeutet das Geschwätz von dem Tuche.
Aber schon sieht und hört Othello nicht mehr. Sein, des
Feldherrn, des gereiften Mannes, Aufbrausen hat nur zu
viel Aehnlichkeit mit dem plötzlichen Toben des römischen
Volkes an Cäsar's Leiche.

In der Eröffnungsscene des vierten Akts nähert sich
der tödtliche Wahnsinn bereits seinem Siedepunkte. Othello
fällt in Ohnmacht bei Jago's handgreiflich erlogener Geschichte von Cassio's ehrenrührigem Prahlen mit Desdemona's Gunst. So ist er auch in der Verfassung, bei der
plumpen Komödie, welche Jago mit dem Nichts ahnenden
Cassio aufführt, den Geprellten zu spielen. Das Weitere,
der Ausbruch gegen das Nichts ahnende Weib in Gegenwart der ganzen Gesellschaft und vollends die scheußliche
Mordkatastrophe * — Alles das ist kaum mehr vom Geiste
beherrschte, dramatische Handlung zu nennen. Es ist die
siegreiche Empörung des kochenden Blutes gegen das Gehirn,
eine ernste und gewaltige, aber kaum mehr künstlerisch schöne
Warnung vor der Bestie, die im Menschen schlummert.

Ganz besonders wird das Grausen der Schlußscene
gesteigert durch einen Zug Desdemona's, in welchem Shakspeare wieder einmal recht augenscheinlich alle Gefühlsregungen, und wären sie noch so verlockend, der Wahrheit seiner
Charakterzeichnung zum Opfer bringt. Ich meine Desdemona's Jammer um Erhaltung des Lebens. Gewiß, ihre
Liebe ist noch treu, rein und stark. Aber es bleibt doch
ein Unterschied zwischen dem mächtigen Zuge des Herzens
zu dem gleichartigen, mit heiliger Sympathie uns anzie-

henden Wesen und zwischen der Hingabe eines mit der
Leidenschaft noch nicht bekannten Gemüths an ein aus der
Phantasie gebornes Ideal. Julia hätte vor Romeo schwerlich um ihr Leben gebettelt, wenn sie einmal unwiederbringlich seine Liebe verloren!

Es ist eine wahre Wohlthat für unser gemartertes Gefühl, wenn nun endlich nach dieser grausigen Gewitternacht,
über diesem von Blitzen beleuchteten Chaos der Sturm
schweigt, wenn endlich die Sonne der wiedergekehrten Vernunft dem ernsten Werk der Gerechtigkeit leuchtet. Wir
scheiden von dem Gedicht, reicher um eine Fülle von Anschauungen aus der Tiefe menschlichen Seins und Empfindens, durchdrungen von Ehrfurcht vor des Dichters sittlicher
Hoheit, von Bewunderung seiner unvergleichlichen Gestaltungskraft, aber ohne jene freudige und muthige Erhebung
der Seele, welche sonst die kennzeichnende Wirkung selbst
seiner ernsteren Werke ist. Wir werden bald Gelegenheit
finden, uns noch mehr in diese ehrfurchtgebietenden Schatten,
in das innerste Heiligthum seiner tragischen Weltansicht zu
vertiefen.

Anmerkungen zur neunzehnten Vorlesung.

¹ (S. 269.) Eine gedruckte Ausgabe des Othello ist bei Leb-
zeiten Shakspeare's nicht erschienen. Das Stück wurde erst am 6. October 1621, also mehr als 5 Jahre nach dem Tode des Dichters,
als Eigenthum des Thomas Walkley in das Londoner Buchhändler-
Register eingetragen. Die wirkliche Ausgabe, wohl durch die Censur
etwas verzögert, erfolgte erst 1622. Sie nennt ausdrücklich Shakspeare als den Verfasser, „einen Mann, dessen Name hinreiche, seinem
Werke Käufer zu schaffen", sowie die beiden bekannten Theater der
Shakspeare'schen Gesellschaft, den Globe und Black-Friars, als Orte
der oftmaligen Aufführung. Der Text der ein Jahr später erschienenen Folio-Ausgabe weicht von dem dieser ersten Veröffentlichung
mehrfach ab. Delius hält ihn für den ursprünglichen, vom Dichter
selbst vielfach verbesserten, während jene erste Ausgabe die der Bühne
angepaßte Redaktion wiedergebe.

² (S. 269.) Der Schluß der Novelle lautet (nach Delius,
Othello, Einleitung S. IV.) wie folgt: „Die Signori, als sie die
Grausamkeit vernahmen, die der Barbar an ihrer Landsmännin verübt hatte, ließen ihn in Cypern ergreifen und nach Venedig schaffen,
und suchten mit vielen Martern die Wahrheit aus ihm heraus zu
bringen. Aber er, mit der Kraft seines Geistes jede Tortur über-
windend, leugnete Alles so hartnäckig, daß man Nichts von ihm erfahren konnte. Aber wenn er auch, vermöge seiner Standhaftigkeit,
dem Tode entging, so wurde er nichts desto weniger, nachdem er viele

Tage im Gefängniß gewesen, zu ewiger Verbannung verurtheilt, in welcher er endlich von den Verwandten der Frau, wie er es verdiente, umgebracht wurde. Der Fähnrich ging in sein Vaterland, und, da er nicht von seiner Gewohnheit lassen konnte, klagte er einen Gefährten an, daß derselbe ihn ersucht habe, einen Feind, einen Edelmann, um-zubringen. Wegen der falschen Anklage auf die Tortur gespannt, starb er, nach Hause zurückgebracht, elendiglich an den Folgen der Marter. So rächte Gott Desdemona's Unschuld. Und diesen ganzen Hergang erzählte die Frau des Fähnrichs, welche um die That wußte, nach seinem Tode, wie ich es Euch erzählt habe."

³ (S. 276.) Shakspeare fand für diese Auffassung einen deut-lichen Wink seiner Novelle. „Es begab sich", heißt es dort, „daß eine tugendhafte Dame von ausgezeichneter Schönheit, Desdemona genannt, nicht von weiblicher Begierde, sondern von dem Verdienst des Mohren angezogen, sich in ihn verliebte."

⁴ (S. 290.) Die Anlage und Durchführung Jago's ist um so bedeutsamer, da Shakspeare sie ganz im Gegensatz gegen die novel-listische Ueberlieferung schuf. Bei Cinthio ist der Fähnrich einfach ein abgewiesener Liebhaber Desdemona's, der nach Art gewöhnlicher Neidharte an dem Besitzer des vergeblich umworbenen Weibes und an diesem selbst durch Erregung falschen Verdachtes sich zu rächen sucht. Shakspeare schwächte dies einfache, fast triviale Motiv bis zur Un-kenntlichkeit, um die intellectuelle Seite der Verruchtheit gegen die bloß pathologische schärfer hervortreten zu lassen. Die Selbstsucht bleibt hier wie überall die Wurzel des Uebels. Aber sie wirkt nicht als akute Entzündung, sondern als ein chronisches Uebel, welches im Verlauf seiner Entwickelung den ganzen geistigen Organismus umge-staltet. Was im Aaron des „Titus Andronikus" als rohes Factum auftrat, der mit dämonischer Lust geführte Krieg einer starken Natur gegen die Gesellschaft, diese dunkelste und unheimlichste Erscheinung auf dem Gebiet sittlicher Zustände, wird vom Dichter hier in ihre innersten Quellen verfolgt. Shakspeare zeigt ihre Möglichkeit, ihre Entstehung und ihren nothwendigen Verlauf, und entschädigt durch die logische Klarheit und Sicherheit dieser Entwickelung für den Wi-derspruch, mit welchem sie den normalen Bedingungen unsers Fühlens und Handelns entgegentritt.

* (S. 298.) Diese Katastrophe, so scheußlich sie ist, erscheint gegen die Erzählung des Novellisten noch sehr gemildert. Dort wird Desdemona erst mittelst eines mit Sand gefüllten Strumpfes von Othello und dem Fähndrich zu Boden geschlagen. Dann zerschmettern die Beiden ihr den Kopf, und endlich muß die eingerissene Decke des Zimmers dem Tode den Anschein eines zufällig erfolgten geben.

Zwanzigste Vorlesung.

König Lear.

Geehrte Versammlung!

Dieses herbste und düsterste der Shakspeare'schen Trauerspiele verdankt seinen Ursprung, ebenso wie „Julius Cäsar", „Macbeth" und „Othello", den ersten Jahren des siebzehnten Jahrhunderts, jener hochwichtigen Epoche, da der Dichter im Vollbesitz genialer Schöpferkraft und künstlerischer Erfahrung an die kühnsten, tiefsinnigsten Probleme sich wagte. „König Lear" ist jedenfalls zwischen den Jahren 1603 und 1606 entstanden. Nach 1603: Denn die Namen der von Edgar im verstellten Wahnsinn angerufenen Teufel sind einer Brochüre dieses Datums entnommen, den „Popish Impostures" (Pfaffen-Ränke) von Harsnet. Der Verfasser schildert hier, wie mehrere Jesuiten den Aberglauben frommer Weiber für ihre Gewinnsucht ausgebeutet hatten. Im Hause eines Katholiken, eines gewissen Puckham, waren zwei Diener und drei Kammermädchen als Besessene kurirt worden. Die Sache war vor die Gerichte gekommen, und aus den dabei abgelegten Bekenntnissen entnahm Shakspeare alle

die malerischen Einzelheiten über das Treiben des bösen
Feindes und seiner dienstbaren Geister, mit welchen Edgar
seine phantastischen Declamationen herausputzt. Vor 1606
aber: Denn bei Eintragung des Stückes in das Londoner
Buchhändler-Register wird ausdrücklich bemerkt, daß „König
Lear" zu Whitehall vor dem Hofe aufgeführt wurde, zu
Weihnachten 1606. Die Sage, welche der Dichter benutzte,
gehörte offenbar zu den populären Stoffen, welchen die ver-
schiedenartigsten Darsteller wetteifernd sich zuwandten. Shakspeare fand sie bei Holinshed, seinem Lieblingschronisten, in
einfachster Gestalt [1] und ohne tragischen Ausgang, als die
Geschichte von der Vertreibung und glücklichen Wieder-Ein-
setzung des König Lear. Auch eine dramatische Bearbeitung
war 1594 erschienen von Eduard White; Spenser hatte König
Lear im zehnten Buch seiner Fairy Queen besungen; eine no-
vellistische Behandlung desselben Helden erschien 1605 unter
dem Titel: The true Chronicle History of King Lear
and his three daughters Goneril, Regan and Cordelia;
und für die zweite, in die Geschichte Lear's kunstreich ver-
flochtene Handlung, für seinen Gloster, Edmund und Edgar
fand Shakspeare wenigstens eine Anregung in einer Stelle
von Sidney's Arcadia. [2] Wie sehr die vor uns liegende
Tragödie das Publikum ansprach, das beweisen schon die
drei in dem gleichen Jahre 1608 erschienenen Quart-Aus-
gaben. [3] „Lear" scheint auf Shakspeare's Zeitgenossen einen
ebenso starken und ebenso günstigen Eindruck gemacht zu
haben, als „Hamlet", „Macbeth", „Heinrich IV." und die
andern auserlesenen Meisterstücke seiner dramatischen Kunst.

Bekanntlich haben die folgenden Jahrhunderte dies

Urtheil keineswegs in dem Maaße bestätigt, wie bei „Macbeth" und „Hamlet". „König Lear" ist die einzige der
großen Tragödien Shakspeare's, welcher der unparteiische
Berichterstatter bei unserm lesenden und zuschauenden Publikum kaum mehr als einen Succès d'Estime nachrühmen
darf. Er hätte vielleicht gar nicht Zugang zu der modernen Bühne gefunden, wenn die wunderbare Wirkung der
berühmten pathetischen Glanzstellen nicht seit Schröder's Zeit
den Wetteifer unserer tragischen Virtuosen entzündet hätte.
Aber über das Staunen vor diesen unwiderstehlichen Effecten sind Künstler und Zuschauer selten hinausgekommen.
Die bekannte Abneigung eines großen Theils unserer Da-
menwelt gegen das eigentliche Wesen der Shakspeare'schen
Tragik pflegt den Schauerscenen dieses Gedichts ihre Haupt-
Anklagen gegen den Dichter zu entnehmen. In England
ist man seit Garrick's Zeit so weit gegangen, daß man den
Gang der Handlung vollständig änderte und der Tragödie
einen versöhnenden Schluß gab. Bei den Vorstellungen in
Drury-Lane und Covent-Garden zieht sich eine Liebschaft
zwischen Edgar und Cordelia durch die Schauerscenen der
tragischen Handlung. Am Ende siegt die gerechte Sache,
Lear stirbt nicht, sondern zieht sich mit Kent in die behag-
liche Muße des Klosters zurück, alle Bösen werden gezie-
mend bestraft; nachdem „das Laster sich gründlich erbrochen",
setzt an Edgar's und Cordelia's Hochzeitsfeste die Tugend sich
fröhlich zu Tisch. Es ist nun nichts leichter, als bei solchen
überkühnen Eingriffen in die Majestäts-Rechte des Dichter-Kö-
nigs einfach über die Barbarei des Zeitalters den Stab zu brechen
und den Einwänden und Erfahrungen der Bühnen-Vorstände

II. 20

begeisterte Exclamationen über die wunderbare Größe, über die geheimnißvolle, unergründliche Tiefe des Dichters ent= gegenzustellen. Dergleichen Speculationen auf die Zauber= gewalt eines berühmten Namens sind aber wenig geeignet, das Urtheil zu schärfen und einen fruchtbringenden Genuß des Kunstwerks zu fördern. Sie sind am wenigsten am Orte einem Dichter gegenüber, der wie Shakspeare in der Welt des kühnen, fesselosen Gedankens so recht seine geistige Heimath hat, dessen Tragik namentlich aus der Auflehnung der individuellen Entwicklung gegen alle Formen der Auto= rität ihre beste Kraft schöpft: und vollends wenn von einem Gedichte die Rede ist, in welchem diese scharfe Luft einer objectiven, voraussetzungslosen Weltanschauung durch alle Illusionen des Herzens so unbarmherzig daherfährt, als in dem Trauerspiel von dem unglücklichen König und seinen unnatürlichen Töchtern. Wenn irgendwo, so wird hier die besonnenste Prüfung zur Ehrenpflicht gegen den Dichter, der, wenn irgend einer, in der Lage ist, die Gunst der Mode und die Pietät übereifriger Bewunderer gern zu entbehren.

Soviel zeigt ein flüchtiger Blick auf die in seltenem Maaße reiche und bedeutungsvolle Handlung: Shakspeare macht hier an die Nerven der Zuschauer stärkere Ansprüche, als, den „Titus Andronikus" und „Othello" ausgenom= men, in irgend einem seiner übrigen Dramen, und nicht nur unsere Nerven, auch unsere Phantasie, unsere gläubige Hin= gebung wird mit gewöhnlichen Leistungen schwerlich dem Dichter genügen. Man erinnere sich: Ein alternder König beschließt, sein Reich seinen Töchtern und deren Männern abzutreten, um seine letzten Jahre in Ruhe zu genießen.

Die Größe seiner Gaben knüpft er in öffentlicher Versammlung an Leistungen in höfischer Schmeichelei, die er sich selbst
ausdrücklich bei seinen Kindern bestellt. So kommt sein
Lieblingskind, das zu gewinnsüchtiger Lüge sich nicht ernie-
drigen mag, um des Vaters Liebe und um ihr Erbe. Der
Vater läßt sie mit dem fremden Manne ziehen, dessen Edelmuth und Menschenkenntniß die Verstoßene zu würdigen
weiß. Sein Fluch ist ihre Ausstattung. Natürlich fällt er
bald genug auf ihn selbst zurück. Die Dienstbeflissenheit
der bevorzugten Schmeichlerinnen verwandelt sich erst in
Kälte, dann in offene Mißachtung und herzlosesten Abfall.
Wahnsinnig, in ohnmächtiger Wuth, von Sturm und Gewitter auf öder Haide umtost, dann mit genauer Noth vor
den Mordplänen der Kinder geflüchtet, wird der königliche
Greis zum ergreifendsten Gegenstande des Mitleids und der
tragischen Rührung. Aber nicht er allein windet sich unter
den zermalmenden Schlägen des Schicksals. Wie er in
hastiger, übermüthiger Laune die Lieblingstochter, so hat
Gloster, sein treuer Diener, in leichtgläubiger Furcht den
einzigen Sohn verstoßen. Bald genug wird auch diese
Schwäche furchtbar gestraft. Gloster's Verbindungen mit
den Freunden des gemißhandelten Königs werden durch denselben Buben verrathen, der seinen jähzornigen Eifer gegen
den Sohn zu stacheln verstand. Wir sehen eine Execution
mit an, wie die Geschichte der Bühne sie kaum weiter kennt.
Lear's jüngere Tochter, die sanftere der beiden Unholdinnen,
sie verhöhnt und mißhandelt den wehrlosen, gefesselten Helden. Ihr Gemahl tritt ihm die Augen aus und läßt ihn
dann auf die Landstraße werfen, und nun zeigt sich dem

20*

durch alle diese Greuel aufs Unbarmherzigste überreizten Auge
ein Doppelschauspiel von ungeheuerster Tragik. Hier der
geblendete, blutende, geächtete Vater, geführt von dem hochherzigen Sohne, welchen sein besinnungsloser Jähzorn ins
äußerste Elend stieß. Dort der König, von den eignen
Kindern verfolgt, mit den Schauern des Wahnsinnes ohn-
mächtig ringend, unter dem Schutze des treuen Vasallen,
welchen seine übermüthige Despotenlaune geächtet hat. Und
noch ist das Schlimmste zurück. Zwar daß die Nichtswür-
digen, von eigensüchtigem Haß entbrannt, Einer des Andern
Geißel werden: darin sehen wir weit eher eine Milderung
als eine Schärfung des tragischen Affects. Mit einer gewissen Genugthuung verfolgen wir die verderbliche, aufkei-
mende Liebe der beiden gekrönten Furien zu dem einen
Manne, dessen geniale Ruchlosigkeit ihnen imponirt, während
sie ihm einfach Werkzeuge für seine selbstsüchtigen Bestrebungen sind, gerade wie alle übrigen Menschen im Bereiche
seines Einflusses. Wir rufen dem Diener Beifall zu, der
den hochfürstlichen Henker Gloster's, den grimmigen Cornwall auf der Stelle erschlägt, und in der Eifersucht Goneril's und Regan's sehen wir ihre und Edmund's, des
gemeinsamen Geliebten, Züchtigung mit Befriedigung sich
vorbereiten. Nun aber erscheint Cordelia, des Königs hoch-
herzige, durch Beleidigung und Unglück nur sittlich erhobene
Tochter. Sie tritt für den Vater ein mit der Macht ihres
Gatten, mit der Zaubergewalt ihres Namens und der gerechten Sache, der sie ihr Leben freudig anvertraut. Und
siehe da, das Schicksal entscheidet gegen sie. Besiegt, gefangen, stirbt sie den schmählichsten Tod, während Aufschub

von wenigen Minuten sie gerettet hätte zu Ehre, Friede und Glück. Der alte Lear bekommt seine Besinnung nur wieder, um seiner Verschuldung mit entsetzlicher Klarheit inne zu werden, um die angebetete, wieder gewonnene Tochter vor seinen Augen erwürgen zu sehen und dann dahin zu fahren in dem Jammer des gebrochenen Herzens. Fast reuelos, in ungebrochenem Trotz verfallen Regan und Goneril gegenseitiger Vernichtung. Edmund, der Schlimmste von Allen, stirbt im Männerkampf mit dem vollen, stolzen Bewußtsein seiner genialen Kraft, mit dem triumphirenden Ausruf:

„Edmund ward doch geliebt!"

Und nur ein schwacher Lichtschimmer erhellt zum Schluß dies grausige Chaos, diese Orgie der satanischen siegreichen Bosheit, als endlich in Albanien's und Edgar's Hände die Leitung der Dinge fällt und als Albanien die Aussicht auf eine bessere Zukunft eröffnet, in den Worten:

„Dem Aeltsten war das schwerste Loos gegeben,
Wir Jüngern werden nie so viel erleben!"

Dies in der Kürze die Handlung dieser Tragödie, eine fast ununterbrochene Reihe von Ausbrüchen leidenschaftlichen Unverstandes und hartherziger Selbstsucht, gegen welche der edelmüthige Heldensinn fast immer den Kürzern zieht. Und dabei kann von der zweideutigen Entschuldigung gar nicht die Rede sein, welche aus einer sonst wohl vorkommenden Beeinflussung des Dichters durch einen einmal vorliegenden populär gewordenen Stoff sich herleiten ließe. Shakspeare hat gerade hier sehr frei mit seiner Chronik geschaltet. Er hat die Sage mehrfach umgestaltet, er hat sie durch Zusätze vermehrt, und alle diese Abänderungen zeigen dieselbe Ten-

denz: Sie werfen die dunkelften Schlagfchatten über das
ohnehin düftere Gemälde, fie find fichtlich darauf berechnet,
die tragifchen Stimmungen zu fchärfen, das Schreckliche bis
zum Graufigen zu fteigern; fie verfagen fich fo fpröde als
möglich der Ideenverknüpfung, welche die nach Glück und
Genuß vornämlich trachtenden Sterblichen zwifchen Verdienft
und äußerem Erfolg fo gerne aufrecht erhalten. Daß·die
Chronik der gerechten Sache Lear's und Cordelia's zum
Siege verhilft, wurde fchon oben erwähnt. Die Ballade in
Percy, **Reliques of ancient English Poetry**, läßt zwar
Cordelia in der Schlacht fallen und den alten König an
ihrer Leiche fterben. Doch, abgefehen davon, daß auch fo
die Härte der Shakfpeare'fchen Dichtung bei Weitem nicht
erreicht wird, ift diefe Ballade höchft wahrfcheinlich erft nach
dem Trauerfpiel entftanden. Die entfetzliche Epifode der
Glofter'fchen Familie, alfo gerade die erfchütterndften Scenen, wurden aus Sidney's Arcadia entlehnt und mit vollendeter Kunft in die Lear=Sage verflochten. Gerade hier
zeigt fich die höchfte Virtuofität der Behandlung, gerade in
diefen Auftritten thut der Dichter die tieffinnigften, deutungs-
vollften Ausfprüche über feine Auffaffung menfchlicher Schick-
fale und menfchlichen Strebens. Faft jeder Vers zeigt hier
Shakfpeare's Genius in angefpannftefter Kraftäußerung; der
äfthetifche und philofophifche Betrachter fühlt fich zu enthu-
fiaftifcher Bewunderung, zu angeftrengtefter Beobachtung
hingeriffen, während das von materieller, pathologifcher
Theilnahme beherrfchte Gemüth fchaudernd fich abwendet.
Wir fühlen und fehen: der Dichter arbeitet mit bewußtefter
Intention. Von Einwirkung fremder Einflüffe, vollends

von Flüchtigkeit ist auch entfernt nicht die Rede. Und wo
dem Erforscher Shakspeare's diese Ueberzeugung sich auf=
dringt, da wird ihm die gewissenhafteste, besonnenste Er=
wägung jedes Umstandes, das schärfste Eindringen in das
Gewebe des Gedichts zur ebenso erfreulichen, als unabweis=
baren Pflicht. Denn er weiß, daß sie, wenn nicht immer
mit bedingungsloser Billigung des Kunstwerkes, so doch ganz
gewiß mit einer reichen ästhetischen und sittlichen Ausbeute
sich lohnt. Schicken wir uns denn an, dieser Aufforderung
des Gegenstandes nach bester Kraft zu genügen.

Wo die Vorgänge eines Drama's sich über die Ver=
hältnisse des gewöhnlichen Laufes der Dinge in so verwege=
nem Schwunge erheben, wie in dieser Tragödie, da liegt es
unserer historischen Betrachtungsweise nahe, für die Beur=
theilung des Einzelnen in den eigenthümlichen Zuständen
der geschilderten Zeit sich den billigen und aufklärenden
Maaßstab zu suchen. Auch für die Erklärung und ästheti=
sche Würdigung „Lear's" ist diese Methode mehrfach ver=
sucht worden. Gervinus namentlich, in seiner bekannten
Neigung und Begabung für kulturhistorische Behandlung
der Literar=Geschichte, gründet auf solche Erwägungen vor=
zugsweise seine Auffassung des Stücks. Wie in „Hamlet"
und „Macbeth", soll auch im „Lear" die chaotische, un=
gebändigte Kraft der nordischen Urzeit zu dramatischer Ge=
staltung kommen. Die Zeit sei eine heidnische, der Zufall
regiere das Leben, rücksichtslos wüthe die Leidenschaft in
den Herzen der Menschen, kein Gewissensbiß nage die Ver=
brecher, Alles, selbst das Gute, gehe in Extreme.

„Es sei eine Menschheit, an die noch keine Kultur

herangetreten, die noch von keiner Religionssatzung wisse,
von keiner Erziehung, von keinem Sittengesetze." Demge=
mäß verlangt der berühmte Literator bei der Darstellung
eine rohe Architektur, wilde Gegenden, öde Prospecte, ge=
drungene, hunnische Derbheit in Figuren und Tracht. Tieck's
Bemerkung, das Kostüm sei hier gleichgültig, wird als ver=
kehrt zurückgewiesen. Wir wollen die Zweckmäßigkeit eines
solchen Zeitkostüms für eine Handlung von dieser düstern
Größe an sich nicht bestreiten. Aber daß Shakspeare an
dergleichen gedacht habe (so weit die Einrichtung seiner ein=
fachen Bühne das zuließ), daß kulturhistorische Anschauun=
gen und Parallelen ihm im Sinne lagen und daß er mit
Bewußtsein danach seine Charaktere gezeichnet, dagegen muß
eine, dem Text keine Gewalt thuende Auffassung des Stücks
sich denn doch entschieden verwahren. Schon mit dem Hei=
denthum der Zeit hat es eine eigne Bewandtniß. Es ist
ganz richtig, daß zu wiederholten Malen die Götter hier
angerufen werden, statt der christlichen Heiligen. Nament=
lich Lear erweist sich „als ein starker Mythologist"; er hat
Jupiter und Apollo bei jeder Gelegenheit im Munde, gerade
wie das in Shakspeare's Zeit bei philologisch gebildeten
Männern, selbst bei Geistlichen jeden Ranges, ganz gewöhn=
lich war. Aber neben diesen heidnischen Redeblumen gehen
Ausdrücke, Gleichnisse, Betheuerungen so recht aus dem in=
nersten Kern der christlichen Gewohnheit ganz unbekümmert
ihren Weg. So ist Edgar der Pathe des Königs. In
seinen erkünstelten Irrereden werden alle Jesuiten=Teufel
namentlich geschildert, Sanct=Withold macht mit seiner Nacht=
mähr und ihren neun Füllen Parade, der Irrsinnige wird

von Kirchspiel zu Kirchspiel gepeitscht. Dem Narren ist
Hofweihwasser lieber, als der Regen draußen; er spricht von
wortheiligen Priestern, vom Verbrennen der Ketzer, vom
Kirchenbann. Und wie hier die religiösen Vorstellungen,
so sind in unzähligen Andeutungen die Sitten ganz die
eines policirten Zeitalters, geradezu des Shakspeare'schen Jahrhunderts. Edgar, in seiner vorgeblichen Tollheit, schildert
ganz das ausschweifende Hofleben einer raffinirt üppigen
Zeit. Er spricht von Wein, Würfeln, Weibern, von den
Handschuhen an seiner Kappe, von zierlich gekräuseltem Haar,
von Bordellen, Schuldbüchern und Schürzen, ja von dem
Großtürken. Ganz ebenso weiß der Narr scharfe Witze zu
machen über Schneider und Junker, über die Schulden der
Hofleute und des Adels. Edmund hat sich neun Jahre im
Auslande gebildet und soll wieder dorthin: Lear nennt die
rohen Scythen in ausdrücklichem Gegensatz gegen die eigene
Zeit und das eigene Volk. Daß Edgar bewaffnet gehe,
wird so auffallend gefunden, wie es heute in einer ruhigen
Stadt wäre, und die Umhersendung seines Bildnisses in
alle Häfen des Reiches läßt auf eine wohlorganisirte Polizei
schließen, die vor der des neunzehnten Jahrhunderts sich
gar nicht zu schämen brauchte.

Man sieht, von Einhaltung irgend eines bestimmten
historischen Kostüms, von bewußter Berücksichtigung cultur-
geschichtlicher Voraussetzungen ist bei dem Dichter gar nicht
die Rede. Aber allerdings ist die Zeit der Handlung darum
noch lange kein ruhiges Alltagsleben nach unserem Schnitt.
Shakspeare hat die dichterische Perspective nicht außer Acht
gelassen, welche die Gestalt des Einzelnen durch die Ver-

hältniſſe des um ihn auf⸗ und abfluthenden Lebens zu heben
oder herabzudrücken vermag, und ohne deren richtige Be⸗
rechnung ſich der Maaßſtab des ſittlichen Urtheils bedenklich
verſchieben muß. Auf eine ſchwere, ſtürmiſche Zeit werden
wir ausdrücklich vorbereitet. Gloſter's Ahnungen entwerfen
von ihr ein vorläufiges Bild:

„Liebe erkaltet, Freundſchaft fällt ab, Brüder entzweien
ſich, in den Städten Meuterei, auf dem Lande Zwietracht,
in Paläſten Verrath, das Band zwiſchen Vater und Sohn
zerriſſen.” Und Edgar wiederholt und vervollſtändigt es
ſpäter: „Tod, Theurung, Spaltung im Staat, Drohungen
und Verwünſchungen gegen König und Adel, Auflöſung des
Heeres, Trennung der Ehen ꝛc.” Alles das ſind Krank⸗
heitserſcheinungen der Geſellſchaft, zum Glück ſtets vorüber⸗
gehend, wie das hitzige Fieber im Körper des Einzelnen,
und allen Kulturſtufen gemein, ſo wie vor der Seuche König
und Bettler gleich ſind. Haben wir doch trotz unſerer ge⸗
rühmten Kultur darin ſattſame Erfahrungen gemacht!

Schon Gloſter's Ausruf: „Wir haben das Beſte un⸗
ſerer Zeit geſehen!” er erinnert an eine beſſere Vergangen⸗
heit und ſtellt die maaßloſen Leidenſchaften der auftretenden
Hauptcharaktere als Abnormitäten hin. Er bringt das un⸗
heimliche Gefühl, welches in ſolchen geſellſchaftlichen Kriſen
jeden Einzelnen durchſchauert, in der poetiſch⸗phantaſtiſchen
Weiſe auch noch der Shakſpeare'ſchen Zeit, mit ſeltſamen
Naturerſcheinungen in Verbindung. Sonnen⸗ und Mond⸗
finſterniſſe müſſen das Unheil in der ſittlichen Welt ver⸗
künden, ſo wie bei Cäſar's Tod die Erde in ihren Grund⸗
veſten erbebte und der feurige Himmel „den Fürſtentod

herabflammte". Wir haben auf Großes, Außerordentliches
uns gefaßt zu machen. Der Dichter nimmt jene dämonische Erregung einer ganzen Zeit, eines Geschlechts, als Thatsache hin, welche in ihren letzten, geheimsten Gründen auf-
zuspüren und darzustellen seine Kunst weder die Macht, noch
den Beruf hat. Die Mittel des Drama's erschöpfen sich
in der Aufgabe, jeden Einzelnen in der einmal gegebenen
Atmosphäre und Umgebung seiner besondern Anlage und
seinen Verhältnissen und Interessen gemäß handeln zu lassen.
Doch mag immerhin von der Gestaltung dieser Einzel-Erschei-
nungen ein vorsichtiger Rückschluß auf das Wesen und die
Ursachen des an dem ganzen Organismus rüttelnden Fiebers
erlaubt sein, und von der richtigen und besonnenen Verbindung beider Beobachtungs- und Schlußreihen wird die
gründliche Würdigung und das volle Verständniß des Ganzen wesentlich abhängen. Versuchen wir denn in diesem
Sinne, durch sorgsame Betrachtung der maaßgebenden Charaktere, die Intentionen des Dichters bei deren Gestaltung
und bei Verknüpfung der Handlung mit möglichster Beseitigung aller Willkür zu deuten.

Im Mittelpunkt des Ganzen steht Lear, als Träger
der Handlung, wie als Gegenstand des tragischen Interesses.
Lange, glücklich, gewaltig und gewaltthätig hat er geherrscht,
den Freunden, den Begünstigten gnädig, den Gegnern furchtbar, von dem Zauber der „Hoheit" umgeben, „jeder Zoll
ein König". Ein typisches Bild des gesättigten Glückes,
führt ihn der Dichter in dem Augenblicke uns vor, da er,
abgespannt durch die Genüsse der höchsten Gewalt, in einem
überschwänglichen Gnadenakt (oder sagen wir lieber in einem

Anfall übermüthiger Laune?), da er im Begriff steht, sich
des Reichs zu entäußern. Goethe hat die Scene absurd
genannt. Dem entgegen hat die neuere Kritik sie mehrfach
als vorwurfsfrei und unübertrefflich vertheidigt, gewiß Angesichts jener harten Verurtheilung nicht ganz ohne Grund,
aber doch auch schwerlich mit überzeugendem, unbedingtem
Erfolge: Es ist ohne Zweifel nur zu natürlich, daß ein
heißblütiger, durch lange Uebung unbedingter Gewalt ver-
wöhnter Herr seine Kinder, wie seine Diener, nicht nach
ihren Thaten lohnt, sondern nach der Geschicklichkeit, mit
welcher sie seine Eigenliebe zu kitzeln wissen. Wo machte
denn je der Schmeichler nicht bessere Geschäfte, als der redliche, treue und darum nothwendig immer selbstständig denkende
und gelegentlich auch selbstständig redende Diener? Aber im
Gedicht, und vollends im Drama, ist der Inhalt einer
Scene von ihrer Form nicht auf dem Verstandeswege zu
trennen. Und die Form, in welcher Lear's Despotenlaune
an dieser Stelle sich kundgiebt, sie findet doch wahrlich nur
als Symbol einer ganzen Reihe zu errathender Vorgänge
ihre natürliche und richtige Deutung. Ist es nicht das
Benehmen eines schon im Verstande gestörten Menschen,
wenn der Vater den Kindern in feierlicher Versammlung die
Schmeichelei wie ein Exercitium aufgiebt, wenn er dem be-
stellten Wortschwalle die baare Belohnung dabei ausdrücklich
vorhält, so daß hier selbst für die abgehärtete Eitelkeit des
in Huldigungen aufgewachsenen Monarchen eine Täuschung
unmöglich wird! Und dazu ist die Scene die erste dieser
Rolle! Sie berechtigt uns, einen regierenden König zu erwarten, und gleich die ersten Worte sind die eines Mannes,

der einen Sparren zu viel hat. Mich dünkt, Shakspeare läßt hier in der Motivirung und Dramatisirung der von der Sage überlieferten Thatsache seine gewöhnliche Sorgfalt doch etwas vermissen. Ganz gewiß wird dieser Mangel durch die trefflichen Aufklärungen der nachfolgenden Scenen bedeutend gemildert. Aber die spätere Befriedigung des Verstandes kann uns im Gedicht nicht dafür entschädigen, wenn die Phantasie von vorn herein mit vollem Rechte sich beklagen durfte.

In frevelhaftester Weise wird durch den Jähzorn des alten, an Anbetung gewöhnten Herrschers der Schicksalsknoten geschlungen. In Sicherheit und Selbstüberschätzung, diesen Begleiterinnen höchster, unbeschränkter Gewalt, giebt er die Macht aus den Händen, als ob seine geheiligte Person in sich selbst die Garantien trage gegen alle Wechsel des Glücks. Er hat keine Ahnung von der Verhärtung und Verstockung, welche jahrelange erzwungene Verstellung in kräftig-egoistischen Gemüthern erzeugt. Stets nur mit sich selbst, dem Auserwählten, beschäftigt, hat er das Organ und jeden Maaßstab verloren für Beurtheilung fremder Empfindungen. Aechte Liebe und Treue wirft er übermüthig von sich, wie das gesättigte Kind seine Mahlzeit, nicht ahnend, daß auch ihm die Zeit des Hungers kommen könne. Die uralte und immer neue Geschichte vom Lohn des Herrendienstes, sie tritt in der Behandlung Kent's in einem erschütternden Symbol uns entgegen. Sie bildet den unheimlichen Prolog zu dieser Tragödie, welche die Ernte des launischen, jähzornigen Despotismus in ausführlichster Anschaulichkeit uns vorführt, nachdem sie dessen Aussaat in

einem mächtigen, wenn auch der Form nach gewagten Symbol vorangeschickt hat. Und auf der Stelle keimt die verderbliche Saat. Kaum am Ziele ihrer Wünsche, kehren die
„vielberedten Herzen“ der „weltklugen“ begünstigten Töchter
sich gegen den Wohlthäter, in dessen überreichen Gaben sie
vielleicht nicht ganz mit Unrecht weit mehr übermüthige
flüchtige Laune erblicken, als wirkliche Güte. Sie erwarten
wenig Gutes von dem Manne, der sich stets nur obenhin
kannte, der schon in seinen kräftigsten Jahren zu hastig war,
der seine Lieblinge soeben ins Elend stieß, weil sie einen
Augenblick in bester Absicht seiner Eitelkeit zu nahe traten.
Es ist wenigstens ein plausibler Vorwand für die böse Lust,
wenn kein wahrer, wenn Goneril ausruft:

„Behauptet unser Vater sein Ansehen mit solchen Gesinnungen, so wird jene letzte Uebertragung seiner Macht
uns doch nur zur Kränkung!“

So viel wenigstens wird gleich offenbar: Nur die
Lasten und Pflichten des Königthums hat der altersmüde
Herrscher fortgeben wollen. Daß sein Recht sich damit ver-
ändern könne, das kommt ihm gar nicht in den Sinn. Man
sieht das deutlich aus dem gänzlichen Zusammenbrechen seiner
Haltung, als die Vorstellung von dieser persönlichen, unver-
lierbaren Allmacht zum erstenmale durch die Beschwerden
Goneril's offen gekreuzt wird. Sehr bezeichnend für seine
Anschauung der Sachlage, geht er auf den Inhalt der Klage
auch im Entferntesten nicht ein.

„Bist du meine Tochter?“

Das ist seine einzige Entgegnung, als jene sich über die
Ungebührlichkeiten des königlichen Gefolges beklagt. Es

war eine ungeheure Illusion, die ihn zu der verhängniß=
vollen Abdankung trieb: Der Glaube an seine unzerstörbare,
allumfassende, persönliche Berechtigung, die er ganz unab=
hängig wähnt von dem, was er besitzt und was er kann.
Er begreift kein anderes Verhältniß zu der Gesellschaft als
Anspruch, Recht und Gnade auf seiner, Bitte, Dankbarkeit,
Ergebenheit auf aller Uebrigen Seite. Natürlich fällt der
ganze luftige Bau über den Haufen, sobald auch ihm das
öffentliche Geheimniß klar wird, daß jene mystische Herrscher=
größe mit der materiellen Macht zu Boden fällt und daß
der launische Despot in den Günstlingen, und wären es die
eigenen Kinder, sich nur heimtückische Sklaven erzieht, nach=
dem er die edlern, selbstständigern Naturen als mißliebige
Opponenten, als Menschen ohne Hofmanieren beseitigt hat.
Maaßlose, jeder Besinnung unfähige Wuth setzt Lear dem
ersten Widerspruch entgegen, dem er vielleicht seit vielen
Jahren begegnet. In Schaum und Gischt wirbelt er auf,
wie der Waldstrom um das in seine Fluth hinabrollende
Felsstück. Dem wohlmeinend fragenden Albanien giebt er
gar keine Antwort. In einem halb wahnsinnigen Fluch
überstürzt sich sein Ingrimm gegen Goneril, „das undank=
bare Kind, die ihn schärfer verwundet als Schlangenzahn".
Wer wollte das Entsetzliche seiner Lage nicht fühlen! Aber
sein unsinniges Aufbrausen schwächt unausbleiblich den Tribut
des Mitleids durch den Ungestüm, mit dem es ihn fordert.
Wir erinnern uns unwillkürlich der alten Erfahrung, daß
Undankbarkeit den wahren, d. h. den uneigennützigen Wohl=
thäter nur selten verletzt, oder daß ihr Gift doch keine Ge=
walt hat über das beglückende Bewußtsein der ächten Hu=

manität, die in der freien Hingebung an die sittliche Noth-
wendigkeit gegründet ist, und nicht in dem von den Wellen
der Leidenschaft durchwühlten Triebsande des selbstsüchtigen
Interesses. Von jener Hingebung freilich ist in dem Benehmen des jähzornigen Königs gar wenig zu spüren. Rache,
Gewalt, Zurücknahme der Schenkung ist sein erster Gedanke.
Daß er durch seine Abdankung in ein von seinem guten
Willen nunmehr ganz unabhängiges Rechtsverhältniß ge-
treten, der Gedanke findet unter seinen Vorstellungen keinen
Platz. Die Vorahnung des Wahnsinns überkommt ihn in
dem furchtbaren Anprall des blind wüthenden Rachedurstes
gegen das lähmende Bewußtsein der Ohnmacht. Wir sind
beinahe versucht, das unkindliche Pfui! Pfui! der harther-
zigen Regan zu entschuldigen, wenn der Alte bei der bloßen
Erwähnung des Streites mit Goneril gleich in den Fluch
ausbricht:

> „Des Himmels aufgehäufte Rache fall'
> Auf ihr undankbar Haupt; du säh'nde Luft,
> Schlage mit Lähmung ihre jungen Glieder!
> Du jäher Blitz, flamm' in ihr stolzes Auge
> Dein blendend Feu'r! Verpestet ihre Schönheit,
> Sumpfnebel, die der Sonne Macht gebrütet,
> Welkt und vernichtet ihren Stolz!"

Und es bedarf des ganzen, überwältigenden Eindrucks seiner
Ohnmacht und Hülflosigkeit, es bedarf der Mitwirkung der
grandiosesten Natur=Symbolik, damit wir dem in Sturm
und Unwetter auf öder Haide verzweifelnden Alten die ganze
Fülle des tragischen Mitleids zuwenden. Die furchtbare
Pracht der berühmten Scene bedarf keiner Lobpreisung des
Commentators, und ihre gräßliche Naturwahrheit läßt

beinahe jedes über sie verlorene Wort als überflüssige Red=
seligkeit erscheinen. Der Schmerz über den Undank derer,
die er mit Gunst und Glück überhäufte, geschärft durch das
demüthigende Bewußtsein der eignen, unverantwortlichen
Thorheit, er gewinnt die verderbliche Stätigkeit der fixen
Idee, vor deren Gluthhauch die Quellen des geistigen Le=
bens vertrocknen, bis das Phantom des Wahnsinnes über
der dürren, ausgebrannten Wüste unheimlich sich lagert.
Und während das Auge des Unglücklichen sich gegen das
fortschreitende Leben verschließt, enthüllt sich ihm mit uner=
bittlicher Klarheit das eigentliche Geheimniß seiner Vergan=
genheit, der alte Fluch der in den Allmachts=Träumen des
Despoten gipfelnden Selbstsucht:

"Nichts da; es ist kein Verlaß auf sie. Sie sagten
mir, ich sei Alles. Das ist eine Lüge. Ich bin nicht
fieberfest!"

Seine Betrachtungen gehen bis auf den tiefsten, dü=
stersten Grund der kritischen Weltanschauung des Dichters.
Jetzt erst, da der einst Allgewaltige unter dem eisernen Griff
der Nothwendigkeit sich krümmt, jetzt erst wird die Hohlheit
und Lüge der auf den Illusionen der Selbstsucht ruhenden
Gesellschaft ihm klar:

"Dem Hunde im Amte gehorcht man!
Der Wuchrer hängt den Gauner!
Zerlumptes Kleid bringt kleinen Fehl ans Licht,
Talar und Pelz birgt Alles. Hüll' in Gold die Sünde,
Der starke Speer des Rechts bricht harmlos ab;
In Lumpen — des Pygmäen Halm durchbohrt sie.
Kein Mensch ist sündig; keiner, sag' ich, keiner;
Und ich verbürg' es, wenn — versteh', mein Freund —
Wenn er des Klägers Mund versiegeln kann!"

II. 21

So fällt mitten in die Nacht des Wahnſinns der ſcharfe, unerbittliche Strahl der glühenden Wahrheitsſonne, die ge= heimſten Tiefen ſeines Seelenlebens erhellend. Und unter dieſer heilſamen Gluth läutert ſich das edle Gold ſeines Charakters von den Schlacken der Selbſtſucht. Die Kata= ſtrophe findet nur ein Gefühl in ihm: Das beſeligende Bewußtſein der Wiedervereinigung mit der verſtoßenen, im Unglück ächt und treu erfundenen Tochter. Ein goldener Friedensglanz umſtrahlt mit faſt überirdiſchem Licht die un= übertroffene Scene, da nun die Donner des unerbittlich fortzürnenden Schickſals vor den Jubeltönen des mit ſich ſelbſt endlich verſöhnten Herzens machtlos verhallen, da mit der Schwäche der Kindheit auch deren ſelige Gefühls=Ein= heit dem Alten zurückkehrt:

> „Komm fort! zum Kerker, fort! —
> Da laß uns ſingen, wie Vögel in dem Käfig.
> Bitt'ſt du um meinen Segen, will ich knie'n
> Und dein Verzeih'n erfleh'n. So woll'n wir leben,
> Beten und ſingen, Mährchen uns erzählen,
> Und über golb'ne Schmetterlinge lachen.
> Wir hören armes Volk vom Hofe plaudern,
> Und ſchwatzen mit; wer da gewinnt, verliert;
> Wer in, wer aus der Gunſt. Und thun ſo tief
> Geheimnißvoll, als wären wir Propheten
> Der Gottheit: und ſo überdauern wir
> Im Kerker Räkt' und Spaltungen der Großen,
> Die ebben mit dem Mond und fluthen.

Wie nach dieſer Verklärung und innern Reinigung des Dulders die unerbittliche Herbheit des hochtragiſchen Aus= ganges zu rechtfertigen oder doch zu verſtehen ſei; über dieſe ſchwierige Frage halten wir unſer Urtheil billig zurück, bis wir eine vollständige Ueberschau über die Gruppirung der übrigen Charaktere und ihre Entwicklung uns verschafft haben.

Es ist zunächst die Einwirkung Lear's und der von ihm beherrschten und durch den mächtigen Einfluß seiner Persönlichkeit gestalteten Welt auf die harten, selbstsüchtigen Verstandesmenschen, welche unsere Aufmerksamkeit fesselt. Voran stehen Goneril und Regan. Aufgewachsen im Anschauen von Zuständen, deren innere Hohlheit jene Betrachtungen des von der Welt nach langem Schmeicheldienst ausgestoßenen und betrogenen Herrn so lebhaft schildern, durch scharfen Verstand, entschlossene Willenskraft und brennende, begehrliche Selbstliebe für eine Hauptrolle auf dieser Bühne trefflich ausgestattet, haben sie zu wahren Typen dieses trostlosen Treibens sich ausgebildet. Ihrer scharfen Beobachtung blieben die schwachen Seiten des königlichen, ebenso herrschsüchtigen, als edelmüthigen Vaters niemals verborgen. Sie merkten sehr wohl, daß er sich stets nur obenhin kannte, daß er zu hastig war in seinen kräftigsten Jahren. Man kann sich vorstellen, was es ihren störrigen, selbstisch-herrschsüchtigen Naturen gekostet hat, jene Maske tragen zu lernen, welche in den Augen des verwöhnten Herrschers vor dem schlichten Antlitz der Natur wohl schon lange den Vorzug hatte. Es wird ihnen nicht leicht geworden sein, die Kunst zu erlernen, durch welche ihr „vielberedtes Herz" nachher über die Schwester den Sieg davon trägt. Und mit der Ungeduld des Gefangenen erwarten sie die süße, lange ersehnte Stunde der Freiheit, den Augenblick, der die Zunge endlich erlöst von dem Frohndienst heuchelnder Worte, der

es dem ſtolzen Gemüth verſtattet, frei aus den Augen zu
blicken, der allen durch jahrelangen Zwang gedrückten Fibern
ihres Gemüths die natürliche Lage zurückgiebt. Mit beſon-
derer Kunſt und Sorgfalt hat Shakſpeare dieſen Uebergang
gezeichnet. Es iſt kein Zug verſäumt, der dazu dienen kann,
die entſetzliche Entartung dieſer Unholdinnen uns wenigſtens
begreiflich zu erhalten, und ſo ihre Erſcheinung im Drama
äſthetiſch zu rechtfertigen. Die Schuld des erſten Bruches
iſt ſorgfältig zwiſchen Lear's Ungeſtüm und Goneril's kalter
Bosheit getheilt worden. Die Beſchwerden über das lär-
mende Gefolge des Königs ſind, nach dem, was wir von
Kent ſehen, wohl kaum ganz aus der Luft gegriffen, es
ſind die natürlichen Uebergänge eingehalten von Gleichgültigkeit und Kälte zum Streit, vom Streit zu offener Feind-
ſchaft, und es darf nicht geleugnet werden, daß deren ſchnelle
und ſcheußliche Verbitterung durch das Benehmen des alten
Lear, wenn auch durchaus nicht entſchuldigt, ſo doch jedenfalls ſehr erleichtert und zum Theil erklärt wird. Als der
Alte in wahnſinnigem Zorn das Schloß Gloſters verläßt,
hat er ſchon beide Töchter um äußerlich ziemlich gering-
fügige Dinge verflucht, gerade, als legte er es darauf an,
ihrer verhärteten Selbſtſucht vor ſich ſelbſt und vor der
Welt den Vorwand zu leihen. So findet die gräßliche
Enthüllung uns vollkommen vorbereitet: Der gegen den
verſtoßenen Vater geſchmiedete Mordplan, von welchem
Gloſter berichtet. Und dabei weiß der Dichter auch das
nun folgende Gemälde einer mehr als thieriſchen, jede
andere Regung ausſchließenden Selbſtſucht durch mannig-
fache Schattirungen und eine gewiſſe Abſtufung der Farben

trefflich zu beleben. Goneril und Regan sind keineswegs
nach der einfachen Furien-Schablone gezeichnet. Augen=
scheinlich ist die Aeltere entschlossener, selbstständiger, als
Regan, die von ihr alle Impulse bekommt. So in dem
ersten Gespräch nach Cordelia's Enterbung. Es ist Goneril,
welche die Schwester vor dem „launischen Alter" des Vaters
warnt, welche über die Verstoßung der geliebten Cordelia
die erste hämische, aber nur zu wahre Bemerkung macht, zum
Zusammenhalten auffordert und mit den Worten schließt:
„Es muß Etwas geschehen, und in der ersten Hitze!" Auf
ihrem Schloß beginnt dann der Streit und die Mißhand=
lung des Alten; sie bereitet dem erzürnt Wegreitenden durch
den Brief an die Schwester die ihren Wünschen entspre=
chende Aufnahme. Dem redlichen sanften Gatten tritt sie
frech und herrisch entgegen, während Regan's Temperament
an des harten, heißblütigen Cornwall Einfluß weit eher
einen Stachel findet, als einen Zügel. Wohl ist auch
Regan unter der Gewalt dieses Einflusses, und durch
Furcht und Beleidigungen gereizt der äußersten Unthaten
fähig. Wir glauben die furchtbare Margarethe nach der
Schlacht bei Wakefield zu sehen, wenn das wüthende Weib
den gefesselten Gloster am Bart zupft und wenn sie von
hinten den Diener ersticht, welcher die Mißhandlung des
Gastfreundes an ihrem Gatten gerächt hat. Aber hier tritt
das Weib wenigstens für den Gemahl ein, während Goneril
dessen Leben mit Gift bedroht; und auch von dem letzten
Frevel, von der Absicht des Schwestermordes, bleibt die
Jüngere frei. Gemeinsam aber ist beiden, und sie theilen
diesen Zug vollständig mit Edmund, die völlige Abtödtung

des Gewissens. Sie fahren dahin, ohne eine Spur von
Reue, hierin der vollständige Gegensatz gegen Macbeth und
seine Lady; und man könnte hier in Versuchung gerathen,
diese dämonische, oder sagen wir lieber thierische Entartung
auf Rechnung der rohen, urkräftigen Heidenzeit zu setzen,
wenn nicht in sämmtlichen Stücken des Dichters nur der
geniale Richard III. und der civilisirte Jago dazu ein Gegenstück böte. Wir haben es eben mit einer Erscheinung zu
thun, die allen Zeitaltern gemeinsam ist, mit der Verhärtung, welche die scharfe Beobachtung des von der Selbstsucht bewegten und von der Energie und Klugheit that-
sächlich beherrschten Weltlaufes in einseitigen, von Grund
aus egoistischen Verstandesmenschen noch täglich hervorbringt.
Jene Religion der Selbstsucht, jener scrupellose Cultus des
äußern Erfolgs gewinnt übrigens schon in Goneril's klarem,
entschlossenem Geiste beinahe die Form einer durchdachten,
zur Seele des Charakters gewordenen Ueberzeugung. So
spricht sie sich gegen Albanien aus, als sie den „Schuft"
verhöhnt, der bestraft wird, ehe er fehlt, den „Tugendnarr'n",
der über dem Recht den Erfolg versäumt. Aber gänzlich
über den dunkeln Antrieb des Instincts in die Region des
Denkens erhoben, mit der Festigkeit und Folgerichtigkeit
eines Systems tritt der Geist dieser Welt uns in Edmund's
Ansichten entgegen, zu welchen die Thaten und die Erfolge
dieses merkwürdigen Charakters den eindringlichsten und
lehrreichsten Commentar bilden. Sein berühmtes Selbstgespräch am Anfange der zweiten Scene entwickelt in schrecklicher Deutlichkeit das Programm, welchem sein Auftreten

bis zum Ende vollkommen treu bleibt, ohne einen Moment
des Schwankens, der Reue, des Zweifels:

> „Natur, du meine Göttinn! Deiner Satzung
> Gehorch' ich einzig. Weshalb sollt' ich dulden
> Die Plagen der Gewohnheit, und gestatten
> Daß mich der Völker Eigensinn enterbt,
> Weil ich ein zwölf, ein vierzehn Mond' erschien
> Nach einem Bruder? — Was Bastard? Weshalb unächt?
> Wenn meiner Glieder Maaß so stark gefügt,
> Mein Sinn so frei, so adlig meine Züge,
> Als einer ächten Eh'gemahlinn Frucht!"

Es wiederholt in der Hauptsache sich jene Gedankenreihe,
die wir aus den Monologen eines Faulconbridge, eines
Richard, eines Jago bereits kennen. Der selbstsüchtige Instinct des Einzelnen, auf überlegene Kraft und Einsicht ge-
stützt, erhebt sich mit dem Naturrecht des Tigers und des
Löwen gegen die Satzungen der Gesellschaft, wo sie sein
Interesse zu kreuzen scheinen. Nur daß hier Alles schroffer,
unvermittelter, abgeschlossener auftritt, als in den andern
Variationen desselben Thema's. So wurde des tapfern
Bastards Faulconbridge harte, trotzig selbstsüchtige Gesinnung
unter der Einwirkung großer Lebensverhältnisse dem Gefühle
der Pflicht zugänglich und damit für eine gesunde, höhere
Entwicklung gerettet. Wohl rief er Angesichts des faulen,
diplomatischen Friedens, den er mit ansehen mußte:

> „Bricht Eigennutz in Königen die Treu',
> So sei mein Gott, Gewinn, und steh' mir bei!"

Aber dann trägt es das Vaterland in seinem Herzen über
dergleichen desperate Entschlüsse davon, und die tragische

Anlage des Charakters veredelt sich in reinen Heroismus, aus dem selbstsüchtigen, übermüthigen Abenteurer wird das glänzende Vorbild des praktischen Ehrenmannes. In Richard's unendlich düsterer Erscheinung nahm die historische Perspective der Entartung des Einzelnen einen guten Theil der befremdenden und verletzenden Schärfe. Außerdem konnte der Ingrimm des mit einem verkrüppelten Körper sich quälenden Genies über die Parteilichkeit der Natur seine ruchlose Verbitterung, wenn nicht rechtfertigen, so doch zum Theil erklären. Selbst Jago empfing von dem Gefühl gerechten Unwillens über Zurücksetzung den ersten Impuls zu seiner dämonischen Entartung. Bei Edmund allein ist von allen diesen mildernden Momenten so gut als garnicht die Rede. Freilich lastet die Rechtlosigkeit des Bastards auf ihm, wie auf Faulconbridge. Aber er theilt des Vaters Liebe in vollem Maaße mit dem rechtmäßigen Bruder. Es kann nicht zugegeben werden, was man behauptet hat, daß vielfache Zurücksetzungen seinen Grimm gegen die Gesellschaft ungewöhnlich gereizt haben. Wohl sagt Gloster zu Kent, seinem Freunde:

„Ich mußte so oft erröthen, ihn anzuerkennen, daß ich nun dagegen gestählt bin."

Aber diese Worte verlieren alles Verletzende, wenn man sie im Zusammenhange betrachtet. Gloster sagt sie scherzend dem Freunde, und ruft dabei Erinnerungen wach, in denen Alles eher liegt, als beleidigende Zurücksetzung des mit ihnen in Verbindung stehenden Sohnes. Dazu ist dieser durch verschwenderische Gaben der Natur für die Ungunst des Zufalls entschädigt. Er überragt an Schönheit,

an männlicher Kraft, an geistiger Begabung Alle, denen das
Schicksal ihn gegenüberstellt, den einzigen Edgar ausge=
nommen, dem er nur gleichkommt. Gleichwohl rächt er jene
Ungunst des Zufalls unbedenklich wie eine Beleidigung an
der Gesellschaft und zwar auf Kosten der Personen, welche
gerade Alles gethan haben, sie ihm zu erleichtern. Durch
nichtswürdige Verleumdungen raubt er dem edelherzigen
Bruder die Liebe des Vaters, den guten Namen, allen
gegenwärtigen Besitz und alle zukünftige Hoffnung, und es
ist nicht sein Verdienst, wenn der Aermste das Leben behält.
Und wie er die Freigebigkeit des leichtgläubigen Vaters
vergilt, davon war bereits oben die Rede. Die Hülle der
thierischen Selbstsucht war nirgends fadenscheiniger, durch=
löcherter, als hier. Aber nirgends waren auch ihre Formen
in so vollendeter, herkulischer Schönheit entwickelt. Seine
Erscheinung ist eine treffliche Studie für den, welcher das
Verhältniß ästhetischer Schönheit zur sittlichen würdigen
wollte. Wenn wir den vollendeten, sinnlichen Eindruck der
höchsten Zweckmäßigkeit als das entscheidende und bestim=
mende Merkmal der Schönheit anerkennen, so ist es klar,
daß unbedingte Schönheit, Schönheit erster Ordnung dem
Verbrecher, dem Bösewicht nimmermehr zukommen kann.
(Es versteht sich, daß hier von dem Eindruck der han=
delnden Person auf den denkenden und sittlich fühlenden
Beobachter die Rede ist, nicht von dem Urtheil des Malers
oder des Bildhauers über den bloßen Körper.) Denn die
Erscheinung des sittlich Schlechten macht ohne Frage den
Eindruck des Zweckwidrigen, also des Unschönen, wenn wir
sie auf die Grundgesetze der Gesellschaft oder auch nur auf

die Bestimmung des Einzelwesens beziehen. Aber es giebt
auch einen niedrigeren Standpunkt der Betrachtung, dessen
verhältnißmäßige Berechtigung sich keineswegs leugnen läßt.
Diese Betrachtungsweise löst das Einzelwesen momentan von
der Gattung. Sie vergleicht seine Verhältnisse, seine Be-
wegungen nur mit seinen nächsten besondern Zwecken, ohne
diese letzteren nach dem Gesetze des Ganzen zu prüfen.
Und wo sie auf diesem begränzten Gebiete den unmittelbaren Eindruck der Zweckmäßigkeit bekommt, da wird sie
auch der Anerkennung der ästhetischen Berechtigung, der
Schönheit, sich keineswegs verschließen dürfen. So erklärt
sich unser garnicht zu leugnendes Interesse an kühnen, klugen
Verbrechern, an genialen Schelmen aller Art, so gewinnt
auch der ästhetisch-befriedigende Eindruck, welchen ein mo-
ralisches Scheusal wie Edmund macht, seine volle Erklärung. Die Uebereinstimmung seines rationalistischen Glaubensbekenntnisses mit seinen Handlungen umschließt das
Geheimniß dieser nicht zu bezweifelnden Wirkung. „Das
ist die ausbündige Narrheit dieser Welt, daß, wenn wir
an Glück krank sind, wir die Schuld unserer Unfälle auf
Sonne, Mond und Sterne schieben: als wenn wir Schurken
wären durch Nothwendigkeit, Narren durch himmlische Einwirkung, Schelme, Diebe und Verräther durch die Uebermacht der Sphären; Trunkenbolde, Lügner und Ehebrecher
durch erzwungene Abhängigkeit von planetarischem Einfluß,
und Alles, worin wir schlecht sind, durch göttlichen Anstoß!"
Es ist dies verwegene stolze Bewußtsein der freien Selbstbestimmung, geadelt durch die entschlossene Uebernahme des
vollen Gewichts der Verantwortung, welches die activen

Charaktere des Shakspeare'schen Drama's, gute und böse, so
unendlich wirksamer macht, als Alles, was das Alterthum
und die romanische Kunst auf diesem Gebiete geschaffen.
Das ästhetische Wohlgefallen an der Klarheit des Blickes,
an der unerschrockenen Wahrhaftigkeit, mit der Edmund sich
selbst beurtheilt, an der unbeugsamen Kraft, mit welcher er
die unvermeidlichen Folgen seiner Frevel dann hinnimmt,
Alles das mischt ein Gefühl der Erhebung in das Entsetzen über seine Ruchlosigkeit. Wir richten an dem Bilde
menschlicher Kraft uns auf, während der Anblick sittlicher
Entartung uns demüthigt. Und so vollzieht in der gemisch-
ten Empfindung sich die „Mäßigung und Reinigung des
Affects", welche seit Aristoteles als die höchste Wirkung der
Tragödie mit Recht verlangt und gerühmt wird.

„Edmund ward doch geliebt!"

So beschließt der herrischste, kaltblütigste, in sich vollendetste
der von Shakspeare gezeichneten Bösewichter seine von Missethat zu Missethat, von Erfolg zu Erfolg ihn der rächenden
Vergeltung entgegenführende Bahn. Wir glauben, es steckt
Etwas in jenen triumphirenden Worten, dessen Wahrheit
nicht bloß Goneril und Regan anzuerkennen geneigt sind.

So wuchert denn, innerhalb des bis dahin über-
blickten Gebiets, jede verderbliche Leidenschaft mit maaßloser
Gewalt in dieser durch eine phantastische, sich selbst
überlebende Willkürherrschaft in ihrem tiefsten
Grunde erschütterten und der ungezügelten Gewalt des Egoismus überlieferten Gesellschaft.
Aber Umsturz und Gefahr, wie sie die Schlechten die ver-
schämte Hülle ablegen lassen und die Schranken niederwerfen

vor der begehrlichen, kräftigen Selbftfucht, fo pflegen fie
auch die kernige Tüchtigkeit der beffern Charaktere mit verdoppelter Kraft fich aufraffen zu laffen. Gewöhnliche Zeiten
erzeugen Gauner und ehrliche Spießbürger. In mächtig
bewegten kommen ruchlos-geniale Verbrecher und Helden
zum Vorfchein. Auch hier entbrennt der Kampf zwifchen
Edelfinn und Gemeinheit; teuflifcher Selbftfucht tritt he-
roifche Opferfreudigkeit imponirend entgegen; die Tapferkeit
begegnet dem Frevelmuth — und wie auf der dunkeln Seite
des Gemäldes find in diefen lichteren Partieen die Geftalten
in der ganzen mannigfaltigen Lebensfülle der Shakfpeare-
fchen Dramatik weife abgeftuft und zu künftlerifcher Wirkung geordnet.

Zunächft der Geftalt des Königs, faft im Mittelpunkt
des Gemäldes fteht Glofter, das abgefchwächte Gegenftück
des Monarchen. Wie Lear feine Cordelia, fo verftößt er
feinen Edgar, freilich auf etwas beffern, wenn auch entfernt
nicht genügenden Anlaß. Es ift wenigftens Furcht, wenn
auch übereilte, aber doch immer Furcht, welche feine Leiden-
fchaft entfeffelt, nicht die Ueberfpannung einer handgreiflich thörichten Laune. Sein Herz bleibt edel und rein.
Keine Rückficht kann ihn fpäter verhindern, fein Schickfal
an die gerechte Sache zu binden, als es zum offenen Bruche
kommt zwifchen Lear und feinen unnatürlichen Töchtern. Und
diefer Edelfinn, er liefert ihn in die Hände deffelben Buben,
der früher feine furchtfame Leichtgläubigkeit benußte, um
ihm den Sohn zu entreißen. Er, der Redliche duldet das
entfeßlichfte Schickfal, durch welches je die Phantafie eines
Dichters den ärgften Böfewicht ftrafte. Unwiderruflich ver-

stümmelt erkennt er zu spät seine plumpe, nicht mehr gut
zu machende Uebereilung; in Jammer und Elend, kaum
durch die liebevollen Kunstgriffe des geächteten Sohnes
vom Selbstmord zurückgehalten, schleppt er sich hin, bis bei
der endlichen Wiedererkennung Scham, Ueberraschung und
Freude in wildem, chaotischem Anfall ihn niederwerfen.
Die Schwäche der Leichtgläubigkeit und der Furcht wird in
Gloster ebenso unerbittlich bestraft, als in Lear die Schwäche
der Eitelkeit. In ihrer ganzen Strenge zeigt uns der Dichter die Thatsache, daß die äußere Welt der Kraft gehört
und dem vom Verstande geleiteten Willen, nicht dem Gefühl; daß die Absicht wohl über den innern Werth der
Handlung, nicht aber über ihre äußern Folgen entscheidet.
In anderer Gestalt tritt uns dieselbe Wahrheit entgegen in
Kent, des hastigen, gewaltthätigen Königs goldtreuem, aber
ebenso hastigen, bis zur Rohheit derben Gefolgsmann.

> „Sei Kent nur ohne Sitte,
> Wenn Lear verrückt! Was thust du alter Mann?
> Die Ehre fordert Grabheit,
> Wenn Kön'ge thöricht werden!"

Das sind die originellen, „unterthänigen Vorstellungen",
durch welche er den zürnenden Monarchen zu besänftigen
sucht! Natürlich wird er verkannt und verstoßen. Aber das
thut seiner Treue, seinem Grabsinn so wenig Eintrag, als
seiner maaßlosen unbändigen Plumpheit. Gediegen, wie aus
Erzguß, ein fertiger Mann, so tritt er uns entgegen, und so
bleibt er, ohne Wandel bis zum Schlusse der Handlung.

> „Mehr Manns als Urtheils"

Das bleibt seine Devise. Wer von rücksichtslosem Drauf-

losgehen mit einer geſunden Fauſt und einem guten Gewiſſen die Erfolge ſeines Lebens erwartet, der mag hier
ſeine Studien machen. Jugendliche Phantaſieen über den
menſchenbeglückenden Erfolg ſolcher Turniere zwiſchen dem
harten Kopf und den härteren Wänden, ſie mögen ſich auf-
richten an Kent's ſichtlich verbitternder und verſchlimmernder
Einwirkung auf die Stellung Lear's zu Goneril und Regan,
und für die praktiſchen Früchte ſolchen Heldenthums iſt ein
beſſeres Symbol kaum denkbar, als der alte Held, den man
in den Block warf, weil er ſchlechterdings an einem miſe-
rablen Lumpen von Wohldiener ſeine Fauſt zu reiben ge-
dachte. Viel höher ſchon ſteht Albanien, der milde, aber
durchaus nicht ſchwache, muthig-beſonnene und darum auch
vom Erfolge begünſtigte Ehrenmann. In dem ſtrahlend-
ſten Licht aber glänzen Edgar und Cordelia hervor unter
den mehr oder weniger gigantiſch monſtröſen Geſtalten des
düſtern Bildes.

Der erſte Eindruck, den wir von Edgar empfangen,
iſt der des argloſen und darum gleich ſeinem Vater leicht
von der Bosheit umgarnten Gerechten. Faſt wären wir
verſucht, ihn für unbedeutend zu halten. Es bedarf außer-
ordentlicher Anläſſe, um das tief vergrabene Gold dieſer
ebenſo beſcheidenen, als unendlich reichen Natur zu Tage
zu fördern. Aber nun bricht das Unglück herein. In jam-
mervollſter Verhüllung ſehen wir ihn die entſetzliche Komödie
des Tollen meiſterhaft ſpielen, um wenigſtens das nackte
Leben zu retten: Denn ſehr bezeichnend, der Gedanke an
eigentliche Verzweiflung, an Selbſtmord, kommt dieſer kern-
geſunden Natur auch nicht entfernt in den Sinn. Und in

alle dem Elend flammt das reine Feuer seiner grundedeln
Seele plötzlich empor, als er den jammernden, halb wahnsinnigen König erblickt. Das gerade Gegentheil des stets
nur an sich denkenden Lear, vergißt er sofort das eigene,
wahrlich bittere Leid über dem fremden Unglück:

> „Seh'n wir den Größern tragen unsern Schmerz,
> Kaum rührt das eigne Leid noch unser Herz",

so spricht er das wahre Glaubensbekenntniß einer edeln
Seele aus. Und bald wird er zeigen, daß das mehr sind,
als wohlklingende Worte. Er findet den Vater, blutend,
verstümmelt, den Vater, dessen leichtgläubiger Jähzorn alle
das Unglück verschuldet; und sofort rafft er vom geistreich
tragischen Deklamiren, von der Durchführung seiner anfangs
beinahe an Hamlet erinnernden Narrenrolle zu frischester,
heroischer Thatkraft sich auf. Er wird dem unglücklichen
Alten, ohne sich zu nennen, Führer und Schützer. Er bet-
telt für ihn; durch eine trefflich erdachte List giebt er den
Verzweifelnden dem Leben zurück, eingedenk seines ebenso
tiefen und wahren, als anspruchlos natürlichen Wahlspruchs:

> „Dulden muß der Mensch
> Sein Scheiden aus der Welt, wie seine Ankunft:
> Reif sein ist Alles!"

Und als nun die Stunde der „Reife" gekommen, als dem
tiefgebeugten alten Manne über der Wiedererkennung des
herrlichen Sohnes das Herz gebrochen, da geht er, besonnen
und fest wie bei Allem, was er in der Prüfung des Unglücks gethan hat, von der geliebten Leiche zum Werke der
Rache, und seinem siegreichen Schwerte gelingt im Einzel-

kampf, was Cordelia mit Heeresmacht für ihren Vater vergeblich erſtrebte.

Cordelia: Das Verſtändniß dieſer lieblich hohen Erſcheinung, nicht ſowohl an ſich, als in ihrem Verhältniß
zum Gange der Handlung und zu den äſthetiſch ſittlichen
Abſichten des Dichters, iſt ohne Frage die ſchwierigſte Aufgabe für den Betrachter des Stückes. Die Gegner der
Shakſpeare'ſchen Tragik glauben hier leichtes Spiel zu haben
gegen den Barbaren, welcher die tugendhafte Tochter, das
für die Wahrheit verfolgte und für das Recht heldenmüthig
kämpfende Weib, der dieſen Inbegriff weiblicher Zartheit
und Güte und weiblichen Heldenmuths ſchließlich der Bosheit eines Elenden zum Opfer fallen läßt, ohne tragiſche
Nothwendigkeit, und, wie wir ſahen, in abſichtlichem Ab-
weichen von der Ueberlieferung, recht als gelte es, alles
menſchliche Gefühl zu höhnen und zu verletzen. Möge Lear
die Herſtellung ſeines Rechtes nicht erleben, möge auch
Gloſter mit gebrochenem Herzen dahinfahren: es iſt hart,
aber ſie haben gefehlt; ihre jähe, maaßloſe Uebereilung
trägt ihre Früchte. Aber Cordelia! Das gemißhandelte,
redliche, unſchuldige Kind! das ſei nicht zu ertragen!

Dem entgegen wollen die Shakſpeare-Enthuſiaſten eine
ſonderliche Härte, eine Verletzung des tragiſchen Grund-
geſetzes, welches das μιαρὸν, das an ſich Empörende, Ab-
ſcheuliche, die Hinopferung der fleckenloſen Unſchuld dem
Dichter verbietet, hier keineswegs anerkennen. Sie finden
in Cordelia's Schweigen, dem Vater gegenüber ebenſo viel
Trotz als edlen Wahrheitsſinn, ſie faſſen ferner ihren Angriff auf England mit einem franzöſiſchen Heere als eine

unpatriotische Handlung auf, für welche der englische Natio=
naldichter sie mit Recht dem tragischen Schicksal Preis gebe.
Man sieht, die Sache ist einer doppelten Auffassung fähig.
Sie will mit Besonnenheit beurtheilt sein.

So viel ist von vorn herein zuzugeben: Ein wenig
Trotz ist in Cordelia's Benehmen, gegenüber dem König und
den Schwestern, nicht zu verkennen. Nicht ganz kann die
Tochter des alten Lear ihr Blut verleugnen:

> „Ermangl' ich auch der schlüpfrig glatten Kunst
> Zu reden, nur zum Schein: denn was ich ernstlich will,
> Vollbring' ich, eh' ich's sage."

Zu dem Selbstgefühl dieser fast kecken Antwort giebt die
Aufforderung des königlichen Zeugnisses für ihren Charakter
(nach der Enterbung) ein treffliches Seitenstück:

> „Nur, weil mir fehlt, wodurch ich reicher bin.
> Ein stets begehrend Aug' und eine Zunge,
> Die ich mit Stolz entbehr', obgleich ihr Mangel
> Mir euern Beifall raubte!"

So trägt sie in einer Art Uebertreibung ehrlicher Wahr=
heitsliebe zur Bereitung ihres Unglücks immerhin bei. Aber
freilich, diese Verschuldung, wenn sie eine ist, nach mensch=
lichen Begriffen sühnt sie sie doppelt und dreifach durch die
hingebende, opferfreudige Liebe gegen den Vater. Und
Shakspeare hat nicht unterlassen, diese recht eigentliche Ver=
klärung ihres ohnehin wunderbar lieblichen Wesens mit der
ganzen Kraft seines Genius zu verherrlichen. Er hat wenig
schönere Scenen geschrieben, von ergreifenderem Ton und
reinerer Wirkung, als jene siebente des vierten Aktes, da
Cordelia (mit Kent und dem Arzte) für den schlafenden Vater

forgt. Und mit dem patriotifchen Motiv der gräßlichen
Kataftrophe, mit der tragifchen, durch den Angriff aufs
Vaterland übernommenen Schuld ift es nun vollends Nichts.
Wohl fchlägt Albanien diefen Ton an, als er „für England"
in den Kampf zieht, nicht für Goneril. Aber ebenfo wenig
kämpft er gegen Lear und gegen Cordelia. Erhaltung die-
fer beiden theuren Häupter, Herftellung des Rechts und
des Friedens: das ift gerade fein erfter Gedanke nach dem
Siege. Von einer Strafwürdigkeit Lear's und Cordelia's
ift in der Anficht diefes englifchen Patrioten garnicht die
Rede. Ift es doch ein bloßer tückifcher Zufall, daß Edgar's
Bote das Gefängniß nicht eher erreicht, als bis der von
Edmund gefchickte Hauptmann die Henkerarbeit vollbracht
hat. Die Schwierigkeit bleibt danach vollkommen ftehen.

„Ift dies das verheiß'ne Ende?"
So möchten wir mit Kent fragen, als der nun ganz da-
niedergefchmetterte Lear, das gemordete Kind in den Armen
tragend, mit feinem Jammer des Himmels Wölbung fprengt.

Sollten wir deshalb nun auf die Seite der englifchen
Bühnenausgaben treten, welche Cordelia erretten und ihr
gar noch den tugendhaften Edgar zum Manne geben?

Ich glaube nicht, wenn es anders wahr ift, daß die
letzte und gültige Entfcheidung menfchlicher Dinge an eine
höhere Inftanz geht, als an den materiellen, menfchlichen
Augen wahrnehmbaren Erfolg; wenn es wirklich einen kate-
gorifchen Imperativ giebt, der das Gute zu thun gebietet,
ohne Anweifung auf den fogenannten glücklichen Ausgang.
Freilich hat unfer Gefühl das lebhafte Bedürfniß, diefen
glücklichen Ausgang guter Beftrebungen wenigftens von fern

zu erblicken. Aber es ist ebenso wahr, wenn diese Wahrheit auch eine unliebsame ist: Der Weltlauf ist weit entfernt, diesem Gefühlsbedürfniß jedesmal Recht zu geben. Die Wechselfälle des Lebens entziehen sich nur zu oft unserer Berechnung. Es ist ein Aberglaube, daß die gerechte Sache stets des Sieges gewiß ist. Diese Erkenntniß müßte entmuthigend wirken, ja sie wirkt auch so auf Jeden, der noch die lebendige, unverlierbare Erfahrung nicht machte, daß es gleichwohl einen Hafen giebt, den diese Stürme nicht erreichen, daß die Kämpfe, in denen die göttliche Gerechtigkeit ihre Endurtheile fällt, denn doch anderswo ausgefochten werden, als auf den Schlachtfeldern, in den Kabinetten, an den Börsen und wie die Werkstätten des Gottes dieser Welt sonst heißen mögen.

Wäre es denn nun unmöglich, daß der, von ästhetischen Regeln wenig genirte, und von dem sentimentalen Glückhunger einer verweichlichten Zeit nicht beherrschte Dichter neben andern Problemen des geistigen und sittlichen Lebens auch dies ernsteste und gewaltigste für dramatisch darstellbar hielt? Daß er es wagte, nicht die Tugend und das Gute natürlich, nicht die im großen Ganzen des Lebens auch sterblichen Augen sich offenbarende göttliche Vernunft, wohl aber die äußere Existenz eines einzelnen Vertreters derselben auf der Bühne, wie es im Leben täglich geschieht, dem tückischen, uns unverständlichen Zufall zum Opfer zu bringen? Es wäre das ein kühner Versuch. Er scheint auf den ersten Blick eine Ueberschreitung jenes Grundgesetzes, welches dem dramatischen Dichter die strenge Einhaltung eines dem Zuschauer wahrnehmbaren Causalnexus

zur Pflicht macht, welches die grausen Wunder des Zufalls
aus dem Gebiete der Kunst verbannt und ihr die Darstellung des Gesetzes in der Flucht der Erscheinungen zur Aufgabe stellt. Dennoch glaube ich, daß Shakspeare jenen überkühnen Versuch, jenen Uebergriff aus dem Gebiete des dar-
stellenden Künstlers in das des vor keinem Zweifel, vor
keiner Dissonanz zurückbebenden Denkers hier gewagt haben
könnte. Je mehr ich mich in die ergreifende Wiedervereinigung des genesenden Lear mit der Lieblingstochter ver-
tiefe, um so wahrscheinlicher wird es mir, daß für das
Bewußtsein des Dichters hier die Lösung der Dissonanz
lag, daß der Henker Edmund's die Hauptsache entschieden
findet, daß mit einem Worte der Dichter die Außenwelt
hier einmal, im Drama wie im Leben, dem uns unverständlichen Spiele dunkler Mächte überläßt, unter der Bedin-
gung, daß in der menschlichen Seele die Macht des sittlichen Geistes um so souverainer, herrlicher walte. Gewiß
bedarf der Genuß eines solchen Kunstwerks eines starken,
gefaßten Sinnes. Die Tragödie von König Lear führt uns
mitten in den Kampf der harten, selbstsüchtigen, den äußern
Weltlauf von jeher bestimmenden Interessen. Wir thun
einen tiefen Blick in den innersten Kern der vom Glück
gehärteten, durch die Lockungen der Hoheit und Macht über
die Scrupel und Bedenklichkeiten gewöhnlicher Sterblichen
hinweggehobenen auserwählten Gesellschaft. Der Kraft und
Klugheit gehört der Erfolg. Das Gute siegt nur, insofern
es mit ihnen im Bunde steht, und der einzelne Gerechte
darf für sein individuelles, äußeres Gedeihen keine Hoffnung auf das Grundgesetz der menschlichen Dinge bauen,

nach welchem allerdings auch hier das Böse an seiner eigenen
Thorheit und Verruchtheit zu Grunde geht. Das grelle und
unerbittliche Licht, mit dem der Dichter menschliche Leidenschaften und menschliche Schicksale beleuchtet, es räumt grausam auf auch unter den wohlthuenden Illusionen des Lebens,
und die fein gezogene Linie der ästhetisch schönen Form wird
von dem übermächtigen Inhalt wohl hie und da aus den
Fugen gedrängt. Die Katastrophe des Lear wäre anderen
Dichtern zur Nachahmung keineswegs zu empfehlen. Aber
ihre Umdichtung in eine melodramatische, von Freuden-
thränen befeuchtete Schlußscene konnte nur völliges Mißverständniß des Shakspeare'schen Genius sich erlauben.

Anmerkungen zur zwanzigsten Vorlesung.

---

¹ (S. 304.) Da Shakspeare's Abweichungen von der Erzählung des Chronisten durchaus bedeutungsvoll sind und gerade auf die befremdendsten Partieen des Drama's ein sehr lehrreiches Licht werfen, so glaube ich durch die Mittheilung der betreffenden Stelle des Holinshed im Interesse des Lesers zu handeln. Sie lautet wie folgt:

„Leir, der Sohn des Baldub, wurde im Jahr der Welt 3105 als Beherrscher der Briten anerkannt. Zu jener Zeit regierte König Joas in Juda. Dieser Leir war ein Fürst von edlem Wesen, sein Land und seine Leute mit vielem Glücke regierend. Er erbaute die Stadt Cairleir, jetzt Leicester genannt, die am Flusse Dore liegt. Es steht geschrieben, daß er von seinem Weibe drei Töchter hatte, ohne andere Nachkommen, deren Namen waren Gonerilla, Regan und Cordilla, welche Töchter er sehr liebte, sonderlich aber die jüngste, Cordilla, weit mehr als die ältern beiden.

Als dieser Leir zu hohen Jahren gelangt war und sich vom Alter beschwert fühlte, dachte er daran, die Zuneigung seiner Töchter zu ihm zu erforschen und der, welche ihm am besten gefiele, in der Nachfolge auf dem Throne den Vorzug zu geben. Darum fragte er zuerst Gonerilla, die älteste, wie sehr sie ihn liebte; diese aber, ihre Götter zu Zeugen anrufend, betheuerte, sie liebe ihn mehr als ihr eigenes Leben, welches nach Recht und Vernunft ihr am theuersten sein müßte. Die Antwort gefiel dem Vater wohl und er wendete sich zur zweiten und fragte sie, wie sehr sie ihn liebe? welche, mit großen Schwüren ihre Worte betheuernd, entgegnete, sie liebe ihn mehr als ihre Zunge ausdrücken könne, und weit über alle andern Geschöpfe in der Welt.

Dann rief er seine jüngste Tochter, Corbilla, vor sich und fragte
sie, wie hoch sie ihn schätze. Worauf sie antwortete wie folgt: Da ich
die große Liebe und väterliche Güte wohl kenne, die Ihr für mich
immer gehegt habt (ich mag Euch nicht anders antworten, als ich
denke und als mein Gewissen mich heißt), so versichere ich Euch, daß
ich Euch immer geliebt habe, und daß ich, so lange ich lebe, beständig
Euch lieben werde als meinen leiblichen Vater; und wenn Ihr mehr
wissen wollt von der Liebe, die ich für Euch empfinde, so seid ver-
sichert: So viel Ihr habt, so viel seid Ihr werth und so viel liebe
ich Euch, und nicht mehr.

Der Vater, mit dieser Antwort mit nichten zufrieden, verheira-
thete die beiden ältesten Töchter, die eine an den Herzog von Cornwall, genannt Henninus, und die andere an den Herzog von Albanien,
mit Namen Maglanus. Und zwischen ihnen, verordnete er, sollte sein
Land nach seinem Tode getheilt werden. Aber für seine dritte Tochter
Cordelia bewahrte er Nichts.

Dennoch traf es sich aber, daß einer von den Fürsten Galliens
(welches jetzt Frankreich genannt wird), dessen Name Aganippus war,
von der Schönheit, weiblichen Anmuth und den guten Eigenschaften
der besagten Corbilla hörte, sie zum Weibe begehrte und zu ihrem
Vater hinüber schickte, sie zur Ehe erbittend; welchem geantwortet
wurde, daß er seine Tochter bekommen könnte, jedoch keine Mitgift,
denn Alles wäre ihren Schwestern bereits versprochen und zugesichert.
Aganippus, ungeachtet dieser Antwort, welche ihm alle und jede Mitgift versagte, nahm Corbilla zum Weibe, dazu einzig bewogen (sage
ich) durch Hochschätzung ihrer Person und liebenswürdigen Tugenden.
Dieser Aganippus war einer von den zwölf Königen, welche Gallien
in diesen Tagen beherrschten, wie in der Britischen Geschichte erwähnt
wird. Aber um fortzufahren. Als Leir alt und betagt war, dünkte
es den beiden Herzögen, welche seine ältesten Töchter geheirathet hatten, zu lange, bis die Regierung des Landes in ihre Hände käme.
Sie erhoben sich also in Waffen gegen ihn und beraubten ihn der
Regierung des Landes, unter Bedingungen, die sie ihm für seine Le-
benszeit zugestanden: hierdurch wurde er auf Unterhalt gesetzt, d. h. er
sollte leben nach dem Maaße eines für seinen Hofhalt ihm zugesicher-
ten Einkommens; und dieses wurde im Verlauf der Zeit verringert,
von Maglanus sowohl als von Henninus. Den größten Kummer

aber empfand Leir, als er die Lieblosigkeit seiner Töchter sah, die zu
glauben schienen, Alles, was ihr Vater hätte, sei zu viel, so daß, von
der einen zur andern gehend, er in solches Elend gerieth, daß sie ihm
nur einen Diener zugestehen wollten, ihm aufzuwarten. Am Ende war
die Lieblosigkeit oder, wie ich wohl sagen kann, die Unnatur seiner
Töchter so groß, die er in ihnen fand, trotz ihrer schönen und gefälligen Worte in vergangenen Tagen, daß er nothgedrungen aus dem
Lande entfloh und nach Gallien segelte, dort Trost zu suchen bei seiner
jüngsten Tochter Cordilla, welche er vordem gehaßt hatte. Lady Cordilla, hörend, er wäre in armseligem Zustande angekommen, sandte
ihm zuerst im Stillen eine Summe Geldes, damit sich auszurüsten und
eine Schaar von Dienern anzunehmen, die ihm in anständiger Weise
aufwarten möchten, wie es dem Stande, in dem er geboren, geziemte.
Dann aber, ausgerüstet mit solchem Gefolge, bat sie ihn, an den Hof
zu kommen, was er auch that, und er wurde so freudig, ehrenvoll
und liebreich empfangen, sowohl von seinem Schwiegersohne Aganippus, als von seiner Tochter Cordilla, daß sein Herz sehr getröstet
wurde: denn er wurde nicht weniger geehrt, als wenn er selbst König
des ganzen Landes gewesen wäre. Und nachdem er seinen Schwieger-
sohn und seine Tochter benachrichtigt hatte, wie er von seinen andern
Töchtern behandelt war, ließ Aganippus auch ein mächtiges Heer aus-
rüsten, sowie eine stattliche Flotte, um mit Leir, seinem Schwieger-
vater, nach Britannia überzusetzen, und ihn wiedereingesetzt zu sehen in
sein Königreich. Es wurde zugestanden, daß Cordilla auch mit ihm
gehen sollte, von dem Lande Besitz zu nehmen, welches er ihr zu hinterlassen versprach, als seiner rechtmäßigen Erbin, ungeachtet irgend
welcher früheren, ihren Schwestern und deren Männern gemachten
Abtretungen. Hierauf, als das Heer und die Flotte bereit waren,
gingen Leir und seine Tochter mit ihrem Gemahl in See, und in
Britannia anlommend, fochten sie gegen ihre Feinde und besiegten sie
in der Feldschlacht, in welcher Maglanus und Henninus erschlagen
wurden. Dann wurde Leir in sein Königreich wiederum eingesetzt,
welches er nachher noch zwei Jahre lang beherrschte. Dann starb er,
vierzig Jahre nach dem ersten Anfange seiner Regierung. Sein Körper
wurde in Leicester begraben, in einem Gewölbe unter dem Bette des
Dore-Flusses, nahe der Stadt."

² (S. 304.) Ein paphlagonischer König giebt dort, wie Gloster, den Anklagen seines unehelichen Sohnes gegen den rechtmäßigen Gehör und zwingt den ersten, sein Leben durch die Flucht zu retten. Dann lohnt der Verräther die Leichtgläubigkeit des Alten mit Beraubung, Blendung und Verstoßung ins Elend. Wie Edgar, nimmt endlich der vertriebene Sohn sich des unglücklichen Vaters an, dient ihm als Führer und rettet ihm das Leben, da jener, wie im Trauerspiel, durch einen Sprung von hohem Felsen seine Leiden beendigen will.

³ (S. 304.) Alle drei Ausgaben geben mit geringen Abweichungen den ursprünglichen Text. Die nächste Veröffentlichung des „Lear", in der Folio-Ausgabe von 1623, ist durch den Dichter sehr sorgfältig gefeilt und hin und wieder, wohl den Anforderungen der Bühne zu Liebe, in rhetorischen Stellen etwas gekürzt.

Einundzwanzigſte Vorleſung.

Macbeth.

Geehrte Verſammlung!

Wir wenden uns jetzt zu dem dramatiſch-gewaltigſten, dem bühnen-gerechteſten der großen Trauerſpiele, in wel= chen die tragiſche Kraft der Shakſpeare'ſchen Dichtung ſich zur vollſten Wirkung entfaltet. Der Engländer Drake nennt Macbeth „die größeſte Leiſtung von Shakſpeare's Genius, das erhabenſte und wirkſamſte Drama, welches die Welt je geſehen." Wir möchten dies Urtheil in dieſer Unbedingt= heit nicht unterſchreiben. Macbeth bleibt an Reichthum des Gedankeninhalts weit hinter „Hamlet" zurück, es fehlt ihm die weite, befreiende, hiſtoriſche Perſpective, welche in „Julius Cäſar" uns über die Schrecken des tragiſchen Sturzes erhebt, er darf mit „Othello" nicht verglichen werden an abſoluter Vollſtändigkeit, grundtiefer Anlage und vollendet reicher Ausführung der Charakteriſtik, aber er über= trifft unſerer Anſicht nach Alles, was Shakſpeare oder irgend ein Dichter geſchaffen, durch die Gewalt der einheitlichen, in

majestätischem Sturme daher brausenden, unwiderstehlich fes-
selnden Handlung, durch die Durchsichtigkeit des Planes,
durch die markige Kraft und den kühnen Schwung der
Sprache und den überschwänglichen Reichthum der poetischen Färbung. Wer das Letztere zu erweisen, eine Sammlung überraschend schöner, wahrer und ergreifender Stellen
dieses wunderbaren Gedichtes veranstalten wollte, der könnte
getrost die Scenen der Reihe nach abschreiben. Er würde
sich nicht so gar häufig zu Auslassungen genöthigt sehen.
Mit besonderer Meisterschaft verwendet der Dichter hier
Natur- und Localfarben, um in entscheidenden Momenten
die Wirkung der Handlung zu heben. Wenn irgendwo, so
ist hier die Richtigkeit der Ansicht zu erproben, daß für den
ächten Dichter die Natur nur als das Element Bedeutung
hat, in welchem der Mensch sich bewegt. Shakspeare ver-
werthet ihre Schilderung in doppelter Weise, und mit gleich
trefflicher Wirkung für seine tragischen Scenen: als Gegensatz, gleichsam als abstechenden Hintergrund des menschlichen
Treibens, oder als Symbol, als einen Zauberspiegel, welcher die Erscheinungen der sittlichen Welt in phantastischer,
ahnungsvoller Unbestimmtheit zurückwirft. Beide Arten der
Darstellung finden sich im Macbeth mehrfach in hoher Vollendung. Den redlichen, gütigen Duncan lächelt aus den
Umgebungen von Macbeth's Schloß seine eigene Gemüthsruhe an.

> „Dies Schloß hat eine angenehme Lage;
> Gastlich umfängt die lichte, milde Luft
> Die heitern Sinne."

So spricht er zu Banquo, als sein sicherer, vertrauensvoller

Schritt die Mordhöhle betritt, und der gleichgestimmte
Banquo verfehlt nicht, die Schilderung zu vollenden:

> „Dieser Sommergast,
> Die Schwalbe, die an den Tempeln nistet, zeigt
> Durch ihren fleiß'gen Bau, daß Himmelsathem
> Hier lieblich haucht. Kein Vorsprung, Fries noch Pfeiler,
> Kein Winkel, wo der Vogel nicht gebaut
> Sein hängend Bett und Wiege für die Brut:
> Wo er am liebsten heckt und wohnt, da fand ich
> Am reinsten stets die Luft."

Dem entgegen sucht Macbeth, seitdem die Schuld sein
Auge umdüstert, nur die dunkeln, unheimlichen Züge der
Landschaft. Die Natur wird dem Mörder zum Sinnbild
des Mordes und der Gewaltthat. Nach Unglückszeichen
mißt er die Tageszeit:

> „Das Licht wird trübe.
> Zum dampfenden Wald erhebt die Kräh' den Flug,
> Die Tagsgeschöpfe schläfrig niederlauern,
> Und schwarze Nachtunhold' auf Beute lauern."

Das sind die Worte, in denen er seine Lady, sein
„unschuldiges Kind" an die vorgerückte Tageszeit mahnt,
da er so eben die Mörder auf den Weg des Banquo, seines lieben Gastes, entsendet hat.

Bemerkenswerth ist auch die fast gleichmäßig durch-
gehende Einheit des schwungvollen, majestätischen, bis zu
den mächtigsten Wirkungen heroischer Tragik gesteigerten
Tons. Sie wird eigentlich nur einmal unterbrochen, durch
den Pförtner, denn die Erzählungen der Hexe von ihrer
Seereise im Siebe und von dem Erwürgen der Schweine
waren zu sehr dem Glauben der Zuschauer entsprechend, um

ins Komische zu fallen. Jene Pförtner-Scene hat man
angefochten. Schiller ersetzte sie bekanntlich durch ein from-
mes Morgenlied, ein Gegenstück zu Duncan's heitern Ge-
sprächen, deren wir eben gedachten. Selbst in England
haben die Späße des unfeinen Zechbruders Anstoß erregt,
und es ist die Behauptung aufgestellt worden, das Ganze
sei nur ein unbefugtes Einschiebsel eines Schauspielers.
Möglich ist das immerhin, aber innerlich nothwendig in
keiner Weise. Der Pförtner tritt eben ganz in der sentenz-
reichen, übermüthig-satirischen Laune auf, die jedem Freunde
Shakspeare's als die Normalstimmung seiner Clowns wohl-
bekannt ist. Er moralisirt auf seine Art, drollig und derb,
wie die Todtengräber im „Hamlet." Nach Art der mittelalterlichen „Moralitäten" entwirft er zu seinem Privatver-
gnügen ein Verzeichniß von würdigen Candidaten des ewigen
Feuers. Seine Phantasie hat es allerdings mit Leuten seines Schlages zu thun, mit wucherischen Pächtern und die-
bischen Schneidern. Doch zeigt der Ausfall gegen die
„Zweideutler" (equivocators), „die um Gottes willen
Verräthereien begehen", daß seinem Bogen, ganz nach
Shakspeare's Weise, auch höher tragende Pfeile nicht fehlen. Sein vornämlich angefochtenes Gespräch mit Macduff
wollen wir keinesweges als Muster tragischen Styls vertheidigen, noch gedenken wir in überromantischer Weise mit
Schiller darüber zu rechten, daß er Zoten weder für nothwendig noch für geeignet hielt, um einem modernen, deutschen Publikum zwischen tragischen Erregungen erschütternd-
ster Art eine Erholungspause zu gewähren. Nur mache
man es wiederum dem Dichter einer naiveren Zeit von

weniger feinen Nerven nicht zum Vorwurf, daß sein und
seiner Zeitgenossen derber, realistischer Instinct in ganz conventionellen Aeußerlichkeiten mit der Sitte und der ästhetischen Empfindungsweise späterer Geschlechter in Widerspruch
tritt. Denn es handelt sich hier in der That nur um
Nebendinge, um zufällige, einzelne Ausdrücke, keineswegs
aber um Haltung und Ton der ganzen Scene. Auf jeden
natürlich fühlenden Menschen wird das Kind, welches vom
Sarge der Mutter sehnsüchtig nach dem Frühstückstisch und
nach den Spielsachen hinübersieht, einen unendlich tragi-
schern Eindruck machen, als das tadellose Amtsgesicht über
der weißen Halsbinde des wohlabgerichteten Leichenbitters.
Und daß uns die feierlich-anständigen Nebenpersonen in
den Kunst-Tragödien der Weimarer Schule nicht selten an
dergleichen Leichenbitter erinnern, das müssen wir den En-
thusiasten der idealisirenden Kunst allerdings unumwunden
gestehen.

Jene eigenthümlichen Vorzüge des Trauerspiels von
Macbeth machen denn auch die hervorragende Stellung vollkommen erklärlich, welche dasselbe in der Geschichte des euro-
päischen Theaters behauptet. Die Einfachheit und Durchsichtigkeit des dramatischen Getriebes, der unwiderstehliche
Strom einer auf äußere Erfolge gerichteten Thatkraft, der
sich weder in dem Labyrinth des Denkens noch in den
unerforschlichen Abgründen des germanischen Gemüthslebens
jemals dauernd verliert, das Vorherrschen des unvermittelten Anschauens, Empfindens und Wollens haben dieses
Gedicht weit hinweggehoben über die Schranken, welche der
Gegensatz romanischer und germanischer Art der Einwirkung

Shakspeare's sonst wohl gesetzt hat. Unter den Trauer=
spielen kann nur von Othello eine ähnliche, wenn auch nicht
die gleiche Wirkung gerühmt werden. Hier wie dort stei=
gert und erweitert sich eine Leidenschaft zur allein gebie=
tenden Macht in der Seele des Helden. Was bei Othello
die Eifersucht, wirkt hier der Ehrgeiz: die völlige Auflösung
des geistigen und sittlichen Organismus. Die verderblichen
Wirkungen des krankhaften Entwickelungs=Prozesses greifen
zunächst in die äußern Verhältnisse verheerend ein, um in
letzter Instanz mit vernichtender Gewalt gegen den Helden
selbst sich zu kehren. Dabei geht die entfesselte Elementar=
kraft in beiden Dramen über das Maaß des Gewöhnlichen
weit hinaus: in dem eifersüchtigen Mohren wie in dem
ehrgeizigen Nordlands=Krieger zeichnet der Dichter Naturen
von riesenhaften Verhältnissen und von urkräftigem Leben.
Es wird unsern Nerven ein Aeußerstes zugemuthet in Er=
tragung düsterer, gräßlicher Scenen. Die Verbindung zwi=
schen Gedanken und Handlung ist eine lebendige und un=
mittelbare. Schnell reift die Empfindung zum Wollen,
das Wollen zum Thun. Wie ein Wirbelwind reißt uns
die dramatische Schwungkraft des Gedichtes auf die steile
Höhe der tragischsten Empfindung, und die Katastrophe bricht
herein, erwartet, vorausgesehen, und doch überraschend, wie
die großartige Offenbarung eines unentrinnbaren Natur=
gesetzes. Alles das theilt Othello mit Macbeth. Und den=
noch ist der Gesammteindruck durchaus nicht derselbe. Wir
empfinden in der nordischen Heldentragödie Nichts von der
peinlichen Spannung, von jenem unheimlichen Krankheits=
gefühl, welches uns schon bei der Lectüre und noch mehr

bei der Darstellung Othello's beschleicht. Das fühlende
Herz wird mächtig aufgeregt und erschüttert. Aber es wird
nicht irre an sich und der Menschheit; es mischt sich ein
wildes Entzücken in das Entsetzen, wir spüren Etwas von
dem wollüstigen Kitzel, den auch der Schwächste und Fried-
fertigste als Augenzeuge eines gewaltigen, wenn auch verderblichen Kampfes empfindet, während unser Gefühl von
Jago's Thaten und von Othello's Qualen sich abwendet,
wie von den schrecklichen Wirkungen einer unheilbaren Krankheit. Der Grund liegt nahe: In Othello vereinigt sich die
höchste Ueberspannung des männlichen Ehr- und Rechtsge-
fühls mit dem Bewußtsein der kläglichsten Ohnmacht, mit
dem Zweifel des Herzens an sich selbst, um den Eindruck
des krankhaften, zweckwidrigen Gegensatzes zu erzeugen; dagegen bleibt Macbeth auch in der tiefsten Entartung noch
auf der naturgemäßen Bahn des thatkräftigen Mannes.
Seine Bewegung überstürzt sich, aber sie entzweit sich nicht
mit sich selbst. Die Paroxysmen des Ehrgeizes sind ebenso
verderblich als die der Eifersucht, aber sie sind nicht so wider-
lich als diese. Tod bleibt Tod. Aber wer würde sich besinnen, wenn er zu wählen hätte zwischen dem Kampf mit dem
Löwen und dem Kampf mit der Schlange? Othello würde
neben Macbeth kaum genannt werden dürfen, wenn Shakspeare jenem unerfreulichsten seiner Seelengemälde nicht von
anderer Seite zu Hülfe gekommen wäre. Wir werden in
Macbeth vergeblich jene reiche Fülle, jene sorgsamste Detail-
Arbeit der Charakteristik suchen, die wir in Othello bewunderten. Dort erschloß sich uns die innerste Werkstatt des
wühlenden Gedankens, und jeder geheimste, zarteste Nerv

der Seele bebte und zuckte vor dem staunenden und schau-
dernden Blick. Hier läßt der Sturm der Ereignisse, die
wilde Bewegung der äußern Welt zu jener tief eindringenden Beobachtung kaum noch die Muße. That und Empfindung sind dicht zusammengerückt, wie Blitz und Donner,
wenn das Gewitter zu Häupten steht. Der Dichter packt
unsere Einbildungskraft, wie er dort zu tiefsinnigem Denken
anreizt und dem beobachtenden Scharfsinn unerschöpfliche
Anregung giebt. Man vergleiche die Träger der bewegen-
den Kraft beider Trauerspiele, man stelle Jago den Hexen
und der Lady Macbeth gegenüber und man wird in schla-
gendster Symbolik die Summe dessen erblicken, was wir hier
anzudeuten versuchten. Doch greifen wir der Betrachtung
nicht vor. Versuchen wir auch hier durch vorläufige Orientirung in den thatsächlichen und greifbaren Verhältnissen
des Kunstwerkes uns den Weg zu bahnen zu jener tiefern
Würdigung, die allein wirklich fruchtbare Anregung gewährt
und reinen Genuß.

Ueber die Zeit der Abfassung sind wir auch hier auf
Conjecturen gewiesen. Nach Dr. Forman's Tagebuch wurde
„Macbeth" am 20. April 1610 im Globe aufgeführt, doch
lassen mehrere deutlich erkennbare Anspielungen eine frühere
Entstehung mit Wahrscheinlichkeit vermuthen. Die bekannte
Hindeutung auf die Vereinigung Englands und Irlands
mit Schottland scheint auf eine erste Aufführung hinzudeu-
ten, welche bald nach jenem Ereigniß stattfand. Es sind
die Verse in der zweiten Hexenscene, da die königlichen
Nachkommen Banquo's als Schatten vorüberziehen:

II. 23

„Da kommt der Achte noch und hält 'nen Spiegel,
Der mir viel Anbre zeigt, und Manche ſeh' ich,
Die zwei Reichsäpfel und drei Scepter tragen."

Jacob I. wurde aber am 20. October 1604 als König von
England, Schottland und Irland feierlich ausgerufen. Und
noch eine andere Stelle des Stückes ſcheint mir eine Erinnerung an den noch im Glanze der jungen Volks-Hoff-
nungen ſtrahlenden Monarchen deutlich genug zu enthalten.
Ich meine Malcolm's ausführlichen Bericht über die Heilkraft
und die ſonſtigen Wundergaben des frommen Königs von England. Schon hat der Arzt die Wunderheilungen gerühmt,
da giebt Malcolm dem fragenden Macduff nähere Auskunft:

„Ein wunderthätig Werk vom guten König,
Das ich ihn oft, ſeit ich in England bin,
Vollbringen ſah. Wie er zum Himmel ſleht,
Weiß er am beſten. Seltſam Heimgeſuchte,
Voll Schwulſt und Ausſatz, kläglich anzuſchauen,
An denen alle Kunſt verzweifelt, heilt er,
'ne goldne Münz' um ihren Nacken hängend,
Mit heiligem Gebet — und nach Verheißung
Wird er vererben auf die Künſt'gen Herrſcher
Die Wundergabe. — Zu der heil'gen Kraft
Hat er auch himmliſchen Prophetengeiſt;
So ſteht um ſeinen Thron vielfacher Segen,
Ihn gottbegabt verkündend."

Die ganze Rede iſt an dieſer Stelle für die Handlung
wie für die Charakteriſtik vollkommen überflüſſig. Sie kennzeichnet ſich deutlich als eine Gelegenheits-Einlage, und man
wird dem Dichter ſchwerlich zu viel thun, wenn man ſich
dabei erinnert, daß König Jacob ganz beſonders auf die
überirdiſche, göttliche Weihe des Königthums hielt, daß er
mit jener wunderthätigen Heilkraft ſich nicht weniger wußte,

als mit seiner inspirirten Gottesgelahrtheit, daß er außerdem ein erklärter Mäcen der Schauspieler war, und —
daß seine eigenthümliche Regierungsweise die Anerkennung
jener Vorzüge unmittelbar nach seiner Thronbesteigung jedenfalls weit näher legte, als in der späteren Zeit. So
mag denn die Stelle als eine weitere Stütze für die Conjectur der englischen Commentatoren Drake, Chalmers und
Malone in Rechnung gezogen werden, welche einstimmig das
Jahr 1606 als den spätesten Termin für die Entstehung
des Macbeth bezeichnen. [1] Jedenfalls wird man dabei sicherer
gehen, als wenn man an diese und an ein paar entfernt
ähnliche Stellen historisch-philosophische Speculationen von
entscheidender Tragweite für die ganze Auffassung des Gedichtes zu knüpfen bemüht ist. Es ist der Versuch gemacht
worden, in Macbeth eine Art symbolischer Verherrlichung
des Ueberganges aus der nordisch-heidnischen Barbarei zu
christlicher Gesittung zu sehen und zu zeigen. Macbeth wird
danach der Vertreter der heidnischen, ungebundenen Naturkraft, seine englischen Gegner werden die Träger einer höhern Kultur, sein Sturz rde Sieg eines mildern Jahrhunderts über die titanenhafte Größe der barbarischen Helden-
zeit. Gervinus hat diese Ansicht in seinem Shakspeare
geistreich und vortrefflich entwickelt, er scheint mir hier jedoch, wie bei seiner ähnlichen Ausführung über die Bedeutung des Lear und des Hamlet, einen schweren Stand zu
haben gegen eine unbefangene Auffassung des Textes. Allerdings wird der englische König auch von Lenox ausdrücklich
der „fromme Eduard“ genannt und für seine Milde gerühmt.
Aber nicht weniger Gutes, nicht geringere Milde und Mensch-

lichfeit hörten und fahen wir von dem Vorgänger Macbeth's,
dem fchottifchen Duncan. Macbeth's Gegner denfen auch
entfernt nicht an Einführung neuer Sitte, an Aenderung
der gefellfchaftlichen Ordnung. „Ihren Tafeln wollen fie
von Neuem Speife verfchaffen und ihren Nächten Schlaf."
Es ift die reine, perfönliche Nothwehr, welche fie in den
Kampf treibt.

Auch die von Gervinus hier befonders betonten Aeußerungen des Königs bei Erfcheinung des Geiftes, fie fchei-
nen mir eher für als gegen meine Anfchauung zu fprechen.
Macbeth ruft ja ausdrücflich:

> „Blut warb auch fonft vergoffen, fchon vor Alters,
> Eh' menfchlich Recht ben frommen Staat verflärte.
> Ja, auch feitbem gefchah fo mancher Mord,
> Zu fchrecflich für das Ohr."

Menfchliches Recht hat alfo fchon lange die alten rohen
Sitten Schottlands gemildert; er bezeichnet die härtere,
rohere Zeit ausdrücflich als eine vergangene. Zwifchen ihr
und der Gegenwart überfieht er deutlich und ausdrücflich
die von Verbrechen ebenfalls nicht frei gebliebene civilifirtere
Epoche. Freilich führt er fort:

> „Da war's Gebrauch,
> Daß, war das Hirn heraus, der Mann auch ftarb,
> Und damit gut. — Doch heut' zu Tage ftehn fie wieder auf
> Mit zwanzig Todeswunden an ben Köpfen
> Und ftoßen uns von unfern Stühlen!"

Aber das ift wohl fchwerlich eine fultur-philofophifche Betrachtung über den Gegenfaß des Alterthums gegen die
Neuzeit. Es ift vielmehr ein fo wahrer als einfacher pfy-
chologifcher Zug, den wir Alle nur zu oft an uns felbft

beobachten können. Macbeth, wie jeder von großem Unglück und heftigem Schmerz Getroffene, sieht natürlich die ganze Vergangenheit im Gegensatz gegen den schrecklichen Moment seines Leidens. Das gegenwärtige, persönlich empfundene Uebel ist immer das nie dagewesene, das schlimmste, was die Welt jemals sah. Die unerhörte, übernatürliche Erscheinung, vor der seine gewaltige Natur in ihren Grundvesten erbebte, muß ihm nothwendig als etwas Einziges, Beispielloses erscheinen, als ein gegen ihn persönlich losgelassenes Schreckbild aus dem dunkeln Jenseits, keineswegs als Symbol der feinern zeitgenössischen Empfindungsweise, welcher sein titanenhaftes Gemüth im Innern sich fremd fühlte. Und vollends unhaltbar dürfte der eigentliche Schlußstein jener Ausführung erscheinen, die Betonung des Ausdruckes „Weichlinge", „Epikuräer", mit welchem Macbeth seine englischen Gegner bezeichnet. Das Wort ist ohne alle symbolisch-kulturhistorische Intentionen des Dichters vollkommen natürlich bei dem Schotten gegenüber dem Engländer. Es liegt nichts näher, als daß der Aermere im Zorn den Reicheren einen Weichling schilt. Die Engländer gaben den Schotten dafür zu Shakspeare's Zeit, wie später, den „Hungerleider" zurück. Es ist vollkommen wahr, daß im Macbeth, wie im Lear, ungewöhnlich mächtige Gestalten gezeichnet werden. Aber dafür sinken in dem gleichfalls der altnordischen Sage angehörigen Hamlet die Charaktere auf das gewöhnliche Niveau herab, gerade wie in Cymbeline, und die Färbung und Stimmung sind modern, unbekümmert um die Sage. Unsers Erachtens hat der Dichter in diesen nicht historischen Stücken, gerade wie in den meisten Lust-

spielen, gar kein bestimmtes Zeitalter mit geschichtlichen Voraussetzungen im Sinn. Die Verknüpfung persönlicher Verhältnisse, nicht das Schicksal der Völker schließt ihm in
diesen Darstellungen den Rahmen des Bildes. Das Ge-
sammt-Kolorit des Stückes wird durch die Beschaffenheit der
tragischen Handlung und der durch sie bedingten, nach ihren
Andeutungen von dem Dichter geschaffenen Charaktere bestimmt, nicht die letzteren durch gelehrte kulturhistorische
Parallelen und Perspectiven, welche meiner Ueberzeugung
nach der Bildung Shakspeare's und der Denkweise seiner
Zeit vollkommen fern lagen. Daß von dieser durchaus
naiven, im vollen Genuß der Gegenwart befangenen und
auf unmittelbare Auffassung des rein Menschlichen gerichteten Betrachtungsweise die poetische Darstellung des noch in
die Verhältnisse des Tages hinein reichenden englischen
Bürgerkrieges sich um einen Schritt entfernen mußte, davon
ist bei Besprechung der Historien mehrfach die Rede gewesen.
„Macbeth", ungeachtet der der englischen Chronik entnommenen Handlung, gehört den historischen Stücken des Dichters keineswegs in dem Sinne an, wie die englischen Historien, und wie bis auf einen gewissen Punkt selbst die
Römerdramen.

Die Hauptmomente der Handlung entnahm Shakspeare
aus seinem Holinshed, der ihn wiederum aus Bellenden's
lateinischer Uebersetzung der lateinischen Chronik des Hector
Boëthius (1541) entlehnte. Er fand hier die äußern Vorgänge des Drama's in ziemlicher Vollständigkeit: Die Stellung Macbeth's zum Throne, seine Verdienste, die versuchende Weissagung der Hexen, die Ermordung des Königs,

dann die des Banquo, dann die wachsende Tyrannei des Usurpators, Macduff's Flucht, die Ermordung seiner Familie, die späteren Orakel, die Verbindung Macduff's mit Malcolm und dem englischen Könige, die endliche Herstellung der rechtmäßigen Herrschaft; auch der Gestalt der Lady Macbeth, sowie den Einzelheiten des Königsmordes liegen historische Motive zum Grunde, allerdings von dem Dichter mit äußerster Freiheit benutzte und namentlich in einen, dem Drama ganz eigenthümlichen Zusammenhang gebrachte. Shakspeare scheint hier an die Ermordung des Königs Duffe durch Donwald gedacht zu haben. [2] Seine Aufgabe beschränkte er, wie fast überall, auf die Umgestaltung und Zusammensetzung der überlieferten Begebenheiten zu einer dramatischen Handlung und auf die Durchgeistigung dieser Handlung durch eine bedeutende und innerlichst wahrhaftige Charakteristik.

Wir sehen einen König, milde, redlich und gütig, aber schwach, gegenüber empörten Vasallen und feindseligen Nachbarn. Ein mächtiger Krieger tritt auf, als die Stütze des Thrones, als der Liebling des Monarchen — bald als sein Verderber. Wir lernen ihn kennen im verhängnißvollen Augenblicke des ersten Erfolges und der ersten Versuchung. Sein Ehrgeiz steigt mit seinem Glück und die Gelegenheit ist nur zu günstig. Ein Weib, mit einer Kühnheit und originalen Größe gezeichnet, wie die alte und die neue Bühne kein zweites besitzt, es übernimmt die Führung des schwankenden Mannes. Eine ungeheure That wird verübt: Der Herrscher, der Wohlthäter, der Verwandte, der Gast wird im Schlafe ermordet, allen schützenden Gottheiten des

Hauses, der Gesellschaft, des Staates zum Trotz. Und von
Stund an beginnt vor unsern Augen ein Strafgericht der
beleidigten, verhöhnten Natur, vor dem die Seele bis in
die innersten Tiefen erbebt. Der Kampf des trotzigen, selbstsüchtigen Willens gegen das starke, sittliche Gefühl in der
Brust des Helden steigert alle Affecte zur wahnsinnigsten
Energie. Das Ringen um die Selbsterhaltung, um die
trügerische Frucht des Verbrechens nimmt die riesigen Verhältnisse an, in welchen die antike Tragödie ihre Halbgötter
ihre Kraft gegen das Schicksal messen läßt. Der Frevel
gebiert die tödtliche Angst, die Angst treibt zu neuen Freveln;
eine nach der andern fallen die Blüthen und Blätter des
Lebensbaumes zu Boden unter dem Wüthen des entfesselten
Sturmes, bis endlich den kahlen und doch noch trotzig emporragenden Stamm der Blitz zerschmettert. Wie außer
Hamlet weiter kein Werk des Dichters, wird das ganze
Trauerspiel von der Entwicklung des einen Helden bedingt
und beherrscht. Alle andern Gestalten, selbst die hochtra-
gische Erscheinung der Lady, sind als complementäre Figuren,
als Hebel für die Entwicklung der Haupterscheinung und
als Marksteine ihres Fortschrittes in zweite Linie gestellt.
Die Betrachtung wird daher der Natur ihres Gegenstandes
wie billig sich fügen und vor Allem den Wandlungen jener
maaßgebenden, herrschenden Erscheinung das Gesetz ihres
Werdens abzulauschen bemüht sein müssen. Die nothwendigen Seitenblicke auf die hier sehr eigenthümlichen poetischen Mittel des Dichters wie auf die minder hervorragenden Gestalten des Werkes, werden in die Hauptunter-
suchung da eintreten, wo deren Gliederung es nothwendig

macht, wo ihre Zulassung den Blick nicht verwirrt, sondern vielmehr fördernd zurecht weist.

So tritt uns denn Macbeth vor Allem als der Mann der That, der überwältigenden Kraft und Entschlossenheit entgegen. So schildert ihn dem Könige der blutende Krieger, der noch so eben unter seinen Fahnen gekämpft hat:

> „Denn Held Macbeth, — wohl ziemt ihm dieser Name —
> Das Glück verachtend, mit geschwungenem Stahl,
> Der heiß von Blut und Niederlage dampfte,
> Er, wie des Krieges Liebling, haut sich Bahn,
> Bis er dem Schurken gegenüber steht,
> Und nicht eh' schied noch sagt' er Lebewohl,
> Bis er vom Nabel auf zum Kinn ihn schlitzte
> Und seinen Kopf gepflanzt auf unsre Zinnen!"

Aber diese Thatkraft ist keineswegs die einer gemeinen Natur. Es ist das feine Rechtsgefühl eines durchaus edel angelegten Charakters, welches beim ersten Zusammentreffen mit der Versuchung, beim ersten Blick auf das Gorgonenhaupt des Verbrechens zusammenfährt, wie das Gedicht es so meisterhaft schildert:

> „Warum befängt mich die Versuchung?
> Deren entsetzlich Bild aufsträubt mein Haar,
> So daß mein festes Herz ganz unnatürlich
> An meine Rippen schlägt!"

Er ist nicht zum Verbrecher geboren, der Held, welchen der erste Gedanke des sündlichen Ehrgeizes erbeben läßt:

> „Daß jede Lebenskraft in Ahnung schwindet
> Und Nichts ist, als was nicht ist."

Das weiß die Versucherinn auch sehr genau, als sie den Entschluß faßt, seiner „Schwäche" zu Hülfe zu kommen:

„Doch fürcht' ich dein Gemüth,
Es ist zu voll von Milch der Menschenliebe,
Das Nächste zu erfassen. Groß möcht'st du sein,
Bist ohne Ehrgeiz nicht; doch fehlt die Bosheit,
Die ihn begleiten muß."

Ganz besonders aber erhebt ihn über den gemeinen Troß das Adelszeichen der Shakspeare'schen Helden: die innere Wahrhaftigkeit, der Widerwille gegen Lüge und Selbsttäuschung — diese schönste Mitgabe und sicherstes Merkzeichen aller kräftig und gesund angelegten Naturen. Die Wahrhaftigkeit ist eben die Tochter des Muthes, wie die Lüge die klägliche Mißgeburt der an sich selbst verzagenden Schwäche. Auch die ursprünglich männliche und muthige Seele freilich fällt der Knechtschaft der Lüge anheim, sobald, im Joche einer siegreichen Leidenschaft und unter dem schweren Drucke der Schuld, das Bewußtsein ihrer Kraft ihr entschwindet. Aber wenigstens sich selbst überlassen, im geheimen Rathe des Herzens kehrt sie auf der Stelle zur Wahrheit zurück. Wir betreffen sie nimmer auf der eigentlichen Feiglings-Sünde, auf dem Bestreben, sich selbst über die Natur des eigenen Treibens künstlich zu täuschen.

Mit scharfem, unerbittlichem Auge mustert Macbeth die Gründe, welche seine That unfehlbar verdammen: das Recht des Lehnsherrn, des Verwandten, des Gastes, die Milde des tugendhaften Königs. Er versucht nicht, es sich zu verhehlen,

„Daß seine Tugenden, wie Engel
Posaunenzungig werden Rache schrei'n
Dem tiefen Höllengräuel dieses Mordes."

Er macht sich nicht so wie Jago eine Philosophie des Egois-

mus zurecht, er überredet sich nicht, die Tugendhaften zu
verachten, die er verderben will. Und später, mitten unter
den Greueln seiner blutigen Laufbahn hält er durchaus sich
frei von der eigentlichen Satans=Sünde, von dem krank=
haften, gierigen Trachten, die Genossen der Schuld zu
mehren und damit das Bewußtsein der eignen Nichtswür=
digkeit sich zu erleichtern. Die planmäßige Verführung sei=
ner Frau hat sein Leben rettungslos vergiftet. Er fühlt
die Marter des Schuldbewußtseins wie je ein Mensch; es
wird sich zeigen, wie gerade dieses brennende Weh die be=
stimmende Kraft seiner ganzen Entwicklung wird. Aber kein
Vorwurf trifft die Genossinn, die Urheberinn der Schuld
und des Unglücks. Ja, der starke Mann hält es seiner
Würde nicht angemessen, nun auch die furchtbaren Folgen
des ersten verderblichen Schrittes von seinem Weibe mit
tragen zu lassen:

> „Unschuldig bleibe, Kind, und wisse Nichts,
> Bis du der That kannst Beifall rufen.“

So entgegnet er der Fragenden, nachdem so eben das innere
Entsetzen über den beschlossenen und angeordneten Mord
des Banquo in den schauerlich=schönen Versen sich Luft
gemacht:

> „Drum sei du fröhlich. Eh' die Fledermaus
> Geendet ihren klösterlichen Flug;
> Eh' auf den Ruf der dunkeln Hekate
> Der hornbeschwingte Käfer, schläfrig summend,
> Die nächt'ge Schlummerglocke hat geläutet,
> Ist eine That gescheh'n furchtbarer Art.“

Und wie die ungemeine Kraft dieser mächtigen Natur bis
ans Ende unter den härtesten Schlägen des Verhängnisses

sich bewährt, das zu zeigen wird die Betrachtung der Katastrophe genügende Veranlassung bieten. Beobachten wir
den Helden jetzt zunächst im Kampfe mit der Versuchung,
die in dreifacher Furchtbarkeit auf ihn hereindringt: Als
die „bequeme Göttinn Gelegenheit", vor der schon so
manche stolze, ungeprüfte Tugend die Waffen streckte, sodann in der Gestalt des geliebten, vertrauten Weibes, durch
welche der Satan den Vater des Menschengeschlechtes be-
rückte, endlich auch noch als das verkörperte Princip des
Bösen, in einer kühnen, poetischen Symbolik, durch die
Shakspeare die reichen Hülfsmittel seiner unvergleichlichen
psychologischen Motivirungskunst sonst eben nicht zu verstärken gewohnt ist. Indem dies Hereinziehen der über-
sinnlichen Welt in das Gebiet des Drama's die Verglei-
chung mit der Maschinerie der neuromantischen Tragödie
herausfordert, läßt es die Eigenthümlichkeit der Shakspeareschen Weltanschauung, das eigentliche Geheimniß seiner unwiderstehlichen Wirkung auf jede innerlich wahrhafte und
selbstständige Natur um so klarer und schärfer hervortreten.
Lassen Sie uns die Mühe nicht scheuen, dies näher zu
erwägen.

Der Glaube an das persönliche Dasein einer bösen,
dem schaffenden und erhaltenden Urquell der Dinge entgegen-
wirkenden Grundkraft ist so alt, als das Bewußtsein der
menschlichen Schuld und der menschlichen Schwäche. Der
Teufel ist auf Erden wenigstens so alt, als der persönliche
Gott. Der heidnische Neger fürchtet ihn in der Gestalt
seines Fetisch, wie die Orthodoxen des Mittelalters ihn in
der des „Phantoms mit Hörnern und Klauen" sich vor-

stellten, und wie ihre fortgeschrittenen Nachkommen, wenn
nicht ihn selbst, so doch seine unmittelbar von ihm inspirirten Diener in der Gestalt skeptisch-verwegener Irrlehrer
erblicken. Nur in der Intensität und in der allgemeinen
Verbreitung dieser Vorstellungen liegt der Unterschied zwischen sonst und jetzt. Sie traten aus dem luftigen Gebiet
der Speculation und des individuellen Aberglaubens in die
Reihe der historischen Lebensgewalten hinüber, als die Kir-
chenveränderung des sechszehnten Jahrhunderts die Theologie zur Volksbeschäftigung machte, als die Geheimnisse
der Religion Herzenssache wurden für eine leidenschaftlich
erregte, nicht mehr blind gläubige, aber in hohem Grade
glaubensdürstige Menge, für ein zum Eindringen in religiös-
philosophische Materien zu großem Theil weit mehr begei-
stertes als befähigtes Geschlecht. Die Vorstellung von dem
principiellen Kampfe zwischen dem Guten und Bösen wurde
aus einem nachgebeteten Dogma für Unzählige die bewegende
Kraft alles Fühlens und Denkens, als die Christenheit sich
in zwei feindliche Heerlager spaltete, als die Kanzeln beider
Parteien wiederhallten von Warnungen vor dem Satan,
dem Antichrist, der „umgehe wie ein brüllender Löwe", als
Geistliche und Laien sich mit Weissagungen aus der Offenbarung Johannis waffneten, um den Gegner als den Feind
des allmächtigen Gottes zu brandmarken. Und in einer
mehr lebhaft fühlenden als klar denkenden Zeit schufen sich
diese Vorstellungen denn bald genug ihre sinnlich wirksame
Symbolik. Die Zeit der beginnenden religiösen Bewegung
sah das System des Hexenglaubens keimen, das Jahrhundert der Reformation und der Religionskriege sah es seine

giftigen Früchte tragen, und erst das Nachlassen der theologischen Zeitströmung am Anfange des achtzehnten Jahrhunderts lagerte es mit andern todten Sinkstoffen einer
überlebten Epoche auf dem Boden der Gesellschaft ab.

Auch in England fand der Hexenglaube gleichzeitig
mit der Reformation allgemeineren Eingang. Schon 1542
unter Heinrich VIII. wurde Hexerei und Zauberwesen für
ein Kapitalverbrechen erklärt, dem die geistlichen Vorrechte
nicht zu Gute kommen sollten. Unter Elisabeth nahm die
Bethörung zu. In einer Predigt stellte Bischof Jewel (1558)
der Königinn vor:

„Es möge Ew. Gnaden gefallen, zu vernehmen, daß
Hexen und Zauberer in diesen letzten Jahren sich merklich
im Königreiche gemehrt haben. Ew. Gnaden Unterthanen
schmachten dahin, selbst bis zum Tode, ihre Farbe wird
blaß, ihr Fleisch verschrumpft, ihre Sprache erstarrt, ihre
Sinne schwinden. Ich bitte Gott, daß jene ihr Treiben
nicht weiter ausdehnen mögen, als auf die Unterthanen."
Dieser Wink des frommen Herrn war, wie es scheint, nicht
verloren. Einige Jahre später wurde eine Frau Dier der
Verschwörung und der Hexerei angeklagt, weil die Königinn
mehrere Nächte lang vor Zahnschmerzen nicht hatte schlafen
können. Reiche und vortreffliche Auskunft über diese Krankheit der öffentlichen Meinung, über die Symptome, ihre
Natur und ihren Verlauf giebt das im Jahre 1584 erschienene Werk des Reginald Scott: The discoverie of witch-
craft. Das Buch, abgesehen von seinem reichen, historischen
Inhalt, ist ein merkwürdiges Zeugniß für unsere mehrfach
ausgesprochene Auffassung der religiösen Stimmung der

Shakspeare'schen Zeit, wenigstens was den literarisch gebildeten Theil des Publicums angeht. Reginald Scott erweist
sich als einen freimüthigen Gesinnungsgenossen unserer Nicol.
Becker und Christ. Thomasius, in einer Epoche, welche in
Deutschland den vollständigen Triumph einer herrschsüchtigen
Theologie über das wissenschaftliche Denken bezeichnet. Man
glaubt einen deutschen Aufklärer des achtzehnten Jahrhunderts
zu hören, wenn er den Aberglauben seiner Zeitgenossen beklagt,
seine Quellen aufdeckt, seine Unhaltbarkeit und Schädlichkeit
nachzuweisen sucht. Es giebt nichts Einfacheres und Ein-
leuchtenderes als seine auf lebendige Beobachtung gestützte,
durchaus rationalistische Schilderung und Erklärung jenes
sinnbethörenden Unfugs:

„Das Geschlecht derer, welche man für Hexen aus-
giebt, sind Weiber, gewöhnlich alt, lahm, triefäugig, bleich,
schmutzig, runzelig, arm, trübsinnig, katholisch, oder solche,
die keine Religion kennen, in deren dunkeln Gemüthern der
Teufel einen trefflichen Platz eingenommen hat: so daß,
wenn ein Unglück oder ein Mord sich zuträgt, sie leicht
überredet werden, daß sie es gethan haben, indem sie in
ihr Gemüth eine ernstliche und standhafte Einbildung davon aufnehmen.

„Diese elenden Hexen sind bei allen ihren Nachbarn
so verhaßt und gefürchtet, daß Wenige wagen sie zu belei-
digen oder ihnen Etwas abzuschlagen, was sie verlangen.
Sie gehen von Haus zu Haus und von Thür zu Thür
für einen Topf mit Milch, Suppe oder dergleichen, ohne
welche sie schwerlich leben könnten. Denn sie bekommen für
ihre Dienste und Mühen, weder durch ihre Kunst, noch aus

den Händen des Teufels (mit dem sie doch einen offen-
baren Contract machen sollen) weder Schönheit, Geld, Förderung, Gesundheit, Ansehen, Vergnügen, Kenntnisse, noch
irgend einen andern Vortheil."

Ganz trefflich wird dann die Entstehung des blödsin-
nigen Aberglaubens geschildert. Scott erinnert daran, wie
diese Elenden bei ihren Betteleien natürlich oftmals leer
ausgehen, wie sie dann in Flüche und Verwünschungen aus-
brechen, mit denen die Leichtgläubigkeit und die natürliche
Rachsucht des Menschen späteres zufälliges Unglück auf ihre
Rechnung schiebt, und wie endlich bei ihnen selbst Eitelkeit
und Lockung des augenblicklichen Vortheils es über den
gesunden Verstand davon trägt, und sie selbst sich einbilden
im Besitz von Kräften zu sein, welche sie nicht nur gehaßt,
sondern auch gefürchtet machen. In ähnlich verständigem
Sinne sprach Bacon sich über diese Vorstellungen aus (in
der zehnten Centurie der Historia Naturalis); aber die
Stimme des Menschenfreundes und die des Gelehrten mußte
verstummen, als einer der gelehrtesten und eifrigsten Ver-
theidiger des heiligen Unsinns den Thron von England
bestieg. König Jacob I. hatte mit dem Satan und seinen
verhexten Schaaren schon in seiner schottischen Zeit manchen
harten Strauß ausgefochten. Er war so zu sagen ein persönlicher Feind des Teufels. Hatten doch während der
Brautfahrt des Königs (1590) 200 Hexen sich förmlich
verschworen, bei seiner Rückkehr ihn aufzufangen und zu
verderben! Die Sache kam zum Glück an den Tag, sie
gab zu einem famosen Prozesse Gelegenheit und bereicherte
dann die Geschichte des gelehrten Unsinns um eines ihrer

merkwürdigsten Dokumente. König Jacob nämlich hatte
den Verhören der Hexen und ihres verruchten Anführers,
des Dr. Fian, „ des Teufels Registrator" wie er ihn nennt,
von Anfang bis zu Ende mit gespannter Aufmerksamkeit
beigewohnt. Die Hexen, offenbar geschmeichelt durch die
Beachtung, welche sie fanden, hatten diesmal ein Uebriges
gethan in Schilderung ihrer Künste, ihres Vertrages mit
dem Teufel, ihres ganzen complicirten Verhältnisses zum
höllischen Reiche. Und der gelehrte König war nicht gewillt,
das neu erworbene Licht unter den Scheffel zu stellen. Er
schrieb, im Jahre 1597, zu Nutz und Frommen aller vom
Satan bedrängten Christen seine Dämonologie, ein aus-
führliches Lehrbuch des gesammten Hexenwesens und der
höllischen Zauberkünste. Das Büchlein kostete in Schottland im ersten Jahre nach seinem Erscheinen beiläufig sechs-
hundert alten Frauen das Leben. Es wurde neu aufgelegt,
als Jacob im Jahre 1603 König von England wurde. In
demselben Jahre drohte ein königliches Statut den Hexen
mit dem Tode, und mit der Vervollkommnung des Gesetzes
fehlte es denn auch nicht an Verbrechern. Shakspeare, der
die Hexen bereits in der Macbeth=Sage seines Chronisten
vorfand,³ durfte bei seinen Zuschauern auf ziemlich genaue
Kenntniß und auf eine frische und lebendige Anschauung
des Gegenstandes rechnen. Er gab seinen „Zauberschwestern"
alle Grundzüge, welche der Volksglaube bei ihnen und ihres
Gleichen nicht missen mochte: die abschreckende Häßlichkeit
vor Allem, das natürlichste Symbol des zur Person gewor=
denen bösen Princips. Wenn die Hexen sich von ihren
Thaten erzählen, so glaubt man eine Seite aus Jacob's

Dämonologie zu lesen, oder ein Actenstück aus dem ersten
besten Hexenprozeß: das Schwimmen im Sieb, die gewalt=
same Beitreibung von Almosen, die Kunst böses Wetter zu
machen, das Beschädigen der Hausthiere (hier werden be=
kanntlich „Schweine gewürgt"). Alles das zeigt uns die
elenden, verächtlichen Wesen, welche der Volkswahn ver=
folgte, auch entfernt nicht die aufgeklärten, klassisch gebil=
deten Versucherinnen der Schiller'schen Bearbeitung. Und
doch, troß des derb volksthümlichen Grundzuges ihrer Er=
scheinung, bieten die Shakspeare'schen Hexen der Auffassung
unsers idealisirenden Dichters einigen Anhalt. Ihr plötz=
liches, unheimliches Erscheinen und Verschwinden, mitten im
Aufruhr der Natur, ihre übermenschliche Größe, ihr halb
männisches Aeußere, Alles das giebt ihnen einen poetischen
Zug, der deutlich an die dämonischen Naturwesen der alt=
nordischen Sage erinnert, und noch mehr entrückt sie der
Dichter der Sphäre des ordinairen theologischen Aberglau=
bens durch eine eigenthümliche Beimischung klassisch=mytho=
logischer Bilder: Hecate und die Harpyen spielen hier ihre
Rolle neben Beelzebub und Paddock, neben dem Igel und
der gelben Kaße. Der dem „Pfuhl des Acheron entstei=
gende Höllenbrodem" mischt sich mit „den giftigen Dünsten
am Horn des Mondes" und mit den gespenstigen Nebeln
der schottischen Haiden, um eine poetische Atmosphäre zu
bilden, in welcher die Mächte des Bösen ihr unheimliches
Spiel treiben, der gewöhnlichen Volksanschauung vollkommen
verständlich und dabei mit alle der Würde und dämonischen
Kraft, welche die tieferen Intentionen des Dichters verlangen.
Ihre Darstellung auf der Bühne wird unsers Dafürhaltens

zwischen dem frazzenhaften Spuk des Volksaberglaubens und
der vornehm idealisirenden Auffassung Schillers die Mitte
zu halten haben, um zu voller, den Absichten Shakspeare's
entsprechender Wirkung zu gelangen.

Daß aber diese Wirkung über eine bloße poetisch=
phantastische Versinnlichung der sündlichen Lust, des bethö=
renden Hochmuths, über eine durchaus naturgemäße, keines=
weges unwiderstehliche Lockung zum Bösen nicht hinaus=
gehen darf, daß hier schlechterdings nicht eine übermensch=
liche Gewalt im Sinne romantischer, unklarer und unfreier
Gefühls=Confusion eingreift in die treibenden Kräfte des
Drama's, darüber läßt eine unbefangene Betrachtung der
einschlagenden Scenen schlechterdings keinen Zweifel bestehen.
Shakspeare hört nicht auf, der Dichter der sittlichen Freiheit
und Selbstbestimmung zu sein, er giebt den Talisman sei=
ner unwiderstehlichen Einwirkung gerade auf männliche und
kerngesunde Naturen nicht aus den Händen, wenn er einer
untergeordneten, aber sinnlich=kräftigen Anschauungsweise
ihre Symbole entnimmt, um sie im Dienste seines frei wal=
tenden Genius zu verwenden. Man darf in den entschei=
denden Momenten nur die weislich neben den Helden ge=
stellte Erscheinung des Banquo nicht aus dem Auge ver=
lieren, um das klar zu erkennen.

Banquo wie Macbeth führt der Dichter uns vor in
der frischen Aufregung des siegreich bestandenen Kampfes,
beide in hoher Stellung, dem Throne nah, begeistert von
der natürlichen und gerechten Hoffnung wohl verdienten,
glänzenden Lohnes — an beide richtet sich der versuchende
Schicksalsspruch der „Zauberschwestern", und zwar mit gleich

lockender, glänzender Verheißung. Wie der kinderlose Macbeth für sich selbst, so darf Banquo für seinen Sohn Fleance
und dessen Nachkommen die Krone hoffen. Dabei ist Banquo
entfernt nicht der Mann, in dessen kleinem, subalternem Geist
eine solche Hoffnung nicht Raum hätte, dessen Mißtrauen
in sich selbst die Gunst des Schicksals blöde verschmähte.
Macbeth selbst erkennt seine Ueberlegenheit an:

> „Unter ihm
> Beugt sich mein Genius, wie nach der Sage
> Vor Cäsar Marc Antonius' Geist."

Das gesteht er sich selbst. Auch wird es uns ausdrücklich gezeigt, daß die Versuchung nicht vollkommen wirkungslos abgleitet von Banquo's Gemüth. Die Schicksals-
worte lassen auch ihm keine Ruhe. „Er möchte nicht schlafen", erklärt er in der ersten Scene des zweiten Actes,
„es graut ihm vor dem bösen Denken, dem die Natur im
Schlummer Raum giebt." Im Gespräche mit Macbeth, da
er so eben des Königs Auftrag ausgerichtet, bricht er plötzlich ab, um von den drei Zauberschwestern zu reden. „Es
hat ihm von ihnen geträumt" — „das ist das böse Denken,
vor dem gnädige Mächte ihn bewahren sollen." Die scheinbar übernatürliche Versuchung dringt auf ihn ein, wie auf
den Gefährten. Aber sie stößt hier auf einen Widerstand,
vor dem der Teufel von je mehr Respect hatte, als vor
dem Pentagramm und dem Weihkessel. Es ist „die Weisheit", welche Macbeth an ihm rühmt, „die Führerinn des
Muths zu sich'rem Wirken", eine Klarheit und Sicherheit
des Denkens, ohne welche das feinste, lebendigste sittliche
Gefühl nur die Kraft behält, die Sünde zu strafen, nicht

aber die, sie zu hindern. Es ist diese Klarheit des Sinnes, welche ihm den Muth giebt, den dämonischen Versuchern entgegen zu treten mit dem stolzen Worte:

> „So sprecht zu mir, der nicht erfleht, noch fürchtet
> Gunst oder Haß von euch."

Sie läßt ihn an Macbeth die gewichtige Warnung richten:

> „Oft, uns in eignes Elend zu verlocken,
> Erzählen Wahrheit uns des Dunkels Schergen,
> Verlocken uns durch schuldlos Spielwerk, uns
> Dem tiefsten Abgrund zu verrathen."

Sie giebt ihm endlich den untrüglichen Compaß in die Hand für die Fahrt auf dem klippenreichen Meere des um Ehre und Macht sich mühenden Welttreibens, den Führer, dessen Weisung er kurz und bündig zusammenfaßt in den Worten:

> „Büß' ich sie (die Ehre) nicht ein,
> Indem ich sie zu mehren streb', und bleibt
> Mein Busen frei, und meine Lehnspflicht rein,
> Gern nehm' ich Rath an."

Wie anders Macbeth in ganz ähnlicher Lage, in derselben Versuchung, im Kampfe mit den gleichen Schicksalsmächten, falls nämlich der Dichter hier wirklich Gewalten im Sinne hätte, deren Wirken vor dem Tribunal des menschlichen Fühlens und Denkens nicht Rede stände, die jener mystischen „Nachtseite der Natur" angehörten, von der uns die poetischen und prosaischen Propheten der umgekehrten Wissenschaft seitdem so geistreich zu unterhalten gewohnt sind!

Gleich die erste Weissagung der Unholdinnen begegnet sichtlich Macbeth's ehrgeizigen, durchaus nicht schuldlosen Träumen. Sie wirkt wie ein Blitzstrahl, der vor seinem

innern Auge eine bis dahin dunkle Falte ſeines Herzens
plötzlich und ſchrecklich erhellt.   Woher ſonſt das plötzliche
Erſchrecken, die Furcht, die Verzückung, in welcher er daſteht?
Denn, wie der redliche Banquo ſehr richtig bemerkt, an ſich
ſind die gehörten Worte lieblich und durchaus nicht Ent-
ſetzen erregend.   Die Krone konnte ihm, dem nahen Verwandten des Herrſchers, ganz wohl auf natürlichem Wege
zufallen, ohne Verbrechen!   Offenbar hat er ſchon lange ſich
mit ehrgeizigen Gedanken getragen, ſeiner Gemahlinn das
lange vertraut.   So wird ihm das in Folge des Sieges
und der unerwarteten Standeserhöhung hereinbrechende Licht
einer glänzenden Hoffnung auf der Stelle zur ſchlimmen
Verſuchung, vor der ſein Haar ſich ſträubt, gegen die der
Inſtinct der männlichen Ehre nur noch mühſam das Feld
behauptet.   Es iſt ſeine Unentſchloſſenheit weit mehr als
klar bedachter Wille, wenn er ruft:

> „Will das Schickſal mich
> Als König, mag mich das Schickſal krönen,
> Thu' ich auch Nichts.“

Nur zu gut beurtheilt die Vertraute ſeines Herzens den
aus den Worten des Berichts ſprechenden Zuſtand ſeines
Gemüthes:

> „Was recht du möchteſt,
> Das möcht'ſt du rechtlich.   Möchteſt falſch nicht ſpielen
> Und unrecht doch gewinnen: möchteſt gern
> Das haben, großer Glamis, was dir zuruft:
> Dies mußt du thun, wenn du es haben willſt!
> Und was du mehr dich ſcheuſt zu thun, als daß
> Du ungethan es wünſcheſt!“

Schon ſind ſeine Gedanken den Einflüſterungen des hölli-
ſchen Orakels weit voran geeilt.   Des Königs überſchwäng-

liche Güte und Dankbarkeit blieb ohne Einfluß auf einen
Geist, der, von dem Sturm der entfesselten Leidenschaft gefaßt, sich nur noch in einer Richtung bewegt. Den eben
königlich belohnten und erhobenen Vasallen berührt die
Ernennung des ältesten Prinzen zum Thronfolger schon fast
wie eine Verletzung des eignen Rechts, die seine Gegenwehr
herausfordert:

> „Das ist ein Stein,
> Der muß, sonst fall' ich, übersprungen sein,
> Weil er mich hemmt. Verbirg dich, Sternenlicht!
> Schau meine schwarzen, tiefen Wünsche nicht!
> Sieh' Auge nicht die Hand, doch laß geschehn,
> Was, wenn's geschah, das Auge scheut zu seh'n."

In diesem Zustande findet ihn die unerwartet günstige Gelegenheit und die ebenso gefährliche, mit seinen verwund-
baren Stellen nur zu genau vertraute Versucherinn.

Wir haben durchaus keinen Barbaren, noch weniger
einen gefühllosen Virtuosen des Verbrechens vor uns. Er
empfindet das Ungeheure seiner That mit der ganzen Gewalt des Schmerzes und des Entsetzens, deren nur unab-
geschwächte, unverdorbene Naturen fähig sind. Aber seine
Sittlichkeit ist von vorn herein mehr die der Gewohnheit und
des Gefühls, als die des Gedankens und des Willens.
Wo er aus dem Strudel der bloßen Empfindung, des
unbestimmten Schauders vor dem Gräßlichen zu klaren Vorstellungen sich erhebt, da sind es nicht moralische Scrupel,
sondern Erwägungen der Zweckmäßigkeit, die ihn beschäftigen. Sein Ehrgefühl weit mehr als sein Rechtsbewußtsein
schaudert zurück vor der That. Die goldne Achtung, die

er durch feine Thaten eingekauft hat, möchte er erft tragen in ihrem neueften Glanz, ehe er fie aufs Spiel fetzt.

Es ift eben fowohl Schwäche als Gewiffenhaftigkeit, welche ihn auf einen Augenblick zu dem Vorfatz bringt, „nicht weiter zu gehn in der böfen Sache". Wem das in Macbeth's Auftreten zweifelhaft fchiene, der könnte es aus der Taktik feines Weibes zur Genüge erkennen. Seinen Muth vor Allem zieht fie in Zweifel, um ihn zu reizen. Sie verfpottet den Mann, bei dem „ich fürchte" auf das „ich möchte" folgt. Und als fie damit noch keineswegs durchdringt, da giebt fie den Ausfchlag, nicht durch irgend welche auf Befchwichtigung des Gewiffens gerichtete Künfte, fondern durch die Ausficht auf das Gelingen der That:

„Wird man es nicht glauben,
Wenn wir mit Blut die zwei Schlaftrunknen färben,
Die Kämmerling', und ihre Dolche brauchen,
Daß fie's gethan?"

Das ift die Erwägung, auf welche die Entfcheidung erfolgt:

„Ich bin feft. Gefpannt
Zu diefer Schreckensthat ift jeder Nerv.
Komm, täufchen wir mit heiterm Blick die Stunde:
Birg, falfcher Schein, des falfchen Herzens Kunde!"

So übernimmt denn auch im entfcheidenden Augenblicke ftatt des Gewiffens nicht der grübelnde, fophiftifche Verftand die Leitung, fondern die erhitzte Phantafie. Die nächtliche Vifion des Dolches ift von ganz befonderer Bedeutung für die Anlage diefes Charakters. Seine einfache, urkräftige, derb finnliche Natur geht ganz auf im Sturm des Gefühls. Jetzt, da der Entfchluß gefaßt ift, find es nicht die Gedanken, die fich untereinander verklagen und entfchuldigen,

es ist der Aufruhr des Blutes, die Ueberreizung des Ner-
vensystems, welche den starken Mann bis ins Innerste erbeben läßt und ihn noch einmal schwanken macht kurz vor
der Entscheidung. Er ist eben, im Guten wie im Bösen,
der Typus des starken, leidenschaftlichen Naturmenschen. Die
Gesetze der sittlichen Welt sind auch für ihn nur äußerliche
Schranken, wie für Jago, für Edmund, für Richard III.

Aber nicht als meineidiger Fälscher, sondern als offener
Räuber erscheint er vor dem Richterstuhl seines Gewissens.
Er ist für seine Person der prachtvollste Typus altnordischer
Barbarei, den wir besitzen. ⁴ Die Zeiten der germanischen
Staatenbildung zeigen ganze Herrschergeschlechter, deren Thaten
und Schicksale durch diesen ungezähmten, rücksichts- und
scrupellosen Herrsch- und Besitz-Trieb bestimmt werden. Der
Eindruck ist als läse man ein Kapitel in Thierry's mero-
vingischen Geschichten: in jedem Zuge das naturwahre Gegenbild zu den sentimentalen Frazzen, die im Kostüm der
nordischen Vorzeit bei neuromantischen Dichtern ihr Wesen
treiben.

Gleich imposant, aber leider viel räthselhafter stellt ihm
der Dichter seine Gattinn zur Seite. Wir wagen den Widerspruch, welchen dieses „leider" gegen die hergebrachte Bewunderung dieses Charakters erhebt: nicht als hielten wir
überhaupt die furchtbare Entartung, die dämonische Herzenshärtigkeit dieses Weibes für naturwidrig, für unvereinbar
mit den Grundgesetzen psychologischer Wahrheit. Wir glauben durchaus nicht, daß die Natur der sittlichen Entartung
des schwächern Geschlechtes eine engere Grenze gesetzt hat,
als der des Mannes. Wir dürfen uns der Wahrnehmung

nicht verschließen, daß gerade der zartere Organismus, ein=
mal von dem Uebel ergriffen, schneller und vollständiger
sich verwandelt, als eine gröbere, aber festere Natur. Wir
gestatten dem Dichter in vollstem Maaße das Recht, alles
Aeußerste und Gewaltigste, im Guten wie im Bösen, in den
Zauberkreis seines gestaltenden Genius zu ziehen — aber
wir fühlen das Bedürfniß, auch in der Ausnahme die Regel
wahrzunehmen. Je größer die Entartung, um so wichtiger
ist uns die Kenntniß des Prozesses, dem sie entsprang: und
in Lady Macbeth glauben wir die dramatische Veranschau=
lichung dieses Prozesses zu vermissen. Um es mit einem
Worte zu sagen: die Gattinn des Thans von Glamis tritt
uns von vorn herein als eine vollendete Virtuosinn des Ver=
brechens entgegen, als ein Wesen, neben welchem der ge=
wissenlos=ehrgeizige, aber freilich noch nicht vollkommen
gefühllose Krieger fast als die sentimentale Unschuld erscheint.
Eine oberflächliche Andeutung von Macbeth's Hoffnungen
genügt ihr, den Mordplan zu fassen, ohne eine Spur von
Scrupeln und Seelenkampf. Die schwache Gutmüthigkeit
ihres Mannes, „die Milch der Menschenliebe" in seiner
Brust, ist ihre einzige Sorge. „Ihren Muth wird sie ins
Ohr ihm gießen, hinweggeißeln wird sie mit tapferer Zunge
Alles, was von dem goldnen Cirkel ihn zurückdrängt." Und
auf der Stelle, als nun unverhofft die Gelegenheit sich
bietet, steigt das Bild des Verbrechens aus dem Chaos
unklarer leidenschaftlicher Wünsche ihr deutlich herauf, ihre
Seele wohl mit dem Entsetzen erfüllend, welches Angesichts
alles Ungeheuren das Gemüth auch des Starken ergreift,
aber auch entfernt nicht mit dem Abscheu des Gewissens

vor der Nähe der unsühnbaren Schuld. Es ist die Trun=
kenheit des souverainen Willens, der sich mit Bewußtsein
dem Sittengesetz gegenüberstellt, in welcher sie ruft:

> „Kommt, Geister, die ihr lauscht
> Auf Mordgedanken, und entweibt mich hier;
> Füllt mich vom Wirbel bis zur Zeh', randvoll,
> Mit wilder Grausamkeit!"

Dann im Kampf mit den Bedenklichkeiten ihres zwar durch=
aus nicht gewissenhaften, aber doch immer noch menschlich
fühlenden Gemahls, ist es nicht, als sagte sie sich feierlich
los von allen Lebensgesetzen ihres Geschlechts, indem sie
mit wildem Pathos ihm zuruft:

> „Ich hab' gesäugt und weiß,
> Wie süß, das Kind zu lieben, das ich tränke;
> Ich hätt', indem es mir entgegenlächelte,
> Die Brust gerissen aus den zarten Kiefern
> Und ihm den Kopf geschmettert an die Wand,
> Hätt' ich's geschworen, wie du dieses schwurst."

Und all' dieses Entsetzliche müssen wir hinnehmen als fer=
tige, vollendete Thatsache, als Etwas, das sich von selbst
versteht, wie sonst weibliches Mitleid und weibliche Liebe.
Es wird uns nicht die Spur eines Seelenkampfes gezeigt,
der diesen dämonischen Entschlüssen etwa voranginge. Denn
daß die heldenmüthige Dame sich zu der That durch einen
kräftigen Trunk stärkt und daß sie den schlafenden König
nicht eigenhändig erstechen mag, da er ihrem Vater gleicht
— diese vorübergehenden Anwandlungen rein sinnlicher
Schwäche dürfen wir doch schwerlich als solche in Rechnung
bringen. So bleibt sie auch nach der That vollkommen ge=
faßt. Ihre Nerven ertragen das Furchtbare, vor dem die

des abgehärteten Kriegers zurückbeben. Kaltblütig betritt
sie den Ort des Entsetzens, um durch den Justiz=Mord
der Kämmerer ihrem Gemahl — und sich — die Frucht
des Königsmordes zu sichern. Ihr Auftreten hat die Ruhe,
die Sicherheit und Stätigkeit des sich erfüllenden Natur=
gesetzes, während es doch uns und ihr selbst als die ver=
wegenste Empörung gegen alle geheiligten Grundlagen der
Gesellschaft und der Natur ganz deutlich gezeigt wird.

Es ist natürlich den bessern Commentatoren Shakspeare's
keineswegs entgangen, daß hier ein Problem liegt, und es
sind mehrfach Versuche gemacht worden, dasselbe zu lösen,
ohne dem Ruhm des Dichters zu nahe zu treten. Das
sehr gerechtfertigte Entzücken über die poetische Urgewalt
dieser wunderbaren Tragödie verleitete zu dem natürlichen
Wunsche, diesen Zauberspiegel menschlichen Handelns und
Duldens nun auch ganz fleckenlos zu erblicken. Mit Auf=
bietung alles Scharfsinnes spähte man nach dem Bande,
welches den Charakter der Lady Macbeth mit den normalen
Zuständen weiblichen Thuns und Empfindens verknüpfen
und ihn dadurch dramatisch rechtfertigen sollte. Diese Ver=
theidigung konnte nur einen Weg einschlagen, und sie hat
ihn mit mehr oder weniger Geschick und Eifer verfolgt.
Lady Macbeth mußte ihre Unthat lediglich aus uneigen=
nütziger Liebe zu ihrem Gemahl vollbringen. So wurde
sie den Romantikern allmählich zu einer Art Tugendheldinn,
zu einer Märtyrerinn übertriebener Gattenliebe. Aber auch
eine von der „prosaischen Moral" weniger emancipirte Kri=
tik hob jenes Motiv ihrer Handlungsweise nachdrücklich
hervor — und zwar durchaus nicht ganz ohne Grund. Es

ist keine Frage: eine Lady Macbeth, welche ihren schwachen
Gemahl etwa zum Morde verleitete, um ihn nachher unter
dem Pantoffel zu halten und die Frucht des Verbrechens
für den eigenen, rein persönlichen Ehrgeiz zu ernten, sie
würde gewiß unendlich verabscheuenswerther erscheinen, als
die des Shakspeare'schen Stückes. Shakspeare hat sicher
mit großem Bedacht jede Andeutung eines solchen Verhältnisses vermieden. Jene unmenschliche Betheuerung der eigenen Ruchlosigkeit, mit welcher sie der „Schwäche" ihres
angebeteten Gatten zu Leibe geht, sie ist wohlweislich einer
Frau in den Mund gelegt, welcher das Schicksal ihre Kinder
entrissen hat. Wir würden unsern Ohren nicht trauen, wenn
eine glückliche Mutter so spräche. Und nicht wenig mildert
sich endlich der Eindruck der entsetzlichen Erscheinung, da
sie nach der That sichtlich in den Hintergrund zurücktritt.
Ihre heldenmüthige Fassung, als Banquo's Geist das Blut
in den Adern des Mannes erstarren läßt, „welcher wagte
was Keiner wagt", noch mehr aber die Selbstbeherrschung,
mit der sie sich nachher jedes Vorwurfes enthält, Alles das
ist gar wohl geeignet, eine starke Liebe zu dem Gemahl bei
ihr vorauszusetzen zu lassen. Auch wollen wir mit Niemandem
rechten, wenn er ihre dann eintretende sichtliche Auflösung
vornämlich aus dem Jammer darüber erklärt, daß sie die
Stimme der Natur ganz ohne den gehofften Erfolg zu
Gunsten ihres Lieblings erstickt hat. Es liegt endlich nahe,
die erschütternde Entzweiung ihres ganzen Wesens, ihr ruhe-
loses nächtliches Umherwandeln, ihre herzzerreißenden Selbstanklagen als das Zusammenbrechen einer im Grunde sehr
fein fühlenden Natur unter der Wucht eines eisernen Willens

zu deuten, und ihr Selbſtmord wäre dann das natürliche
weibliche Complement zu dem trotzigen Heldentode des Königs. Alles das läßt ſich aufſtellen und mit gutem Grunde
behaupten. Doch darf dabei Eines nicht vergeſſen werden:
dieſe Motivirungen beruhen ſämmtlich auf mehr oder weniger feinen Conjecturen, und ſie kommen ſämmtlich post
festum, nämlich nachdem die ungeheuerliche Abnormität
dieſes Charakters ſich bereits in plaſtiſcher Fülle und vollkommen unvermittelt vor uns ausgebreitet hat. Ehe es nicht
gelungen, dieſe Thatſache wegzudemonſtriren, ſollte man die
äſthetiſche Rechtfertigung dieſer altnordiſchen Furie, dieſer
„Mörderinn aus Gattenliebe“, noch nicht für durchgeführt
halten.

　　Um ſo reicher aber, um ſo ſittlich großartiger und
künſtleriſch vollendeter legt der Charakter des Helden ſich
dar, von dem Augenblicke an, da ſeine Schuld ihn dem
rächenden Weltengeſetz überliefert. Es iſt vor Allem die
Immanenz der göttlichen Gerechtigkeit, die völlige Unabhängigkeit der ſittlichen Weltordnung von den Zufälligkeiten des
äußern Erfolges, welche die nun folgende Entwicklung mit
ihrem heiligen Lebensodem durchzieht. Kaum iſt die That
gethan, ſo überfällt den Mörder das Bewußtſein der „Fried-
loſigkeit“ (um hier den tiefſinnigen altdeutſchen Ausdruck
zu brauchen) mit der unwiderſtehlichen Gewalt einer Ele-
mentarkraft. Die ganze Heldenkraft der eigenen Natur wendet
ſich gegen den Meuchelmörder des ſchlafenden Gaſtes, als
er ſich das furchtbare, unwiderrufliche Urtheil ſpricht in den
durch Mark und Bein dringenden Worten:

„Mir war, als rief es: Schlaft nicht mehr! Macbeth
Mordet den Schlaf! Ihn, den unschuldigen Schlaf:
Schlaf, der des Grams verworr'n Gespinnst entwirrt,
Den Tod von jedem Lebenstag, das Bad
Der wunden Müh', den Balsam kranker Seelen,
Den zweiten Gang im Gastmahl der Natur,
Das nährendste Gericht beim Fest des Lebens!
Stets rief es: Schlaft nicht mehr! durch's ganze Haus;
Glamis mordet den Schlaf! Und drum wird Cawdor
Nicht schlafen mehr, Macbeth nicht schlafen mehr!"

So vollzieht sich die Strafe fortlaufend, fast gleichzeitig
mit dem Verbrechen. Wer den bis dahin siegreichen Mörder
und Usurpator Angesichts des drohenden, letzten Gerichts
ausrufen hört:

„Mein Lebensweg
Gerieth ins dürre, ins verwelkte Laub:
Und was das hohe Alter soll begleiten,
Gehorsam, Liebe, Ehre, Freundestrost,
Danach darf ich nicht aussehn; doch statt dessen
Flüche, nicht laut, doch tief, Munddienst und Hauch,
Was gern das arme Herz mir weigern möchte,
Und wagt's nicht" —

er wird des Gefühles sich nicht entschlagen können, daß
hier der äußere Hergang der Katastrophe eigentlich gleich=
gültig wird, daß die Hexen und das gesammte höllische
Heer hier Alles gethan finden, daß die Sache ihren richti=
gen Verlauf finden müßte, auch wenn der Birnamwald nicht
gegen Dunsinan vorrückte oder wenn Macduff nicht im
Stande wäre, sich das Orakel zu Nutze zu machen.

Ueppig aber wuchert unter den Tritten des der Schuld
Verfallenen die blutige Saat des Verbrechens. Der frevel=

hafte Mord der beiden Kämmerer wird nach den Schrecken
der Schicksalsnacht kaum noch bemerkt. Dann kommt Banquo
an die Reihe, der Mitwisser der Weissagung, der geistig
überlegene Nebenbuhler, der geheimnißvoll drohende Erbe
des nur zu theuer erworbenen Thrones. Es mag beiläufig
bemerkt werden, daß der Aberglaube der Selbstsucht hier,
wie immer, sich selbst untreu wird, wo eine theoretisch folge=
richtige Durchführung ihn in Widerspruch mit seiner bewe=
genden Kraft bringen müßte. Macbeth ermordet den Banquo,
weil er dem Orakel glaubt, dessen eigener Ausspruch den
Mord als wirkungslos müßte erscheinen lassen. Dasselbe
wiederholt sich, als die gespenstige Erscheinung ihn vor
Macduff gewarnt hat, obschon die nächste Prophezeihung die
Warnung zu entkräften scheint. Die alte Logik der Leiden=
schaft und des bösen Gewissens! Merkwürdig ist es übri=
gens, wie Macbeth's Heldennatur, sobald das Schwanken
der ersten gräßlichen Aufregung einmal beseitigt ist, in der
neuen, verderblichen Richtung mit zunehmender Größe und
Kraft sich bethätigt, während die unnatürliche Selbstüber=
hebung seines Mannesweibes Angesichts der fehlgeschlagenen
Hoffnung in sich zusammenbricht. Zu den Mördern Banquo's
spricht der Usurpator ganz wie ein Mann zu Männern, nicht
ohne eine gewisse frevelhafte Größe der Gesinnung! Nicht
ihre Habsucht, sondern ihr gekränktes Ehrgefühl, ihre Rach=
sucht unternimmt er zu reizen. Von dem selbst in einem
solchen Gedicht auffallenden poetischen Kolorit der Scene
war schon oben die Rede. Es steigert sich bis zu unerreich=
ter, Herz und Sinn gefangennehmender Wirkung in dem
folgenden Auftritt, da nun der Frevelmuth des Mörders die

Probe bestehen muß vor dem Grausen einer andern Welt, da aus dem Blut des Opfers das Gespenst des unheim= lichen Verbrecher=Wahnsinns, die Ate der Alten, sich erhebt, um Ruhe, Friede, Ueberlegung, Vernunft auf immer zu bannen aus der Seele des der göttlichen Rache Verfallenen. Mit hoher Weisheit läßt der Dichter den Geist nur dem herz= und hirnkranken Mann sichtbar werden, der ihn zu fürchten hat. Die Gestalten der kranken Phantasie verlieren mit der von wechselnden Zeitvorstellungen unabhängigen Naturwahrheit einen guten Theil ihrer Wirkung, sobald man sie aus dem Zwielicht des psychischen Lebens an das helle Tageslicht der Sinnenwelt heraufzieht. Es darf übrigens kaum erwähnt werden, daß diese berühmte Scene ihren vollen, hochpoetischen Eindruck doch nur bei der Lectüre macht. Auf der Bühne behält das bei Seitesehen der Gäste und der Königinn doch etwas Gemachtes, was die Kunst der Spieler wohl mildern, aber keineswegs fort= schaffen kann.

Von nun an geht es jählings abwärts mit dem Mann des „Erfolges um jeden Preis". Seine Regierungsgeschäfte compliciren sich seltsam. Gegenwärtige, wache Sorge und grause Erinnerung vollziehen wetteifernd die furchtbare Strafe an ihm, zu welcher die unbestechliche innere Stimme ihn unmittelbar nach der ersten Uebelthat verurtheilte. „Ihm fehlt die Würze aller Wesen, Schlaf". Es giebt keinen einflußreichen Mann mehr im Lande, in dessen Hause „ihm nicht bezahlt ein Diener lebte". Und wenn die Nach= richten der geheimen Polizei nicht ausreichen sollten, um den letzten Rest von Vernunft und Besinnung zu vernichten, so sind die „spiritualistischen" Weiber und ihre Gespenster da, um die Bethörung zu vollenden.

„Ich bin einmal so tief in Blut gestiegen,
Daß, wollt' ich nun im Waten stille stehn,
Rückkehr so schwierig wär', als durchzugehn."

In diesem trostlosen Bekenntniß drängt sich seine Regierungs- und Lebensweisheit zusammen. Die Gestalt der Dinge verwirrt sich vor seinen Sinnen. „Schön wird häßlich, häßlich schön." Die Ausführung des Gräßlichen kommt der Ueberlegung zuvor:

„Seltsames glüht im Kopf, es will zur Hand
Und muß gethan sein, eh' noch recht erkannt."

Wir sehen, wie das unentrinnbare Netz sich um seine Schritte zusammenzieht, wie Blutrache, gekränkte Vaterlandsliebe, endlich der mächtige Trieb der Selbsterhaltung in den Bedrohten ihre furchtbarsten Waffen gegen ihn rüsten, wie die einzige treue Seele, die ebenbürtige Genossinn seiner Größe und seiner Schuld ihm entrissen wird, wie er, von Feinden und Gefahren umlagert, noch mitten im krampfhaften Vertrauen auf das von der Hölle versprochene Glück in jenen schrecklichen Worten den trostlosen Lohn des alternden Tyrannen sich vorrechnet. Aber wenn Alles ihn verläßt — sein Muth, seine urgewaltige Naturkraft bleibt ihm treu. Wohl spricht unnennbare Angst vor und während des letzten Kampfes aus jedem seiner Worte, aber es ist die Angst in einer starken, unbezwingbaren Seele. Er hat fast den Sinn der Furcht verloren, wie sie gewöhnliche Menschen ergreift, Menschen, welche der Freude noch zugänglich sind und der Hoffnung.

„Ich habe mit dem Grau'n zu Nacht gespeist.
Entsetzen, meines Mordsinns Hausgenoß,
Schreckt mich nun nimmermehr."

Das ist die Stimmung, in welcher er der Entscheidung ins
Auge blickt. Sein Muth erwacht erst zu seiner vollen
Stärke, da seine falschen Stützen, jene Trugbilder der Hölle,
stückweise zu Boden fallen. Als der Birnamwald heranrückt,
zweifelt er nicht mehr an seinem Verderben. Aber kein
Gedanke an Furcht, an Feigheit beschleicht ihn:

„Den Harnisch auf dem Rücken will er sterben."

Es ist der trotzige, altnordische Schlachtenmuth, der aus
ihm ruft:

„Warum sollt' ich den röm'schen Narren spielen,
Sterbend durchs eigne Schwert? So lange Leben
Noch vor mir sind, stehn denen Wunden besser!"

Auch die schlimmste Enttäuschung, die entdeckte Hinterlist
des letzten Orakels, windet ihm das Schwert nicht aus der
Hand. Er zahlt als Mann seine furchtbare Zeche und, wir
müssen es gestehen, die bitterste Strafe hat er längst gekostet, die schlimmsten Dissonanzen sind gelöst, als Macduff's
Schwert ihn erreicht. Die scharfe, blutige Heilung der entsetzlichen Seelenkrankheit entläßt uns ebenso ästhetisch ver-
söhnt als sittlich auferbaut. Die Tragödie von Macbeth,
damit wir unser Urtheil kurz zusammenfassen, sie dringt
viel weniger tief, als Othello, als Lear und Hamlet in das
geheimnißvolle Gebiet ein, wo der Gedanke über That und
Schicksal entscheidet. Weniger in dem geistig-sittlichen Bewußtsein und in dessen dialektischer Entwicklung ruht ihr
Schwerpunkt, als auf dem unvermittelten starken Gefühl,
welches den Einzelnen, und wäre er der Gewaltigste, an

das Gesetz der Gattung bindet. Aber den Kampf dieses Gefühls mit einem übermächtigen, selbstsüchtigen Triebe, sein Unterliegen und seine unerbittliche, vernichtende Rache malt das Gedicht mit unerreichter Gewalt. Und wie denn Gefühl und Handlung der Kunst des Poeten williger entgegen kommen, als das geheimnißvolle Walten des auf ihre Vermittelung angewiesenen Gedankens, so übertrifft dieses wunderbare Heldenspiel denn auch Alles, was Alte und Neuere sonst geschaffen, an hinreißender Pracht der poetischen Färbung und an unwiderstehlicher Schwungkraft dramatischer und scenischer Wirkung.

Anmerkungen zur einundzwanzigsten Vorlesung.

---

¹ (S. 255.) Es darf jedoch nicht verschwiegen werden, daß Dr. Forman's Tagebuch über die Aufführung des Macbeth vom 20. April 1610 mit einer Ausführlichkeit sich ausspricht, die jedenfalls vermuthen läßt, daß das Stück dem Verfasser jener Notiz damals noch neu war. Ohne den geringsten Versuch einer ästhetischen Kritik wird einfach über den Gang der Handlung berichtet, mit dem naiven Interesse eines Zuschauers, der von dem mächtigen, materiellen Inhalt des Werkes noch ganz erfüllt ist, und die erforderliche Geistesfreiheit zur Schätzung der Form noch nicht gefunden hat.

² (S. 359.) Bei Holinshed ist Banquo der Vertraute des Mordes, bei dem auch die Lady als Anstifterinn bereits in erster Linie genannt wird. Die Stelle lautet wie folgt:

„Auch die Worte der drei Zauberschwestern (von denen Ihr zuvor gehört habt) ermuthigten ihn hiezu, besonders aber lag sein Weib ihm inständigst an, sich an den König zu machen, da sie höchst ehrgeizig war und von unauslöschlicher Begierde brannte, den Namen einer Königinn zu führen. Deshalb theilte er zuletzt seinen Vorsatz seinen vertrauten Freunden mit, unter denen Banquo der vorzüglichste war, und im Vertrauen auf ihre versprochene Hülfe erschlug er den König zu Inverneß, oder, wie Einige sagen, zu Botgosnane, im sechsten Jahre seiner Regierung. Dann, umgeben von denen, welche er in sein Unternehmen eingeweiht hatte, ließ er sich als König ausrufen und ging dann nach Scone, woselbst (mit allgemeiner Zustimmung) er nach hergebrachter Weise mit der königlichen Würde bekleidet wurde.

Der Körper Duncans wurde zuerst nach Elgine gebracht und dort in königlicher Weise bestattet. Später aber wurde er fortgenommen und nach Colmeshill gebracht, und dort unter seinen Vorfahren im Begräbnisse beigesetzt, im 1046. Jahre nach der Geburt unsers Heilandes."

³ (S. 369.) Holinshed zeichnet sie weit mehr im antik-mythologischen Sinne als Schicksalsschwestern, als in der theologisirenden Auffassung der Zeit Jacob's I. Shakspeare hat beide Vorstellungsweisen verschmolzen. Ihre erste Erscheinung wird in der Chronik so geschildert:

„Da erschienen ihnen, mitten in einer Haide, drei Weiber in seltsamer Tracht, Geschöpfen einer andern Welt vergleichbar." Dann folgen die Weissagungen, fast wie im Drama. Sie werden anfangs wenig beachtet, und die Feldherren betrachten die ganze Erscheinung sehr rationalistisch „als eine inhaltlose, phantastische Einbildung." Erst als ein Theil der Weissagungen unvermuthet in Erfüllung geht, kommen ihnen andere Gedanken. Nachher aber war es die allgemeine Meinung, daß diese Weiber entweder die „Zauberschwestern" (weird sisters) wären, das heißt, wie man sagen möchte, jene Göttinnen des Schicksals, oder sonst Nymphen oder Feen, durch ihre schwarzen Künste mit prophetischer Kenntniß begabt, weil Alles so kam, wie sie gesprochen."

⁴ (S. 377.) Es bedarf wohl kaum der Bemerkung, daß hierin kein Widerspruch liegt gegen das, was oben gegen bewußte kulturhistorische Tendenzen in den Tragödien Shakspeare's gesagt worden ist. Shakspeare hat den Charakter seines Macbeth ebenso gezeichnet, daß die in der Sage gegebene Handlung als dessen natürliche Frucht erscheinen mußte. Aber es ist ihm nicht eingefallen, deshalb dem ganzen Drama eine Färbung zu geben, wie sie eben nur einer kritischen, dem Dichter völlig fremden Geschichtsbetrachtung entspringen kann.

Timon von Athen.

Geehrte Versammlung!

Wir beschließen diese Betrachtungen der Shakspeare'schen Trauerspiele mit dem Studium eines der düstersten und unpopulärsten Gemälde, welches je die Phantasie eines Dichters von den Schattenseiten des Welttreibens entwarf. Eine wahre poetische Strafpredigt liegt vor uns, gegen die Bestrebungen und Charakterformen, welche in einer künstlich gegliederten und mit reichen Genußmitteln versehenen Gesellschaft nur zu oft die große, breite Oberfläche des Lebens beherrschen. Diese Darstellung ist dabei so weit entfernt, den künstlerischen Anforderungen des Drama's in allen ihren Theilen gleichmäßig zu entsprechen, daß man sie vielleicht passender eine dramatisirte, moral-philosophische Studie nennen dürfte, als eine bühnengerechte Tragödie. Aber wenn nicht die Vollendung und Ausrundung der Form und der dadurch bedingte scenische Effect, so stellt die im „Timon" sich auseinander legende Lebensanschauung, sein reicher, tief-

ernster Gedankeninhalt ihn unmittelbar neben die inhalt=
reichsten der tragischen Dichtungen, welche uns eben beschäf=
tigt haben. Das Stück führt uns in den Ideenkreis des
„Lear", des „Hamlet", des „Antonius" zurück. Die dun=
keln Farben und die harten Umrisse seiner sämmtlichen Scene=
rieen wirken nur um so schroffer, da die unerfreulichen, ja
trostlosen Vorgänge, trotz der antiken und zum Theil histo=
rischen Namen, sich als eine unerbittliche Kritik der aller=
realsten, nicht durch bestimmte geschichtliche Voraussetzungen,
sondern lediglich durch die Grundanlagen der Menschennatur
bedingten Wirklichkeit geltend machen, da weder Verhältnisse
noch Charaktere in der Perspective außergewöhnlicher Er=
scheinungen erblickt werden. Dabei werden jene Härten des
Grundgedankens und der dramatischen Anlage keinesweges
durch ein ungewöhnliches Maaß von Einzelschönheiten ver=
deckt. Sprache und Vers erweisen sich von ungleichster Voll=
endung. Stellen von erster Schönheit werden durch flüchtig
skizzirte Partieen unterbrochen in dem Maaße, daß die Kritik
hier die Reste eines fremden, von Shakspeare nur über=
arbeiteten Stückes zu sehen geglaubt hat: Gründe, gewiß
hinreichend, um die verhältnißmäßig geringe Beachtung des
„Timon" von Seiten des größern Shakspeare=Publikums so=
wie seine Ausschließung von der deutschen Bühne zu erklä=
ren, aber nicht genügend, um den nach gründlicher und
wahrhaft fruchtbringender Kenntniß des Dichters strebenden
Leser von der Erforschung dieser reichen Fundgrube tiefster
und scharfsinnigster Beobachtungen und Urtheile zu ent=
binden. [1]

Ueber die Zeit der Abfassung des „Timon" sind bestimmte,

vollgültige Zeugnisse bis jetzt nicht vorhanden. Das Stück
erschien im Druck zuerst in der Folio-Ausgabe von 1623,
mit dem ausdrücklichen Zusatz, daß es früher keinem Verleger gehört habe. Aus dem Inhalt läßt sich mit Wahrscheinlichkeit nur schließen, daß die Vorstudien zum „Antonius" dem Dichter den Stoff an die Hand gaben, wie denn
auch die Stimmung, welche diese unerbittliche Schaustellung
des im Dienste des Mammons und des Sinnengenusses
verkommenen Weltsinnes durchweht, vielfach an die Tragödie
vom Untergange der römischen Mannes- und Helden-Kraft
erinnert. [2] Für die sehr einfache Fabel benützte Shakspeare
vor Allem das neunundsechzigste und siebenzigste Kapitel
im Antonius des Plutarch, vielleicht auch die achtundzwan-
zigste Erzählung im ersten Theile von Paynter: „The Palace
of Pleasure." Die aus dem Timon des Lucian hineinge-
flossenen Züge sind, in Ermangelung einer englischen Uebersetzung dieses Griechen, jedenfalls abgeleiteten Quellen entnommen, vielleicht einer von Steevens aufgefundenen und
von Dyce herausgegebenen Behandlung der Sage, die
Shakspeare immerhin gelesen haben konnte. [3] Auch wie
die Handlung sich in dem vorliegenden Stücke entwickelt,
ist sie von einer Einfachheit, wenn nicht Dürftigkeit, und
dabei von einem losen Zusammenhange der einzelnen Theile,
welche ihren anekdotischen Ursprung nirgends verleugnen und
sie lediglich als das Behikel der Charakteristik, als das
schlichte und kunstlose Gefäß erkennen lassen, in welches der
Dichter diesmal seinen reichen Schatz von scharfen Lebens-
beobachtungen und tiefsinniger Betrachtung niederzulegen für
gut fand. Wir sehen einen ebenso edelherzigen als phan-

taſtiſchen Verſchwender vor uns, einen reich begabten, durch die Gunſt des Glückes verweichlichten Gefühlsmenſchen, von allem Glanz und allen Genüſſen umgeben, welche die vielgeſtaltige Gewinnſucht in einer reichen, üppigen Stadt den Bevorzugten Fortuna's entgegenbringt. Poeten und Maler wetteifern, ihn zu verherrlichen und ſeine Feſte zu ſchmücken; ſeine Juwelen, ſein Hausrath, ſeine Roſſe erregen die Bewunderung der Kenner, an ſeiner Tafel darf das Gelächter der Gäſte nicht verſtummen und die ſüße Muſik der Schmeichelei aus dem Munde der Schmarotzer vereinigt ſich mit dem roſigen Schimmer des ſatten Behagens auf ihren Geſichtern, um ihn in jener bequemen Philoſophie zu beſtärken, die ihm die civiliſirte Geſellſchaft als eine Vereinigung zum Austauſch von Liebesdienſten und Genüſſen ausgemalt hat. Da erſcheint, durch den treuen Diener vergeblich warnend vorher geſagt, die Stunde der Noth. Die liebeſeligen Freunde verwandeln ſich in vorſichtige Geſchäftsmänner; Rechnungen und Schuldforderungen laufen ein, ſtatt der Geſchenke und Gratulationen; die noch in vollem Vertrauen auf die überſchwengliche Güte und die angeborene Uneigennützigkeit der menſchlichen Natur ausgeſendeten Diener bringen Entſchuldigungen, wohlgemeinte Warnungen post festum und ſpitzige Bemerkungen, ſtatt der gehofften Geldſummen zurück; das Gebäude des idealiſtiſch ſchwärmenden Glückskindes ſtürzt zuſammen, mit dem Grunde, auf dem es erbaut iſt, und raſende, haltloſe Verzweiflung tritt nun an die Stelle des vertrauensſeligen Optimismus. Timon ladet die falſchen Freunde noch einmal zum Mahle, ſchüttet über die erwartungsvoll Verſammelten die volle Schale ſeines

Grimmes aus und entflieht dann in die Einöde, um in trostlosestem Wüthen gegen sich selbst und gegen die Gesellschaft sich zu verzehren. Vergebens lacht ihm dann noch einmal das alte Glück. Ein großer, zufällig gefundener Schatz führt ihn nicht in die Gesellschaft zurück: die reich besetzte Tafel der verfeinerten Civilisation erregt ihm nur Ekel, seitdem ihren lockenden Genüssen die Würze fehlt, der vertrauende Jugendmuth, dem die hingebende Güte des eigenen Herzens aus dem Gesichte jedes fröhlichen Zechers entgegenlächelt. Auch die Ehre winkt vergebens neben dem Reichthum. Die Anerbietungen des Senats, welcher sich in der Noth des talentvollen Feldherrn und Staatsmannes erinnert, werden ebenso stolz abgewiesen, als die Zudringlichkeiten der alten Tischfreunde und die Lockungen des Geldes. Selbst die wohlthuende Erfahrung rührender, uneigennütziger Treue von Seiten des alten Dieners vermag den in seinem innersten Mark gekränkten Charakter des Menschenfeindes nicht mehr aufzurichten. Timon endet durch Selbstmord, unter Verwünschungen gegen sich und die Welt. Dies die unendlich einfache, häufig sogar fast still stehende und in theoretische Erörterungen sich verlierende Haupthandlung des Stückes. Sie wird wie die des „Lear", die des „Kaufmann", des „Cymbeline", die von „Viel Lärmen um Nichts", von „Was Ihr wollt" und wie andere Dramen des Dichters von einer zweiten Fabel mehrfach durchflochten, durchbrochen und begleitet, ohne, wie sich zeigen wird, ihre geistige Einheit deshalb einzubüßen. Alcibiades, hier mehr der fröhliche und entschlossene Kriegsmann, als der klassische Typus des graziösen und genialen Leichtsinnes, erscheint

unter den Verehrern und Bewunderern Timon's als flüchtiger Besucher, ohne ernstliche Betheiligung an der zwischen
ihnen und Timon sich vollziehenden Handlung, um dann
gleich seinen eigenen Weg zu gehen. Die fünfte Scene
des dritten Aktes zeigt ihn uns im Streit mit dem Senat,
als den Vertreter eines Waffengefährten, der für einen un-
besonnenen Zweikampf gestraft werden soll. Man setzt seinen dringenden Bitten kalte, hochmüthige Ablehnung entgegen und glaubt einige kühne, vielleicht von zu warmer
Freundschaft dictirte Worte des verdienten Feldherrn mit
Verbannung strafen zu müssen. Da sagt er im Zorn sich
los, wenn nicht von dem Vaterlande, so doch von seiner
undankbaren Regierung. Wir begegnen ihm wieder in der
dritten Scene des vierten Aktes, als er an der Spitze der
ihm ergebenen Truppen heranzieht, um seine Feinde zu
strafen. Mit Timon bringt ihn der Dichter nur durch
Gespräche, keinesweges durch dramatische Handlung in Verbindung. Sein Sieg über den Senat bleibt ganz ohne
Einfluß, wie auf die Stimmung und Denkweise, so auch
auf das Schicksal des tragischen Hauptcharakters. Die Frage
nach der Bedeutung und Nothwendigkeit dieser Episode, der
Zweifel an ihrer ursprünglichen Zugehörigkeit zu dem Shakspeare'schen Stücke scheint auf den ersten Blick nur zu natürlich. Rechnet man hiezu die auffallende Ausführlichkeit, mit
welcher Nebenscenen wie die zwischen den Senatoren und
den Dienern des Timon behandelt sind, erinnert man sich
ferner daran, daß der theoretische Dialog, namentlich zwischen Apemantus und Timon, sich nicht selten bis zu völliger Unterbrechung der dramatischen Handlung entfaltet, so

gewinnen die Bedenken gegen die Aechtheit des Drama's,
wenigstens in der vor uns liegenden Gestalt, einen nicht
geringen Grad von Wahrscheinlichkeit. Daß ich sie im
Wesentlichen nicht theile, wurde schon oben angedeutet.
Lassen Sie es mich jetzt versuchen, meine Ueberzeugung
von der organischen Einheit und dem durchaus ächt Shakspeare'schen Charakter des Timon durch eine so sorgfältige
Analyse zu begründen, wie das merkwürdige, in hohem
Grade inhalt- und lehrreiche Gedicht sie verdient.

Aecht Shakspeare'sch, an die gewaltigsten Schöpfungen
des Dichters erinnernd, ist vor Allem der Grundton des
Stückes, die hier in den mannigfachsten Formen sich aus-
sprechende Ansicht des Verfassers von dem Wesen und Werth
des weltlichen Treibens. Wir finden hier freilich Wenig oder
Nichts, was den großartigen Offenbarungen der Leidenschaft
in „Romeo und Julia", in „Macbeth", in „Othello" zu
vergleichen wäre. Auch der sprudelnde lebensfrische und
lebenssichere Humor der meisten Lustspiele ist verstummt,
die poetische Verherrlichung männlicher, gesunder Thatkraft,
diese Seele der vollendetern historischen Stücke, tritt nur in
zweiter Linie und in merklich abgeschwächter Gestalt hervor,
und noch ferner bleiben der hier geschilderten Welt die harmonischen, von der Weihe eines himmlischen Friedens um-
flossenen Gestalten, die in Dramen wie „Cymbeline" und im
„Sturm" von des Dichters eigener Reise und geistiger Genesung so herrliches Zeugniß geben. Dafür versetzt uns
Timon mitten in jenes Chaos von düstern, quälenden Zweifeln, von zerrissenen friedlosen Stimmungen, von einseitigen
aber furchtbar wahren und tiefen Offenbarungen aus der

Schattenseite menschlicher Entwickelung, denen „Hamlet" und
„Lear" ihren eigenthümlichen dämonischen Zauber verdanken, die auch in den Shakspeare'schen Darstellungen vollen
und frischen Lebens, theils als Symptome der heranziehen-
den, theils als Erinnerungen an die überwundene Krifis
vielfach anklingen, und von welchen das an den „Timon"
zunächst erinnernde historische Stück, „Antonius und Cleopatra", vollständig erfüllt ist. Tiefes Mißtrauen gegen den
Werth und die Wahrheit der von der Gesellschaft aner-
kannten und gepriesenen Tugend, gründlichster Ekel vor den
hohlen, glatten Formen conventioneller Sitte, vor alle den
„respectabeln" und ehrbaren Larven der Selbstsucht bricht
fast in jeder Scene hervor. Wenn Timon ausruft:

„Die Cärimonie
Ward nur erfunden, einen Glanz zu leih'n
Verstellter Freundlichkeit und hohlem Gruß,
Gutthun vernichtend, um nicht zu gewähren;
Doch wahre Freundschaft kann sie ganz entbehren" —

so glauben wir einen Auszug aus König Heinrich's Her-
zensergießung gegen den „Götzen Cärimonie" zu lesen, der
gift'ge Schmeichelei trinkt, statt süßer Huldigung, der das
glühende Fieber nicht heilen kann, gegen diesen Zwillings-
bruder der Größe, der dem Odem jedes Narren unterthan
ist. Wie Lear oder Edgar schildert Apemantus das Wesen
des Weltverkehrs:

„Selbst machen wir zu Narr'n uns, uns zu freu'n,
Vergeuden Schmeicheln, aufzutrinken Menschen,
Auf deren Alter wir es wieder speien,
Mit Haß und Hohn vergiftet. Wer lebt, der nicht
Gekränkt ist oder kränkt? Wer stirbt, und nimmt
Nicht eine Wund' ins Grab von Freundeshand?"

Und Timon vervollständigt das Bild an einer andern Stelle, welche die Skepsis, die Menschen= und Selbstverachtung Hamlet's, den bittern Ingrimm des von dem Undank der Töchter gemarterten Lear und den verzweifelt=realistischen Inhalt von „Antonius und Cleopatra" in einer Reihe so einfacher, als ausdrucksvoller Symbole zusammenfaßt:

„Wärest du der Löwe, so würde der Fuchs dich betrü= gen; wärest du das Lamm, so würde der Fuchs dich fressen; wärest du der Fuchs, so würdest du dem Löwen verdächtig werden, wenn dich der Esel vielleicht verklagte; wärest du der Esel, so würde deine Dummheit dich plagen, und du lebtest doch nur als ein Frühstück für den Wolf; wärest du der Wolf, so würde deine Gefräßigkeit dich quälen, und du müßtest dein Leben oft wegen deines Mittagsessens wagen; wärest du das Einhorn, so würde Stolz und Wuth dich zu Grunde richten, und du würdest die Beute deines eigenen Grimmes. "

An Faulconbridge's Betrachtungen über „den Mäkler, der die Treu zur Makel macht", über „den Alltags=Meineid, der um Alle wirbt", an Jago's Herzensergießungen über die redlichen Narren, die man peitschen müsse, wie es Eseln gezieme, an des Enobarbus Kritik der politischen Freund= schaften erinnert die Stelle:

„Versprechen ist die Sitte der Zeit; es öffnet die Augen der Erwartung. Vollziehen erscheint um so dümmer, wenn es eintritt, und, die einfältigen, geringen Leute aus= genommen, ist die Bethätigung des Wortes völlig aus der Mode. Versprechen ist sehr hofmännisch und guter Ton. Vollziehen ist eine Art von Testament, das von gefährlicher Krankheit des Verstandes bei dem zeugt, der es macht. "

Von jener eigenthümlichen Auffassung der „einfältigen, geringen Leute" wird später die Rede sein. Als ächt Shak-speare'sch aber darf hier die von Warburton sehr richtig bemerkte Anspielung auf die Puritaner nicht übergangen werden, in des Servilius Betrachtung über die heuchlerische Sitte der Zeit. Shakspeare stand jenen nüchternen, klugen „Kindern des Lichts" bekanntlich mit einer Antipathie gegen-über, welche ihm von deren heutigen Bewunderern und Gesinnungsgenossen noch nicht vergeben wird, und wer die Geschichte der englischen Revolution nicht vom Standpunkte modernen Parteihaders aus liest und beurtheilt, der wird diese Stimmung des wahrlich gegen sittliche und religiöse Fragen nicht gleichgültigen Dichters begreifen, auch abge-sehen von der bekannten Feindschaft der Puritaner gegen Dichtkunst und Schauspiel. Wie Shakspeare die alberne, mehr lächerliche als schädliche Eitelkeit solcher Helden der negativen Tugend zu zeichnen weiß, wie er mit den Sitten-predigern abfährt, die den Wein und die Kuchen vertilgen möchten, sobald es ihnen an Appetit fehlt, das wird die Betrachtung Malvolio's in „Was Ihr wollt" uns zeigen. Hier hat der Dichter es mit einer gefährlicheren Sorte zu thun, mit den Fanatikern und Ehrgeizigen, in denen eigen-nütziger Instinct und gemüthliche Exaltation unter der Herr-schaft des schärfsten Verstandes und eines festen Willens sich zu furchtbarem Angriff gegen die Gesellschaft erheben. Servilius zeichnet sie unverkennbar in den Worten:

„Der Teufel wußte nicht, was er that, als er den

Menschen politisch machte. Er stand sich selbst im Lichte.
Ich kann nicht anders glauben, als daß durch so nichtswürdige Klugheit der Sünder sich noch zum Heiligen dis-
putirt. Wie tugendhaft strebte der Lord, um niederträchtig
zu erscheinen! Frommen Vorwand nimmt er, um gottlos
zu sein, denen gleich, die mit inbrünstigem Reli-
gionseifer ganze Königreiche in Brand stecken
möchten."

Nun würden wir freilich auf solche unverkennbare
Uebereinstimmung der das Drama durchziehenden Stimmung mit sonst ausgesprochenen Ansichten und Ueberzeugungen des Dichters einen Schluß auf die Aechtheit, vollends des ganzen Timon, keinesweges machen, wenn nicht
auch in der poetischen Verkörperung des Grundgedankens
seine Art sich wiederfände, wenn vor Allem die hervor-
ragendsten Eigenschaften des Shakspeare'schen Drama's, die
gründliche und durchaus auf dem Gebiet freier, bewußter
Sittlichkeit sich vollziehende Motivirung der Handlung, die
reiche und lebendige Charakteristik und die geistige Einheit
des das Ganze beherrschenden Interesses hier in irgend
wesentlichen Zügen vermißt würden. Daß dem nicht so
ist, wird jetzt nachzuweisen sein.

Es ist zunächst zu beachten, daß jene skeptische und
düstere Auffassung des Weltlaufes keinesweges vorzugsweise
in Declamationen und Betrachtungen, sondern in einer ganzen Reihe wahrhaft plastischer Gestalten ihren Ausdruck findet.
Es sind Leute verschiedensten Berufes, verschiedenster Bildung, Anlage und Lebensstellung, in deren Treiben der
Gott dieser Welt sein unheiliges Antlitz spiegelt. Vom

Senator und Banquier, vom gefeiertſten Künſtler bis herab
zum hungrigen Cyniker, zur feilen Dirne und zum Diebe
von Handwerk fehlt kein Streiter aus dem Heere des ge=
meinen, abwechſelnd heuchleriſchen und unverſchämten Eigen=
nutzes, des Alleinherrſchers und Tonangebers in dem uner=
quicklichen Gewimmel des dem Genuß und Beſitz nachjagen=
den Treibens. Gleich die erſte Scene führt uns mit ſym=
boliſcher Sinnigkeit und dramatiſcher Kraft mitten in die
für die Entwickelung des Hauptcharakters nothwendige At=
moſphäre. Dichter und Maler, die natürlichen Vertreter
des Geiſtes und des Geſchmacks, wetteifern mit dem Ju=
welier und dem Kaufmann in Huldigungen „am Fuße des
lieblich grünen Hügels, auf dem Fortuna thront.“ Wäh=
rend ſie von einander um zweideutige Beſcheidenheits=Phraſen
ein eben ſo diplomatiſches Lob eintauſchen, laſſen ihre
Schmeicheleien gegen das Glückskind den Stachel der nei=
diſchen Satire ſchon jetzt deutlich genug durchblicken. Der
Poet entwirft gewiſſermaßen das Programm des Stückes in
den Worten:

> „Wenn nun Fortun' in Laun' und Wankelmuth
> Herabſtößt ihren Günſtling: all' ſein Troß,
> Der hinter ihm den Berg hinauf ſich mühte,
> Auf Knie'n und Händen ſelbſt, läßt hin ihn ſtürzen,
> Nicht Einer, der ihm folgt in ſeinem Fall.“

Und dieſen Troß Fortuna's nun, dies Ungeziefer, welches
die Sonne des Reichthums dem fruchtbaren Boden der civi=
liſirten, bedürfnißreichen Geſellſchaft ſtets in Maſſe ent=
lockt, zeichnet der Dichter mit wahrer Virtuoſität, mit dem
ganzen Reichthum und der draſtiſchen Kraft ſeiner Farben=

gebung in allen Stadien seiner Entwickelung. Da sind zunächst die Senatoren und Lords, Timon's Standes- und Bildungs-Genossen. In der besten Haltung des feinen Tons und der auserlesenen Gesellschaft sehen wir sie in den Scenen des ersten Aufzuges um die wohlbesetzten Tische ihres „edeln Freundes" vereinigt. Ihre Rührung ist exemplarisch und bei Allen die nämliche, wenn Timon sein Herz vor ihnen ausschüttet über den Segen uneigennütziger Freundschaft, wenn in den Entzückungen seiner hingebenden Liebe die Gaben des Glückes nur noch als Symbole für ihn Werth haben, in welchen die Gesinnung sich ausspricht. Es wird bei der ersten Bekanntschaft schwer, unterscheidende Züge in den von sattem Wohlsein überstrahlten Gesichtern zu entdecken. Einer wie der Andere schmachtet natürlich nach dem Augenblicke, in welchem ein Bedürfniß des freigebigen Freundes ihm Gelegenheit geben wird, seine Gesinnung durch Thaten zu beweisen; mit der gleichen Grazie nehmen sie seine Geschenke in Empfang, dieser die Geldsumme, der er Rettung und Freiheit dankt, jener das Juwel, „dessen Schönheit er adeln soll". Auch an Gegengeschenken fehlt es nicht. Hier kommt ein Zug milchweißer, in Silber geschirrter Rosse an, das sprechende Zeugniß von Lord Lucius „freier Liebe", dort eine Koppel Windhunde, nebst einer Einladung zur Jagd von Lucullus. Wir haben eine Welt des Glücks und der Fülle vor uns, bevölkert von Biedermännern, welche wetteifern, einander Freude zu machen. Es herrscht die Einförmigkeit des Friedens, der Ruhe, des behaglichen Genusses. Erst in der scharfen Atmosphäre des Unglücks, der Noth werden diese gleichförmigen

Festgesichter die Prüfung bestehen; damit die Schminke der
Weltsitte sich scheide von der ächten Farbe der redlichen
Gesinnung und des wahren Gefühls.

Es ist nun schwer zu begreifen, wie das Eintreten
dieser Scheidung und ihre Durchführung im zweiten und
den folgenden Akten gerade in dem ächt Shakspeare'schen
Reichthum der Detailzeichnung den Auslegern Bedenken
gegen die Aechtheit des Stückes erregt hat. Man mustere
die Reihe dieser Auftritte ein wenig aufmerksam und man
wird den Dichter auf keiner Wiederholung, auf keiner Uebertreibung oder Verzeichnung ertappen. Vortrefflich ist schon
das Auftreten des Senators bei Eröffnung des zweiten
Aktes. Es zeigt kurz und treffend den Rückschlag, welchen
Timon's kopflose Wirthschaft auf die ihm persönlich ferner
stehende, besonnene Geschäftswelt nothwendig hervorbringen
muß. Der bedachtsame Herr ist ganz in seinem Rechte,
wenn er besorgt wird um das Schicksal seines Geldes in
den Händen des Mannes, dem man nur einen gestohlenen
Hund schenken darf, um seine Kasse zu freigebiger Spende
zu öffnen, bei dem geschenkte Pferde dem Geber „Rosse-
fohlen", schönere, und zwanzig für eines einbringen. Ein
vollendetes Genrebild ist sein Auftrag an den Diener:

> „Den Mantel um, und zu Lord Timon gleich:
> Sei dringend um mein Geld und nicht begütigt
> Durch leichte Ausflucht; schweig nicht, wenn es heißt:
> Empfiehl mich deinem Herrn — man mit der Kappe
> Spielt in der rechten Hand, so: Nein, sag' ihm:
> Man drängt mich selbst, und ich muß sie beschwicht'gen
> Aus meinen Mitteln &c."

So weit sehen wir nur die ganz berechtigte und natürliche
Vorsicht des Geschäftsmannes, der um Anderer willen nicht
zu leiden gedenkt, und gälte es auch nur den eignen Finger
zu wagen für den fremden Kopf, nicht, wie er sich auszu-
drücken beliebt, den eignen Kopf für den Finger des Andern.
Bald aber verwickelt sich die Frage. Es sind nicht mehr
Geschäftsfreunde, es sind die Genossen seiner Freuden und
Feste, die Vertrauten seiner Gedanken, die mit überschwänglichen Geschenken überhäuften Herzensfreunde, an die der
von Gläubigern gedrängte Timon sich wendet. Shakspeare
hätte sie immerhin, das darf man zugeben, in einem einzi-
gen Vertreter vorführen können, ohne gerade eine wesentliche
Lücke in der Handlung zu lassen. Offenbar aus einer reichen
Fülle persönlicher Anschauung schöpfend und aigrirt, wie die
Färbung des ganzen Drama's ihn deutlich zeigt, gegen das
zu allen Zeiten und bei allen Nationen sich gleichbleibende
Treiben der gemeinen, thierischen Selbstsucht innerhalb der
heuchlerischen Formen des guten Tons und der billigen
Alltags-Moral, zog er es vor, diesen Vorgängen größere
Anschaulichkeit und Wirkung zu geben, indem er sie verviel-
fältigte, ohne irgendwie in eintönige Wiederholung zu fallen.
Lucullus, Lucius und Sempronius zeigen gleich drastisch
die Demaskirung der kalten, trostlosen Selbstsucht unter den
unerbittlichen Händen der mit der Forderung der ersten That,
des ersten Opfers an sie herantretenden sittlichen Pflicht.
Aber sie zeigen sie in so verschiedenen Situationen und
Charakteren und mit so richtig berechneter Steigerung, daß
die Wiederholung die Wirkung vergrößert, statt ihr zu

schaden. Den Anfang macht Lucullus. Wir sehen im Beginne der Scene den schlauen Schmarotzer noch in vollem Glauben an den Reichthum des Amphitryo, dessen gedankenlose Gutmüthigkeit er herzlich verachtet, während er sie behaglich ausnutzt. Man glaubt ihn vor sich zu sehen, wie er lüstern unter des Flaminius Mantel nach dem vermeinten Geschenk späht, das er nicht schnell genug hervorlocken kann mit seinen liebevollen Erkundigungen nach „dem hochachtbaren, unübertrefflichen, großmüthigen Ehrenmann Athens, des Flaminius höchst gütigen Herrn und Gebieter!" Und dann der prächtige Umschlag, als statt der gehofften silbernen Kanne die leere Geldbüchse zum Vorschein kommt! Ebenso plump als gemein, in der Ueberraschung von der ganzen Dressur der „respectabeln Gesellschaft" im Stiche gelassen, entblödet er sich nicht, auf der Stelle aus geschmackloser Schmeichelei in roheste Vorwürfe überzugehen, die sich bis zu bitterster unbewußter Selbstironie steigern, als er dem Flaminius erwiedert:

„Ach, der gute Lord! er ist ein edler Mann, wollte er nur nicht ein so großes Haus machen! Viel und oftmals habe ich bei ihm zu Mittag gespeist, und es ihm gesagt; und bin zum Abendessen wiedergekommen, bloß in der Absicht, ihn zur Sparsamkeit zu bewegen: aber er wollte keinen Rath annehmen, und sich durch mein wiederholtes Kommen nicht warnen lassen. Jeder Mensch hat seinen Fehler, und Großmuth ist der seinige. Das habe ich ihm gesagt, aber ich konnte ihn nicht davon zurückbringen."

Dabei wird der praktische Biedermann dem „bessern Theil seiner Tapferkeit", der ihm zur andern Natur gewor-

denen „Vorsicht", keineswegs untreu. Es ist ihm gut genug,
den Diener zum Zeugen und Vertrauten seiner lieblosen
Selbstsucht zu machen, aber vor Timon möchte er doch
gern noch als der Alte erscheinen, „denn man kann ja nicht
wissen", und so bringt er sich in die Lage, seine Goldstücke
von dem armen Flaminius verächtlich zurückgewiesen zu sehen:
eine Demüthigung, die freilich weit entfernt ist, ihn seinen
bewährten Grundsätzen untreu zu machen.

In wesentlich anderer Lage hat die Herzensgüte des
Lucius die Probe zu bestehen. Timon's Diener trifft ihn
vor Zeugen, vor Fremden, die sein Verhältniß zu Timon
kennen, in deren Gegenwart er so eben pflichtschuldigst sei=
nen Abscheu über die Hartherzigkeit und Lieblosigkeit des
Lucullus aussprach. In unübertrefflicher Komik zeigt ihn
nun der Dichter bemüht, diesen Tugendmantel mit leidlichem
Anstande weiter zu tragen, während bei des Servilius An=
blick jäher Schreck seine Glieder durchzuckt. Das erste Ma=
növer, ein mehr eiliger als würdevoller, aber durch einen
Schwall leutseliger und liebevoller Worte gedeckter Rückzug,
wird durch Servilius Hartnäckigkeit vereitelt. Da steigt seine
Angst zur wahren Tortur, und die handgreifliche Lüge, ge=
würzt mit allen ihm nur irgend beifallenden Reminiscenzen
aus dem Phrasenverkehr der gebildeten, tugendhaften Gesell=
schaft muß herbei, um ihn gut oder schlecht aus der Sache
zu ziehen. Die Summe des erbaulichen Auftritts zieht der
Dichter in den Worten des Fremden:

> „Dies ist
> Der Geist der Welt; und grad' aus solchem Tuch
> Ist jedes Schmeichlers Witz. Ist der noch Freund,

Der mit uns in dieselbe Schüssel taucht?
Timon, ich weiß, war dieses Mannes Vater,
Es rettete sein Beutel ihn vom Fall,
Hielt sein Vermögen; ja, mit Timon's Geld
Bezahlt er seiner Diener Lohn; nie trinkt er,
Daß Timon's Silber nicht die Lipp' ihm rührt;
Und doch (o seht, wie scheußlich ist der Mensch,
Wenn er des Undanks Bildung an sich trägt!)
Versagt er nun, verglichen dem Empfangnen,
Was ein barmherz'ger Mann dem Bettler giebt!"

Und wie sehr diese Betrachtungen über die Selbstsucht und die Heuchelei des Pöbels aller Stände gegründet sind, das hebt der Schluß der Scene noch besonders nachdrücklich hervor, indem er, in bitterster Ironie, den ersten Fremden ganz naiv erwiedern läßt:

„Ich habe nie von Timon was genossen,
Noch theilte mir sich seine Güte mit,
Als Freund mich zu bezeichnen; doch verbeur' ich,
Um seines edlen Sinnes erlauchter Tugend,
Um seines adeligen Wesens halb,
Wenn er in seiner Noth mich angegangen,
Mein ganz Besitzthum härt' ich hingeopfert,
Daß ihm die größ're Hälfte wiederkehrte,
So lieb' ich sein Gemüth!"

Es blieb jetzt nur noch die härteste, undurchdringlichste Krystallisation des Weltsinnes zu zeichnen, jene wetterfeste und abgehärtete „Tugend", welche die unangenehmen Angriffe des Mitleids, der Dankbarkeit und der sonstigen sittlichen Gewalten auf die soliden, geschäftlichen Grundsätze nicht abwartet, sondern ihnen geharnischt entgegenzieht und sich in Avantage setzt, indem sie in jeder Lage die Rolle des Gekränkten zu bewahren versteht. Wer hätte sie nicht

kennen gelernt und in Tagen des Ungemachs bitter und
gründlich empfunden, jene praktischen Freunde und Verwandten, die für jedes Leiden, für jeden Unglücksfall statt
der Hülfe und des Trostes mit der Klage und der strengen,
wohlgemeinten Zurechtweisung bei der Hand sind, deren
empfindliches Zartgefühl sich steigert mit den Schwierigkeiten, welche den Freund umgeben, und denen man es nur
recht machen kann, wenn man ihrer nicht bedarf. Sie finden
ihr nicht geschmeicheltes, aber auch nicht übertriebenes Urbild in Sempronius, dem „frommen Schurken.“ Nicht
Timon's Bedürfniß und Bitte, nicht die Aussicht eines
Opfers erschreckt ihn. Es ist sein „Zartgefühl“, seine
„Liebe“, welche Timon verletzte, als er nicht zuerst ihn
anging, ihn, dessen Herz doch schwoll, ihm Gutes zu erweisen, zumal da er der Erste war, der jemals Gaben von
ihm empfing. „Wer meine Ehre kränkt, sieht nie mein
Geld!“ Das ist das Ergebniß des trefflichen Raisonne-
ments. Nicht verlegen und beschämt, sondern im triumphirenden Bewußtsein der Ueberlegenheit kehrt diese „überkluge
Liebe“ des tugendhaften Lords dem bedrängten Freunde
den Rücken, um die mit Würde und Anstand gewahrten
Güter des Glücks in gottergebener Demuth weiter zu genießen.

Aber auch diese reich gegliederten und aufs Wirksamste
sich steigernden Bilder aus dem Weltleben genügten dem
Dichter noch nicht, um seinem Abscheu gegen dieses Treiben
den vollen und gründlichen Ausdruck zu geben. Er hat
uns die praktischen und respectabeln Leute gegenüber dem
gutherzigen Idealisten gezeigt. Wir bekamen Gelegenheit

das erwartungsvolle Lächeln des dienstbeflissenen Willkom-
mens, das mit heimlicher Schadenfreude gewürzte Behagen
des satten Genusses mit der frostigen Vorsicht, der halb-
verschämten Verlegenheit resp. der frechen Selbstgewißheit
der in ihrem einzigen ernsten Lebensinteresse bedrohten Selbstsucht zu vergleichen. Nun stellt das Drama diese normalen
Beherrscher des Alltagslebens auch dem thatkräftigen, hoch-
sinnigen, in seiner Kraft sich fühlenden Genie gegenüber.
Alcibiades, der Mann der kühnen That, des raschen Entschlusses (wir werden ihn später genauer ansehen), er sieht
sich in die Lage versetzt, vor diesen Senatoren, diesen praktischen, besonnenen Muster-Bürgern eine — Ehrensache zu
führen!ᵇ Natürlich bleiben sie ebenso fühllos gegen seine
Herzensnoth wie früher gegen Timon's materielle Bedräng-
niß. Vergeblich, daß er ihnen den Schmerz der gekränkten
Ehre schildert: ist ihr „wahrer Muth" doch längst gewohnt,
„das Schlimmste zu ertragen, was der Gegner spricht",
wofern eben keine Gefahr des Lebens dabei ist, noch Be-
schwerde des Beutels. Und wie unpraktisch vollends, diese
Staatsmänner an Verdienste zu erinnern, für welche sie
noch in der Schuld des Helden sind, an Thaten, deren sie
bedurften, ohne daß sie sie würdigen konnten oder verstehen.
„Sie stehen da, fürs Gesetz", wenn wir ihnen glauben
wollen. Nicht Grausamkeit noch Rachsucht spricht aus ihrem
Urtheil, sondern die unbezwingliche Bürgertugend, „welche
die Unbill nie läßt zum Herzen dringen, dies zu vergiften."
Aber der Dichter läßt diese staatsmännische Tugend der Privilegirten hier ebenso unerbittlich die Probe bestehen, wie
vorher die Sittlichkeit ihres Privatverkehrs. Er zeigt uns

diese strengen, unbeugsamen Richter, diese wandelnden Muster des Anstandes, der Gerechtigkeit, der Besonnenheit und aller sonstigen respectabeln und einer honnetten Carriere förder= lichen Tugenden, er zeigt sie uns in der Stunde der Gefahr dem Helden gegenüber, welchen ihre Engherzigkeit verbannte, und nun erst gießt er das volle Maaß seiner Verachtung und seines Zornes herab auf das ganze hohle, nichtsnutzige Wesen, welches im gewöhnlichen Weltlauf behaglich im brei= ten, bequemen Vordergrunde der Gesellschaft sich sonnt und nur zu oft die Regungen höherer, edlerer Naturen durch seine plumpe Masse erdrückt. In der verworfensten, ehr= losesten Feigheit betteln die Senatoren erst um die Hülfe des Mannes, den sie mitleidslos der Verzweiflung Preis gaben, dann um das Erbarmen des Feldherrn, den ihr Philister=Hochmuth in instinctmäßiger Abneigung gegen seine geniale, selbgewisse Kraft verbannte. Ehre und Würden, Gold und die unschätzbare Liebe aller Biedermänner wird Timon geboten, damit er zurückkehre und die feige Heerde vor Alcibiades schirme. Seine maaßlosen Beleidigungen hört man mit jener Ruhe an, die man einst so würdevoll an Alcibiades und dessen Kriegsgefährten vermißte, vielleicht mit der stillen Genugthuung des Entschlusses, ihn schnöder als je zu behandeln, sobald seine Gutmüthigkeit die er= wünschte Hülfe geleistet. Und als dieser Anschlag geschei= tert ist, stürzt die ganze aus lauter Würde und landes= üblicher Tugend zusammengesetzte Gesellschaft dem bewaff= neten Rebellen zu Füßen, um die Wette sich anklagend, Jeder bereit, durch Preisgebung der Mitbürger und des Ganzen die eigene Rettung zu erkaufen. Timon's versuchte

Rückberufung wird dem Alcibiades in naivfter Weise als
ein Freundfchaftöftückchen auf die Rechnung gefetzt, man will
fich der Decimirung unterwerfen, alle und jede Forderungen
erfüllen, man zieht die vollftändigfte und fchimpflichfte Unter=
werfung dem Kampfe vor und fchätzt fich glücklich, mit der
Ehre das Leben und den theuren Mammon erkaufen zu
können. So die Vertreter der eigentlich bevorzugten Stände,
die Träger der Ehre, der Macht und des materiellen Be=
fitzes. Daß die Ariftokratie des Geiftes, oder doch die
des Talentes in diefer unerbittlichen Satire des gefammten
Weltwefens kaum beffer fortkommt, das ließ fchon die erfte
Einführung des Poeten und des Malers vermuthen, und
der erfte Auftritt des fünften Aktes erreicht denn auch in
der That an Bitterkeit das Schlimmfte, was gegen die
Herabwürdigung der Kunft im Dienfte der Selbftfucht,
gegen literarifches und artiftifches Schmarotzerwefen je ge=
fagt worden ift. In des Malers Mund legte Shakfpeare
jene draftifche Schilderung des Weltions, jene ironifche Ver=
höhnung der dummen Ehrlichkeit und Treue der geringen,
einfältigen Leute, welche wir als einen Familienzug der
ernften Shakfpeare'fchen Dichtungen diefer Periode fchon
oben hervorhoben. Der „Poet" bewährt feine Herrfchaft
über die Sprache wie feine vollendete Abhärtung gegen un=
praktifche Vorurtheile der Schaam und der Ehre in dem
klaffifchen Ausfall gegen den Eigennutz und den Undank der
egoiftifchen Welt:

> „Wir hörten, die wir oft dein Wohlthun fühlten,
> Du feift vereinfamt, abgewandt die Freunde,
> Die, undankbaren Sinns — o Scheufal' ihr!

Nicht scharf genug sind alle Himmelsgeißeln —
Wie! Dich! Deß sternengleiche Großmuth Leben
Und Nahrung ihrem ganzen Wesen gab!
Es macht mich toll, und nicht kann ich bekleiden
Die riesengroße Masse dieses Undanks
Mit noch so großen Worten!"

Und über beide ergeht denn auch das schärfste, mitleid=
loseste Gericht in der ins Mark schneidenden Verhöhnung
des Timon, der Jeden von ihnen vor dem Erschuft warnt,
welcher ihn auch in der Einsamkeit treulich begleite, und
den „Sklaven" und „Lumpenhunden" endlich in der ein=
zigen ihnen verständlichen Sprache den Weg weist!

Aber nicht nur die Geschmacksbildung, in ihrer immer=
hin zweideutigen und gefährlichen Rolle als Vermittlerinn
des feinern Genusses, erweist sich gründlich ungesund, an=
gesteckt von der Pestatmosphäre dieser im Dienst der Eitel=
keit und des Mammons verkommenen Welt. Die Gemein=
heit und Verderbtheit begnügt sich nicht mit den ihr her=
kömmlich zustehenden Masken der ehrbaren Bürger= und
Familien=Tugend, sowie der feinen, gefälligen Bildung:
das durchdringende Auge des Dichters erspäht sie auch
unter der dichteren Hülle der grundsätzlichen, ostentirenden
Opposition gegen das Welttreiben. Er züchtigt sie im
Mantel des prahlenden Tugendritters, des cynischen Son=
derlings fast noch schärfer als im Festkleide des Schma=
rotzers, in der ehrwürdigen Amtstracht des Senators oder
im einfachen und saubern Rock des respectabeln Geschäfts=
mannes. Das Motiv des Apemantus, denn von ihm ist
hier natürlich die Rede, oder sagen wir lieber die äußern
Umrisse seiner Gestalt, fand Shakspeare, wie wir sahen, in

seinen Quellen, bei Plutarch wie bei Paynter, auch wohl
im Diogenes von Lily's „Alexander und Campaspe." Er
ergriff es mit der ihm eigenthümlichen Sicherheit und füllte
die antike Form mit einem durchaus modern reflectirten und
ihr dennoch homogenen Inhalt, indem er das allgemein
Menschliche und Wahre in der bizarren Erscheinung fein
herausfühlte und es reich und ausführlich entwickelte. Nur
beim ersten Auftreten kann des Apemantus Entschiedenheit,
die Schärfe seiner Bemerkungen, der nicht selten sehr tref=
fende Witz seiner Einfälle den Beobachter täuschen, ihn als
den nur formlosen und heftigen Mann von Charakter er=
scheinen lassen inmitten einer verderbten Umgebung, als den
gründlichen Denker und Menschenkenner, als den Forscher,
welchem Erkenntniß der Wahrheit über die Lust am Schein
geht, der lieber aufrichtig gehaßt sein will, als heuchlerisch
geliebt, und der im souverainen Stolz der Bedürfnißlosig=
keit es unter seiner Würde hält, einen Gedanken zu unter=
drücken, oder seine Worte zu wählen, aus Rücksicht auf
irgend Jemandes Gunst oder Ungunst. Der Dichter ver=
folgt auch diese philosophische und biedermännische Derbheit
unerbittlich bis in ihre innerste Quelle, und weit entfernt
diese lauter und gesund zu finden, macht er die ganze ba=
rocke Erscheinung zum Gegenstand seiner schärfsten Satire.
Wie bei Antisthenes sieht bei Apemantus die Eitelkeit aus
allen Löchern des philosophischen Mantels hervor, und was
fast noch schlimmer: sein sauertöpfisches, unwirsches Betra=
gen erweist sich wie bei dem Bastard Don Juan in „Viel
Lärmen um Nichts" als die widerwärtige Krankheitserschei=
nung einer von Grund aus einseitigen und mangelhaft an=

gelegten Natur, die ihre Unfähigkeit fühlt, im Kampfe um
die Güter und Genüsse der Welt zu concurriren und nur
in feindselig=hochmüthigem Auftreten gegen alle Umgebungen
wenigstens ein erkünsteltes Bewußtsein der eignen Ueber=
legenheit und Selbstständigkeit zu retten sucht. So variiren
seine Herzensergießungen öfters plump und roh, aber auch
nicht selten sehr fein und scharf das Thema von der Selbst=
sucht und Falschheit der Welt. Einer seiner Aussprüche
wurde als ächt Shakspeare'scher Ausdruck düsterer Weltver=
achtung schon oben citirt. Noch schärfer liefert er, am Ende
des ersten Aktes, seinen Commentar zu den Liebenswürdig=
keiten der sich verabschiedenden Schmarotzer=Gesellschaft:

> „Welch ein Lärm ist das!
> Grinsend Gesicht, den Steiß herausgekehrt!
> Ob wohl die Beine jene Summen werth,
> Die sie gekostet? Freundschaft ist voll Rahmen:
> Der Falschheit Knochen sollen immer lahmen.
> Kniebeugen macht treuherzge Narr'n bankrutt."

Aber wenn bis dahin schon die zudringliche Wiederholung
und die beleidigende Rohheit seiner Kritik ästhetisch gegen
ihn einnehmen mußte, so vollendet sein Auftreten gegenüber
dem ins Elend gerathenen Timon seinen moralischen Ban=
kerutt in schonungslosester Weise. In der Würde des über=
legnen Philosophen tritt er, voll herzlosen, aufgeblasenen
Dünkels, dem vom Glücke Verlassenen, an sich und der Welt
Verzweifelnden entgegen. Er weist ihn höhnisch in die
Sphäre der Weltleute zurück, aus der nicht Ueberzeugung
und freier Entschluß (wie den Cyniker!), sondern äußerer
Zwang ihn fortgetrieben. Dort solle er nun die Rolle des

Schmarotzers spielen, da es mit der des Amphitryo zu
Ende sei.

> „Legt'st du dies bitt're kalte Wesen an,
> Um deinen Stolz zu zücht'gen, wär' es gut!
> Doch nur gezwungen thust du's: würdest Höfling,
> Wenn du kein Bettler wärst. Freiwillig Elend
> Krönt selbst sich, überlebt unsich're Pracht,
> Die füllt sich selber an und wird nie voll,
> Doch jenes g'nügt sich selbst."

Diese „Philosophie", dieses unbarmherzige, lieblose Wüh-
len in den Wunden des vom Schicksal tödtlich Getroffenen
wird denn nun auch alsbald gründlich gewürdigt. Der gemeinen plebejen Schadenfreude gegenüber, die sich hier vergeblich mit dem Mantel erhabener Grundsätze bedeckt, richtet
die vornehme Natur Timon's, in allem Jammer ihrer innersten Auflösung und Entzweiung, noch einmal in ihrer ganzen Würde sich auf. Apemantus und seine ganze, seit den
Tagen des naiven Alterthums freilich nicht mehr in Uniform
gehende Zunft, sie bekommen ihr vernichtendes Urtheil in
den Worten des Dichters:

> „Du bist ein Sklav', den nie der Liebesarm
> Des Glücks umfing; ein Hund warbst du geboren.
> Hätt'st du, gleich uns, vom Säugling her erstiegen
> Die süße Folg', die schnell die Welt dem bietet,
> Der frei darf winken jedem Reiz, der ihm
> Gehorcht, du hättest dich gestürzt in Schwelgen,
> Ganz ohne Maaß."

> „Was sollst du Menschen hassen?
> Sie schmeichelten dir nie: was gabst du ihnen?
> Armseligkeit von Ahnen her. Hinweg!
> Wär'st du der Menschen Wegwurf nicht geboren,
> Du würd'st ein Schurke und ein Schmeichler sein."

So weit bildet die Erscheinung des Apemantus ein noth=
wendiges, wenn auch an sich unerfreuliches Complement
für das große Trauergemälde menschlicher Verkommenheit
und Gemeinheit, welches dies düsterste der Shakspeare'schen
Dramen entrollt. Es kam dem Dichter sichtlich darauf an,
den großen Hebel des von ihm verurtheilten Treibens, die
einseitige, alle humane Entwickelung vergiftende und zer=
störende Selbstsucht auch über die Sphäre des Glücks und
des Wohllebens hinaus wirksam zu zeigen, ihre Wirkun=
gen zu schildern auch in den gefährlichen Stiefkindern des
Glücks, welchen der erwachte Gedanke gerade nur die Augen
öffnet über das ihnen Versagte, während ihnen gleichmäßig
die unternehmungslustige Tüchtigkeit aufstrebender, activer
Naturen fehlt und die glückliche Ruhe harmonischer, zufrie=
dener Gemüther. Diesem Zwecke entspricht die Gestalt des
Apemantus im Allgemeinen vortrefflich. Nur soll es damit
nicht unternommen werden, ihre Durchführung in jedem
Zuge als mustergültig und schön zu vertheidigen. Schon
der ungewöhnlich breite Raum muß auffallen, welcher den
im Grunde doch stets auf dasselbe herauskommenden Sen=
tenzen und Schmähungen des Cynikers gegönnt ist. Sein
Auftreten in Gesellschaft seines für Handlung und Charak=
teristik gleich überflüssigen Doppelgängers, des Narren, er=
scheint geradezu als ein das Stück belastender Pleonasmus.
Die ganze widerwärtige Scene, das Gezänk der Diener mit
den beiden wüsten Gesellen, das für die Durchführung des
dramatischen Plans zwecklose und an sich nichts weniger als
anmuthige Geschimpfe erinnert stark an die Leistungen des
Vice im vorshakspeareschen Schauspiel und mag immerhin

aus irgend einem alten, vielleicht von Shakspeare benutzten
Stücke hier aufgenommen sein. Von der ungebührlichen
Ausspinnung des Dialogs im vierten Akte war schon oben
die Rede. Das leidenschaftliche und anfangs ächt dramatische Zusammentreffen der beiden Gegner verlängert sich,
nicht zum Vortheil der scenischen Wirkung, in einen Austausch von Ansichten, die zwar in genauem Zusammenhange
mit dem Grundgedanken des Stückes stehen, aber ohne
Schaden für seine deutliche und gründliche Entwickelung
und ohne alle störende Wirkung auf den Gang der Handlung auch wegbleiben könnten. Sie enthalten im Wesentlichen ein grelles und unerfreuliches Gemälde der Nachtseite
des Lebens. Es werden jene trostlosen Zweifel ausgeführt,
die auch den Starken und Muthigen wohl überkommen,
wenn unter dem Eindruck harter Erfahrungen der Glaube
an die in der Menschheit unzerstörbar wirkende göttliche
Flamme einmal sich verdunkelt, angesichts der massenhaften
und täglichen Manifestationen der materiellen, thierischen
Gewalten. Und am Ende artet dies an sich schon unerfreuliche Gespräch zwischen dem Menschenfeinde von Fach
und dem Märtyrer der mit dem Leben zerfallenen Herzensgüte noch gar in ein wüstes Geschimpfe aus, bei dem von
Einhalten irgend einer ästhetischen Grenze nicht mehr die
Rede ist. Wenn Shakspeare hier durchweg Eignes gab,
(und die tiefsinnige Verkettung der Gedanken, die rücksichtslose Energie der Schlüsse, sowie directe Anklänge an andere
unzweifelhaft ächte Dichtungen dieser Periode macht dies
durchaus wahrscheinlich), so haben wir hier sicher das Pro-
duct einer jener tief eingreifenden Mißstimmungen vor uns

an denen mächtige, productive, wenn auch kerngesunde
Naturen öfter zu leiden haben, als die superkluge Selbst=
zufriedenheit der nüchternen Mittelmäßigkeit zu begreifen im
Stande oder zu gestatten geneigt ist.

Das schärfste und wirksamste Schlaglicht endlich ließ
der Dichter auf diese reich ausgestattete Gallerie menschlicher
Verkommenheit und Nichtsnutzigkeit fallen, indem er auch
den Vertretern des Edeln und Guten ihr Plätzchen in der
großen Versammlung der Narren und Schurken keinesweges
versagte. Es sind, wie man auf den ersten Blick sieht, die
Diener, die einfachen, schlichten Leute, in welchen Ehrlichkeit,
Herzensgüte, ja aufopfernder Edelsinn nicht untergegangen
sind, während die höhern Klassen, bis auf den einzigen,
später zu untersuchenden Alcibiades sich als Sklaven ge=
meiner Selbstsucht erweisen. Voran steht Flavius, vom
Dichter mit besonderer Liebe gezeichnet. [6] Schon inmitten
des Festjubels, welcher die Eröffnungsscene noch füllt, ist
seine wehmüthig ernste Gestalt unserer besorgten Theilnahme
sicher. Wohl glauben wir ihm, daß er oft genug einsam
dasaß, „beim steten Fluß des Brunnens“, daß er sein Auge
strömen ließ, „wenn Vorsaal, Küch' und Keller vollgedrängt
schwelgender Diener, die Gewölbe weinten vom Weinguß
Trunkener, und wenn jeder Saal von Kerzen flammt' und
von Musik erbrauste.“ War es doch schon lange sein trau=
riges Geschäft, Ländereien zu verpfänden, während sein Herr
Juwelen wie Kieselsteine verschenkte, und Kredit zu suchen
für den Mann, den seine Freunde verpflichteten, wenn sie
ihm Gelegenheit gaben, ihre Schulden zu zahlen. Weit
entfernt von stummer Wohldienerei hat er gewarnt und

gerathen, ist er selbst zudringlich geworden und hat sich
nicht gescheut zu verletzen, um zu retten. Vergeblich führte
er die furchtbare Logik der Zahlen gegen die Illusionen
der gutherzigen Genußsucht heran: man antwortete ihm mit
Ergüssen des Vertrauens und — mit Geldforderungen,
wenn er zu rechnen begehrte. Nun bricht das lange vorher
gesehene Unglück herein. Es liegt nicht in seiner Macht
es zu wenden. Aber sein schlichter, einfältiger Sinn besteht
glänzend die Probe, welcher rings um ihn alle die distin-
quirten Vertreter der Bildung und des Anstandes erliegen.
Der mächtig erregte Selbsterhaltungstrieb bricht sich an einer
Sittlichkeit, die weniger auf Erkenntniß und scharfem Denken
als auf unverdorbener Herzensgüte beruht. Redlich theilt er
sein Letztes mit den Gefährten, und auch das Wenige, was
ihm dann noch bleibt, wird in seinen Händen zum sorgsam
verwalteten Zehrpfennig des von Allen verlassenen, geliebten
Herrn, dem er, inmitten der Paroxysmen des Menschenhasses,
das Bekenntniß abzwingt:

> „Verzeiht den raschen, allgemeinen Fluch,
> Ihr ewig mäß'gen Götter! Ich bekenn' es,
> Ein Mensch ist redlich!"

Und mit diesem schlichten, zuverlässigen Sinne, diesem starken, unverfälschten Rechtsgefühl inmitten einer von raffi-
nirter Selbstsucht regierten Gesellschaft steht Flavius mit
nichten allein. Er ist hier nur der ausgeführte, hervorragende Vertreter aller Personen des Drama's, welche durch
die Niedrigkeit ihres Standes und durch die Nothwendigkeit reeller, bescheidener Arbeit aus der bevorzugten Gesellschaft verbannt werden. Ihm gleicht Flaminius, der dem

Lucullus den „großmüthig" angebotenen Preis der gefälligen Lüge indignirt vor die Füße wirft, ihm Servilius, gegenüber der verschämten Gemeinheit des Lucius, und der dritte Diener, welcher Angesichts der unverschämten Zartsinnigkeit des „an seiner Ehre gekränkten" Sempronius des Dichters Meinung von dem Werth zur Schau getragener Frömmigkeit in einem beredten Stoßseufzer vertritt. Selbst die Diener der Wucherer tragen entfernt nicht die Rohheit und Hartherzigkeit ihrer Herren zur Schau: es jammert sie sichtlich des geschlagenen Mannes, der mit Tropfen seines Blutes seine Schulden zahlen möchte. Auf das Mitgefühl, welches der rohe Soldat des Alcibiades an Timon's Grabe blicken läßt, mag ich hier kein Gewicht legen. Die ganze Scene ist zu sichtlich eingeschoben, um die Plutarchische Grabschrift an den Mann zu bringen, und die Nachlässigkeit ihrer Ausführung ist zu handgreiflich, als daß es verstattet wäre, hier an tiefere Intentionen des Dichters zu denken.⁷ Um so bedeutungsvoller dagegen ist die Bekehrung der Banditen. Die bittere Ironie, mit welcher Timon sie zu eifriger Fortsetzung ihres Handwerks auffordert, wirkt auf ihre rohen und verwilderten, aber natürlichem Gefühl noch nicht ganz entfremdeten Gemüther als eine heilsame, erschütternde Mahnung; ihre „Mysterien" fangen an, ihnen zu mißfallen, nachdem der „Feind des Menschengeschlechtes" sie ihnen, ohne es zu wollen, in der richtigen Färbung gezeigt. Der Eine faßt auf der Stelle einen guten Entschluß, der Andere ist zwar gegen jede Ueberstürzung, da sich zur Ehrlichkeit auch in der miserabeln Friedenszeit schon noch Gelegenheit finden dürfte: aber er mag die Sache doch nicht verreden, während

die fein gebildeten Künstler von dem Empfang bei Timon
nur den Eindruck des fehlgeschlagenen Geschäftes davon
tragen. Mit einem Worte: Die wenigen Lichtstrahlen, durch
welche der Dichter das düstere Gemälde dieses Drama's erhellt, fallen durchweg auf dessen unscheinbarste Partieen.
Wenn gleichwohl, oder vielleicht gerade deshalb hervorgehoben wird, „daß der Dichter hier eine Fülle von innerm
Zartgefühl zeige, eine unerschütterte Besonnenheit und Sicherheit des Blickes in den Haushalt der Vorsehung", so wollen
wir dem durchaus nicht widersprechen. Es wird jeder Leser
das Gefühl theilen, daß die im Timon geschilderte Welt
geradezu unerträglich wäre ohne jene so schlichten und doch
so beredten Zeugnisse für den unzerstörbaren Keim des Guten
in der menschlichen Brust. Und doch dürfte diese allgemeine
Anerkennung einer erschöpfenden Würdigung dieser Partieen
schwerlich genügen. Es wird hier daran erinnert werden
dürfen, daß Shakspeare durchweg von der sentimentalen Verwechselung von Unbildung und Unverdorbenheit sehr weit
entfernt ist, daß ihm die ursprüngliche, rohe Natur keinesweges höher steht, als die vom Geist beherrschte. Die uto-
pischen Phantasieen, welche Leute von reger Phantasie und
von geringem Erkenntnißmuthe auch im sechszehnten Jahrhundert dem Ernst des Lebens entgegenstellten, sie fanden
an dem welt- und menschenkundigen Dramatiker keinen gläu-
bigen Anhänger. Wie er über die Ideale paradiesischer Ur-
sprünglichkeit dachte, mit welchen europamüde Gefühlsmenschen die neuentdeckten Inseln des Oceans bevölkerten, darüber läßt die Gestalt des Caliban im „Sturm" keinen
Zweifel, und ebenso deutlich sagt er in „Wie es Euch

gefällt" seine Meinung über die herkömmlichen Schilde=
rungen ländlicher Einfachheit und Naivetät. Die Volks=
scenen der historischen Stücke zeichnen fast ausnahmslos die
von kurzsichtigster Selbstsucht getriebene, abwechselnd kindisch
gutmüthige und kindisch grausame Menge, nicht die Offenba=
rungen jener mystischen Vox Dei der Rousseau'schen Schule.
Wir haben in der Besprechung des „Coriolan" den Nach=
weis versucht, daß diese, wenn man will aristokratische An=
schauungsweise, den Dichter hinderte, in Darstellung einer
aufstrebenden, politisch befähigten Demokratie der Geschichte
gerecht zu werden. Die Tugenden, welche Shakspeare Per=
sonen der untern Stände zu leihen pflegt, sind eben nicht
die der selbstständigen Einsicht und Thatkraft, sondern die
der hingebenden Treue und Anhänglichkeit. Wenn seine
Satire Demagogen und ehrgeizige Emporkömmlinge mit
unerbittlicher Schärfe trifft, so hat er dagegen ein warmes
Herz und einen sehr richtigen Blick für tapfere Soldaten
und treue, hingebende Diener, und die Flaminius, Servilius,
Eros und Domitius aus Timon und dem verwandten Anto=
nius stehen in sofern in der Shakspeare'schen Welt keines=
weges als Ausnahmen da. Um so eigenthümlicher und auf=
fallender ist dagegen die Ausschließlichkeit, mit welcher die
Trefflichkeit und Tüchtigkeit der Dienenden und Abhängigen
hier der bodenlosen Verdorbenheit oder auch der Schwäche
ihrer Herren entgegentritt. Sie steht in der langen Reihe
der Shakspeare'schen Dramen geradezu einzig da, und möchte
mehr als alles Andere die Vermuthung rechtfertigen, daß
schwere Mißstimmungen, vielleicht bittere Erfahrungen in den
ihm zugänglichen höhern Kreisen den Blick des Dichters

umdüsterten, als er diese ebenso unliebsamen als eindring=
lichen Darstellungen menschlicher Engherzigkeit, Schwäche
und Selbstsucht schuf.   Wenn die Lichtpartieen in Timon
und Antonius den Eindruck des Ganzen mildern, so schär=
fen sie ohne Zweifel, durch ihre absichtlich einseitige Ver=
theilung, den Eindruck der bittern Verstimmung, die aus
jedem Zuge ihres mit sichtlicher Vorliebe gezeichneten Gegen=
bildes hervortritt.

In diesem Chaos gemein selbstsüchtiger Bestrebungen,
in dieser Welt des hohlen, gleißenden Scheins weist nun
der Dichter einem seiner am reichsten ausgestatteten Cha=
raktere eine ebenso hervorragende als schwierige Stellung an.
Es ist vor Allem dafür gesorgt, daß Timon nicht als der
gewöhnliche Verschwender erscheine, dessen Natur mehr für
die kleinern Maaßstäbe und das reichere Detail der Komödie
paßt als in die großen, einfachen Verhältnisse des Trauer=
spiels und des ernsten Drama's.   Gleich das Hauptkenn=
zeichen jener Gattung fehlt ihm: die in der Eitelkeit wur=
zelnde Unfähigkeit zu richtiger Beobachtung der Menschen
und Dinge.   Es ist nicht der Köder gewöhnlicher Schmei=
chelei, welcher ihn in das Netz falscher Freunde gelockt hat.
Als der dienstbeflissene Juwelier jenen albernen Gemeinplatz
über den Werth des Steines losläßt, antwortet er kurz und
treffend: „Ein guter Spott" und lenkt dann das Gespräch,
die Schmeichelei geflissentlich überhörend, mit vollendeter
Feinheit auf den eben ankommenden Apemantus.   Wir
machen uns eher auf einen scharfen Kritiker, als auf einen
leichtgläubigen Thoren gefaßt, wenn Timon dem Maler ent=
gegnet:

„Das Bildwerk ist beinah der ganze Mensch,
Denn seit Ehrlosigkeit mit Menschheit schachert,
Ist er nur Außenseite. Diese Färbung
Ist, was sie vorgiebt."

In demselben Sinne, und, können wir hinzusetzen, so recht aus dem innersten Kern Shakspeare'scher Lebensauffassung heraus thut Timon jenen oben erwähnten Ausspruch über den Werth der „Ceremonie", der gleißnerischen, conventionellen Maske, hinter welcher niedrige Gesinnung nur zu bequem sich verbirgt, und seine ganze gelassene, vornehme Haltung gegenüber dem Afterphilosophen, dem bissigen Cyniker, läßt deutlich durchblicken, daß er diese affectirte Derbheit und Biederkeit ebenso übersieht, wie die gekünstelte, honigsüße Ergebenheit und Geschmeidigkeit der auf seinen Beutel speculirenden Weltleute. Nichtsdestoweniger bleibt es keinen Augenblick zweifelhaft, daß er, mit seiner Einsicht, seinem Geschmack und seinem kolossalen Reichthum, diesem kleinlichen, von ihm weit übersehenen Geschlecht zur Beute bestimmt ist. Wir sehen den Privatmann von Anfang an in einer Lebensweise, deren Anforderungen kaum fürstliche Reichthümer auf die Dauer genügen können. Er spricht kaum ein Wort, ohne zu schenken. „Was er redet, ist Schuld. Verpflichtet für jedes Wort ist er so mild, daß Zins dafür er zahlt." Juwelen, Rosse, Silbergeschirr, Kunstwerke werden über den Werth bezahlt, um sie „den Freunden" aufzudringen. Die Tafel des königlichen Amphitryo ist immer besetzt, seine Weine fließen beständig, seine Hand ist nimmer geschlossen. Wer einen guten Gewinn machen will, hat nur nöthig, seine überflüssigen Sachen dem

Timon zu schenken. In seinen Händen fehlt der geschenkte
Gaul dem klugen Geber „treffliche Rosse"; besäße er die
Welt, seine Freigebigkeit würde sie erschöpfen, wie Flaminius
nur zu richtig bemerkt. Den Versuchen des treuen Dieners,
ihn aufzuklären über das unvermeidlich bevorstehende Ende,
weicht er nach Art der Verschwender geflissentlich aus, und
selbst die unerfreuliche Neigung aller Schwächlinge, am Tag
der Abrechnung die Schuld auf fremde Schultern zu wälzen,
sie ficht ihn auf einen Augenblick an. Mit einem Worte:
Timon's Thaten sind die des kurzsichtigsten, schlaffsten Ver=
schwenders, seine Worte die des Mannes von überlegener
Bildung und Einsicht und von umfassender, gründlicher
Kenntniß der Welt.

Es fragt sich nun: Ist dieser Widerspruch wirklich
oder scheinbar? Und wenn das Letztere: Was that der
Dichter, um die Ausschreitungen seines Helden gegenüber
der Grundanlage desselben verständlich zu machen, in den
Wandelungen des dargestellten Charakters die psychologische
Wahrheit und Nothwendigkeit, dieses spezifische Kennzeichen
seiner ächten Schöpfungen, anschaulich und wirksam zu er=
halten, und so auch dem Schroffen, Düstern und Unlieb=
samen unsere lebendige Theilnahme zu sichern?

Unserer Ansicht nach hat Shakspeare hier diesen wesent=
lichsten Anforderungen des ernsten Drama's in der Andeu=
tung der Motive trefflich genügt. Wenn sich dasselbe von
deren harmonischer, gleichmäßiger Durchführung sagen ließe,
so stände Timon sicherlich auch für die populäre Wirkung
in erster Linie da.

Von höchster Bedeutung, und mit Virtuosität aus=

geführt, ist zunächst die Darlegung des geistigen und ge=
müthlichen Prozesses, in welchem gerade die trefflichste Eigen=
schaft des Helden, in Verbindung mit einer Schwäche, die
mit Nothwendigkeit wirkende Ursache seines Unterganges
wird. Timon bleibt liebenswürdig, auch in den ärgsten
Verirrungen, denn er ist nicht Verschwender aus Eitelkeit
noch aus gemeiner Genußsucht, sondern aus reiner, ächter
Güte des Herzens. Und diese Humanität macht ihn wie=
derum zuerst zum Verschwender, dann zum Menschenfeinde,
weil ein wesentlicher Irrthum über eine Grundbedingung
alles menschlichen Gedeihens ihr die verderbliche Stärke und
Ausschließlichkeit einer tragischen Leidenschaft giebt.

Ueber den ersten Punkt macht der Dichter jeden Zweifel
unmöglich. Er zeigt seinen Helden von vorn herein in einer
unzweideutigen Probe. Unter die Huldigungen der Schmeich=
ler, unter die Anerbietungen der nur allzu bereiten und all=
gegenwärtigen Diener der Ueppigkeit und der Pracht mischt
sich der Hülferuf des vom Unglück bedrängten Freundes.
Timon, als ihm des Ventidius Verhaftung gemeldet wird,
fragt nicht nach der Ursache, noch weniger nach Sicherheit
und Bürgschaft. Von jenem feinen Instinct, mit welchem
die landüblichen Dutzend=Freunde in solchen Fällen den
wunden Fleck des Unglücklichen treffen, um in tugendhaften
Erörterungen über dessen Verschuldung die Stimme des
Mitleids zu ersticken, von diesem unvergleichlichen Präser=
vativ gegen unangenehme Consequenzen der christlichen Liebe
ist in ihm Nichts zu bemerken. Er sieht nur die Noth des
Freundes, und fragt nur die Güte des eignen Herzens um
Rath:

„Nicht meine Weis' ist's, abzuschütteln Freunde,
Wenn meiner sie bedürfen. Weiß ich doch,
Sein edler Sinn ist solcher Güte werth,
Die wird ihm: benn ich zahl', und er sei frei!"

Und nicht augenblicklichen Beistand nur, er gewährt dauernde
Hülfe. Es ist ihm nicht genug, dem Schwachen aufzuhel=
fen, auch ihn zu stützen hält er für seine Pflicht, damit er
nicht wiederum falle. Und wie hier für den Freund, so
tritt er gleich darauf für den Diener ein, mit warmem,
vollem Herzen und mit der ganzen Liebenswürdigkeit jener
ächten Humanität, der die Förderung fremden Glückes weit
mehr ein Genuß als ein Opfer und eine Anstrengung ist.
Sehr mit Recht hat Gervinus hervorgehoben, wie sehr die=
ses Pathos des hingebenden, opferfreudigen Wohlwollens,
dieses zur Leidenschaft gesteigerte Freundschaftsbedürfniß da=
durch an Naturwahrheit gewinnt, daß Timon, in der glän=
zendsten Stellung, in der Blüthe des Lebens und gegenüber
allen feinsten Lockungen der Sinne sich völlig frei zeigt
von der bis auf einen gewissen Punkt stets egoistischen
und isolirenden Geschlechtsliebe. Auch die Versuchungen
des Ehrgeizes finden ihn unzugänglich, wie später sich zei=
gen wird. In reichem, vollem Strom, mit der ganzen hin=
reißenden Gewalt ursprünglicher, naiver Empfindung ergießt
sich dieser Idealismus des Herzens, dieser Enthusiasmus
des Wohlwollens und Wohlthuns in der Tischrede an die
in Kundgebungen einer durchaus praktischen Sentimentalität
wetteifernden Gäste:

„Wir sind dazu geboren, wohlthätig zu sein, und was
können wir wohl mit besserm Anspruch unser eigen nennen,

als unsere Freunde? O, welch ein tröstlicher Gedanke ist
es, daß so Viele, Brüdern gleich, einer über des andern
Vermögen gebieten können! O Freude, die schon stirbt,
ehe sie geboren wird! Meine Augen können die Thränen
nicht zurückhalten. Um ihren Fehl vergessen zu machen,
trinke ich Euch zu!"

Ein Mann von diesen Gesinnungen kann Fehler an
sich haben und Fehler machen; ja es ist unmöglich, daß er
ohne schwere Irrungen im thatsächlichen Weltwesen zurecht
komme. Der mit den ernstern Geheimnissen des Lebens
nur ein wenig vertraute, auf That und Wirkung gerichtete
Mann wird sich sehr hüten, ihn zu seinem Vertrauten oder
gar zu seiner Stütze zu machen. Aber was ihm auch be=
gegne und was er thue, seine Schicksale und seine Irrungen
werden unserer Theilnahme werth bleiben, wir werden ihn
weder gleichgültig, noch lächerlich, noch hassenswerth finden.
Der unverlierbare Stempel der Natur und der Wahrheit
schützt seine Gestalt vor der Verwechselung mit den Miß=
geburten der kleinlichen, selbstsüchtigen Schwäche. Der sinn=
liche und eitle Verschwender gehört ins Lustspiel. Den
Märtyrer des einseitigen, ungezügelten Wohlthätigkeits= und
Freundschafts=Dranges durfte Shakspeare mit vollem Rechte
in den Mittelpunkt eines seiner ernstesten Trauerspiele setzen.

Aber freilich liegt hier denn auch, dicht neben Timon's
tragischer Berechtigung, seine tragische Schuld. Shakspeare
hat in seinem tief sittlichen Instinct auch hier dafür gesorgt,
daß der aufmerksame Leser über diesen wichtigsten Punkt
keinen Augenblick im Zweifel bleibe. Schon in den Ent=
zückungen jenes schönen Gefühlsergusses spricht der verhäng=

nißvolle Irrthum sich aus, welcher vollkommen hinreicht,
Timon's edle und liebenswürdige Anlage so verderblich für
ihren Träger, als für den ganzen Kreis seines Einflusses
zu machen. Er fällt, nicht willkürlicher Bosheit oder dem
unglücklichen Zufall, sondern der unerbittlichen Logik des
Weltlaufes als beklagenswerthes, aber nicht als unschuldiges
Opfer. Durch die Gunst des Schicksals verwöhnt, hat er
keine Ahnung von jenem Gesetz, welches alles menschliche
Gedeihen an den Austausch von Anstrengungen und Leistungen bindet, und jedem Genuß, auch dem des Wohlthuns, in den Grenzen der schaffenden, den Verbrauch er-
setzenden Kraft das natürliche Maaß setzt. Das Leben wird
ihm von Liebe und Genuß getragen, nicht von Arbeit und
Pflicht. Den liebenswürdigen Kommunismus eines Stu-
denten-Kränzchens möchte er auf die ernst schaffende Gesellschaft übertragen. Die raffinirte, geistige Genußsucht und
Schlaffheit, welche, ein verderbliches Schmarotzergewächs,
auf dem Stamm jener überschwänglichen Güte gedeiht und
von ihrem besten Marke sich nährt, wird von vorn herein
Niemandem entgehen: ganz augenscheinlich aber tritt sie in
Timon's Benehmen gegenüber der ersten, ernsthaften Verlegenheit zu Tage. Die von dem Dichter wahrlich nicht
gesparte Satire gegen die gemeinen, egoistischen Schmarotzer
kann und soll uns die Thatsache nicht verbergen, daß Timon
sie denn doch auf eine harte Probe setzt, wenn er verlangt,
daß sie durch ihre sicheren Verluste ihn in den Stand setzen,
noch ferner ohne Anstrengung die unerschöpfliche Vorsehung
zu spielen. Weit mehr in ihrer frühern, gleißnerischen Begehrlichkeit als in der jetzigen Weigerung an sich liegt ihre

Schuld. Es ist hier, im Wendepunkte des Drama's, Leiden,
Verschuldung und Anspruch auf Mitgefühl mit feinstem Takte
vertheilt. Der Kenner Shakspeare's wird durch die wesent=
lichsten und eigenthümlichsten Vorzüge des Meisters erfreut:
durch die Vielseitigkeit und die gelassene Unparteilichkeit
und Gründlichkeit, mit welcher der Lieblingssohn der Natur
die Wege seiner „ewig mäßigen Göttinn" in Verwickelung
und Lösung menschlicher Lebensfragen erspäht und enthüllt,
und mit unbestechlichem Sinn, wie im Schuldigen den Un=
glücklichen, so auch im Unglücklichen den Schuldigen zeigt.
Der Untergang eines gemeinen, eiteln Verschwenders hätte
uns gleichgültig gelassen. Einem nicht nur edelmüthigen,
sondern auch energischen, sich selbst beherrschenden Menschen=
freunde konnte alles hier geschilderte Unglück allerdings auch
wohl begegnen. Auch der Redliche, Thätige und Kluge ist
des Sieges nicht sicher im Kampfe gegen Verrath, Gemein=
heit und Undank. Aber es ist Sache des Moralphilosophen
und des Criminalisten, mit dergleichen Räthseln des Welt=
laufs theoretisch und respective praktisch ins Reine zu kom=
men, und wenn Shakspeare im „Lear" sich einmal auch an
eine solche Aufgabe wagte, so hat die poetische Wirkung
jener Tragödie dabei schwerlich gewonnen. Von der dort
nicht wegzudisputirenden, verletzenden Dissonanz scheint un=
serm Gefühl und unserer Ueberzeugung das vorliegende
Drama trotz seines äußerlich so trostlosen Schlusses frei
geblieben zu sein. Es läßt sich vom Standpunkte der dra=
matischen Technik wie von dem eines weichen Gefühls gewiß
Manches erinnern gegen das Gemälde einer bis zu tödt=
lichem Wahnsinn gesteigerten Verbitterung, in welches nach

jenem Festmahl des Hohns und der Verzweiflung die
Scenen des vierten und des fünften Aktes sich verlieren.
Timon's Verkehr mit den Glücksjägern, welche das Gerücht
seines wieder erstandenen Reichthums zu ihm in die Einöde
lockt, ist jedenfalls weit mehr dialogische Entwickelung und
Variirung eines theoretischen Gedankenganges, als die eigenthümlichen Bedingungen einer ächten dramatischen Wirkung
dies wünschenswerth machen. Es wurde schon bemerkt,
daß namentlich das Gezänk mit Apemantus die Handlung
geradezu zum Stillstand bringt, und an den bis zu einem
wahren Rausch selbstquälerischen Grimmes sich steigernden
Verwünschungen gegen die Menschheit wird auch der auf-
richtigste Shakspeare-Enthusiast sich kaum ästhetisch erbauen.
Und doch trifft Tadel und Mißbehagen hier weit mehr Ausführung und Form, als den Grundgedanken, das Verhältniß dieser Scenen zu dem Plane des Drama's. Es war
ein sehr glücklicher Umstand für den Dichter, daß seine
Quellen ihm die Sage von dem Goldfunde des Timon
entgegenbrachten. Weit entfernt, dieses Moment der Fabel
zurückzuweisen, hätte der Dichter es nöthigenfalls erfinden
müssen, um den wohl angelegten Grundzügen seines Bildes
die Stärke und Wahrhaftigkeit zu geben, deren sie für eine
tragische Wirkung bedurften. Nach der Katastrophe seines
Glückes sahen wir Timon in der Normalstimmung der in
ihren Lieblingshoffnungen getäuschten, von ihren Idealen
im Stiche gelassenen Sterblichen. Sein Zorn schießt weit
über sein Ziel hinaus. Statt sich selbst anzuklagen, oder
doch an die sich zu halten, welche ihn verletzt, erklärt er
der Natur der Menschen, dem Organismus der Gesellschaft,

allen Grundgesetzen der Dinge den Krieg. Er verflucht
nicht nur die falschen Freunde, sondern die Vaterstadt, in
der seine Unklugheit ihn allerdings mit den unliebsamsten
Eigenschaften des civilisirten Menschen in schmerzliche Berührung brachte. In der Einöde sucht er vergeblich den
falsch erfundenen Genossen des Glückes und sich selbst zu
entfliehen. Das Alles kennzeichnet ihn ohne Zweifel als
einen Kranken, der heftige Schmerzen erduldet. Ob aber
diese Krankheit das Herz ergriffen hat, ob wirklich der für
tragische Rührung unerläßliche Grad geistigen Leidens und
geistiger Kraft hier zur Anschauung kommt, das wird sich
erst zeigen, sobald wir über die Quelle und die Natur
jenes Schmerzes uns klar werden. Es wird sicher nicht
gleichgültig sein, ob der Verlust der Glücksgüter oder die
Zerstörung seines Humanitäts-Ideals die Flüche Timon's
dictirt, ob Timon in erster Linie seine reich besetzten Tafeln
oder die hochherzigen Entzückungen seines Freundschafts-
Enthusiasmus betrauert. Auf solche Fragen antwortet nur
die Erfahrung, und darum ist es ganz wesentlich, daß
Timon das Gold findet, daß er von allen Versuchern der
frühern Tage sich mitten in seinem Jammer plötzlich wieder
umringt sieht. Der gewöhnliche, ins Unglück gerathene Verschwender dürfte einer Phrynia und Timandra leichtes Spiel
machen, wenn sie ihn, respective seinen neu gefüllten Beutel
zur Rückkehr laden. Oder hätte die erste Enttäuschung das
sorglose Vertrauen des naiven Genusses denn doch unheilbar
erschüttert, so würde die regelrechte Umwandelung des Verschwenders in den Geizigen allen tragischen Empfindungen
ein Ende machen. So aber ermißt man unschwer an der

II. 28

Unwirksamkeit des Heilmittels nicht nur die Stärke, sondern auch die außergewöhnliche Natur der Krankheit. Wir fühlen uns jetzt zweifellos einem tiefen und bedeutenden Charakter gegenüber, der seine maaßgebenden Antriebe nicht von Außen erhält. Wir finden es natürlich und glaublich, wenn nach dieser entscheidenden Probe auch der Ehrgeiz, oder wenn man will, die Vaterlandsliebe sich unwirksam erweist gegen die Schmerzen des unheilbar verletzten Gefühlsmenschen, und die Zurückstoßung des treuen Flavius verwandelt sich aus einer rohen That eines halb Verrückten in den erschütterndsten Schmerzensausbruch einer unsäglich leidenden, für ganz andere Gefühle geschaffenen Seele. Nun erst gewinnen jene Worte ihre volle, schwere Bedeutung:

„Verzeiht den raschen, allgemeinen Fluch,
Ihr ewig mäß'gen Götter! Ich bekenn' es,
Ein Mensch ist redlich — hört mich recht — nur Einer,
Nicht mehr, versteht, — und der ist Hausverwalter.
Wie gern möcht' ich die ganze Menschheit hassen,
Du kaufst dich los: doch, außer dir, trifft Alle
Mein wiederholter Fluch!"

Die schönste Erfahrung des Lebens findet in dem erstorbenen Herzen keinen Keim des Vertrauens und des Muthes mehr vor. Dieser Strahl aus dem Allerheiligsten der unverwüstlichen und unerschöpflichen Natur glänzt auf den Unglücklichen machtlos herab, wie die Wintersonne auf die in Schnee begrabene Landschaft. Wir haben nach dem, was wir gesehen, nur noch das Gefühl tiefen Mitleids für den an thatloser Gefühlsüberspannung untergehenden, aber reich begabten und jedenfalls aller Gemeinheit vollkommen unzugänglichen Manne. Die Katastrophe verwandelt sich,

wie es das Drama verlangt, in die unvermeidliche Erfül=
lung eines uns anschaulich gemachten Naturgesetzes. Das
geistige und sittliche Leben des tief=ernsten Gedichtes, einmal
ins Bewußtsein gedrungen, läßt die einzelnen Mängel der
Ausführung zwar nicht übersehen oder gutheißen, aber doch
ohne wesentliche Störung und vor Allem ohne Verkennung
des hier wahrlich sich nicht verleugnenden Dichters ertragen.

Es bliebe nun noch die Frage nach des Alcibiades und
seiner Episode Bedeutung für den hier entwickelten Grund=
gedanken des Stückes. Daß wir sie nicht im Sinne der
Gegner und Verurtheiler des „Timon" zu beantworten ge=
denken, läßt aus dem bisher Gesagten sich unschwer errathen:
aber auch nur von einer Schwierigkeit des Verständnisses
oder von einem Befremden, als über eine bei Shakspeare
ungewöhnliche Wendung der Fabel oder der Charakteristik
kann für einen Kenner des Dichters hier die Rede nicht
sein. Shakspeare stellt diesen Alcibiades seinem Timon
gegenüber, wie den Laertes dem Hamlet, wie den thatkräf=
tigen Edgar dem verzweifelnden Lear. Es ist seine alte,
bewährte Art, wo er den Verlauf eines ungewöhnlichen
geistigen Zerstörungsprocesses zu schildern hat, daß er den
tragischen Helden durch eine anders geartete, mit ähnlichen
äußern Verhältnissen ringende Natur gewissermaßen ergänzt
und erläutert. Der durchaus verschiedene Verlauf des Con=
flicts verlegt dann mit Nothwendigkeit den Schwerpunkt der
Theilnahme von der Oberfläche der Handlung in die Tiefen
des Gefühls und des Gedankens, die feinsten Reflexionen
des Dichters über den einen Charakter verkörpern sich ächt
dramatisch in den Worten und Handlungen des andern,

die ganze Zeichnung gewinnt eine Vollständigkeit und An=
schaulichkeit, wie keine noch so pathetischen und gedanken=
reichen Monologe sie gewähren. So benutzte Shakspeare
denn auch hier mit gutem Bedacht einen oberflächlichen Wink
seiner Quelle⁸ und führte den Alcibiades, den Mann·des
kecken Entschlusses und der muthigen, ja verwegenen That
in ganz ähnliche Verhältnisse wie die, deren Wirkung auf
Timon er darstellen wollte. Wie Timon unter den Männern
des Besitzes und der feinen, geistigen Bildung, so tritt
Alcibiades unter den Kriegern Athens auf, als die Stütze
und Zierde des Staats. Der Instinct der geistigen Aristo=
kratie zieht ihn zu dem Manne, dessen Charakter und Bil=
dung über die der Menge wenigstens ebenso hervorragen,
wie die Gaben des Glückes, um derentwillen man ihn mit
zweideutigen Huldigungen feiert. In Glück und Ruhm
knüpft sich die Freundschaft, und nur zu bald wird ihr
Gelegenheit, sich im Unglück zu bewähren. Wie Timon an
seinen idealistischen Vorstellungen von Recht und Bedeutung
des Besitzes, so scheitert Alcibiades an seiner „exaltirten"
Auffassung männlicher Ehre. Der Eine rechnete bei Schma=
rotzern und Wucherern auf opferfreudige Anhänglichkeit an
einen verarmten, und noch dazu großmüthigen und edelher=
zigen Amphitryo. Der Andere verlangt von trockenen, eng=
herzigen Geschäftsmännern Verständniß und Duldung für
das überkühne Aufbrausen eines beleidigten Helden; er
spricht ihnen von Dankbarkeit, er verwundert sich, wenn sie
den Mann hassen und fürchten, dessen starker Arm ihre
Schwäche geschützt hat. So sieht denn der Feldherr nach
Erringung des Friedens sich von seinen „politischen und

besonnenen" Vorgesetzten bei erster Gelegenheit beschimpft,
verkannt, geächtet, während der Enthusiast des Wohlthuns
von den Tischfreunden durch stürmische Schuldforderungen
und höhnische Vorwürfe über den Werth des Geldes belehrt
wird. Die Nichtachtung der thatsächlichen, wenn auch nichts
weniger als erfreulichen Verhältnisse, die Hingabe an ein
ausschließliches und maaßloses, wenngleich edles Gefühl,
rächt sich gleich empfindlich an beiden über das Gemeine
emporragenden Naturen. Aber dann scheiden sich ihre
Wege. Alles Folgende predigt so recht aus des Dichters
tiefstem Herzen die Wahrheit, daß entschlossenes Wirken,
nicht aber Raffinement des Empfindens und Denkens die
Luft ist, in welcher das dem Sterblichen vergönnte Maaß
von Lebensglück zur Reife gedeiht. Es wird Niemandem
einfallen, die Gestalt des Alcibiades den Muster-Helden der
Historien an die Seite zu setzen, oder ihn als dramatische
Figur nur mit dem ihm zunächststehenden Laertes zu vergleichen. Eine flüchtige Skizze ist eben kein vollendetes
Gemälde; aber auch die Skizze zeigt dem Kenner die unter-
scheidenden Züge und die Intentionen des Meisters. Sie
treten hier scharf und unverkennbar hervor in dem trefflich
durchgeführten Gegensatz, welcher in der ernsten Prüfung des
Unglücks den thatkräftigen, wenn auch entfernt nicht sittlich
vorwurfsfreien Mann von dem Gefühlsmenschen scheidet:
Dort entschlossene, von moralischen Scrupeln unbeirrte
Rachsucht, die aber ihr wesentliches Ziel im Auge behält,
nicht maaßlos von dem Schuldigen auf Unschuldige sich
ausdehnt und auch im höchsten Affect die Grenzen des
Ausführbaren und Zweckmäßigen einzuhalten versteht: Hier

gänzlich thatlose und unpraktische, aber Nichts unterschei=
dende, Nichts respectirende Wuth. Es ist kaum ein unglei=
cheres Paar denkbar, als der wurzelgrabende Misanthrop,
der in Vorstellungen scheußlichster Grausamkeit schwelgt, der
nur von zerhackten Säuglingen und ermordeten Priestern
träumt und am Ende Niemandem als sich selbst Etwas zu
Leide thut — und daneben der beleidigte, zornige Staats=
mann und Krieger, ohne Scrupel das Schwert gegen die
persönlichen Gegner ziehend, und wären sie von der ganzen
Majestät des Gesetzes und des Vaterlandes umgeben; aber
dabei, nachdem der erste Ausbruch des Ingrimms vorüber,
voll gelassenen Humors, seinen alten, nicht durchweg saubern
und mustergültigen Neigungen und Freuden ergeben, voll
schöner, menschlicher Theilnahme für die feiner, aber weniger
fest und gesund gefügte Natur des Schicksalsgenossen, mäßig
im Glück, darum siegreich in der letzten Entscheidung, und
Alles zu Allem gerechnet gerade aus dem Stoffe geformt,
der im Kampf mit der argen Welt sich am besten bewährt,
weil er gerade edel genug ist, um in ihrem Schmutz sobald
nicht zu rosten, und doch wieder von der festen, grobkörni=
gen Härte, die auch bei einem heftigen Anprall so leicht
nicht nachgiebt.

Dies der greifbar zu Tage liegende ächt Shakspeare'sche
Grundgedanke jener mehrfach angegriffenen und angezwei=
felten Episode. Daß ihm die Vollständigkeit der Ausfüh=
rung keineswegs vollkommen genügt, wurde schon zugegeben.
Ja noch mehr: Es ist hier der Ort eines Umstandes zu
gedenken, welcher mehr als Alles sonst von der Kritik

Gerügte die Aechtheit des Timon verdächtigen könnte, und
den die Pietät gegen den Dichter nicht verleugnen noch
entschuldigen darf, zumal da es nicht schwer ist, den Fehler
zu seiner Quelle zu verfolgen. Ich habe jene Stellen im
Sinne, in welchen von den Verdiensten Timon's um den
Staat, von seiner Trefflichkeit als Politiker und Feldherr
die Rede ist. Solche Verdienste und Eigenschaften werden
ihm zuerst von Alcibiades ausdrücklich nachgerühmt, da er
dem verzweifelnden Misanthropen in der Einöde begegnet:

„Mit Leid vernehm' ich, wie
Athen verrucht hat deines Werths vergessen
Und deines tapfern Streits, als Nachbarstaaten,
Wenn nicht dein glücklich Schwert war, es bewältigt."

Und eine glänzende, ausdrückliche Bestätigung erhält diese
Andeutung, als die Senatoren in ihrer Noth an den Ent-
flohenen sich wenden, als an die letzte Hoffnung des Heils.
Es ist deutlich genug, wie bequem dem Dichter diese Wendung sein mußte, um die Proben zu vervollständigen, deren
Ausfall unser Urtheil über Timon's Zustand und Wesen
bestimmen muß. Die Unheilbarkeit des Gemüthskranken
und somit die Nothwendigkeit der tragischen Katastrophe
gewinnt ohne Zweifel an Evidenz durch Timon's Verhalten
gegenüber den für ihn stärksten Lockungen, denen der Ehre
und der Vaterlandsliebe. Aber diese Erwägung kann die
Thatsache nicht entschuldigen noch verdecken, daß jene plötzlich geltend gemachten Eigenschaften des Helden nicht nur
unerwartet und unvermittelt an seinem für uns bereits fertigen Bilde hervortreten, sondern daß sie mit dessen wesent-

lichen und unzweifelhaften Grundzügen geradezu im Wider=
ſpruch ſtehen. Es iſt weder zu begreifen, wie aus einem prak=
tiſchen, durch ſchwere Leiſtungen bewährten und mithin welt=
erfahrenen Manne ſolch ein phantaſtiſcher Freundſchaftsſchwär=
mer werden konnte, noch (und das Letztere viel weniger),
wie der im Leben geprüfte Feldherr und Staatsmann, wenn
eine Gefühlsverirrung ihm ja jene Täuſchungen zuzog, dar=
über in ſo unheilbare Verzweiflung und Verbitterung ſtür=
zen konnte. Jene Aeußerungen des Alcibiades und der
Senatoren widerſprechen Allem, was wir von Timon in
unmittelbarer, überzeugender Wirklichkeit ſahen; ſie können
keine andere Geltung beanſpruchen, als die eines mehr
bequem als zweckmäßig gewählten Auskunftsmittels für die
äußere Verknüpfung der ohnehin loſe genug zuſammenhän=
genden Fabel, und erklären ſich nur aus der ſehr ungleichen,
unvollendeten Mache, welche, an mehr als einer Stelle nur
zu ſehr bemerkbar, der Wirkung des ſo höchſt bedeutend
angelegten Drama's nicht wenig Abbruch thut. Um ſo ent=
ſchiedener athmet aber die Schlußwendung ächt Shakſpeare=
ſchen Geiſt. Wie über dem Grabe Romeo's und Julia's
die feindlichen Geſchlechter ſich die Hand zur Verſöhnung
reichen, wie nach den düſtern Kataſtrophen des Lear, des
Macbeth, des Hamlet die Ausſicht in eine heitere, menſch=
lichere Zukunft ſich öffnet, ſo konnte dem vielſeitigſten und
gründlichſten, dem kühnſten und mäßigſten der dramatiſchen
Dichter auch dieſes unerfreulichſte Gemälde menſchlicher
Schwäche und Verirrung den verſöhnenden Blick auf die
unzerſtörbare Harmonie des von dem unwandelbaren gött=
lichen Rathſchluß getragenen großen Ganzen nicht trüben.

„Führt mich in eure Stadt, und mit dem Schwerte
Bring' ich den Oelzweig: Krieg erzeuge Frieden,
Und Frieden hemme Krieg; Jeder ertheile
Dem Andern Rath, daß Eins das Andre heile.“

Mit diesen Worten der Vernunft und der Versöhnung
schließt dasjenige der Shakspeare'schen Trauerspiele, in des=
sen schrillen Dissonanzen man vielleicht nicht mit Unrecht
mehr als in irgend einem andern einen Nachklang subjec=
tiver, tiefgreifender Mißstimmung des Dichters herausgehört
hat, der sonst mit so unnahbarer Keuschheit sich hinter sei=
nen Werken verbirgt. Mögen sie zu guter Vorbedeutung
hier an dem Markfteine stehen, an welchem diese Betrach=
tungen von jenen tief=ernsten Darstellungen der Räthsel des
Weltlaufs zu den mannigfaltigen und zahlreichen Gemälden
sich wenden, in welchen Shakspeare mit heiterm Behagen ent=
weder die tausendgestaltigen Irrwege menschlicher Schwäche
und Thorheit beleuchtet, oder durch vollendete Darstellungen
kerngesunder, in harmonischem Gleichgewicht schwebender
Menschlichkeit der Gesundheit des eigenen Geistes und Her=
zens das unzerstörbarste und sprechendste Denkmal setzt.

Anmerkungen zur zweiundzwanzigsten Vorlesung.

' (S. 392.) Es sind bekanntlich von namhaften Commentatoren gegen die Aechtheit des Timon Zweifel erhoben worden. Die Autorschaft Shakspeare's gänzlich zu leugnen, kann freilich, ganz abgesehen von dem Zeugniß der Folio-Ausgabe, Niemand in den Sinn kommen, der sich mit der, dem Dichter eigenthümlichen Auffassung menschlicher Dinge nur oberflächlich vertraut gemacht hat. Dagegen vermuthete Coleridge, daß zahlreiche Zusätze von Schauspielern den Text verunstaltet haben, und Knight, welchem Delius im Wesentlichen beistimmt, ist so weit gegangen, im Timon eine ältere und unvollkommene, von Shakspeare korrigirte und vermehrte Arbeit zu sehen und eine kritische Scheidung der ächten Scenen von den unächten zu versuchen. Die Gründe dieser Scheidung beziehen sich theils auf die Sprache, theils auf den Inhalt: Die Sprache schwanke zwischen Vers und Prosa, sie sei mit Reimen überladen, der Blankvers sei an vielen Stellen mit einer Nachlässigkeit oder einem Ungeschick behandelt, welche den reifern Jahren Shakspeare's zuzutrauen wir nicht das Recht hätten. Außerdem fehle es nicht an unmotivirten zusammenhangslosen Scenen, die gegen die höchst vortrefflichen Glanzstellen des Drama's einen auffallenden Gegensatz bildeten. Eine detaillirte Prüfung aller einzelnen, auf diese Beobachtungen gegründeten Schlüsse liegt dem Zwecke dieser Arbeit fern. Doch halte ich es im Interesse gründlicher Shakspeare-Freunde nicht für überflüssig, die wichtigsten der Erwägungen hier kurz zusammenzustellen, welche mich bestimmen, die Knight'schen Vermuthungen nur in Bezug auf ein paar kleine Scenen zu acceptiren, dagegen im Wesentlichen dem Urtheil Gervinus' beizutreten, indem ich in „Timon" eine unzweifelhaft ächte, aber mit sehr ungleicher Sorgfalt ausgeführte Arbeit Shakspeare's zu erkennen glaube.

Es ist vor Allem nicht zu bestreiten, daß die Zusammenfügung und Motivirung der Scenen des Drama's keinesweges eine durchaus tadelfreie genannt werden kann. So fällt z. B. die Plutarchische Anekdote von dem Feigenbaum, an dem die Athener sich hängen sollen, ziemlich mit der Thür ins Haus. Wir haben nicht erfahren, daß der Platz von Selbstmördern bereits mehrfach benutzt war, und damit verliert der sarkastische Einfall des Timon seine Pointe. Sehr gezwungen fügt sich ferner die Ueberbringung der Grabschrift in die Handlung. Man begreift nicht, wie der des Lesens unkundige Soldat zu dem Interesse für eine ihm unverständliche Inschrift kommt, ja gleich einem antiquarischen Reisenden sie in Wachs abdrückt und dem Senat überbringt. Die Absicht des Dichters, eine in seiner Quelle vorgefundene Anekdote an den Mann zu bringen, tritt zu größtem Nachtheil der dramatischen Illusion deutlich zu Tage. Als ein völliger Pleonasmus erscheint ferner die Rolle des Narren. Nicht nur, daß sie außerhalb der Handlung steht: auch als Träger einer sententiösen Kritik der im Drama dargestellten Seite des Weltlaufs ist der Narr nur ein Doppelgänger des Apemantus: und seine nichts weniger als feinen und dabei nicht sonderlich geistreichen Witzgefechte mit den Dienern erinnern in bedenklicher Weise an die Leistungen des Vice im vorshakspeare'schen Drama. Es darf ferner nicht geleugnet werden, daß die ohnehin höchst einfache und wenig bewegte Handlung des Stückes sich hie und da in rein theoretische Erörterungen verliert, daß der Dialog mehr um seiner selbst willen auftritt, als wir dies bei Shakspeare gewohnt sind. Es gilt dies namentlich von einem großen Theil des Gesprächs zwischen Apemantus und dem in die Einöde geflüchteten Timon. Auch die Sprache bildet gegen die vollendete Schönheit der Diction des „Hamlet" und des „Julius Cäsar" einen gar merklichen Gegensatz. „Timon" wimmelt von unvollendeten Versen, von Versen mit unregelmäßiger Sylbenzahl und gezwungenstem Rhythmus. Gleichwohl scheinen die kritischen Aussonderungen Knight's mir der großen Mehrzahl nach völlig unhaltbar. Es läßt sich zunächst nachweisen, daß jene Unebenheiten des Verses mit den schwächern Partieen der Composition keinesweges zusammenfallen. So soll beispielshalber die erste Scene des fünften Aktes unächt sein, bis zu den Worten Timons: What a God's Gold. Diese Partie, die charakteristische Verabredung der von dem Gerücht des aufgefundenen Schatzes herbeigerufenen Künstler, ist allerdings in Prosa geschrieben, die am Schluß von Reimversen unterbrochen wird. Sieht man aber genauer zu, so findet es sich, daß jene Reime durchaus zur Hervorhebung von Sentenzen dienen, in ächt Shakspeare'scher Weise. Von Timon's Auftreten beginnt der Vers, und damit, nach Knight und Delius, die eigene Arbeit Shakspeare's. Aber gleich die ersten 8 Verse Timon's enthalten 2 Halbverse. Dann antwortet der Poet in 9 Versen, darunter 2 unvollendete, 3 ganz unregelmäßige, z. B.

oder:
> Sir, having often of your open beauty tasted;

> Whose starlike nobleness gave life and influence
> To their whole being? I am rapt and cannot cover etc.

Bald darauf:
> You, that are honest by being what you are;

und:
> Have travell'd in the great shower of your gifts
> And sweetly felt it etc.

Ebenso finden sich in dem unbezweifelt und handgreiflich ächten Gespräch zwischen Timon und dem treuen Flaminius (Akt IV, Scene 3) Verse wie diese:
> Flinty mankind, whose eyes do never give etc.

oder:
> If not an usuring kindness; and as rich men deal gifts,

oder:
> My most honour'd Lord!

Aehnliche Unregelmäßigkeiten wird man in fast allen sich durch ihren Inhalt als ächt Shakspearisch zeigenden Scenen ebenso zahlreich finden, als in denen, welche die genannten Kritiker um ihretwillen verwerfen. Dagegen sagt der Soldat seine nichts weniger als eminent Shakspeareschen Betrachtungen bei dem Leichenstein des Timon in 10 Blankversen her, von denen 9 ganz regelmäßig sind (Akt V, Scene 3). Die angezweifelte Scene zwischen Alcibiades und dem Senat (Akt III, Scene 5) enthält auf 116 Verse allerdings 23 unregelmäßige, darunter aber 6 nur unvollendete, wie sie in den besten Shakspeare'schen Arbeiten so

bänfig find. Von den 13 Reimpaaren markiren 3 sichtlich hervor-
gehobene Sentenzen, 7 treten in ganz regulairer Weise am Redeschluß
ein und nur 3 stehen ziemlich auffallend mitten im Dialog. Ganz
gute, regelmäßige Blankverse bilden ferner größtentheils die für unächt erklärten Scenen zwischen den Wucherern und den Dienern des
Timon. Mit einem Worte: Es läßt sich keine direkte Beziehung nachweisen, zwischen den Unebenheiten des Inhalts und den Mängeln der
Sprache, die bei genauerer Betrachtung des Drama's allerdings hervortreten, und alle auf diese Mängel gegründeten Schlüsse müssen
daher in hohem Grade bedenklich erscheinen. Noch mehr aber ist die
Vertiefung in den Inhalt des Drama's geeignet, die Annahme zweier
Verfasser als unstatthaft erscheinen zu lassen. Wir bewegen uns zunächst so recht im Mittelpunkte einer Weltanschauung, welche aus dem
Studium des „König Lear" und des „Antonius" als eine bei Shakspeare scharf hervortretende bekannt ist, und der wir als einer mehr
oder weniger betonten in fast sämmtlichen größeren Werken des Dichters
begegnen. Es ist der Ekel vor dem trügerischen, blendenden Scheine,
die tiefe Ueberzeugung von der Hohlheit und selbstsüchtigen Gemeinheit des Welttreibens, von der Nichtigkeit des äußerlichen Genuß-
lebens, deren düsterer Grundton das ganze Gemälde beherrscht. Die
hierauf bezüglichen Stellen schlingen ein unzerreißbares geistiges Band
um die äußerlich zum Theil sehr disparaten Scenen des Stücks, sie
geben dem Gegenstande mit ächt Shakspeare'scher Kühnheit und Gründlichkeit zu Leibe. Des Apemantus Schilderungen von der Gemeinheit,
der Heuchelei, der herzlosen Selbstsucht des Menschengeschlechts repro-
duziren zu großem Theil geradezu die Lebensphilosophie des alten,
verzweifelnden Lear; Timon's Thun und Schicksal läßt sich bis auf
die Katastrophe fast als das aus dem Historischen ins Bürgerliche
übersetzte Treiben des Antonius ansehen. Die feine Darlegung der
tragischen Schuld des Helden, die vortreffliche Vertheilung des Lichts
und Schattens: Alles das zeigt unverkennbar die wohlbekannte Hand
des Künstlers. Gerade die vielfach angezweifelten Wucherer-Scenen
sprudeln von dramatischem Leben und sind mit allerfeinster Welt- und
Menschenkenntniß nüancirt, so zwar, daß dasselbe ganz einfache Thema
in dreimaliger Wiederholung mit steigender Wirkung durchgeführt wird.
In dem Auftreten des Alcibiades im Senat, selbst von Gervinus als
ein im ganzen Shakspeare zum zweiten Male nicht vorkommendes

Hors-d'oeuvre bezeichnet, glaube ich einen durchaus wohlberechneten und wesentlichen Theil der Handlung nachweisen zu können (Anmerk. 5); mit einem Worte, ich möchte nur das Auftreten des Clown als ein Bühnen-Einschiebsel Preis geben. Im Uebrigen erscheint mir „Timon" als eins der gedankenreichsten und bedeutendsten Werke Shakspeare's: aber freilich als ein Drama, dessen Form theils unter dem düstern Ernst des Inhalts, theils unter der Armuth der überlieferten Handlung gelitten hat, vielleicht auch, wie Gervinus hervorhebt, unter einer in mehreren Dramen dieser Periode hervortretenden Verstimmung des Dichters, über deren Ursachen wir keine Nachricht besitzen.

² (S. 393.) Chalmers und Drake setzen die Abfassung des „Timon" in die Jahre 1601—1602; denn das Stück desselben Titels, dem Shakspeare die Banketscene entnommen, enthalte Anspielungen auf Jonson's im Jahre 1599 erschienenes Stück: „Every Man out of his humour", und Shakspeare's „Timon" sei noch unter Elisabeth, also vor 1603 abgefaßt. Für die letztere Conjectur bleibt Chalmers aber den Beweis schuldig; sie steht außerdem mit Inhalt und Ton des Stückes im schneidendsten Widerspruche, und so wird man in Ermangelung bestimmter Zeugnisse wohl am sichersten gehen, wenn man „Timon" der Epoche des „Antonius" und des „Coriolan" zuweist, etwa den Jahren 1608 oder 1609.

³ (S. 393.) Die Novelle bei Paynter schildert nur Timon's menschenfeindliches Wesen, und illustrirt es durch einige Anekdoten. Auf Erzählung seiner Schicksale und Thaten oder auf Entwickelung der Ursachen jener Gemüthskrankheit läßt sie sich nicht ein. Unter Berufung auf Plutarch, Plato und Aristophanes wird Timon als eine Art von Naturseltenheit geschildert, „nur der Gestalt nach ein Mann, nach seinen Eigenschaften aber der Todfeind aller Menschen, welche er offen zu hassen und zu verabscheuen erklärte. Er wohnte allein in einer kleinen Hütte auf dem Felde, nicht weit von Athen, von allen Menschen und aller Gesellschaft getrennt. Nie ging er in die Stadt, oder zu irgend einer bewohnten Stätte, außer gezwungen. Niemandes Gesellschaft und Unterhaltung konnte er leiden. Nie sah man ihn in Jemandes Haus gehen, noch dulden, daß sie zu ihm kämen. Zur selbigen Zeit war in Athen ein anderer Mann, von gleicher

Beschaffenheit, Apemantus genannt, von ganz derselben Natur, von der natürlichen Art der Menschen verschieden und in gleicher Weise auf den Feldern wohnend. Da die Beiden eines Tages allein mit einander zu Mittag speisten, sagte Apemantus: „O Timon, welch' ein reizendes Fest ist dies! Und was sind wir für eine lustige Gesellschaft, da wir nicht mehr sind, als du und ich!" Ja, sagte Timon, es wäre in der That ein lustiges Fest, wenn Niemand hier wäre, als ich selbst." Es wird dann berichtet, daß Timon nur mit Alcibiades häufig sich unterredete, und zwar, wie er zu Apemantus sagte, weil er voraus- sah, daß die Athener durch jenen Viel würden zu leiden haben. Dann wird die Anekdote vom Feigenbaum erzählt, endlich die Grabschrift des Timon mitgetheilt, in den Versen:

> My wretched catife days
> Expired now an past:
> My carren corpse interred here
> . Is fast in ground:
> In wattring waves of swel-
> ling sea by surges cast:
> My name if thou desires,
> The gods thee do confound.

In der Stelle des Plutarch, auf die sich Paynter bezieht, finden sich die Motive des Drama's schon weit vollständiger beisammen. Plutarch spricht von des Antonius Stimmung nach dem Unglück von Actium, als die Nachrichten über den Abfall von Freunden und Bundesgenossen sich täglich drängten. „Antonius verließ die Stadt (Alexandria) und die Gesellschaft seiner Freunde und baute sich ein Haus in der See neben der Insel Pharos, indem er in der See einen Damm aufführ- ren ließ. Und dort verweilte er als ein aus der menschlichen Gesell- schaft Verbannter, und sagte, er wolle des Timon Leben führen, da er Gleiches wie Jener erlitten. Denn auch er, von den Freunden ver- letzt und mit Undank behandelt, mißtraue und zürne deswegen sämmt- lichen Menschen." Dann folgen die auch von Paynter aufgenommenen Anekdoten. Das handschriftliche Drama, aus welchem Shakspeare in Ermangelung eines englischen Lucian die Grundzüge seiner Fabel ent- nommen haben könnte, war augenscheinlich auf ein akademisches Pu- blikum berechnet. Es wimmelt von gelehrten Anspielungen und Schul-

witzen; namentlich wird die scholastische Logik und Dialektik auf jede
Weise verspottet. Als des Timon falsche Freunde sich zu dem Ban-
tet versammelt haben, bei welchem Timon über sie Gericht halten
will, erklärt einer der Geladenen, er wolle für eine Weile ablegen
„all formalities, excentricall and concentricall universalities, before
the thinge, in the thinge and after the thinge, specifications categori-
maticall and syncategori-maticall, haecceities complete and ἁπλῶς
or incomplete and κατά τι. Auf des Timon Aufforderung bestellt
ein Jeder sich seine Lieblingsdelicatessen und dann geht die schulfüch-
sige Unterhaltung weiter. Die Wirkung des Senfs wird definirt als
originally and proximely obnoxious to the memory instrumentally
and remotely; die Versilberung eines Landgutes wird mit entspre-
chendem Witz „a metalepsis or transumption from one thinge to
another" genannt, man versucht sich an allegorischer Deutung von
des Perseus geflügeltem Roß und entschuldigt die Tintenflecke an den
Händen mit selbstgefälliger Bescheidenheit durch Aufzählung der gelehrten Abhandlungen, denen sie ihre Entstehung verdanken. Dann
tritt Timon auf und preist in emphatischer Rede sich glücklich als den
Besitzer vieler Freunde, die Alle herrliche Dinge versprechen: Hülfe,
Gold, Willkommen in ihrem Hause, Rath und ein treues Herz. Dann
wirft er sie mit Steinen, die wie Artischoken gemalt sind, treibt sie
unter Flüchen hinaus und entflieht selbst in die Einöde. Der Hausverwalter Laches, der Flavius Shakspeare's, ist auch hier der recht-
schaffene, schlichte Mann unter alle den fein gebildeten Schurken. Er
hält treu bei dem Herrn aus und erklärt, ihm durch alle Wechsel
des Schicksals folgen zu wollen.

⁴ (S. 402.) Sehr hübsch wird hier die Eitelkeit des Dichters
in der falschen Bescheidenheit persiflirt, mit welcher er von dem ihm
„leicht entschlüpften" Werke spricht:

> „Ein Saft ist uns're Poesie, entträufelnd
> Dem Stamm, der ihn erzeugt!"

So übersetze ich mit Delius, während die Tiek-Schlegel'sche Ausgabe,
der Lesart der Folio folgend, die Stelle bekanntlich wiedergiebt:

> „Wie ein Gewand ist uns're Poesie
> Heilsam, wo man es hegt."

Die Delius'sche Lesart setzt gum für gown und ooes für uses. Sie paßt offenbar weit besser in den Sinn des Folgenden:

„Das Feuer im Stein
Glänzt nur, schlägt man's heraus; von selbst erregt
Sich uns're edle Flamm', flieht gleich dem Strom
Zurück von jeder Hemmung."

⁵ (S. 410.) Ich erklärte schon, daß ich der Ansicht nicht beistimmen kann, welche diese Scene (Alt III, Scene 5) wegen ihrer Zusammenhangslosigkeit mit dem Vorigen und wegen der vielen Reimverse, die sie enthält, für unächt erklärt, etwa aus einer früheren Arbeit stehen geblieben, um das spätere Verfahren des Alcibiades zu erklären. Zunächst ist nicht abzusehen, warum Shakspeare, auch ohne allen Einfluß einer früheren Arbeit, nicht bewogen und berechtigt sein könnte, hier ein neues Moment in die Handlung einzuführen, dessen er zu allseitiger Beleuchtung des Hauptmotivs nothwendig bedurfte? Auch ist es keineswegs so arg mit jener vorgeblichen Fremdartigkeit und Zusammenhangslosigkeit der Scene, die mir im Gegentheil zu dem Grundgedanken des Drama's in tiefer, innerer Beziehung zu stehen scheint. Hier, wie im Auftreten des Timon, ist es eine geniale und großartig angelegte, aber noch nicht in die Zucht des Willens genommene Natur, welche der bedachtsamen, engherzigen und niedrig gesinnten Mittelmäßigkeit gegenübertritt. Unter diesen Wucherern und Geschäftsleuten sind eben kühne, heißblütige Helden ebenso wenig an ihrem Platze, als großmüthige Menschenfreunde. Und doch ist, in ächt tragischer und ächt Shakspeare'scher Weise, das Unrecht auch hier auf beiden Seiten. Wie Timon hätte auch Alcibiades und sein Freund durch Selbstbeherrschung es vermeiden können, der Gemeinheit wehrlos in die Hände zu fallen. Außerdem ist des Alcibiades Rede vortrefflich und Shakspeare's durchaus würdig disponirt und durchgeführt, und auch mit den Versen ist es nicht gar so arg, wie schon oben gezeigt wurde.

⁶ (S. 419.) Daß Flavius in Anlage und Ausführung jedenfalls Shakspeare angehört, hat kein Ausleger bezweifelt, trotz seiner Identität mit dem Laches des alten Stückes. Seine ganze scharfe und sein beobachtende, dabei mäßige, milde und tiefsinnige Art spricht zu

II.   29

deutlich dafür. Schon in dem Berichte über die ersten Bittgesuche
bei den Senatoren, in dieser Zusammenstellung wahrhaft plastischer,
dem vollen Leben entnommener Züge wird Niemand Shakspeare's
eigenthümliche Kunst verkennen. Ich meine die Stelle am Schlusse
des zweiten Altes:

„Einstimmig sprachen Alle, — keiner anders, —
Daß ihre Kassen leer, kein Geld im Schatz,
Nicht könnten wie sie wollten, — thäte leid —
Höchst würdig ihr — doch wünschten sie — nicht wüßten —
Es konnte manches besser — edler Sinn
Kann wanken — wär' nur Alles gut — doch Schade!
Und so, zu andern wicht'gen Dingen schreitend,
Mit scheelem Blick und diesen Redebrocken,
Halb abgezog'ner Müß', kalt trocknem Nicken,
Vereisten sie das Wort mir auf der Zunge.“

Nicht weniger trägt das Auftreten des Flavius im vierten Alte deutlich den Stempel der Aechtheit, wie denn die Scene auch, zumal bei
ihrer innern Nothwendigkeit für die Durchführung der Grundidee des
Drama's, von der Kritik nirgend angezweifelt ist. Um so bedeutsamer
ist es nun für die Beurtheilung des Stückes, daß gerade in dieser
Scene der Versbau sich als höchst mangelhaft und unvollendet erweist,
während die extravaganten Ausbrüche Timons gegen die Banditen in
regelmäßigen Blankversen geschrieben sind. Das Gespräch mit Flavius
beginnt in Blankversen, wenngleich ziemlich gezwungen. Aber gleich
die erste Antwort des Hausmeisters fällt in Prosa:

An honest pour Servant of yours.

Von den unvollendeten Versen, die im Verfolg sich finden, wollen wir
hier garnicht sprechen. Aber die Scene enthält auch Verse wie diese:

Flinty mankind whose eyes do never give,

oder

You perpetual — sober Gods! I do proclaime etc.
If not an usuring kindness, and as rich men deal gifts etc.

Give to dogs
What thou deny'st to men; let prisons swallow'em
Debts wither'em to nothing: Be men like blasted woods etc.

Shakspeare hat in der tief-ernsten und von krankhafter Gereiztheit schwerlich ganz freien Stimmung, in welcher er den „Timon" schrieb, den Vers eben nicht mit der Eleganz behandelt, die ihm in guten Stunden zu Gebote stand, und es wird immer mißlich bleiben, irgend eine Scene dieses Drama's als unächt zu verurtheilen, weil sie ein paar harte oder unfertige Verse mehr hat als andere.

⁷ (S. 421.) Es läßt sich allerdings ungefähr vermuthen, daß Alcibiades den Soldaten abgeschickt hat, um den Timon zu holen, aber gesagt, oder auch nur angedeutet ist es nirgends. Die kleine, abgerissene Scene schwebt deshalb gänzlich in der Luft. Der schnelle Entschluß des ganz gewöhnlichen, der Schrift unkundigen Kriegers, die Inschrift in Wachs abzudrücken, zeigt von Seiten des Dichters weit mehr Bemühung, schnell und einfach zum Ziel zu kommen, als Rücksicht auf die auch nur annähernde Wahrscheinlichkeit des Vorganges.

⁸ (S. 436.) Ueber Alcibiades fand Shakspeare bei Paynter und Plutarch nur die kurze Bemerkung, daß Timon in seinem Unglück viel mit ihm verkehrte, und zwar, wie er zu Apemantus sagte, weil er voraussah, daß die Athener durch Jenen Viel würden zu leiden haben.

—

Gedruckt bei A. W. Schade in Berlin, Grünstr. 18.

In der Nicolaischen Verlagsbuchhandlung in Berlin ist so eben erschienen:

Shakspeare = Album,
in photographischen Abbildungen,
nach den Original-Blättern der großen
Shakspeare = Gallerie,
herausgegeben von
Wilhelm von Kaulbach.
Klein Folio, in elegantem Carton.

Erste Lieferung:
Macbeth, in drei Blättern.
Blatt 1. Macbeth, Banco und die drei Hexen.
- 2. Lady Macbeth schlafwandelnd.
- 3. Macbeth, zum letzten Kampfe sich waffnend.

Preis 2 Thlr. 25 Sgr.

Zweite Lieferung:
Der Sturm, in zwei Blättern.
Blatt 1. Fernando, Miranda und Prospero.
- 2. Caliban, Trinkulo, Stephano und Ariel.

Preis 1 Thlr. 25 Sgr.

Dritte Lieferung:
König Johann, in drei Blättern.
Blatt 1. Der Streit der Könige Johann und Philipp vor Angers.
- 2. Prinz Arthur und Hubert de Burgh (Blendungs-Scene).
- 3. Der Tod des Königs Johann im Klostergarten zu Swinstead.

Preis 2 Thlr. 25 Sgr.

☞ Die Blätter sind auch einzeln à 1 Thlr. zu haben.

Durch die Veranstaltung dieser auf ein bequemeres Format reducirten Blätter der großen Shakspeare=Gallerie glaubt die Verlagshandlung, den so oft laut gewordenen Wünschen der Kunstfreunde auf eine befriedigende Weise entgegen zu kommen. — Die Concentration der Darstellungen auf einen kleineren Raum, gereicht diesen, auch in der photographischen Reproduction ungemein gelungenen Blättern, zum größten Vortheil. — Der verhältnißmäßig billige Preis derselben, wird der zu hoffenden recht allgemeinen Verbreitung dieser geistreichen Compositionen ohne Zweifel sehr förderlich sein. — Die demnächst erscheinende vierte Lieferung wird drei Blätter zum „Julius Cäsar", enthalten.

J. E. Bode's
Anleitung zur Kenntniß des gestirnten Himmels.
Eilfte vermehrte und verbesserte Auflage.

Herausgegeben

von

Dr. C. Bremiker.

Mit 3 Kupfertafeln und einer allgemeinen Himmelskarte nebst transparentem Horizont.

1858. Geheftet. Preis 2 Thlr.

„Ein Werk, welches vor neunzig Jahren (1768) zuerst erschienen, noch jetzt eine neue Auflage erlebt, muß etwas ganz besonders Zweckentsprechendes an sich tragen: — wie viele Nachfolger, Nachahmer und Nachtreter hat Bode gehabt, und doch behält seine „Anleitung" noch immer die Oberhand. Die Ursache ist, daß dieselbe von vornherein überaus einfach und verständlich angelegt ist, und zugleich vorzüglich von Gegenständen handelt, deren Kenntniß als wissenschaftlich feststehend, zwar mächtige Erweiterungen im Laufe der Zeit erfährt, in den Grundzügen aber, um die es sich hier handelt, wesentlich unveränderlich bleibt. Was etwa zu ergänzen war, ist von dem Herausgeber geschickt und ohne der, man möchte sagen, treuherzigen Darstellung Bode's Eintrag zu thun, hinzugefügt worden. Ganz besonders hat es Bode verstanden, seine Leser mit der Kenntniß der Gestirne (Sternbilder) und allen Veränderungen in der scheinbaren Lage derselben während der zwölf Monate des Jahres bekannt und vertraut zu machen; und eben diese leichte Faßlichkeit seiner „Anleitung" macht sie besonders empfehlenswerth. Es sollte Niemand die kleine Mühe scheuen, sich mittelst einer so bequemen Methode am Himmel einigermaßen heimisch zu machen; die Freude, welche daraus entsteht, wenn das Sternenheer in den Kreis unserer näheren Bekanntschaft gezogen ist, gehört zu den reinsten, und überdies kann daraus sogar der Wissenschaft gelegentlich ein Vortheil erwachsen; denn die so oft von Laien bemerkten meteorischen Erscheinungen, z. B. Feuerkugeln x., würden viel besser in ihrem Laufe verfolgt werden können, wenn der Beschauer im Stande wäre, diesen Lauf nach den Sternbildern anzugeben. Auch dazu ist der alte Bode ein trefflicher Führer." (Voß'sche Zeitung, 1858.)

----

www.ingramcontent.com/pod-product-compliance
Lightning Source LLC
Chambersburg PA
CBHW031822270326

41932CB00008B/511